管理应用型财会专业人才培养系列教材

高级财务会计

(第二版)

胡北忠 主编

ADVANCED FINANCIAL ACCOUNTING

科学出版社

北京

内 容 简 介

本书全面、系统地阐述了企业在某一特定时期、特殊领域发生的各类特殊经济事项的财务会计处理问题。本书突出特点表现在：在最新修订和发布的企业会计准则的基础上，积极吸收和借鉴其他优秀教材的精华内容及财务会计理论与实务的最新研究成果，各章节理论论述特别注重各种理论的比较分析，实务论述特别注重实务的操作程序和流程，并且通过列举大量的综合性案例进行验证，有利于学生的阅读和理解。

本书可作为高等学校会计学、财务管理、审计学等专业的教材，也可供企业单位的管理人员和财务人员等学习参考。

图书在版编目（CIP）数据

高级财务会计 / 胡北忠主编. -- 2版. -- 北京：科学出版社，2025.7. -- (管理应用型财会专业人才培养系列教材). -- ISBN 978-7-03-080612-3

Ⅰ.F234.4

中国国家版本馆 CIP 数据核字第 202411XK37 号

责任编辑：王京苏 / 责任校对：贾娜娜
责任印制：张 伟 / 封面设计：有道设计

科学出版社 出版
北京东黄城根北街 16 号
邮政编码：100717
http://www.sciencep.com
天津市新科印刷有限公司印刷
科学出版社发行 各地新华书店经销
*

2020 年 9 月第 一 版	开本：787×1092 1/16
2025 年 7 月第 二 版	印张：22 1/2
2025 年 7 月第十一次印刷	字数：534 000

定价：58.00 元
（如有印装质量问题，我社负责调换）

前　言

高级财务会计（高级会计学）是高等学校会计学、财务管理、审计学专业的必修课程和其他管理专业的选修课程。高级财务会计是财务会计课程体系中的重要组成部分，是学生学习会计学基础和中级财务会计之后的后续课程。所以，编写一本逻辑性强、理论体系完善、能与中级财务会计内容相衔接的高级财务会计教材，不仅有利于教师教学的开展，而且能帮助学生提高学习效率，尽快熟悉和掌握完整的财务会计知识体系。《高级财务会计》于2020年9月正式出版，四年来在全国多所本科院校会计专业教学中运用，得到了全国众多高校师生以及其他读者朋友的认可和厚爱，也有读者对教材存在的问题提出了修改建议。在《高级财务会计（第二版）》出版之际，我们谨向选用本教材以及对本教材提出宝贵意见的广大读者表示最真挚的谢意！

党的二十大报告指出：教育、科技、人才是全面建设社会主义现代化国家的基础性、战略性支撑。我们要坚持教育优先发展、科技自立自强、人才引领驱动，加快建设教育强国、科技强国、人才强国，坚持为党育人、为国育才，全面提高人才自主培养质量[①]。《高级财务会计（第二版）》是在党的二十大对人才培养要求，以及提高人才专业综合知识能力的基础上进行的修订，在每章教学内容前面增加了该章的教学目标和课程思政内容，明确每章的教学目的和课程思政元素。同时根据最近几年新发布和修订的企业会计准则以及企业会计准则解释的新内容和新变化，对各章节内容进行修改，为完善财务报告信息阅读的完整性，新增加第六章每股收益。修订后的《高级财务会计（第二版）》仍然保持了原教材以下几个方面的特色。

第一，在教材内容的安排上依据背离会计假设的特殊会计事项和与中级财务会计课程相衔接的原则进行谋篇布局。第一章主要阐述了高级财务会计的基本理论和内容体系，是高级财务会计（高级会计学）课程教学的基础内容；第二章所得税会计主要阐述所得税的会计核算基本原理和方法，为后续章节奠定税务基础；第三章、第四章主要阐述企业合并以及合并财务报表编制的基本理论和方法；第五～六章主要阐述会计政策变更、会计估计变更、日后事项、资产负债表日后事项以及每股收益的会计处理，进一步完善财务报告信息体系；第七～十章主要阐述特殊会计事项的会计核算原理和方法；第十一章主要阐述特殊企业（合伙企业）的会计核算原理和方法。为便于读者学习和练习，附

---

① 《习近平：高举中国特色社会主义伟大旗帜　为全面建设社会主义现代化国家而团结奋斗——在中国共产党第二十次全国代表大会上的报告》，https://www.gov.cn/xinwen/2022-10/25/content_5721685.htm，2024-11-18。

录还精心编写了与各章教学相配套的练习题。

第二，注重理论与实务的协调。各章节在理论论述上不仅论述理论的形成和发展过程，而且在论述理论的基本原理时特别注重对各种理论的比较分析。在实务的论述上特别注重实务的操作程序和流程，并且列举了大量的案例，紧密与企业会计准则的相关内容相协调，详尽说明准则的具体运用，充分体现了实效性和可操作性。

第三，在案例应用上注重案例的综合性和完整性。高级财务会计处理的是特殊经济事项，其会计处理综合性较强。所以，本书在案例应用上特别注重案例的综合性和完整性。一方面针对特殊经济事项处理操作程序的每一个步骤列举单个案例进行论证，另一方面在整个处理操作程序论述完成后，就该特殊经济事项处理列举较为完整的综合性案例进行论述。例如，所得税会计、企业合并会计、合并财务报表会计、每股收益、外币会计、租赁会计等均应用了综合性案例进行论述。

本书可作为高等院校"高级财务会计（高级会计学）"课程的教材，其前导课程是"中级财务会计"。本书也可作为会计与财务工作者、财政税务工作者、注册会计师、政府和内部审计人员在实际工作中的必备参考书，还可作为大中专院校师生在会计研究和教学中的必备参考资料。

本书由贵州财经大学会计学院胡北忠教授担任主编，拟定教材提纲，对全书内容进行总纂，并撰写了第一、二、四、六章；贵州大学管理学院熊军副教授撰写了第三章；贵州商学院会计学院李益兰讲师撰写了第五、七、八章；贵州财经大学会计学院李成云教授撰写了第九、十、十一章。

本书在撰写过程中，得到了科学出版社，以及贵州财经大学会计学院领导、老师的大力支持和帮助，特别是得到了贵州商学院会计学院况培颖教授的大力帮助，在此一并表示衷心的感谢。

随着财务会计理论和实务的发展以及相关学科的逐步完善，新经济环境对高级财务会计教材提出了新的要求，许多理论和方法需要补充到书中。由于编写时间仓促和作者水平有限，书中难免有不当和疏漏之处，欢迎广大读者、同行批评指正，以便我们对本书做进一步修改和补充。

胡北忠
2024 年 9 月

目　　录

第一章
总论 ……………………………………………………………………… 1
第一节　高级财务会计概述 ………………………………………………… 1
第二节　高级财务会计内容的构建 ………………………………………… 7

第二章
所得税会计 …………………………………………………………… 10
第一节　所得税会计概述 ………………………………………………… 10
第二节　资产负债表债务法所得税会计核算 …………………………… 14
第三节　应付税款法下所得税会计核算 ………………………………… 32

第三章
企业合并会计 ………………………………………………………… 35
第一节　企业合并概述 …………………………………………………… 35
第二节　同一控制下企业合并会计核算 ………………………………… 41
第三节　非同一控制下企业合并会计核算 ……………………………… 53
第四节　反向购买会计核算 ……………………………………………… 66

第四章
合并财务报表会计 …………………………………………………… 72
第一节　合并财务报表概述 ……………………………………………… 72
第二节　合并财务报表合并范围 ………………………………………… 77
第三节　合并财务报表编制程序 ………………………………………… 82
第四节　合并财务报表编制调整实务 …………………………………… 88
第五节　合并财务报表编制抵销实务 …………………………………… 95
第六节　合并财务报表综合案例 ………………………………………… 125
第七节　合并财务报表编制——特殊交易的会计处理 ………………… 147

第五章
会计调整 ·· 157
第一节　会计估计变更、会计政策变更与前期差错及其更正 ············· 157
第二节　资产负债表日后事项 ·· 173

第六章
每股收益 ·· 183
第一节　每股收益概述 ··· 183
第二节　基本每股收益 ··· 184
第三节　稀释每股收益 ··· 186
第四节　限制性股票 ·· 195
第五节　每股收益列示与披露 ·· 197

第七章
外币会计 ·· 200
第一节　外币业务概述 ··· 200
第二节　外币交易业务的会计处理 ·· 204
第三节　外币财务报表折算 ··· 212

第八章
租赁会计 ·· 218
第一节　租赁概述 ·· 218
第二节　承租人的会计处理 ··· 227
第三节　出租人的会计处理 ··· 242
第四节　特殊租赁业务的会计处理 ·· 254

第九章
衍生金融工具会计 ·· 266
第一节　金融工具概述 ··· 266
第二节　金融工具会计的基本问题 ·· 274
第三节　衍生金融工具用于套期保值的会计处理 ······························ 293

第十章
清算会计 ·· 303
第一节　清算会计概述 ··· 303
第二节　解散清算会计 ··· 307

第三节 破产清算会计 …………………………………………… 313

第十一章

合伙企业会计 …………………………………………………… 322
第一节 合伙企业概述 …………………………………………… 322
第二节 合伙企业会计的特点 …………………………………… 324
第三节 合伙企业的设立与经营 ………………………………… 327
第四节 合伙权益变动 …………………………………………… 333
第五节 合伙企业清算 …………………………………………… 338

参考文献 …………………………………………………………… 352

第一章 总 论

教学目标：本章学习要求学生了解"高级财务会计"课程的教学目的、内容及教学安排、考核要求；熟悉高级财务会计的概念、特征和形成发展过程；掌握高级财务会计产生的基础和内容的构建原则。

课程思政：通过"高级财务会计"课程教学，引导学生学习财务会计知识，培养学生对财务会计信息的敏感性和透视能力，以及对财务会计事实的正确判断能力，进而引导学生通过财务会计案例分析和讨论，加深对社会现实的认识，增强社会责任感并形成良好的道德风尚。

第一节 高级财务会计概述

一、财务会计及其课程构成

财务会计是运用会计的专门方法，以通用会计原则为指导，对企业已经完成的资金运动全面系统地核算与监督，以为外部与企业有经济利害关系的投资人、债权人和政府有关部门提供企业的财务状况、经营成果和现金流量等会计信息为主要目标的对外报告会计。财务会计是现代会计的一个重要分支，与现代会计的另一个重要分支——管理会计相比较，财务会计具有以下特征。

（1）财务会计以计量和传送会计信息为主要目标。财务会计的主要目标是为外部与企业有经济利害关系的投资人、债权人和政府有关部门提供企业的财务状况、经营成果和现金流量等会计信息。从信息的性质看，主要是反映企业整体情况，并着重反映历史信息。从信息的使用者看，主要是外部与企业有经济利害关系的使用者，包括投资人、债权人、社会公众和政府部门等。从信息的用途看，主要是利用信息了解企业的财务状况、经营成果和现金流量。

（2）财务会计以财务报告为工作核心。财务会计作为一个会计信息系统，以会计报表为最终成果。会计信息最终是通过会计报表反映出来的。因此，财务报告是会计工作的核心。现代财务会计所编制的会计报表是以公认会计原则为指导而编制的通用会计报表，并把会计报表的编制放在最突出的地位。

（3）财务会计仍然以传统会计模式为数据处理和信息加工的基本方法。为了提供通用的会计报表，财务会计还要将较为成熟的传统会计模式作为处理和加工信息的方法。传统会计模式也称历史成本模式，其特点是：①会计反映依据复式簿记系统；②收入与费用的确认，以权责发生制为基础；③会计计量遵循历史成本原则。

为充分学习和理解财务会计理论与实务知识体系，财务会计课程按照其论述重点的不同划分为：初级财务会计、中级财务会计和高级财务会计。

初级财务会计一般又称会计学原理或者会计学基础，该课程主要阐述会计确认、计量、记录和报告的一般原理与方法。其主要内容包括：会计的基本概念、目标、职能和对象；会计核算前提（或假设）、会计核算确认基础、会计信息质量要求和会计计量；会计核算的几大方法体系。

中级财务会计是以四项会计假设为基础，并遵循传统会计的确认与计量原则，阐述企业一般会计事项（六大会计要素）的会计处理，是财务会计一般理论和方法的运用。

二、高级财务会计的概念和特征

高级财务会计是在对原财务会计理论与方法体系进行修正的基础上，对企业出现的特殊经济事项进行会计处理的理论与方法的总称。这一概念包括以下含义。

（1）高级财务会计属于财务会计范畴。企业会计由财务会计和管理会计两大领域构成。财务会计以对外计量和传送会计信息为目标，管理会计则从预算和内部管理两个方面提供企业内部管理所需的会计信息。高级财务会计解决的问题仍然是经济事项的对外报告问题，而且是企业出现的特殊经济事项的对外报告问题。例如，对于企业合并会计处理的对外会计信息问题，合并财务会计报表以企业集团为会计主体研究如何在个别会计报表的基础上编制能反映集团整体财务状况、经营情况的财务报表。也就是说，高级财务会计与中级财务会计的目标是一致的，都是向企业外部投资者、债权人以及其他与企业有利害关系的单位和个人提供有关企业财务状况、经营成果和现金流量的信息，以满足他们的决策对财务会计信息的需求。

（2）高级财务会计处理的是企业面临的特殊经济事项。财务会计对象以内的经济事项按其发生的频率可分为一般经济事项和特殊经济事项。一般经济事项属于企业经营过程中的经常性事项，如固定资产、存货、投资、应收款项、应付款项、收入、费用的会计核算；特殊经济事项是企业在经营的某一特定阶段或某一特定条件下出现的经济事项，如公司在濒临破产状态下进行的清算或重组事项、企业并购事项、跨国经营情况下的外币折算事项等。

（3）高级财务会计所依据的理论和采用的方法是对原财务会计理论与方法的修正。在中级财务会计所论及的会计目标、会计信息质量特征、会计确认及计量原则等理论问题中，都严格遵循四项基本会计假设。当会计所处的客观经济环境发生变化而出现突破四项假设的特殊会计事项时，高级财务会计就随之产生了。会计假设的松动必然会使以四项假设为基础的财务会计理论与方法发生相应的变化。例如，当原会计实体无法持续其经营活动时，破产清算会计理论与方法则应运而生。企业控股合并形成企业集团，引起会计核算为之服务的特定单位的会计主体松动,为提供反映整个企业集团的会计信息,必须将包含若干个法律实体的企业集团视同一个会计主体,从而产生了企业合并报表理论。

三、高级财务会计的产生与发展

(一)高级财务会计的产生

首先,社会经济的发展推动了现代会计的裂变。现代会计产生于20世纪初,其标志是现代会计的基本观念、公认会计原则和系统的会计理论的出现与形成。因为在20世纪初,会计职业团体不断发展与壮大,许多新的会计观念、公认会计原则已经形成,并得到社会的广泛认可。其特点是在继承了近代会计的复式记账、货币计量等诸多优点的基础上,形成了较为完整的理论体系,尤其是会计原则得到了广泛的应用,成为会计行为的准绳。20世纪初,社会生产力得到了较大的发展,企业的规模不断扩大,企业的组织形式逐渐向股份制公司转化,企业的所有权与经营权高度分离。股东尤其是小股东不可能直接参与企业的经营管理,但他们却迫切需要了解企业的经营状况、营运能力和获利多少,以决定自己的投资方向;债权人也需要了解企业的财务状况、偿债能力,以决定对企业的贷款政策。这就要求会计不能只为企业管理当局服务,还要服务于与企业有利害关系的所有集团和个人,因而就产生了以公认会计准则为行为标准的财务会计,定期或不定期地向企业所有者、债权人、潜在的所有者及社会一般公众提供通用财务信息,所以,财务会计也称外部会计(outward accounting)或对外报告会计。财务会计自20世纪20年代产生以后,得到了不断的发展,已形成了较为完善的理论体系。财务会计理论体系主要以公认会计原则为核心,以会计理论结构框架为支撑,其方法体系主要是在继承了传统会计方法的基础上,丰富和发展会计的确认、计量、记录、报告等一系列方法。股份公司的发展与完善,使企业的所有权与经营权高度分离,经营管理权集中于企业的管理当局,他们是企业所有者的代理人,直接经营管理企业。企业经营的成败,关键取决于管理当局的决策正确与否。管理当局为了加强对经营活动的控制,提高决策的科学性和准确性,需要会计提供越来越多的与经营决策密切相关的会计信息。这些信息与企业为外界使用者提供的财务信息有一定的区别,它更侧重于管理当局的计划、预测决策和分析的信息,在形式上要更加灵活多样,在内容上更加广泛,在时间上更加及时,因而逐渐产生了相对于财务会计的另一重要分支——管理会计,即主要为管理当局内部经营决策提供信息的会计,或称为内部会计(internal accounting)。特别是在20世纪三四十年代,以"泰勒制"为标志的管理科学理论与方法逐渐兴盛,数学模型、计算机等技术逐步被引入会计,这丰富和发展了会计的内容和方法,也强化了会计在管理决策中的作用,最终推动了管理会计的成熟和发展。20世纪50年代后,管理会计发展极其迅速,成为一门跨学科的会计分支。在20世纪80年代以后,管理会计进一步从执行会计转入决策会计阶段,在企业管理中发挥着越来越重要的作用。

其次,裂变的会计难以应对技术革新导致的企业重组所形成的新的会计事项。第二次世界大战以后,世界范围内的科技革命推动了西方社会经济的迅猛发展,西方资本主义国家的经济环境产生了巨大变化：①各国经济不断发展壮大，由自由竞争逐步形成垄断，公司间相互渗透形成了庞大的企业集团，母子公司成为一种普遍的社会现象，企业间的横向和纵向经济联系更加紧密，依赖性更强，社会经济资源的配置进一步优化，社会对会计信息的要求和依赖性越来越高，会计在企业中的地位越来越高。②西方主要国家的通货膨胀在20世纪六七十年代普遍加剧。1972~1973年，初级产品的价格猛涨，工资随之相应提高，消费品价格猛涨，如在1973~1975年，经济合作与发展组织全体成员国消费价格上涨率平均为26%。通货膨胀已成为全世界共同面临的难题。③贸易投资自由化，跨国经营普遍化。西方发达国家不仅推行产品资本和货币资本的国际化，拓展国际市场，而且大规模地推行生产资本的国际化，推动国际贸易和国际投资的扩大。因此，跨国家、跨区域、跨行业的经济组织日益增多，经营形式多样化、多角化和多元化，国际经济趋于一体化。④金融国际化，经济一体化。由于国际金融市场得以完善，各种衍生金融工具应运而生，并得到快速发展，国际资金的流速加快，流量增多，期货交易、融资租赁等行业蓬勃发展，使各国家交易投资的规模扩大，频率增高，国际依赖性增大。⑤企业合并、兼并、破产潮流席卷全球。各国企业为了增强竞争实力，占有市场的更大份额，都在积极寻求合作伙伴，建立联盟，对资产进行重组、合并，且在合并、兼并、联合过程中，突破了国界，出现了跨国度、跨地区、跨行业的大联合、大兼并和大合并，社会经济资源得到了较好的配置，提高了规模效益，降低了产品成本，创立了品牌。

上述环境的变化必然会使许多新的会计业务产生，而这些新的会计业务又都突破了现有财务会计和管理会计的范围，程序与方法并不能处理这些新业务，面对会计领域诸多的新问题，原有的财务会计的框架难以容纳，而这些又是财务会计必须解决的问题。因此，必须在原有的财务会计的基础上，谋求建立一门新的学科来解决这些会计领域的新问题，于是高级财务会计在20世纪60年代就应运而生了。

（二）高级财务会计的发展

为反映处理上述新的经济业务，在原有财务会计的基础上逐步演变形成了高级财务会计。从高级财务会计所涵盖的内容来看，其发展过程大致可划分为以下三个阶段。

第一阶段：高级财务会计的萌芽期。现代会计从一产生就孕育了高级财务会计的胚芽。西方国家工业革命和产业革命的成功，有力地推动了社会生产力的发展，企业由自由竞争逐步走向垄断，市场竞争更加激烈，于是出现了第一次企业兼并、合并的浪潮，企业的兼并、合并必然产生母子公司，因而在会计上也就必然要编制合并报表，以完整地反映企业集团的财务状况、营运能力。第一次世界大战后，美国的经济得到了快速发展，又产生了第二次企业兼并浪潮，此次兼并"把一个部门的各个生产环节兼并在一个企业，各种工序相互结合，连续作业，形成一个统一运行的联合体"（千春晖，2004）。企业兼并的第二次浪潮使股份公司得到了进一步的发展与完善，推动了合并财务报表的广泛使用，从而产生了一些重要思想，包括经济实体的概念、合并所产生的商誉问题等。在这一时期，西方主要工业国家出现了轻度、持续通货膨胀的局面，通货膨胀必然影响到财务信息的准确性，引起人们的关注。美国早期会计学家亨利·W. 斯威尼（Henry W.

Sweeney）在 1936 年出版了《稳定币值会计》一书，提出了对通货膨胀进行会计处理的方法，被会计界誉为英文文献中物价变动会计的首创模式，通货膨胀会计思想的出现，标志着高级财务会计进入萌芽期。

第二阶段：高级财务会计的发展期。第二次世界大战后，西方主要工业国家开始由军事工业向民用工业转变，这就需要更新设备和扩大投资。传统的信贷方式已无法满足这种旺盛的资金需要，在银行和企业的共同参与下，20 世纪 50 年代就产生了融资租赁业务，以解决各国各行业资金不足的问题，融资租赁业务一出现就促使了租赁会计的产生。1953 年美国会计程序委员会（Committee on Accounting Procedure，CAP）[①]发表了《会计研究公告第 43 号》，提出了融资租赁会计处理方法的若干意见。20 世纪 60 年代末，世界经济出现了迅猛发展的局面，科学技术不断突破，新兴工业部门，如计算机、激光、宇航、核能、海洋开发、合成材料等领域的工业部门相继兴起，必然要求拥有巨额资金的强大垄断企业为扩大自身在领域内的影响力和市场占有率，不断进行企业兼并，因而出现了第三次企业兼并浪潮。此次企业兼并以混合兼并为主，把互无关联的各类企业，通过兼并，形成一个混合体，这个混合体在一个核心企业的统一指挥、统一管理、统一经营下进行运转。美国会计程序委员会针对企业兼并浪潮，于 1959 年发布了第 51 号会计研究公告《合并财务报表》，对合并报表的编制提出了若干指导意见。20 世纪 60 年代，西方国家发生了持续的通货膨胀，对会计信息的真实性和有用性产生了较大的冲击，会计理论界和实务界开始对此关注并进行了研究，逐步形成了不同的学术观点，如古典学派、新古典学派和激进学派等，这些不同的学派，构成了物价变动会计的雏形，针对物价变动对财务会计的影响，美国注册会计师协会（American Institute of Certified Public Accountants，AICPA）于 1963 年发表了第 6 号会计研究论文集《呈报物价水准变动的财务影响》。美国会计原则委员会（Accounting Principles Board，APB）于 1960 年发表了第 3 号公告《重编一般物价水准变动的财务报表》，以指导会计处理物价变动对财务信息质量的影响。在这一时期，国家对企业加强了所得税的征管，允许应税收益与会计收益有一定的区别，如何重新计算应税收益将直接影响到企业缴纳所得税的多少，影响企业的净收益，因此，所得税会计也应运而生。20 世纪五六十年代是高级财务会计发展时期，其主要内容已基本形成，并已具有一定的会计处理规则，所以，在西方国家出现了高级财务会计教程，并进入西方国家的大学课堂，但高级财务会计的内容尚不完善，有待进一步发展。

第三阶段：高级财务会计的成熟期。进入 20 世纪 70 年代，在 20 世纪 60 年代企业兼并的基础上形成了庞大的跨国集团公司。跨国集团公司的出现，必然引起会计计量单位的多元化，即外币和本位币的双重计量单位，于是就产生了大量的外币业务和汇兑业务。跨国集团公司编制合并报表还涉及外币报表折算等问题，这些都是传统财务会计无法解决的问题。为了指导处理这些新的会计事项，美国财务会计准则委员会（Financial Accounting Standards Board，FASB）于 1973 年颁发了第 1 号财务会计准则公告《外币业务的揭示》，1975 年颁布了第 8 号财务会计准则公告《外币交易和外币财务报表换算的

---

① 1973 年改名美国财务会计准则委员会（Financial Accounting Standards Board，FASB）。

会计处理》，20 世纪 70 年代以后就形成了较为成熟的外币业务会计。在这一时期，西方国家已健全了期货交易市场，尤其是金融期货交易和期权交易得到了较大的发展，如 1972 年美国芝加哥商业交易所（Chicago Mercantile Exchange，CME）首先推出英镑、加拿大元、联邦德国马克[①]、法国法郎、日元和瑞士法郎期货合约交易，以回避汇率风险，1975 年芝加哥期货交易所率先推出第一张抵押证券期货合约回避利率风险，1982 年美国堪萨斯期货交易所推出第一个股票指数期货合约即价值线指数期货，以回避股市风险。1973 年美国芝加哥成立了期权交易所，1982 年美国费城股票交易所进行了世界上第一笔外汇期权交易，芝加哥期货交易所引进了美国国库券期货期权。大批的期货交易，也就必然引起大量的期货交易的会计事项，为了指导这些期货交易事项的会计处理，美国财务会计准则委员会于 1984 年颁布了第 80 号财务会计准则公告《期货合约的会计处理》，建立了较为完善的期货会计处理方法，形成了期货会计。20 世纪 70 年代以后，西方国家通货膨胀骤然加剧，形成了许多物价变动会计理论与模式。

（1）一般物价水平会计，其奠基人是美国著名会计学家亨利·W. 斯威尼。他在 1936 年出版的《稳定币值会计》一书中提出了等值美元会计思想，在 20 世纪 70 年代以后得到了广泛的支持与发展。国际会计准则委员会（International Accounting Standards Committee，IASC）[②]于 1977 年发布了第 6 号准则公告《会计对物价变动的反映》，1981 年发布了第 15 号准则公告《反映价格变动影响的资料》，1989 年发布了第 29 号准则公告《恶性通货膨胀经济中的财务报告》，形成了系统的一般物价水平会计的理论与方法。

（2）现行成本会计。现行成本会计模式，主张以现行成本来代替历史成本，以消除各个企业所承受的个别物价变动影响，其理论创始人为美国著名会计学家爱德华兹。爱德华兹和贝尔于 1961 年发表了《企业收益的理论和计量》一书，提出了采用现行成本计量的理论，该理论在 20 世纪 70 年代以后得到了较快的发展，并获得了会计职业团体的支持。例如，美国证券交易委员会（U. S. Securities and Exchange Commission，SEC）于 1976 年发布第 190 号《会计文告集》，要求证券上市的公营大公司必须编报现行重置成本报表，美国财务会计准则委员会在上述公告中也予以支持，要求各大公司不仅要编制一般物价水平会计补充报表，而且还要编制现行成本会计补充报表。英国、澳大利亚、加拿大和新西兰等国家的会计职业界，也追随美国，陆续发布了现行成本会计征求意见稿，并试行现行成本会计。

（3）变现价值会计。变现价值会计模式，主张以资产的现时价值或变现价值为计价标准。其代表性人物为美国会计学家肯尼斯·福赛思·麦克尼尔（Kenneth Forsythe MacNenl），他于 1939 年出版《会计中的真实性》（Truth in Accounting）一书，主张按资产的现时价值计价。20 世纪 60 年代，澳大利亚的会计学家钱伯斯（R. Chambers）在《算盘》杂志上发表《通货膨胀会计：方法的问题》，丰富与发展了麦克尼尔学说。美国另一位会计家罗伯特·斯特林（Robert R. Sterling）于 1970 年及之后相继出版了《企业收益计量理论》（Theory of the Measurement of Enterprise Income）和《计量收益和财富的相

---

① 德国马克于 2002 年 7 月 1 日起停止流通，被欧元取代。
② 2000 年进行全面重组，2001 年更名为国际会计准则理事会（International Accounting Standards Board，IASB）。

关标准的应用》(*Measuring Income and Wealth: an Application of the Relevance Criterion*), 进一步丰富和发展了变现价值会计理论。

20 世纪 80 年代以来,世界经济进入一个产业结构大调整时期。在这种形势下,西方发达国家掀起了第四次企业兼并浪潮。在第四次企业兼并浪潮中,企业的经济业务又发生了许多变化。例如,一些企业在国际相互投资和母子公司的投资过程中,为了逃避各种税收,利用各国的税法和有关法律,进行内部价格转移和财产转移等,对原有的所得税会计处理、外币业务的处理以及合并报表的编制形成了较大的冲击。为此,会计理论界也积极寻求对策。例如,美国财务会计准则委员会于 1987 年颁布了第 96 号会计准则公告《所得税会计处理》,1988 年发布了第 100 号会计准则公告《所得税会计处理——对第 96 号的修正》,1991 年、1992 年分别修订颁布了《所得税会计》,1981 年颁布了第 52 号会计准则公告《外币折算》,1982 年颁布了第 57 号会计准则公告《有关联者的揭示》,1982 年颁布了第 70 号会计准则公告《财务报表与物价变动:外币核算》,以期指导处理第四次企业兼并浪潮所产生的新的会计业务。20 世纪 80 年代以来,随着社会会计业务环境的变化,新会计业务不断出现,高级财务会计的基本内容、处理指导思想和方法都已基本形成,并得到了会计职业界的广泛认可与接受,成为一种会计惯例,标志着高级财务会计的成熟,它作为一门独立于财务会计和管理会计的新学科出现在会计学科体系之中。

第二节 高级财务会计内容的构建

一、高级财务会计产生的基础

会计假设被会计界认为是"自我证明的会计环境命题",几个世纪以来都被认为是正确的推论。在西方会计理论中,假设通常被认为是原则赖以存在的基本假定。人们所探求的会计理论正是要确定假设与原则间的联系,以及假设、原则与会计方法之间的关系。企业会计的原则和方法在几个世纪中能够获得较稳定的发展,是在会计假设与会计面临的经济环境基本一致、没有出现明显有悖于会计假设的"特殊事项"的条件下人们不断探索的结果。随着客观环境的变化,各种超越会计基本假设的经济业务大量涌现,势必迫使会计增添一些新的理论与方法。所以,高级财务会计产生于会计所处的客观经济环境的变化,是客观经济环境发生变化引起会计假设松动后,人们对背离会计假设的特殊会计事项进行理论和方法研究的结果。

(一)会计主体假设的松动

会计主体是会计为之服务的特定单位,会计主体界定了会计服务的空间。典型的会计主体是一个独立核算的企业,会计以此为服务对象进行会计事项的处理,并通过编制会计报表系统反映该主体的财务状况和经营成果。随着构成母子关系的企业集团的出现,会计主体显然突破了某一企业的概念。因为,母公司本身是一个独立核算的企业,这一会计主体下的每一子公司及其他分支机构也是一个会计主体。在这种情况下，站在集团的角度，会计服务对象的空间范围显然是由母公司以及下属单位构成的整体。也就是说，会计不仅要以每一独立的企业为单位进行核算并编制会计报表，还要以整个企业集团为服务对象，以个别报表为基础采用专门的方法编制合并会计报表。所以，会计主体假设的松动产生了合并财务报表会计。

（二）持续经营假设和会计分期假设的松动

持续经营假设，是指会计主体的经营活动将会持续经营下去，在可预见的将来不会出现由于破产等原因而清算。对于一个持续经营的企业，不能在结束其全部业务活动后才进行财务状况和经营成果的呈报，因此，需要将企业持续经营的过程划分为相等的时间跨度，以此为基础编制会计报表，即会计分期假设。这两个假设为解决会计核算中资产计价和收益确定问题提供了基础。例如，正是基于持续经营假设和会计分期假设，对资产的计价采用历史成本而不用变现价值，以等同的时间间隔编制会计报表。如果企业面临清算，投资者和债权人关心的将是资产的变现价值和资产的偿债能力，按变现价值计价才能提供对决策有用的信息。也正是在这两个假设前提下，会计确认和计量的原则与方法才具有稳定性和可比性。一旦有迹象表明企业出于某种原因而面临破产或兼并、收购等方式的重组，这两个假设便丧失了前提，以这两个假设为基础的会计确认、计量的原则和方法将会无法采用。例如，当企业清算时，将采用破产清算会计程序，以清算价格对资产进行计价，并编制清算开始日和结束日的会计报表。现代经济生活中有许多不确定因素可能会导致企业破产、重组，这就使企业面临破产清算和重组等特殊会计事项。高级财务会计中的破产清算会计和重组会计正是持续经营假设和会计分期假设松动的结果。

（三）货币计量假设的松动

以货币为计量单位是会计核算区别于其他核算的显著特征。货币计量假设，是指会计对企业资产、负债、所有者权益、收入、费用以及利润的核算以货币为统一的计量单位，会计报表所反映的内容只限于能够用货币来计量的经济活动。货币计量假设中隐含着一个十分重要的假设：币值稳定。也就是说，以货币为计量单位的会计报表要想能够为投资者、债权人以及会计报表的其他使用者提供有用的信息，会计计量所使用的货币本身的价值就必须是稳定的，至少其价值波动必须限定在不足以使会计报表对经济业务产生歪曲的反映。第二次世界大战以后，西方国家出现了普遍的、持续性的通货膨胀，货币购买力不断下降，货币计量假设中隐含的币值稳定的假设已严重脱离现实。仍以币值稳定为假设前提的和以历史成本为基础的传统会计模式所提供的会计报表必然会严重失实，这引起了报表使用者的误解，迫使人们对物价变动会计进行研究。

前面已述，企业合并和企业集团的建立突破了原来的会计主体观念，出现了合并会计报表，但是报表合并的范围并不限于国内的子公司。跨国集团为了对遍布于其他国家的子公司进行管理，为了向报表使用者提供决策所需的有关跨国集团整体财务状况和经营情况的信息，同样需要编制跨国集团合并会计报表。比国内企业集团合并会计报表更为复杂的是，编制跨国集团合并会计报表之前，必须将子公司按所在国外币编制的会计报表折算成以母公司报告货币表述的报表。货币计量概念还延伸至将某一国外子公司以外币表述的会计报表转化成以母公司本国货币表述的会计报表。如果各种货币之间的汇率一直是固定不变的，外币报表的折算不是一个困难的问题，只需将某一公司按所在国或地区的货币编制的会计报表按固定汇率折合成本国货币即可。在汇率变动的情况下，流动项目和非流动项目、货币项目和非货币项目受汇率的影响是不同的，因此，不同类型的项目必须采用不同的汇率折算。由此而出现的折算汇率选择和折算差异的处理问题是中级财务会计中的理论与方法所无法解决的，从而使外币报表折算成为高级财务会计研究的课题之一。

所以，货币计量假设的松动产生了物价变动会计和外币会计。

二、高级财务会计内容构建的原则

由于高级财务会计产生于会计所处的客观经济环境的变化，是客观经济环境发生变化引起会计假设松动后，人们对背离会计假设的特殊会计事项进行理论和方法研究的结果。所以，高级财务会计内容的构建应遵守以下原则。

（1）以经济事项与四项假设的关系为理论基础，确定高级财务会计的范围。客观经济环境发生变化引起会计假设松动是高级财务会计产生的基础。所以，划分中级财务会计和高级财务会计最基本的标志在于它们所涉及的经济业务是否在四项假设限定范围以内。

（2）考虑与中级财务会计等其他会计课程的衔接。划分中级财务会计和高级财务会计的理论标志是：限定在四项基本假设范围内的会计事项属于中级财务会计的内容，超出四项基本假设范围的会计事项属于高级财务会计的内容。实务中的一些特殊业务，虽然没有超出四项基本假设范围，但其并不具有普遍性，而且业务处理的难度较大，不适宜放在中级财务会计课程中讲解，应将其纳入高级财务会计范围。

三、高级财务会计内容

根据高级财务会计内容的构建原则，本书的内容安排如下。

第一章：总论。

第二章：所得税会计。

第三章：企业合并会计。

第四章：合并财务报表会计。

第五章：会计调整。

第六章：每股收益。

第七章：外币会计。

第八章：租赁会计。

第九章：衍生金融工具会计。

第十章：清算会计。

第十一章：合伙企业会计。

第二章 所得税会计

教学目标： 本章学习要求学生了解企业所得税的纳税人、纳税范围、税率以及与企业所得税计算缴纳相关的税收法律知识；熟悉所得税会计的概念、特征、产生和发展过程；掌握资产负债表债务法下所得税会计核算的一般程序和应付税款法下所得税会计核算的一般程序。

课程思政： 通过所得税会计教学，引导学生学习掌握企业所得税税收相关知识和所得税会计处理相关知识，充分认识企业依法纳税与所得税会计处理的关系。通过对递延所得税资产、递延所得税负债、所得税费用构成等相关知识点的学习，切入实事求是、诚实守信等课程思政要素，强调会计人员应精于业务，准确进行会计处理，把好职业判断关，实事求是，切勿弄虚作假，遵守职业道德，培养学生诚实守信的科学态度。

第一节 所得税会计概述

一、企业所得税概述

企业所得税是指国家针对我国境内的各类企业和其他经济组织（不包括个人独资企业、合伙企业），就其取得的生产、经营所得和其他所得依法征收的一种税。企业所得税的纳税人是在中华人民共和国境内的企业和其他取得收入的组织（以下统称企业），划分为居民企业和非居民企业。

（1）居民企业。居民企业是指依法在中国境内成立，或者依照外国（地区）法律成立但实际管理机构在中国境内的企业。居民企业应当就其来源于中国境内、境外的所得缴纳企业所得税，承担全面纳税义务。

（2）非居民企业。非居民企业是指依照外国（地区）法律成立且实际管理机构不在中国境内，但在中国境内设立机构、场所的，或者在中国境内未设立机构、场所，但有来源于中国境内所得的企业。非居民企业，只就来源于中国境内所得或者和机构、场所有实际联系的所得申报纳税。

企业所得税的税率采用比率税率方式，目前我国所得税税率有三个档次：①基本税率为25%；②小型微利企业，非居民企业在中国境内未设立机构、场所的，或者虽设立了机构、场所，但与其所设机构、场所没有实际联系的来源于中国境内的营业所得，缴纳企业所得税的税率为20%；③高新技术企业缴纳企业所得税的税率为15%。其中，小型微利企业是指符合《中华人民共和国企业所得税法实施条例》第九十二条规定的企业。高新技术企业是指在国家重点支持的高新技术领域内，持续进行研究开发与技术成果转化，形成企业核心自主知识产权，并以此为基础开展经营活动，在中国境内注册一年以上的居民企业。

企业所得税的计税依据是纳税人取得的生产、经营所得和其他所得，通常称为应纳税所得。应纳税所得的计算方式有直接计算法和间接计算法两种。

（1）直接计算法。直接计算法是根据企业每一纳税年度符合税法规定的收入总额，减除不征税收入、免税收入、各项扣除以及允许弥补的以前年度亏损后的余额，为应纳税所得额。计算公式如下。

应纳税所得额＝年收入总额－不征税收入－免税收入－各项扣除
－允许弥补的以前年度亏损

（2）间接计算法。间接计算法是在企业每一纳税年度实现的会计利润总额的基础上，调整会计与税法在收入与成本费用、损失确认上的差异后的余额，为应纳税所得额。计算公式如下：

应纳税所得额＝会计利润总额±纳税项目金额调整额

我国企业所得税法规定企业所得税分月或者分季预缴。企业应当自月份或者季度终了之日起15日内，向税务机关报送预缴企业所得税纳税申报表，预缴税款。企业应当自年度终了之日起5个月内，向税务机关报送年度企业所得税纳税申报表，并汇算清缴，结清应缴应退税款。企业所得税纳税申报表一般采用间接计算法填写。

二、我国所得税会计的产生和发展过程

我国所得税会计产生和发展过程可以划分为以下三个阶段。

第一阶段：1994年税制改革以前——会计和税法一体阶段。在这一段时期，我国的企业所得税被视为利润分配的一项内容，这与国家利润分配制度有着密切的联系。中华人民共和国成立以来，利润分配的调整变化较大，其间先后经历了统收统支、企业基金制、利润留成制、利改税、承包经营责任制和税利分流。我国所得税的开征及立法较晚，1980年才颁布了第一部所得税法——《中华人民共和国中外合资经营企业所得税法》，国有企业从1983年利改税之后才开始缴纳所得税。长期以来，我国会计主要以服务于政府为目标，会计制度完全服从税法，凡是税法不允许税前列支的成本、费用项目，就一律在税后列支，视为利润分配。在1993年会计改革之前，由于强调会计要满足国家宏观管理的需求，会计过多地依附于财政、财务、税收等法规，缺乏自身相应的独立性、规范性和科学性。我国国有企业自利改税后缴纳所得税，会计上的税前利润基本上与应税所得一致，所得税会计没有产生的必要。

第二阶段：1994年《中华人民共和国企业所得税暂行条例》施行后至2006年《企业会计准则第18号——所得税》发布前——会计和税法分离，所得税会计初步形成阶段。为适应社会主义市场经济的要求，国家对税制也进行了一系列重大改革，出台了一

系列税收法规，对企业的纳税行为进行规范。1994年1月1日《中华人民共和国企业所得税暂行条例》的施行，标志着会计上的税前利润与应税所得可以分离。1994年6月29日财政部颁布了《企业所得税会计处理的暂行规定》，要求自1994年1月1日起执行，文件称："鉴于企业按照会计规定计算的所得税前会计利润（以下简称'税前会计利润'）与按税收规定计算的应纳税所得额（以下简称'纳税所得'）之间，由于计算口径或计算时间不同而产生差额，在缴纳所得税时，企业应当按照税收规定对税前会计利润进行调整，并按照调整后的数额申报交纳所得税。"文件中对企业所得税的会计处理方法还做出了具体规定。2001年初执行的《企业会计制度》中关于企业所得税的会计处理规定与《企业所得税会计处理的暂行规定》基本一致，允许企业根据具体情况选用应付税款法、递延法和债务法对所得税进行会计处理。根据《企业所得税会计处理的暂行规定》和《企业会计制度》将税前会计利润和应纳税所得额之间的差异划分为永久性差异和时间性差异。永久性差异是指会计和税法对收入、费用或损失的计算口径不同而产生的差异。时间性差异是指会计和税法对收入、费用或损失的计算时间不同而产生的差异。

自1994年1月1日起，我国不再将企业所得税视为利润分配，而是将其视为一项费用。所得税会计也从此成为我国理论与实务界的一个研究热点问题。

第三阶段：2006年《企业会计准则第18号——所得税》发布实施后——会计和税法分离，所得税会计逐渐完善阶段。为进一步规范所得税的会计处理方法和相关信息披露，财政部于2006年2月15日发布了《企业会计准则第18号——所得税》，并要求上市公司在2007年全面实施，鼓励其他企业实施。所得税会计准则要求企业采用资产负债表债务法对所得税进行会计核算。对税前会计利润和应纳税所得额之间的差异引入了暂时性差异的概念。

三、所得税会计概念

自1994年《中华人民共和国企业所得税暂行条例》施行后，会计和税法分离，会计和税收成为经济领域中相关联的两个重要分支，它们分别遵循不同的原则，服务于不同的目的。会计核算必须遵循一般公认的会计原则，其目的是真实、完整地反映企业的财务状况、经营业绩以及财务状况变动的全貌，为投资者、债权人、企业管理者以及其他会计报表使用者提供有用的决策信息。税法则以课税为目的，根据经济合理、公平税负、促进竞争的原则，依据有关的税收法规，确定一定时期内纳税人应缴纳的税额。从所得税的角度考虑，主要确定企业的应税所得（又称应纳税所得额，是企业应纳所得税的计税依据），以对企业的经营所得进行征税。税法还是国家调节经济活动、为宏观经济服务的一种必要手段。

会计和税收的目的及遵循的原则不同，使得会计按会计准则要求计算的会计利润总额与税收按税法规定计算的应纳税所得额之间产生了差异，对会计利润总额与应纳税所得额之间差异处理的研究，促使所得税会计产生。所以，所得税会计就是研究如何对按照会计准则计算的税前会计利润与按照税法计算的应纳税所得额之间的差异，进行会计处理的会计理论和方法。

四、所得税会计核算方法

所得税会计核算方法是指对按照会计准则计算的税前会计利润与按照税法计算的应纳税所得额之间的差异进行会计处理的方法。目前主要有应付税款法和纳税影响会计法两种方法。

（一）应付税款法

应付税款法是指将税前会计利润与应纳税所得额产生的差异对所得税的影响额全部确认为当期所得税费用的方法。在这种方法下，一定期间的所得税费用等于本期应交所得税。存在下列计算等式：

$$利润表中的所得税费用＝当期应交所得税$$

目前执行《小企业会计准则》的小企业采用该种方法对所得税进行会计核算。

（二）纳税影响会计法

纳税影响会计法是指将本期税前会计利润总额与应纳税所得额之间的差异对未来时期造成的纳税影响额递延分配到以后期间的会计方法。在这种方法下，一定期间的所得税费用等于当期应交所得税与时间差异（或暂时性差异）对未来时期造成的纳税影响额所形成的递延所得税费用之和。存在下列计算等式：

$$利润表中的所得税费用＝当期应交所得税＋递延（所得税）费用$$

纳税影响会计法划分为递延法和债务法。在递延法下，在税率变动或开征新税时，不需要对原已确认的时间性差异对所得税的影响金额（递延费用）进行调整，但是，在转回时间性差异的所得税影响金额时，应当按照原所得税税率计算转回。在债务法下，在税率变动或开征新税时，需要对原已确认的时间性差异（或暂时性差异）对所得税的影响金额进行调整，但是，在转回时间性差异（或暂时性差异）的所得税影响金额时，应当按照新所得税税率计算转回。债务法又分为利润表债务法和资产负债表债务法。

（1）利润表债务法是将税前会计利润与应纳税所得额产生的时间性差异对所得税的影响额递延到以后各期。其强调的是会计和税法在对收入、费用或损失确认时间不同而产生的差异（时间性差异）对所得税影响，而收入和费用反映在利润表中，所以将其称为利润表债务法。在利润表债务法下，一定期间的所得税费用等于当期应交所得税与时间差异对未来时期造成的纳税影响额所形成的递延费用之和。存在下列计算等式：

$$利润表中的所得税费用＝当期应交所得税＋递延费用$$

（2）资产负债表债务法是将税前会计利润与应纳税所得额产生的暂时性差异对所得税的影响额递延到以后各期。其强调的是会计和税法在对资产和负债计价不同而产生的资产、负债账面价值与计税基础之间差异（暂时性差异）对所得税影响，而资产和负债反映在资产负债表中，所以将其称为资产负债表债务法。在资产负债表债务法下，一定期间的所得税费用等于当期应交所得税与暂时性差异对未来时期造成的纳税影响额所形成的递延所得税费用之和。存在下列计算等式：

利润表中的所得税费用＝当期应交所得税＋递延所得税费用

目前执行企业会计准则的企业采用资产负债表债务法对所得税进行会计核算。递延法和利润表债务法已不再使用。

第二节　资产负债表债务法所得税会计核算

一、资产负债表债务法下所得税会计核算的会计处理

（一）会计科目设置

资产负债表债务法是将税前会计利润与应纳税所得额产生的暂时性差异对所得税的影响额递延到以后各期。所以在资产负债表债务法下会计核算需要设置以下会计科目。

（1）"所得税费用"损益类会计科目。该科目核算企业根据所得税准则确认的应从当期利润总额中扣除的所得税费用。该科目可按"当期所得税费用""递延所得税费用"进行明细核算。借方记录根据所得税准则确认的应从当期利润总额中扣除的所得税费用；期末，应将该科目的余额从贷方转入"本年利润"科目，结转后该科目无余额。

（2）"递延所得税资产"资产类会计科目。该科目核算企业根据所得税准则确认的可抵扣暂时性差异产生的所得税资产。该科目应按可抵扣暂时性差异等项目进行明细核算。该科目借记发生的递延所得税资产，贷记转回的递延所得税资产，期末借方余额表示尚未转回的递延所得税资产。

（3）"递延所得税负债"负债类会计科目。该科目核算企业根据所得税准则确认的应纳税暂时性差异产生的所得税负债。该科目可按应纳税暂时性差异的项目进行明细核算。该科目借记转回的递延所得税负债，贷记发生的递延所得税负债，期末贷方余额表示尚未转回的递延所得税负债。

（4）"应交税费——应交所得税"负债类明细科目。该科目核算企业按税法规定计算应缴所得税和实际缴纳的所得税。该科目借记实际缴纳的所得税，贷记按税法规定计算应缴的所得税，平时借方期末余额表示平时预缴的所得税，年末贷方期末余额表示年末尚未缴纳的所得税。

（二）会计处理

（1）资产负债表日，按税法规定计算当期应交所得税时，借记"所得税费用——当期所得税费用"科目，贷记"应交税费——应交所得税"科目。

（2）资产负债表日，企业确认递延所得税负债时，递延所得税负债的应有余额大于其账面余额的，应按其差额确认（发生的递延所得税负债），借记"所得税费用——递延所得税费用"科目，贷记"递延所得税负债"科目；资产负债表日递延所得税负债的应有余额小于其账面余额的差额（转回的递延所得税负债），做相反的会计分录。

与直接计入所有者权益的交易或事项相关的递延所得税负债发生时，借记"其他综合收益"科目，贷记"递延所得税负债"科目；转回时做反分录。

企业合并中取得资产、负债的入账价值与其计税基础不同形成应纳税暂时性差异的，应于购买日确认递延所得税负债，同时调整商誉，借记"商誉"等科目，贷记"递延所得税负债"科目。

（3）资产负债表日，企业确认递延所得税资产时，递延所得税资产的应有余额大于其账面余额的，应按其差额确认（发生的递延所得税资产），借记"递延所得税资产"科目，贷记"所得税费用——递延所得税费用"科目；资产负债表日递延所得税资产的应有余额小于其账面余额的差额（转回的递延所得税资产），做相反的会计分录。

与直接计入所有者权益的交易或事项相关的递延所得税资产发生时，借记"递延所得税资产"科目，贷记"其他综合收益"科目；转回时做反分录。

企业合并中取得资产、负债的入账价值与其计税基础不同形成应纳税暂时性差异的，应于购买日确认递延所得税资产，同时调整商誉，借记"递延所得税资产"科目，贷记"商誉"等科目。

（4）资产负债表日，企业将确认的当期所得税费用和递延所得税费用结转到本年利润，借记"本年利润"科目，贷记"所得税费用——当期所得税费用"科目，借记或者贷记"所得税费用——递延所得税费用"科目。

（5）我国企业所得税法规定企业所得税分月或者分季预缴，年末结算清缴。企业分月或者分季预缴，年末结算清缴时，借记"应交税费——应交所得税"科目，贷记"银行存款"科目。

二、资产负债表债务法下所得税会计核算的一般程序

采用资产负债表债务法核算所得税的情况下，企业一般应于每一资产负债表日进行所得税的核算。发生如企业合并等特殊交易或事项时，在确认因交易或事项取得的资产、负债时即应确认相关的所得税影响。企业进行所得税核算一般应遵循以下程序。

第一步：按照相关会计准则规定确定资产负债表中除递延所得税资产和递延所得税负债以外的其他资产和负债项目的账面价值。

第二步：按照准则中对于资产和负债计税基础的确定方法，以适用的税收法规为基础，确定资产负债表中有关资产、负债项目的计税基础。

第三步：比较资产、负债的账面价值与其计税基础计算暂时性差异；用暂时性差异乘以适用的所得税税率，确定资产负债表日递延所得税负债和递延所得税资产的应有金额；与期初递延所得税负债和递延所得税资产的余额相比，计算确定当期递延所得税费用。

第四步：按照适用的税法规定计算确定当期应纳税所得额，将应纳税所得额乘以适用的所得税税率的计算结果确认为当期应交所得税和当期所得税费用。

第五步：确定利润表中的所得税费用。

（一）资产和负债项目的账面价值

资产、负债的账面价值是指企业按照相关会计准则的规定进行核算后在资产负债表

中列示的金额。其实质是企业按照相关会计准则的规定确认计量的资产、负债价值。会计准则对资产、负债项目确认与计量的特点表现为：①对资产、负债可以采用历史成本、重置成本、可变现净值、现值和公允价值等五种计量属性进行计量；②对资产要定期或者不定期进行减值测试，对发生减值的要计提减值准备；③对满足条件的或有负债要确认为一项负债（预计负债）。

【例 2-1】某企业持有的应收账款账面余额为 2 000 万元，企业对该应收账款计提了 100 万元的坏账准备，该应收账款在资产负债表中的列示金额为 1 900 万元。

$$应收账款账面价值＝2\,000－100＝1\,900（万元）$$

（二）资产和负债项目的计税基础

资产、负债项目的计税基础的实质是企业按照相关税收法规的规定确认计量的资产、负债价值。税收法规对资产、负债项目确认与计量的特点表现为：①对资产、负债一般只采用历史成本计量；②对于资产损失一般要求在实际发生损失时才能税前扣除，不得计提减值准备；③对满足条件的或有负债不需要确认为一项负债（预计负债），符合税法规定的项目实际发生时允许税前扣除。在确定资产、负债项目的计税基础时，应严格遵循税收法规中对于资产的税务处理以及可税前扣除的费用等的规定进行。

1. 资产项目的计税基础

资产项目的计税基础，是指企业收回资产账面价值过程中，计算应纳税所得额时按照税法规定可以自应税经济利益中抵扣的金额，即某一项资产在未来期间计税时按照税法规定可以税前扣除的金额。

$$资产项目的计税基础＝资产在未来期间计税时按照税法规定可以税前扣除的金额$$

（1）资产在初始确认时，其计税基础一般为取得成本，即企业为取得某项资产支付的成本在未来期间准予税前扣除。

$$资产项目的计税基础＝资产的取得成本$$

国家为进一步激励企业加大研发投入力度，更好地支持科技创新，财政部、国家税务总局发布了一系列关于进一步完善研发费用税前加计扣除政策的公告。根据《关于进一步完善研发费用税前加计扣除政策的公告》，企业开展研发活动中实际发生的研发费用，未形成无形资产计入当期损益的，在按规定据实扣除的基础上，自 2023 年 1 月 1 日起，再按照实际发生额的 100% 在税前加计扣除；形成无形资产的，自 2023 年 1 月 1 日起，按照无形资产成本的 200% 在税前摊销。所以企业自创无形资产的计税基础为资产的取得成本的 200%。

（2）在资产持续持有的过程中，其计税基础是指资产的取得成本减去以前期间按照税法规定已经税前扣除的金额后的余额，该余额代表的是按照税法规定，就涉及的资产在未来期间计税时仍然可以税前扣除的金额。例如，固定资产、无形资产等长期资产在某一资产负债表日的计税基础，是指其成本按照税法规定扣除已在以前期间税前扣除的累计折旧额或累计摊销额后的金额。

$$资产的计税基础＝资产的取得成本－以前期间按照税法规定已经税前扣除的金额$$

2. 负债项目的计税基础

负债项目的计税基础，是指负债的账面价值减去未来期间计算应纳税所得额时按照税法规定可予抵扣的金额。用公式表示即

负债项目的计税基础＝账面价值－未来期间按照税法规定可予税前扣除的金额

负债的确认与偿还一般不会影响企业的损益，也不会影响其应纳税所得额，未来期间计算应纳税所得额时按照税法规定可予抵扣的金额为零，计税基础即账面价值，如企业的短期借款、应付账款等。某些情况下，负债的确认可能会影响企业的损益，进而影响不同期间的应纳税所得额，使得其计税基础与账面价值之间产生差额，如按照会计规定确认的某些预计负债。

按照或有事项准则规定，企业对于预计提供售后服务将发生的支出在满足有关确认条件时，销售当期即应确认为费用，同时确认预计负债。税法规定，与销售产品相关的支出应于实际发生时税前扣除。因该类事项产生的预计负债在期末的计税基础为其账面价值与未来期间可税前扣除的金额之间的差额，如有关的支出实际发生时可全部税前扣除，其计税基础为零。

因其他事项确认的预计负债，应按照税法规定的计税原则确定其计税基础。某些情况下，因有些事项确认的预计负债，税法规定其支出无论是否实际发生均不允许税前扣除，即未来期间按照税法规定可予抵扣的金额为0，计税基础等于账面价值。

【例 2-2】 甲企业 20×9 年因销售产品承诺提供 3 年的保修服务，在当年度利润表中确认了 400 万元的销售费用，同时确认为预计负债，当年度未发生任何保修支出。按照税法规定，与产品售后服务相关的费用在实际发生时允许税前扣除。

该项预计负债在甲企业 20×9 年 12 月 31 日资产负债表中的账面价值为 400 万元。因税法规定与产品保修相关的支出在未来期间实际发生时允许税前扣除，则该项负债的计税基础＝账面价值－未来期间计算应纳税所得额时按照税法规定可予抵扣的金额，未来期间计算应纳税所得额时按照税法规定可予抵扣的金额为 400 万元。

该项预计负债的计税基础＝400－400＝0（万元）

企业在收到客户预付的销售商品款项时，因不符合收入确认条件，会计上将其确认为负债（合同负债），待履行了相关履约义务时再转为收入。税法中对于收入的确认原则一般与会计规定相同，即会计上未确认收入时，计税时一般也不计入应纳税所得额，该部分经济利益在未来期间计税时可予税前扣除的金额为零，计税基础等于账面价值。某些情况下，因不符合收入准则规定的收入确认条件，未确认为收入而确认为合同负债的，按照税法规定应计入当期应纳税所得额时，因其产生时已经计算交纳所得税，未来期间可全额税前扣除，该合同负债的计税基础为零。

在企业合并过程中取得的被合并方的各项资产和负债（合并中形成的商誉除外），如果为免税合并的，其计税基础为被合并方的各项资产和负债原账面价值；如果为应税合并的，其计税基础为被合并方的各项资产和负债的公允价值。免税合并要求收购企业的股权收购比例不低于被收购企业全部股权的 50%，且收购企业的股权支付金额不低于交易总额的 85%，如果不符合标准就是应税合并。

（三）暂时性差异与递延所得税负债和递延所得税资产

1. 暂时性差异

暂时性差异是指由于资产或负债的账面价值与其计税基础不同产生的差额。未作为资产和负债确认的项目，按照税法规定可以确定其计税基础的，该计税基础与其账面价值之间的差额也属于暂时性差异。

$$暂时性差异＝资产、负债的账面价值与计税基础的差额（大减小）$$

暂时性差异会随着时间的推移而逐渐转回。累计暂时性差异额由小变大，为发生暂时性差异；累计暂时性差异额由大变小，为转回暂时性差异。

【例2-3】甲企业 2×23 年 12 月 31 日取得投入使用的一项固定资产原始价值 1 000 万元，会计预计使用年限 5 年，预计无残值，按直线法折旧。税法规定折旧年限为 8 年，预计净残值和折旧方法与会计规定相同。暂时性差异计算表如表 2-1 所示。

表 2-1 暂时性差异计算表　　　　　　　　　单位：万元

时间	账面价值	计税基础	暂时性差异	暂时性差异性质
2×23 年 12 月 31 日	1 000	1 000	0	
2×24 年 12 月 31 日	800	875	75	发生 75
2×25 年 12 月 31 日	600	750	150	发生 75
2×26 年 12 月 31 日	400	625	225	发生 75
2×27 年 12 月 31 日	200	500	300	发生 75
2×28 年 12 月 31 日	0	375	375	发生 75
2×29 年 12 月 31 日	0	250	250	转回 125
2×30 年 12 月 31 日	0	125	125	转回 125
2×31 年 12 月 31 日	0	0	0	转回 125

由于资产、负债的账面价值与其计税基础不同，产生了在未来收回资产或清偿负债的期间内，应纳税所得额增加或减少并导致未来期间应交所得税增加或减少的情况，形成企业的递延所得税资产和递延所得税负债。所以，根据暂时性差异对未来期间应纳税所得额影响的不同，分为应纳税暂时性差异和可抵扣暂时性差异。

1）应纳税暂时性差异

应纳税暂时性差异是指在确定未来收回资产或清偿负债期间的应纳税所得额时，将导致产生应税金额的暂时性差异。该差异的特点表现为：在未来期间转回时，会增加转回期间的应纳税所得额，即在未来期间不考虑该事项影响的应纳税所得额的基础上，该暂时性差异的转回，会进一步增加转回期间的应纳税所得额和应交所得税金额。在应纳税暂时性差异产生当期，应当确认为递延所得税负债。应纳税暂时性差异通常产生于以下情况。

（1）资产的账面价值大于其计税基础。一项资产的账面价值代表的是企业在持续使用或最终出售该项资产时将取得的经济利益的总额，而计税基础代表的是一项资产在未来期间可予税前扣除的金额。资产的账面价值大于其计税基础，该项资产未来期间产生的经济利益不能全部税前抵扣，两者之间的差额需要交税，产生应纳税暂时性差异。例如，一项资产账面价值为200万元，计税基础如果为150万元，两者之间的差额会使未来期间应纳税所得额和应交所得税增加。在应纳税暂时性差异产生当期，应确认为递延所得税负债。

（2）负债的账面价值小于其计税基础。一项负债的账面价值为企业预计在未来期间清偿该项负债时的经济利益流出，而其计税基础代表的是账面价值在扣除税法规定未来期间允许税前扣除的金额之后的差额。因负债的账面价值与其计税基础不同而产生的暂时性差异，本质上是税法规定就该项负债在未来期间可以税前扣除的金额（与该项负债相关的费用支出在未来期间可予税前扣除的金额）。负债的账面价值小于其计税基础，则意味着就该项负债在未来期间可以税前抵扣的金额为负数，即应在未来期间应纳税所得额的基础上调增，增加未来期间的应纳税所得额和应交所得税金额，产生应纳税暂时性差异，应确认为递延所得税负债。

2）可抵扣暂时性差异

可抵扣暂时性差异是指在确定未来收回资产或清偿负债期间的应纳税所得额时，将导致产生可抵扣金额的暂时性差异。该差异的特点表现为：在未来期间转回时会减少转回期间的应纳税所得额，减少未来期间的应交所得税。在可抵扣暂时性差异产生当期，符合确认条件（预计未来转回期间能够产生足够的应纳税所得额可供抵扣）的情况下，应当确认相关的递延所得税资产。可抵扣暂时性差异产生于以下情况。

（1）资产的账面价值小于其计税基础。从经济含义来看，资产在未来期间产生的经济利益少，按照税法规定允许税前扣除的金额多，则就账面价值与计税基础之间的差额，企业在未来期间可以减少应纳税所得额并减少应交所得税，符合有关条件时，应当确认相关的递延所得税资产。例如，一项资产的账面价值为200万元，计税基础为260万元，则企业在未来期间就该项资产可以在其自身取得经济利益的基础上多扣除60万元。从整体上来看，未来期间应纳税所得额会减少，应交所得税也会减少，形成可抵扣暂时性差异，符合确认条件时，应确认为递延所得税资产。

（2）负债的账面价值大于其计税基础。负债产生的暂时性差异实质上是税法规定就该项负债可以在未来期间税前扣除的金额。即

负债产生的暂时性差异

＝账面价值－计税基础

＝账面价值－（账面价值－未来期间计税时按照税法规定可予税前扣除的金额）

＝未来期间计税时按照税法规定可予税前扣除的金额

一项负债的账面价值大于其计税基础，意味着未来期间按照税法规定，与该项负债相关的全部或部分支出可以从未来应税经济利益中扣除，减少未来期间的应纳税所得额和应交所得税。例如，企业对将发生的产品保修费用在销售当期确认预计负债200万元，但如果税法规定有关费用支出只有在实际发生时才能够税前扣除，其计税基础为0；企业确认预计负债的当期相关费用不允许税前扣除，但在以后期间有关费用实际发生时允许税前扣除，使得未来期间的应纳税所得额和应交所得税减少，产生可抵扣暂时性差异，

符合有关确认条件时，应确认为递延所得税资产。

（3）特殊项目产生的可抵扣暂时性差异。某些交易或事项发生以后，因为不符合资产、负债的确认条件而未体现为资产负债表中的资产或负债，但按照税法规定能够确定其计税基础的，其账面价值与计税基础之间的差异也构成暂时性差异。其具体项目如下。

（1）企业当年度发生的亏损。按税法规定企业当年度发生的亏损可用于抵减以后5个年度的应纳税所得额。

（2）超标准的职工教育经费支出。按税法规定职工教育经费支出，不超过工资薪金总额8%的部分，准予扣除；超过部分，准予在以后纳税年度结转扣除。

（3）超标准的广告费和业务宣传费支出。按税法规定广告费和业务宣传费支出，不超过当年销售（营业）收入15%的部分，准予扣除；超过部分，准予在以后纳税年度结转扣除。

（4）超标准的公益性捐赠支出。按税法规定公益性捐赠支出，不超过年度利润总额12%的部分，准予扣除；超过部分，准予在以后3个纳税年度结转扣除。

各资产、负债项目及特殊项目由于影响因素不同，产生暂时性差异的情况不同。具体情况见表2-2～表2-4。

表2-2 资产项目暂时性差异产生明细表

序号	项目	时间	账面价值	计税基础	差异类型
1	应收款项	初始	发生额	发生额	无差异
		期末	计提坏账准备	不计提坏账准备	可抵扣暂时性差异
				发生坏账时确认损失	
2	存货	初始	成本	成本	无差异
		期末	计提跌价准备	不计提跌价准备	可抵扣暂时性差异
				发生跌价时确认损失	
3	交易性金融资产	初始	成本（公允价值）	成本（公允价值）	无差异
		期末	公允价值	成本	可抵扣或应纳税暂时性差异
4	其他债权、权益工具投资	初始	成本（公允价值）	成本（公允价值）	无差异
		期末	公允价值	成本	可抵扣或应纳税暂时性差异
5	债权投资	初始	成本（公允价值）	成本（公允价值）	无差异
		期末	计提减值准备	不计提减值准备	可抵扣暂时性差异
				发生减值时确认损失	
6	长期股权投资	初始	成本法	成本	无差异
			权益法	成本	无差异或应纳税暂时性差异
		后续	成本法	成本	无差异
			权益法	成本	可抵扣或应纳税暂时性差异
		期末	计提减值准备	不计提减值准备	可抵扣暂时性差异
				发生减值时确认损失	

续表

序号	项目	时间	账面价值	计税基础	差异类型
7	投资性房地产	初始	成本模式	成本	无差异
			公允价值模式	成本	可抵扣或应纳税暂时性差异
		后续	成本模式	成本	无差异
			公允价值模式	成本	可抵扣或应纳税暂时性差异
		期末	计提减值准备	不计提减值准备 发生减值时确认损失	可抵扣暂时性差异
8	固定资产	初始	成本	成本	无差异
		后续	预计使用年限、预计净残值、折旧方法企业自行确定	预计使用年限、预计净残值、折旧方法税法有规定	可抵扣或应纳税暂时性差异
		期末	计提减值准备	不计提减值准备发生减值时确认损失	可抵扣暂时性差异
9	工程物资 在建工程	初始	成本	成本	无差异
		期末	计提减值准备	不计提减值准备 发生减值时确认损失	可抵扣暂时性差异
10	无形资产	自创	不符合资本化的计当期损益	不符合资本化的加计50%计当期损益	不确认暂时性差异
			符合资本化的按成本计价	符合资本化的按成本×150%计价	
		其他取得	成本	成本	无差异
		后续	使用寿命不确定的无形资产不摊销	使用寿命不确定的无形资产按不低于10年摊销	应纳税暂时性差异
		期末	计提减值准备	不计提减值准备 发生减值时确认损失	可抵扣暂时性差异

表2-3 负债项目暂时性差异产生明细表

序号	项目	时间	账面价值	计税基础	差异类型
1	预计负债	部分	估计发生额	不允许在当期扣除，允许在将来发生时扣除	可抵扣暂时性差异
2	合同负债	部分	当期不确认收入	当期确认收入	可抵扣暂时性差异
3	其他		发生额	不允许在将来支付时扣除	无差异

表2-4 特殊项目暂时性差异产生明细表

序号	项目	时间	账面价值	计税基础	差异类型
1	当期发生的亏损	期末	不允许在未来会计利润中扣除	允许在未来连续5年内税前扣除	可抵扣暂时性差异

续表

序号	项目	时间	账面价值	计税基础	差异类型
2	职工教育经费支出	期末	当期全额在会计利润中扣除	不超过工资薪金总额8%的部分,准予扣除,超过部分,准予在以后纳税年度结转扣除	可抵扣暂时性差异
3	广告费和业务宣传费支出	期末	当期全额在会计利润中扣除	不超过当年销售(营业)收入15%的部分,准予扣除,超过部分,准予在以后纳税年度结转扣除	可抵扣暂时性差异
4	公益性捐赠支出	期末	当期全额在会计利润中扣除	不超过年度利润总额12%的部分,准予扣除;超过部分,准予在以后3个纳税年度结转扣除	可抵扣暂时性差异

【例2-4】20×8年10月20日,A公司自公开市场取得一项权益性投资,支付价款1 600万元,作为交易性金融资产核算。20×8年12月31日,该项权益性投资的市价为1 760万元。

账面价值=1 760(万元)

计税基础=1 600(万元)

应纳税暂时性差异=1 760-1 600=160(万元)

【例2-5】A企业于20×6年末以600万元购入一项生产用固定资产,按照该项固定资产的预计使用情况,A企业估计其使用寿命为20年,按照直线法计提折旧,预计净残值为0。假定税法规定的折旧年限、折旧方法及净残值与会计规定相同。20×8年12月31日,A企业估计该项固定资产的可收回金额为500万元。

账面价值=600-600÷20×2-40=500(万元)

计税基础=600-600÷20×2=540(万元)

可抵扣暂时性差异=540-500=40(万元)

【例2-6】20×8年A企业当期为开发新技术发生研究开发支出计2 000万元,其中研究阶段支出400万元,开发阶段符合资本化条件前发生的支出为400万元,符合资本化条件后至达到预定用途前发生的支出为1 200万元。

账面价值=1 200(万元)

计税基础=1 200×200%=2 400(万元)

该内部开发形成的无形资产的账面价值与其计税基础之间产生的1 200万元暂时性差异系资产初始确认产生的,确认资产既不影响会计利润也不影响应纳税所得额,按照准则规定,不确认暂时性差异的所得税影响。

【例2-7】甲企业20×8年因销售产品承诺提供3年的保修服务,在当年度利润表中确认了400万元的销售费用,同时确认为预计负债,当年度未发生任何保修支出。

账面价值=400(万元)

计税基础＝400－400＝0（万元）

可抵扣暂时性差异＝400－0＝400（万元）

【例 2-8】A 公司 20×8 年发生了 2 000 万元广告支出，发生时已作为销售费用计入当期损益，税法规定，该类支出不超过当年销售收入 15%的部分允许当期税前扣除，超过部分允许向以后纳税年度结转税前扣除。A 公司 20×7 年实现销售收入 10 000 万元。

账面价值＝0（万元）

计税基础＝2 000－10 000×15%＝500（万元）

可抵扣暂时性差异＝500－0＝500（万元）

2. 递延所得税负债的确认和计量

递延所得税负债产生于应纳税暂时性差异。应纳税暂时性差异在未来转回期间将增加企业的应纳税所得额和应交所得税，导致企业经济利益流出，在其发生当期，构成企业应支付税金的义务，应作为负债确认。

1）递延所得税负债的确认

企业在确认由应纳税暂时性差异产生的递延所得税负债时，应遵循以下原则。

（1）除所得税准则中明确规定可不确认递延所得税负债的情况以外，企业对于所有的应纳税暂时性差异均应确认相关的递延所得税负债。基于谨慎性原则，为了充分反映交易或事项发生后对未来期间的计税影响，除特殊情况可不确认相关的递延所得税负债外，企业应尽可能地确认与应纳税暂时性差异相关的递延所得税负债。

（2）不确认递延所得税负债的特殊情况：①商誉的初始确认。②除企业合并以外的其他交易或事项中，如果该项交易或事项的发生既不影响会计利润，也不影响应纳税所得额，则所产生的资产、负债的初始确认金额与其计税基础不同，形成应纳税暂时性差异的，交易或事项发生时不确认相应的递延所得税负债。③与子公司、联营企业、合营企业投资等相关的应纳税暂时性差异，一般应确认相关的递延所得税负债，但同时满足以下两个条件的除外，即投资企业能够控制暂时性差异转回的时间，以及该暂时性差异在可预见的未来很可能不会转回。

2）递延所得税负债的计量

递延所得税负债是根据应纳税暂时性差异计算的未来期间应付的所得税金额。其计算公式如下：

递延所得税负债期末余额＝应纳税暂时性差异余额×所得税税率

本期递延所得税负债发生额＝递延所得税负债期末余额－递延所得税负债期初余额
＝＋发生/－转回

（1）递延所得税负债应以相关应纳税暂时性差异转回期间按照税法规定适用的所得税税率计量。企业适用的所得税税率在不同年度之间一般不会发生变化，企业在确认递延所得税负债时，可以以现行适用税率为基础计算确定。对于享受优惠政策的企业，其所产生的暂时性差异应以预计其转回期间的适用所得税税率为基础计量。

（2）无论应纳税暂时性差异的转回期间如何，准则中规定递延所得税负债不要求折现。

3. 递延所得税资产的确认和计量

1）递延所得税资产的确认

递延所得税资产产生于可抵扣暂时性差异。资产、负债的账面价值与其计税基础不同产生可抵扣暂时性差异的，在估计未来期间能够取得足够的应纳税所得额用以抵扣该可抵扣暂时性差异时，应当以很可能取得用来抵扣可抵扣暂时性差异的应纳税所得额为限，确认相关的递延所得税资产。

在判断企业于可抵扣暂时性差异转回的未来期间是否能够产生足够的应纳税所得额时，应考虑以下两个方面的影响。

（1）通过正常的生产经营活动能够实现的应纳税所得额，如企业通过销售商品、提供劳务等所实现的收入，扣除有关的成本费用等支出后的金额。该部分情况的预测应当以经企业管理层批准的最近财务预算或预测数据以及该预算或预测期之后年份稳定的或递减的增长率为基础。

（2）以前期间产生的应纳税暂时性差异在未来期间转回时将增加的应纳税所得额。

考虑到可抵扣暂时性差异转回的期间内可能取得应纳税所得额的限制，因无法取得足够的应纳税所得额而未确认相关的递延所得税资产的，应在会计报表附注中进行披露。

如果企业发生的某项交易或事项不属于企业合并，并且交易发生时既不影响会计利润也不影响应纳税所得额，且该项交易中产生的资产、负债的初始确认金额与其计税基础不同，产生可抵扣暂时性差异的，所得税准则中规定在交易或事项发生时不确认相关的递延所得税资产。

2）递延所得税资产的计量

递延所得税资产是指根据可抵扣暂时性差异计算的未来期间可收回的所得税金额。其计算公式如下：

递延所得税资产期末余额＝可抵扣暂时性差异余额×所得税税率

本期递延所得税资产发生额＝递延所得税资产期末余额－递延所得税资产期初余额
＝＋发生/－转回

（1）递延所得税资产应在相关可抵扣税暂时性差异转回期间按照税法规定适用的所得税税率计量。企业适用的所得税税率在不同年度之间一般不会发生变化，企业在确认递延所得税资产时，可以以现行适用税率为基础计算确定。对于享受优惠政策的企业，则所产生的暂时性差异应以预计其转回期间的适用所得税税率为基础计量。

（2）递延所得税资产的减值。所得税准则规定，资产负债表日，企业应当对递延所得税资产的账面价值进行复核。如果未来期间很可能无法取得足够的应纳税所得额用以利用可抵扣暂时性差异带来的经济利益，应当减记递延所得税资产的账面价值。

4. 递延所得税资产、递延所得税负债的会计处理

有关交易或事项发生时，对税前会计利润或应纳税所得额产生影响的，所确认的递延所得税资产、递延所得税负债应作为利润表中所得税费用的调整（计入"所得税费用——递延所得税费用"科目）；有关暂时性差异产生于直接计入所有者权益的交易或

事项的，确认的递延所得税资产、递延所得税负债也应计入所有者权益（计入"其他综合收益"科目）；企业合并中取得的有关资产、负债产生的暂时性差异，确认的递延所得税资产、递延所得税负债应相应调整合并中确认的商誉或者计入合并当期损益（计入"商誉"或者"营业外收入"科目）。

【例2-9】（接【例2-4】）20×9年12月31日，该项权益性投资的市价为1 500万元。所得税税率为25%。

20×8年12月31日：

应纳税暂时性差异＝1 760－1 600＝160（万元）

递延所得税负债＝160×25%＝40（万元）

账务处理：

借：所得税费用——递延所得税费用	400 000	
贷：递延所得税负债		400 000

20×9年12月31日：

账面价值＝1 500（万元）

计税基础＝1 600（万元）

可抵扣暂时性差异＝1 600－1 500＝100（万元）

应纳税暂时性差异＝0

递延所得税负债发生额＝0－40＝－40（万元）

递延所得税资产发生额＝100×25%＝25（万元）

账务处理：

借：递延所得税负债	400 000	
递延所得税资产	250 000	
贷：所得税费用——递延所得税费用		650 000

【例2-10】M公司2×24年亏损500万元，预计2×25～2×27年每年分别会产生应纳税额：150万元；200万元；300万元。无其他暂时性差异。所得税税率为25%。2×25～2×27年每年实际产生的应纳税额与预计一致。

2×24年12月31日：由于预计未来5年会产生足够的应纳税额用于抵扣亏损，所以要确认递延所得税资产。

可抵扣暂时性差异＝500（万元）

递延所得税资产＝500×25%＝125（万元）

账务处理：

借：递延所得税资产	1 250 000	
贷：所得税费用——递延所得税费用		1 250 000

2×25年12月31日：

可抵扣暂时性差异余额＝500－150＝350（万元）

递延所得税资产余额＝350×25%＝87.5（万元）

递延所得税资产本期发生额＝87.5－125＝－37.5（万元）

账务处理：

借：所得税费用——递延所得税费用　　　　　　　　　375 000
　　贷：递延所得税资产　　　　　　　　　　　　　　　　　　375 000

2×26 年 12 月 31 日：

可抵扣暂时性差异余额＝350－200＝150（万元）
递延所得税资产余额＝150×25%＝37.5（万元）
递延所得税资产本期发生额＝37.5－87.5＝－50（万元）

账务处理：

借：所得税费用——递延所得税费用　　　　　　　　　500 000
　　贷：递延所得税资产　　　　　　　　　　　　　　　　　　500 000

2×27 年 12 月 31 日：

可抵扣暂时性差异余额＝0（万元）
递延所得税资产余额＝0×25%＝0（万元）
递延所得税资产本期发生额＝0－37.5＝－37.5（万元）
应交所得税＝（300－150）×25%＝37.5（万元）

账务处理：

借：所得税费用——递延所得税费用　　　　　　　　　375 000
　　　　　　——当期所得税费用　　　　　　　　　　　375 000
　　贷：递延所得税资产　　　　　　　　　　　　　　　　　　375 000
　　　　应交税费——应交所得税　　　　　　　　　　　　　　375 000

【例 2-11】甲公司于 20×9 年 2 月自公开市场以每股 8 元的价格取得 A 公司普通股 100 万股，企业根据其管理金融资产的业务模式和金融资产的合同现金流量特征，将该金融资产划分为以公允价值计量且其变动计入其他综合收益的金融资产。20×9 年 12 月 31 日，甲公司持有的该股票尚未出售，当日市价为每股 12 元，按照税法规定，资产在持有期间公允价值的变动不计入应纳税所得额，待处理时一并计算应计入应纳税所得额的金额。甲公司适用的所得税税率为 25%。

20×9 年 12 月 31 日：

账面价值＝1 200（万元）
计税基础＝800（万元）
应纳税暂时性差异＝1 200－800＝400（万元）
递延所得税负债发生额＝400×25%＝100（万元）

账务处理：

借：其他综合收益　　　　　　　　　　　　　　　　　1 000 000
　　贷：递延所得税负债　　　　　　　　　　　　　　　　　　1 000 000

【例 2-12】A 企业以增发市场价值为 6 000 万元的自身普通股（1 000 万股）为对价购入 B 企业 100% 的净资产，对 B 企业进行非同一控制下的吸收合并。假定该项合并符合税法规定的免税合并条件，购买日 B 企业各项可辨认资产、负债资料见表 2-5。

表 2-5　购买日 B 企业各项可辨认资产、负债资料　　　　　　　单位：万元

资产项目	公允价值	计税基础	暂时性差异	暂时性差异类型
固定资产	2 700	1 550	1 150	应纳税暂时性差异
应收账款	2 100	2 100	—	
存货	1 740	1 240	500	应纳税暂时性差异
其他应付款	300	0	300	可抵扣暂时性差异
应付账款	1 200	1 200	0	
净资产	5 040	3 690	1 350	

本例中企业适用的所得税税率为 25%，该项交易中应确认递延所得税负债和递延所得税资产以及商誉的金额计算如下：

可辨认净资产公允价值＝5 040（万元）
递延所得税资产＝300×25%＝75（万元）
递延所得税负债＝1 650×25%＝412.50（万元）
考虑递延所得税后可辨认资产、负债的公允价值＝5 040＋75－412.50＝4 702.5（万元）
商誉＝6 000－4 702.50＝1 297.5（万元）

账务处理如下（金额单位：万元）。

借：固定资产　　　　　　　　　　　　　　　　　　　　　2 700
　　应收账款　　　　　　　　　　　　　　　　　　　　　2 100
　　库存商品等　　　　　　　　　　　　　　　　　　　　1 740
　　递延所得税资产　　　　　　　　　　　　　　　　　　　75
　　商誉　　　　　　　　　　　　　　　　　　　　　　　1 297.5
　　贷：其他应付款　　　　　　　　　　　　　　　　　　　　300
　　　　应付账款　　　　　　　　　　　　　　　　　　　　1 200
　　　　递延所得税负债　　　　　　　　　　　　　　　　　412.5
　　　　股本　　　　　　　　　　　　　　　　　　　　　　1 000
　　　　资本公积——股本溢价　　　　　　　　　　　　　　5 000

因该项合并符合税法规定的免税合并条件，如果当事各方选择进行免税处理，则作为购买方其在免税合并中取得的被购买方有关资产、负债应维持其原计税基础不变。被购买方原账面上未确认商誉，即商誉的计税基础为 0。该项合并中所确认的商誉金额 1 297.5 万元与其计税基础 0 之间产生的应纳税暂时性差异，按照准则中的规定，不确认相关的所得税影响。

（四）应交所得税计算和核算

根据资产负债表债务法所得税核算一般程序第四步的要求，按照适用的税法规定计算确定当期应纳税所得额，将应纳税所得额乘以适用的所得税税率计算的结果确认为当期应交所得税和当期所得税费用。

1. 应纳税所得额计算

企业所得税的计税依据是纳税人的生产、经营所得和其他所得,通常称为应纳税所得。应纳税所得的计算方式有直接计算法和间接计算法两种。实务中通常采用间接计算法。间接计算法是在企业每一纳税年度实现的会计利润总额的基础上,调整会计与税法在收入与成本费用、损失确认上的差异后的余额,为应纳税所得额。计算公式如下:

$$应纳税所得额=会计利润总额\pm纳税项目金额调整额$$

式中,纳税项目金额调整额为会计利润与应纳税所得额之间的差异,包括永久性差异和影响当期利润或者应纳税所得额的暂时性差异。纳税项目金额调整额的内容如下。

(1)会计确认为收入,税法不确认为收入或者会计确认的收入比税法确认的收入多,调整时为减项。

(2)会计不确认为收入,税法确认为收入或者会计确认的收入比税法确认的收入少,调整时为加项。

(3)会计确认为费用或损失,税法不确认为费用或损失或者会计确认的费用或损失比税法确认的费用或损失多,调整时为加项。

(4)会计不确认为费用或损失,税法确认为费用或损失或者会计确认的费用或损失比税法确认的费用或损失少,调整时为减项。

纳税项目金额调整额的业务类型见表2-6。

表2-6 纳税项目金额调整额的业务类型

序号	会计(利润总额)	税法(应纳税所得额)	调整符号
1	确认为收入	不确认为收入	—
	①国债利息收入;②居民企业之间的股息、红利等权益性投资收益		
2	不确认为收入	确认为收入	+
	企业将非货币性资产:①用于市场推广或展览;②用于交际应酬;③用于对外捐赠;④其他改变资产所有权属的用途		
3	确认为费用或损失	不确认为费用或损失	+
	①未按规定取得的合法有效凭据不得在税前扣除;②向投资者支付的股息、红利等权益性投资收益款项;③企业所得税款;④税收滞纳金;⑤属于行政处罚范畴的罚金、罚款和被没收财物的损失;⑥赞助支出、非公益性捐赠;⑦未经核定的准备金支出;⑧与取得收入无关的其他支出		
4	据实确认为费用或损失	不超过标准据实确认为费用或损失	+
	①职工福利费支出,不超过工资薪金总额14%的部分,准予扣除。②职工工会经费,不超过工资薪金总额2%的部分,准予扣除。③非金融企业向非金融企业借款的利息支出,不超过按照金融企业同期同类贷款利率计算的数额的部分。④业务招待费支出,按照发生额的60%扣除,但最高不得超过当年销售(营业)收入的5‰。⑤职工教育经费支出,不超过工资薪金总额8%的部分,准予扣除;超过部分,准予在以后纳税年度结转扣除。⑥广告费和业务宣传费支出,不超过当年销售(营业)收入15%的部分,准予扣除;超过部分,准予在以后纳税年度结转扣除。⑦公益性捐赠支出,不超过年度利润总额12%的部分,准予扣除;超过部分,准予在以后3个纳税年度结转扣除		

续表

序号	会计（利润总额）	税法（应纳税所得额）	调整符号
	据实确认为费用或损失	加计扣除确认为费用或损失	
5	（1）企业为开发新技术、新产品、新工艺发生的研究开发费用，未形成无形资产计入当期损益的，在按照规定据实扣除的基础上，按照研究开发费用的50%加计扣除；形成无形资产的，按照无形资产成本的150%摊销 （2）企业安置残疾人员的，在按照支付给残疾职工的工资据实扣除的基础上，按照支付给残疾职工工资的100%加计扣除		—
	不确认为费用或损失	确认为费用或损失	
6	（1）对于使用寿命不确定的无形资产，税法规定按不低于10年摊销； （2）按税法规定企业当年度发生的亏损可用于抵减以后5个年度的应纳税所得额		—

除表2-6所示的纳税项目金额调整额的业务类型外，其他影响当期利润或者应纳税所得额的暂时性差异也属于纳税项目金额调整额的业务类型。影响当期利润或者应纳税所得额的暂时性差异在计算应纳税所得额时的调整方式见表2-7。

表2-7　暂时性差异纳税项目金额调整额明细表

序号	当期利润或者应纳税所得额的暂时性差异类型	调整符号
1	新发生的可抵扣暂时性差异	＋
2	转回的可抵扣暂时性差异	－
3	新发生的应纳税暂时性差异	－
4	转回的应纳税暂时性差异	＋

2. 应交所得税计算

应交所得税是根据当期应纳税所得额和当期适用所得税税率计算的企业当期应交的所得税。其计算公式如下：

$$应交所得税＝应纳税所得额×所得税税率$$

3. 应交所得税核算

在根据当期应纳税所得额和当期适用所得税税率计算的企业当期应交的所得税时，根据企业所得税纳税申报表做如下会计处理。

借：所得税费用——当期所得税费用
　　贷：应交税费——应交所得税

（五）所得税费用的确认和计量

企业核算所得税，主要是为确定当期应交所得税以及利润表中应确认的所得税费用。按照资产负债表债务法核算所得税的情况下，利润表中的所得税费用由两个部分组成：当期所得税和递延所得税。

1. 当期所得税

当期所得税是指企业按照税法规定计算确定的针对当期发生的交易和事项，应交纳给税务部门的所得税金额，即应交所得税，当期所得税应以适用的税收法规为基础计算确定。

2. 递延所得税

递延所得税是指按照所得税准则规定应予确认的递延所得税资产和递延所得税负债在期末应有的金额与原已确认金额之间的差额，即递延所得税资产及递延所得税负债当期发生额的综合结果。用公式表示为

递延所得税＝（期末递延所得税负债－期初递延所得税负债）

－（期末递延所得税资产－期初递延所得税资产）

应予说明的是，企业因确认递延所得税资产和递延所得税负债而产生的递延所得税，一般应当计入所得税费用，但以下两种情况除外。

（1）某项交易或事项按照会计准则规定应计入所有者权益的，由该交易或事项产生的递延所得税资产或递延所得税负债及其变化也应计入所有者权益，不构成利润表中的递延所得税费用（或收益）。

（2）企业合并中取得的资产、负债，其账面价值与计税基础不同，应确认相关递延所得税的，该递延所得税的确认影响合并中产生的商誉或者计入合并当期损益，不影响所得税费用。

3. 所得税费用

计算确定了当期所得税及递延所得税以后，利润表中应予确认的所得税费用为两者之和。其计算公式如下：

所得税费用＝当期所得税＋递延所得税

【例2-13】A公司20×9年度利润表中利润总额为2 400万元，该公司适用的所得税税率为25%。递延所得税资产及递延所得税负债年初余额为40万元和64万元。20×9年发生的有关交易和事项中，会计处理与税收处理存在差别的有以下几项。

（1）20×8年1月开始计提折旧的一项固定资产，成本为1 200万元，使用年限为10年，预计净残值为0，会计处理按双倍余额递减法计提折旧，税收处理按直线法计提折旧。假定税法规定的使用年限及净残值与会计规定相同。

（2）向关联企业捐赠现金400万元。按照税法规定，企业向关联方的捐赠不允许税前扣除。

（3）期末持有的交易性金融资产成本为600万元，公允价值为1 200万元。税法规定，以公允价值计量的金融资产持有期间市价变动不计入应纳税所得额。

（4）违反环保规定应支付罚款200万元。

（5）期末对持有的存货计补提了60万元的存货跌价准备。存货跌价准备期初余额40万元。

（6）该年度支付残疾人工资20万元。

1）暂时性差异对所得税影响计算和核算

（1）固定资产：

账面价值＝1 200－1 200×2/10－960×2/10＝768（万元）
计税基础＝1 200－1 200/10×2＝960（万元）
可抵扣暂时性差异余额＝960－768＝192（万元）
（2）交易性金融资产：
账面价值＝1 200（万元）
计税基础＝600（万元）
应纳税暂时性差异余额＝1 200－600＝600（万元）
（3）存货：
可抵扣暂时性差异余额＝40＋60＝100（万元）
暂时性差异明细见表2-8。

表 2-8 暂时性差异明细　　　　　　　　　单位：万元

项目	账面价值	计税基础	暂时性差异	
			应纳税暂时性差异	可抵扣暂时性差异
存货	1 500	1 600		100
固定资产				
固定资产原价	1 200	1 200		
减：累计折旧	432	240		
减：固定资产减值准备	0	0		
固定资产账面价值	768	960		192
交易性金融资产	1 200	600	600	
其他应付款	200	200		
总计			600	292

递延所得税负债余额＝600×25%＝150（万元）
当期递延所得税负债＝150－64＝86（万元）
递延所得税资产余额＝292×25%＝73（万元）
当期递延所得税资产＝73－40＝33（万元）
当期递延所得税费用＝86－33＝53（万元）
账务处理如下（金额单位：万元）。
　　借：所得税费用——递延所得税费用　　　　　　　53
　　　　递延所得税资产　　　　　　　　　　　　　　33
　　　　贷：递延所得税负债　　　　　　　　　　　　　　　86
2）20×9年度应交所得税计算和核算
（1）会计利润＝2 400（万元）。
（2）永久性差异调整额：不允许税前扣除的向关联企业捐赠的现金400万元，违反环保规定支付的罚款200万元，税前加倍扣除的残疾人工资20万元。

永久性差异调整额＝＋400＋200－20＝＋580（万元）

（3）影响当期损益的暂时性差异调整额。

（a）固定资产折旧费：按会计准则规定应计提的折旧费＝960×2/10＝192（万元）；按税法规定应计提的折旧费＝1200/10＝120（万元），纳税调整额：＋72万元。

（b）交易性金融资产公允价值变动损益：按会计准则规定应确认的公允价值变动损益＝1200－856＝344（万元）；按税法规定不确认的公允价值变动损益，纳税调整额：－344万元。

（c）存货减值损失：按会计准则规定应计提的存货减值损失为60万元；按税法规定不计提存货减值损失，纳税调整额：＋60万元。

影响当期损益的暂时性差异调整额＝72－344＋60＝－212（万元）

应纳税所得额＝2400＋580－212＝2768（万元）

应交所得税＝2768×25%＝692（万元）

账务处理如下（金额单位：万元）。

借：所得税费用——当期所得税费用　　　　　　　　　　　692
　　贷：应交税费——应交所得税　　　　　　　　　　　　　　692

3）期末结转所得税费用核算

账务处理如下（金额单位：万元）。

借：本年利润　　　　　　　　　　　　　　　　　　　　745
　　贷：所得税费用——当期所得税费用　　　　　　　　　　692
　　　　　　　　　——递延所得税费用　　　　　　　　　　　53

20×9年度利润表部分数据见表2-9。

表2-9　20×9年度利润表（一）　　　　　　　　　　单位：万元

项目	本年金额
……	……
三、利润总额	2 400
减：所得税费用	745
四、净利润	1 655

第三节　应付税款法下所得税会计核算

一、应付税款法下所得税会计核算的会计处理

（一）会计科目设置

应付税款法是指将税前会计利润与应纳税所得额产生的差异对所得税的影响额全

部确认为当期所得税费用的方法。所以在应付税款法下会计核算需要设置以下会计科目。

（1）"所得税费用"损益类会计科目：该科目核算企业根据所得税准则确认的应从当期利润总额中扣除的所得税费用。该科目借方记录根据所得税准则确认的应从当期利润总额中扣除的所得税费用；期末，应将该科目的余额从贷方转入"本年利润"科目，结转后该科目无余额。

（2）"应交税费——应交所得税"负债类明细科目：该科目核算企业按税法规定计算应缴所得税和实际缴纳的所得税。该科目借记实际缴纳的所得税，贷记按税法规定计算应缴的所得税，平时借方期末余额表示平时预缴的所得税，年末贷方期末余额表示年末尚未缴纳的所得税。

（二）会计处理

（1）资产负债表日按税法规定计算当期应交所得税时，借记"所得税费用"科目，贷记"应交税费——应交所得税"科目。

（2）我国企业所得税法规定企业所得税分月或者分季预缴，年末结算清缴。企业分月或者分季预缴以及年末结算清缴时，借记"应交税费——应交所得税"科目，贷记"银行存款"科目。

二、应付税款法下所得税会计核算的一般程序

采用应付税款法核算所得税的情况下，企业一般应于每一资产负债表日进行所得税的核算。发生特殊交易或事项时，如企业合并，在确认因交易或事项取得的资产、负债时即应确认相关的所得税影响。企业进行所得税核算一般应遵循以下程序。

第一步：按照适用的税法规定计算确定当期应纳税所得额，将应纳税所得额乘以适用的所得税税率计算的结果确认为当期应交所得税。

企业在确定当期所得税时，对于当期发生的交易或事项，会计处理与税收处理不同的，应在会计利润的基础上，按照适用税收法规的规定进行调整，计算出当期应纳税所得额，按照应纳税所得额与适用所得税税率计算确定当期应交所得税。一般情况下，应纳税所得额可在会计利润的基础上，考虑会计与税收之间的差异，按照以下公式计算确定：

应纳税所得额＝会计利润＋按照会计准则规定计入利润表但计税时不允许税前扣除的费用±计入利润表的费用与按照税法规定可予税前抵扣的费用金额之间的差额±计入利润表的收入与按照税法规定应计入应纳税所得额的收入之间的差额－税法规定的不征税收入±其他需要调整的因素

当期所得税费用＝当期应交所得税＝应纳税所得额×适用的所得税税率

第二步：确定利润表中的所得税费用。

所得税费用＝当期应交所得税

【例 2-14】M 公司执行《小企业会计准则》，但不符合企业所得税法规定的小微企业条件，20×9 年度利润表中利润总额为 390 万元，该公司适用的所得税税率为 25%。20×9 年发生的有关交易和事项中，会计处理与税收处理存在差别的有以下几项。

（1）20×8年1月开始计提折旧的一项固定资产，成本为120万元，使用年限为10年，预计净残值为0，会计处理按双倍余额递减法计提折旧，税收处理按直线法计提折旧。假定税法规定的使用年限及净残值与会计规定相同。

（2）向关联企业捐赠现金10万元。按照税法规定，企业向关联方的捐赠不允许税前扣除。

（3）违反环保规定支付罚款5万元。

（4）该年度支付残疾人工资2万元。

20×9年度应交所得税计算和核算如下。

（1）应纳税所得额计算：①会计比税法多计提折旧费＝（120－120×2/10）×2/10－120/10＝7.20（万元）。②不允许税前扣除的向关联企业捐赠的现金10万元和违反环保规定支付的罚款5万元。③税前加倍扣除的残疾人工资2万元。

应纳税所得额＝390＋7.20＋10＋5－2＝410.20（万元）

（2）应交所得税计算。

应交所得税＝410.2×25%＝102.55（万元）

账务处理如下（金额单位：万元）。

借：所得税费用　　　　　　　　　　　　　　　　　　　　　102.55
　　贷：应交税费——应交所得税　　　　　　　　　　　　　　　102.55

（3）期末结转所得税费用核算。

账务处理如下（金额单位：万元）。

借：本年利润　　　　　　　　　　　　　　　　　　　　　　102.55
　　贷：所得税费用　　　　　　　　　　　　　　　　　　　　102.55

20×9年度利润表部分数据见表2-10。

表2-10　20×9年度利润表（二）　　　　　　　　　　　单位：万元

项目	本年金额
……	……
三、利润总额	390
减：所得税费用	102.55
四、净利润	287.45

第三章　企业合并会计

教学目标： 本章学习要求学生了解企业合并的概念、合并的动因；熟悉业务的概念、构成要素，并且能够判断有关组合是否构成一项业务，企业合并的分类、会计核算方法和会计核算内容；掌握同一控制和非同一控制下企业控股合并、吸收合并和新设合并的会计处理。

课程思政： 通过企业合并会计教学，引导学生学习掌握企业合并会计处理相关知识。通过同一控制和非同一控制下企业控股合并、吸收合并和新设合并会计核算处理等相关知识点教学，切入创新思维和创新精神等课程思政要素，鼓励学生在学习和实践中积极探索新的理论和方法，引导学生了解创新驱动发展的重要性，培养学生的创新意识和创新能力。

第一节　企业合并概述

一、企业合并的概念和动因

（一）企业合并的概念

企业合并是经济快速发展时期较为常见的交易事项。近些年来，随着我国经济市场化和国际化的发展，国际竞争力的不断增强，跨国经营不断增多，企业的收购兼并日趋复杂，客观上需要拓宽生产经营渠道，开辟新的投资领域或市场等。《企业会计准则第20号——企业合并》（以下简称企业合并准则）将企业合并定义为：企业合并，是指将两个或两个以上单独的企业合并形成一个报告主体的交易或事项。在理解企业合并的概念时，至少应该注意以下几个问题。

（1）"单独的企业"既是独立的法人主体也是独立的报告主体，即作为独立的法人单位，单独的主体应定期提供单独的会计报告。

（2）"合并形成一个报告主体"是指多个主体合并后形成的合并体为一个报告主体，它应该是经济意义上的一个主体，而从法律意义上看它可能是一个法人主体，也可能是多个法人主体。当一家企业将其他一个或几家企业的资产和负债吸收并入本企业，被合并的企业解散，实施合并的企业继续保留其法人地位时，合并体既是一个法人主体，也是一个报告主体；当两家或两家以上企业合并组成一个新的企业，参与合并的原各企业均不复存在时，这个新的企业作为合并体也同时是一个法人主体和报告主体；而在由一家企业通过购买其他企业的股份或交换股份取得其他企业股份的方式，取得对其他企业的控制权的合并中，在保留合并前各法人主体的前提下，合并体构成一个经济意义上的主体，从而产生一个需要提供合并会计信息的新的报告主体。

（3）企业合并是一项交易还是一个事项？这实际上是关于企业合并性质的问题。"交易"通常是指企业与外部不存在关联关系的单位或个人之间发生的交换行为，交易通常是建立在公平的基础之上的，所以使用公允价值进行。"事项"通常是指企业内部各部门之间发生的经济行为，事项通常不是建立在公平的基础之上的，所以只能使用账面价值进行。

【例3-1】现有 A、B 两个企业。如果 A、B 两个企业合并后只存留下 A 企业，则合并后的报告主体是 A 企业；如果 A、B 合并创设一个新企业 C，则合并后的报告主体是 C 企业；如果 A、B 合并后，A、B 两个企业仍均作为独立的法人主体存在，但 A 取得对 B 的控制权，则 A、B 两个企业虽然互为独立的法律主体，但却构成一个经济意义上的整体，从编制合并财务报表的角度来看，这个整体就是一个报告主体。

（4）企业合并的结果通常是一个企业取得了对另一个或一个以上企业（或业务）的控制权。构成企业合并至少包括两层含义：一是取得对另一个或一个以上企业（或业务）的控制权；二是所合并的企业必须构成业务。如果一个企业取得了对另一个或一个以上企业的控制权，而被购买方（或被合并方）并不构成业务，则该交易或事项不构成企业合并。

业务是指企业内部某些生产经营活动或资产的组合，该组合一般具有投入、加工处理过程和产出能力，能够独立计算其成本费用或所产生的收入。合并方在合并中取得的生产经营活动或资产的组合（以下简称组合）构成业务，通常应具有下列三个要素：①投入，指原材料、人工、必要的生产技术等无形资产以及构成产出能力的机器设备等其他长期资产的投入。②加工处理过程，指具有一定的管理能力、运营过程，能够组织投入形成产出能力的系统、标准、协议、惯例或规则。③产出，包括为客户提供的产品或服务、为投资者或债权人提供的股利或利息等投资收益，以及企业日常活动产生的其他收益。

有关组合是否构成一项业务，应结合所取得生产经营活动或资产的内在联系及加工处理过程等进行综合判断。合并方在合并中取得的组合应当至少同时具有一项投入和一项实质性加工处理过程，且二者相结合对产出能力有显著贡献，该组合才构成业务。所以，具有一项投入和一项实质性加工处理过程是判断有关组合是否构成一项业务的必要条件，产出不是必要条件。

（二）企业合并的动因

企业合并的根本动机是企业逐利的本性和迫于竞争压力而采取的主动行动。寻求扩张的企业面临着依靠内部扩张和通过并购谋求发展的选择。内部扩张往往需要经过一个缓慢而不确定的过程，通过并购发展则可迅速达到预期目标，但同时也会带来各种不确定性因素。并购交易的支持者通常会将达成某种协同效应（synergy）作为支持特定并购活动的理由。并购产生的协同效应可以概括为经营协同效应（operating synergy）和财务协同效应（financial synergy）两个方面。就具体业务而言，并购的动因可归纳为以下方面。

（1）扩大经营规模，降低成本费用。通过合并，企业规模得以扩大，能够形成有效的规模效应。规模效应能够带来资源的有效整合和充分利用，降低生产、管理、原材料供应等环节的成本费用。

（2）提高市场份额，提升行业战略地位。企业规模的扩大，伴随着生产力的提高、销售网络的完善以及市场份额的提升，从而使企业在行业中确立领导地位。

（3）取得充足廉价的原材料和劳动力，增强企业竞争力。通过合并实现企业规模的扩大，成为原料供应商的主要客户，能够极大增强企业的谈判能力，从而为企业获得廉价的生产资料提供可能。同时，高效的管理、人力资源的充分利用和企业知名度的提高，都有助于企业降低劳动力成本，提升整体竞争力。

（4）实施品牌营销战略，提高企业知名度，以获取超额利润。品牌是价值的动力，同样的产品，甚至是同样质量的产品，名牌产品的价值远远高于普通产品。合并能够有效提升品牌知名度，提高企业产品的附加值，获得更高利润。

（5）通过合并取得先进的生产技术、管理经验、经营网络、专业人才等各类资源，实现公司发展战略。例如，企业在并购活动中，不仅收购了被收购企业的资产，而且获得了被收购企业的人力资源、管理资源、技术资源、销售资源等，这些都有利于企业整体竞争力的根本提升，推动公司发展战略目标的实现。

（6）通过合并跨入新的行业，实施多元化战略，分散投资风险。随着行业竞争的加剧，企业通过混合并购等方式对其他行业进行投资，不仅能够有效扩展企业，获得更广泛的市场空间，而且能够分散由本行业激烈竞争带来的风险。

二、企业合并的分类

在企业合并的理论和实务中，通常按照以下标准对企业合并的方式加以分类。

（一）按法律形式划分

企业合并按法律形式划分，可分为吸收合并、新设合并和控股合并三种。

1. 吸收合并

吸收合并是指一个公司通过现金购买、股票交换、发行债务性证券或支付其他资产等形式，取得另一个或另几个公司的全部净资产。在吸收合并方式下，参与合并的公司中通常只有一家公司继续保留其法人地位，一般称其为存续公司，而另一个或另几个被吸收的公司在合并后丧失法人地位，宣布解散。例如：甲公司＋乙公司＝甲公司。那么，甲乙两公司合并中，甲公司是存续公司，乙公司被甲公司吸收合并丧失法人地位。

2. 新设合并

新设合并也称为创立合并，是指两家或两家以上的公司通过交换有表决权的股份，合并成一个新公司。在新设合并方式下，参与合并的公司均丧失其法律地位，而成立一家新公司，被合并公司的股东成为新公司的股东。例如：甲公司＋乙公司＝丙公司。那么，甲、乙公司均不复存在，成立新的丙公司。

3. 控股合并

控股合并是指一个公司通过现金购买、股权交换或发行债务性证券等方式，取得另一个公司的部分或全部有表决权的股份。在控股合并方式下，参与合并的两个公司仍然继续保留各自的法人地位，被控股的公司成为控股公司的附属公司，形成母、子公司关系。例如，当甲公司取得乙公司50%以上有表决权的股份时，一般情况下，甲公司实际就控制了乙公司的经营活动和财务政策。甲公司成为控股公司，也称母公司，乙公司成为甲公司的附属公司，也称子公司。这时甲公司在会计上可以通过定期编制合并会计报表的方式来反映合并的财务状况和经营成果，即

甲公司个别报表＋乙公司个别报表＝甲、乙公司合并报表

（二）按合并双方的行业特点划分

企业合并按合并双方的行业特点划分，可分为横向合并、纵向合并和混合合并三种。

1. 横向合并

横向合并也称水平式合并，通常又称同业合并，是指生产或经营同类产品及劳务的企业间的合并。横向合并会削弱企业间的竞争，改善行业结构，并在很多情况下形成垄断。

2. 纵向合并

纵向合并也称垂直式合并，通常又称上下游企业合并，是指虽然合并双方的生产工艺、产品和劳务不相同，但生产前后存在连续性的企业之间的合并。通过纵向合并，企业将关键性的投入—产出关系纳入企业的控制范围，使其前后产品相互配套，扩大经营范围，形成供、产、销一条龙，达到提高企业对市场的控制能力的目的。

3. 混合合并

混合合并是指既在工艺上无关联，同时产品又有极大差异的企业间的合并。混合合并可以抵消不同时期不同行业面临的不同风险，提高企业的生存发展能力。

（三）按合并各方的控制人是否相同划分

企业合并按合并各方的控制人是否相同，可分为同一控制下的企业合并和非同一控制下的企业合并两种。

1. 同一控制下的企业合并

同一控制下的企业合并是指参与合并的企业在合并前后均受同一方或相同的多方最终控制且该控制并非暂时性的。能够对参与合并的各方在合并前后均实施最终控制的一方通常是指企业集团的母公司。同一控制下的企业合并一般发生于企业集团内部，如集团内母子公司之间、子公司与子公司之间等。能够对参与合并的企业在合并前后均实施最终控制的相同多方，是指根据合同或协议的约定，最终决定参与合并企业的财务和经营政策，并从中获取利益的投资者群体。控制并非暂时的，具体是指在企业合并之前（合并日之前），参与合并各方在最终控制方的控制时间一般在1年以上（含1年），企业

合并后所形成的报告主体在最终控制方的控制时间也应达到1年以上（含1年）。

2. 非同一控制下的企业合并

非同一控制下的企业合并是指参与合并的各方在合并前后不受同一方或相同的多方最终控制，即同一控制下的企业合并以外的其他企业合并。相对于同一控制下的企业合并而言，非同一控制下的企业合并是合并各方自愿进行的交易行为，其交易更具公平性。

我国企业合并准则对企业合并的分类是按照上述第三种方式进行的分类。同一控制下的企业合并和非同一控制下的企业合并的区别见表3-1。

表3-1 同一控制下的企业合并和非同一控制下的企业合并的区别

项目	同一控制下的企业合并	非同一控制下的企业合并
实质	合并是一项"事项"	合并是一项"交易"
双方称谓	合并方，被合并方	购买方，被购买方
合并基础	非公平交易	公平交易
合并计价	按账面价值	按公允价值
日期	合并日	交易日

三、企业合并的业务程序

根据有关法规，一般企业的合并业务程序可按以下几个步骤进行。

（一）确定企业合并意向

企业合并是建立在双方自愿的基础上的，双方确定各自的合并意向，是企业合并的前提条件。企业合并的意向可由有关负责部门或银行来做媒介，经双方直接洽谈来确定；也可以通过产权交易市场的自由选择，经双方洽谈来确定。

（二）进行资产评估

企业合并是企业的产权变动行为，企业的产权变动涉及有交易关系的各方利益，产权交易需要以资产的价值为依据，资产评估通过对资产价值进行客观、公正的评定和估算，维护交易各方的经济利益。在合并双方确定合并意向后，应立即对被合并企业进行资产评估，确定资产或产权的底价。

（三）可行性研究和科学论证

对企业合并事项进行可行性研究和科学论证，就是在对合并的背景和目标、参与合并企业的现状、市场需求等进行分析的基础上，对合并的经济效益和社会效益做出科学、合理的评价，以此对合并事项进行决策。

（四）确定合并价格

资产评估价值只表明资产的公允价格，该价格不一定就是合并双方商定的成交价格。企业合并的价格应以资产或产权的底价为基础，由合并双方协商议定，作为实施合并的企业接受被合并企业的代价。

（五）签署协议

合并双方企业的所有者代表签署产权转让的协议。有关协议和文件均应上报合并双方的主管部门，经审查批复后具有法律效力，有关文件还需进行法律公证。

（六）办理产权交接手续

合并双方在协议生效后，按照协议及时办理产权转让交接手续。

四、企业合并的会计处理方法

企业合并涉及被合并的公司净资产（或长期股权投资）计价、合并成本中所含有的商誉或负商誉是否应当在账上（或合并报表中）确认、被合并企业的合并前利润及合并时的留存利润是否应并入实施合并的企业等三个问题的处理。对这三个主要会计问题的认识不同，导致所采取的处理方式有所区别，因此产生了两种不同的企业合并的会计处理方法，即购买法（purchase method）和权益结合法（pooling of interest method）。

（一）购买法

购买法把企业合并看成一个企业购买另一个被合并企业或几个被合并企业净资产的交易行为，购买企业获得对被购买企业净资产的控制权和经营权。企业合并的购买法与企业直接从外界购买一般资产并无本质区别。购买法有如下特点。

1. 按公允价值计价

购买企业要按公允价值记录所取得的资产和承担的负债。取得被合并企业的成本即合并成本，要按照与购买一般资产相同的方法来确定，将合并成本按合并日各项目的公允价值分配到所取得的和承担的可辨认资产与负债中。

2. 需要确认和计量商誉价值

商誉是合并成本超过所取得的被合并企业可辨认净资产公允价值份额的差额。商誉应在企业发生合并业务时加以确认，按规定进行减值测试。

3. 合并日后被合并企业所实现的利润并入购买企业的利润

购买企业的利润仅仅包括当年本身实现的利润以及合并日后被合并企业所实现的利润，被合并企业的合并前利润不并入购买企业的利润中。

4. 购买企业的留存利润可能会因合并而减少，但不会增加

购买企业的留存利润有可能会因合并而减少，但不会增加，被合并企业合并时的留存利润不转入购买企业的留存利润中。

5. 合并时的相关费用

合并时的直接相关费用增加合并成本，合并的间接费用列为当期费用。如果以发行股票为代价形式，股票登记和发行成本直接冲销股票的公允价值，减少资本公积。

（二）权益结合法

权益结合法也称股权集中法、权益联营法。权益结合法把企业合并看成两个或两个

以上的企业实现的所有者权益的结合。在权益结合法下，企业合并不是一种购买行为，不存在可以确认的购进企业，也不存在购买价格和新的计价基础，参与联合的企业各自的会计报表项目均保持原来的账面价值。权益结合法有如下特点。

（1）参与合并的企业的净资产均按照账面价值计价，不考虑净资产的公允价值，也不存在需要记录的商誉或负商誉，因为合并成本与净资产公允价值之间不会产生差额。

（2）不论合并业务在会计年度的哪一时点发生，参与合并的企业整个年度的损益和留存收益全部包含在合并后的企业中。

（3）企业合并时，直接费用和间接费用均在发生时确认为当期费用。

（4）若参与合并的企业的会计处理方法不一致，应进行追溯调整。

五、企业合并的会计处理内容

（一）企业合并时的会计处理内容

（1）根据企业合并情况选择合并会计处理方法。同一控制下的企业合并选择权益结合法进行会计处理，非同一控制下的企业合并选择购买法进行会计处理。

（2）属于企业控股合并的，合并方编制合并日的合并会计报表。无论是同一控制下的企业控股合并还是非同一控制下的企业控股合并，合并日控股方除按权益结合法或者购买法进行会计处理外，还需要编制合并日的合并会计报表。

（二）企业合并后的会计处理内容

（1）企业吸收合并和新设合并后，独立存在的主体作为单一会计主体进行会计核算。

（2）企业控股合并后，各母子公司分别作为单一会计主体进行会计核算，在编制个别会计报表的基础上，母公司根据母子公司的个别会计报表编制合并会计报表。

第二节　同一控制下企业合并会计核算

一、同一控制下企业合并的会计处理原则

（一）总体原则

对于同一控制下的企业合并，企业合并准则中规定的会计处理方法类似于权益结合法，即对于被合并方的资产、负债按照原账面价值确认，不按公允价值进行调整，不形成商誉，合并对价账面价值与合并中取得的净资产账面价值份额的差额调整所有者权益（资本公积、盈余公积和未分配利润）项目。

（二）具体原则

（1）合并方在合并中确认取得的被合并方的资产和负债仅限于被合并方账面上原已

确认的资产和负债，合并中不产生新的资产和负债。

同一控制下的企业合并，从最终控制方的角度来说，其在企业合并发生前后能够控制的净资产价值量并没有发生变化，因此即便是在合并过程中，取得的净资产入账价值与支付的合并对价账面价值之间存在差额，同一控制下的企业合并中一般也不产生新的商誉因素，即不确认新的资产，但被合并方在企业合并前账面上原已确认的商誉应作为合并中取得的资产确认。

（2）合并方在合并中取得的被合并方的各项资产、负债应维持其在被合并方的原账面价值不变。

被合并方在企业合并前采用的会计政策与合并方不一致的，应基于重要性原则，首先统一会计政策，即合并方应当按照本企业会计政策对被合并方资产、负债的账面价值进行调整，并将调整后的账面价值作为有关资产、负债的入账价值。进行上述调整的一个基本原则是将该项合并中涉及的合并方及被合并方作为一个整体对待，对于一个完整的会计主体，其对相关交易、事项应当采用相对统一的会计政策，在此基础上反映其财务状况和经营成果。在同一控制下的企业合并中，被合并方同时进行改制并对资产负债进行评估调账的，应以评估调账后的账面价值并入合并方。

（3）合并方在合并中取得的净资产的入账价值与为进行企业合并支付的对价账面价值之间的差额，应当调整合并方所有者权益相关项目，不计入企业合并当期损益。

合并方在同一控制下的企业合并，本质上不作为购买，而是两个或多个会计主体权益的整合。合并方在企业合并中取得的价值与所放弃价值之间存在差额的，应当调整所有者权益。在根据合并差额调整合并方的所有者权益时，如果合并中取得的净资产的入账价值大于为进行企业合并支付的对价账面价值之间的差额，则全部计入资本公积（资本溢价或股本溢价）；如果合并中取得的净资产的入账价值小于为进行企业合并支付的对价账面价值之间的差额，则应首先调整资本公积（资本溢价或股本溢价），资本公积（资本溢价或股本溢价）的余额不足冲减的，应冲减盈余公积，盈余公积的余额不足冲减的，计入未分配利润。

（4）对于同一控制下的控股合并，合并后形成的报告主体自最终控制方开始实施控制时一直是一体化存续下来的，体现在其合并财务报表上，即由合并后形成的母子公司构成的报告主体，无论其资产规模还是其经营成果都应持续计算。所以，参与合并的各方在合并以前期间实现的留存收益应体现为合并财务报表中的留存收益。

编制合并财务报表时，不管该项合并发生在报告期的哪一时点，合并利润表、合并现金流量表反映的均是由母子公司构成的报告主体自合并当期期初至合并日实现的损益及现金流量情况，相应地，合并资产负债表的留存收益项目，应当反映母子公司如果一直作为一个整体运行至合并日应实现的盈余公积和未分配利润的情况。所以，在编制合并报表时，应以合并方资本公积（资本溢价或股本溢价）为限，将合并合并前实现的留存收益中归属于合并方的部分自资本公积转入留存收益。

对于同一控制下的控股合并，在合并当期编制合并财务报表时，应当对合并资产负债表的期初数进行调整，同时应当对比较报表的相关项目进行调整，视同合并后的报告主体在以前期间一直存在。

（5）合并方为进行企业合并发生的有关费用的处理：①合并方为进行企业合并发生的各项直接相关费用，如为进行企业合并支付的审计费用、资产评估费用以及有关的法律咨询费用等增量费用，应于发生时费用化计入当期损益。借记"管理费用"等科目，贷记"银行存款"等科目。②以发行债券方式进行的企业合并，与发行债券相关的佣金、手续费等应按照《企业会计准则第 22 号——金融工具确认和计量》的规定进行会计处理。有关费用应计入负债的初始计量金额，在"应付债券——利息调整"科目中反映。③发行权益性证券作为合并对价的，对于与所发行权益性证券相关的佣金、手续费等应按照《企业会计准则第 37 号——金融工具列报》的规定处理，即与发行权益性证券相关的费用，均应自发行权益性证券的发行收入中扣减，在权益性工具发行有溢价的情况下，自溢价收入中扣除，在权益性证券发行无溢价或溢价金额不足以扣减的情况下，应当冲减盈余公积和未分配利润。

二、同一控制下控股合并的会计处理

同一控制下的控股合并中，合并方在合并日涉及两个方面的问题：一是对于因该项企业合并形成的对被合并方的长期股权投资的确认和计量；二是合并日合并财务报表的编制。

（一）长期股权投资的确认和计量

按照《企业会计准则第 2 号——长期股权投资》的规定，同一控制下企业合并形成的长期股权投资，合并方"应当在合并日按照被合并方所有者权益在最终控制方合并财务报表中的账面价值的份额作为长期股权投资的初始投资成本"，即长期股权投资的初始投资成本＝合并成本＝被合并方所有者权益在最终控制方合并财务报表中的账面价值的份额。

合并日合并方应根据长期股权投资的初始投资成本借记"长期股权投资"科目，根据支付对价资产、债务性或者权益性证券的账面价值贷记"××资产""应付债券""股本"等科目。如果长期股权投资的初始投资成本大于对价账面价值的差额，贷记"资本公积——股本溢价"科目；如果长期股权投资的初始投资成本小于对价账面价值的差额，借记"资本公积——股本溢价"科目，资本公积（资本溢价或股本溢价）的余额不足冲减的，借记"盈余公积"科目，盈余公积的余额不足冲减的，借记"利润分配——未分配利润"科目。

合并过程中合并方为进行企业合并发生的各项直接相关费用，应于发生时费用化计入当期损益，借记"管理费用"等科目；以发行债券方式支付对价的，与发行债券相关的佣金、手续费等有关费用应计入负债的初始计量金额，借记"应付债券——利息调整"科目；发行权益性证券作为合并对价的，与所发行权益性证券相关的佣金、手续费等有关费用在权益性工具发行有溢价的情况下，自溢价收入中扣除，在权益性证券发行无溢价或溢价金额不足以扣减的情况下，应当冲减盈余公积和未分配利润，借记"资本公积——利息调整"科目或者"盈余公积"科目或者"利润分配——未分配利润"科目。

账务处理完成后,合并方应对合并日的合并方会计报表进行调整,为编制合并日合并报表做准备。

(二)合并日合并财务报表的编制

同一控制下的企业合并形成母子公司关系的,合并方一般应在合并日编制合并财务报表。编制合并日的合并财务报表时,一般包括合并资产负债表、合并利润表及合并现金流量表。其编制程序如下。

第一步:建立合并报表工作底稿,将合并日合并方调整后的个别报表和被合并方的个别报表数据登入合并报表工作底稿,计算合计数。

第二步:编制抵减分录。

(1)将母公司对子公司的长期股权投资和子公司股东权益项目份额抵减。同时,将抵减的子公司股东权益中的留存收益(盈余公积和未分配利润)项目份额,以母公司资本公积(溢价)为限转回。因合并方的资本公积(资本溢价或股本溢价)余额不足,被合并方在合并前实现的留存收益中归属于合并方的部分在合并资产负债表中未予全额恢复的,合并方应当在报表附注中对这一情况进行说明。

借:股本/资本公积/盈余公积/未分配利润(子公司)
　　贷:长期股权投资
　　　　少数股东权益(非全资子公司)
借:资本公积
　　贷:盈余公积/未分配利润

(2)将合并双方在合并日之前发生的交易,作为内部交易,进行抵减。其抵减原理在第四章讲解,本章不做要求。

由于编制抵减分录的目的是编制合并报表,不需要登账,所以,编制抵减分录时,不能使用会计科目,要使用与合并财务报表相同的项目。

第三步:将抵减调整分录登入合并报表工作底稿,计算各项目合并数。

资产、成本、费用、现金流入量项目合并数=合计数+借方-贷方

负债、所有者权益、收入和现金流出项目=合计数+贷方-借方

第四步:根据合并报表工作底稿编制合并财务报表。

为了帮助企业的会计信息使用者了解合并利润表中净利润的构成,发生同一控制下的企业合并的当期,合并方在合并利润表中的"净利润"项下应单列"其中:被合并方在合并前实现的净利润"项目,反映合并当期期初至合并日被合并方带入的损益。

【例3-2】20×9年7月1日,P公司向S公司的股东支付现金1 000万元,定向增发1 000万股普通股(每股面值为1元)对S公司进行合并,并于当日取得S公司100%的股权。P公司用存款支付与合并相关的直接费用5万元,定向增发普通股发行费用10万元。在20×9年6月30日企业合并前,参与合并企业的有关资产、负债情况见表3-2。

表 3-2 资产负债表（简表）（一）

20×9 年 6 月 30 日　　　　　　　　　　　　　　　　　　　　单位：万元

项目	P公司	S公司	
	账面价值	账面价值	公允价值
货币资金	1 725	180	180
应收账款	1 200	800	800
存货	2 480	102	180
长期股权投资	2 000	860	1 520
固定资产	2 800	1 200	2 200
无形资产	1 800	200	600
资产合计	12 005	3 342	5 480
短期借款	1 000	900	900
应付账款	1 500	120	120
其他负债	150	120	120
负债合计	2 650	1 140	1 140
股本	3 000	1 000	
资本公积	2 000	600	
盈余公积	2 000	200	
未分配利润	2 355	402	
所有者权益合计	9 355	2 202	4 340
负债和所有者权益合计	12 005	3 342	5 480

P公司及S公司20×9年1月1日至6月30日的利润表如表3-3所示。

表 3-3 利润表（简表）（一）

20×9 年 1 月 1 日至 6 月 30 日　　　　　　　　　　　　　　单位：万元

项目	P公司	S公司
一、营业收入	4 250	1 200
减：营业成本	3 380	955
税金及附加	20	5
销售费用	60	20
管理费用	150	50
财务费用	40	35
加：投资收益	30	10
二、营业利润	630	145
加：营业外收入	50	45
减：营业外支出	45	55

续表

项目	P公司	S公司
三、利润总额	635	135
减：所得税费用	159	34
四、净利润	476	101

假定P公司和S公司为同一集团内的两个全资子公司，合并前其共同的母公司为M公司。S公司所有者权益在M公司合并报表中的账面价值与S公司个别报表中所有者权益账面价值相同。该项合并中参与合并的企业在合并前及合并后均被M公司最终控制，为同一控制下的企业合并。自20×9年7月1日开始，P公司能够对S公司的净资产实施控制，该日即合并日。

（1）P公司对该项合并进行账务处理（金额单位：万元）。

借：长期股权投资　　　　　　　　　　　　　　　　2 202
　　贷：银行存款　　　　　　　　　　　　　　　　　1 000
　　　　股本　　　　　　　　　　　　　　　　　　　1 000
　　　　资本公积——股本溢价　　　　　　　　　　　　202
借：管理费用　　　　　　　　　　　　　　　　　　　　5
　　资本公积——股本溢价　　　　　　　　　　　　　　10
　　贷：银行存款　　　　　　　　　　　　　　　　　　15

（2）P公司20×9年7月1日合并后的个别利润表、个别资产负债表见表3-4、表3-5。

表3-4　利润表（简表）（二）
20×9年1月1日至6月30日　　　　　　　　　　单位：万元

项目	金额
一、营业收入	4 250
减：营业成本	3 380
税金及附加	20
销售费用	60
管理费用	155
财务费用	40
加：投资收益	30
二、营业利润	625
加：营业外收入	50
减：营业外支出	45
三、利润总额	630
减：所得税费用	159
四、净利润	471

注：假定不考虑支付合并相关直接费用对所得税的影响

表 3-5 资产负债表（简表）（二）
20×9 年 7 月 1 日　　　　　　　　　　　　单位：万元

项目	账面价值
货币资金	710
应收账款	1 200
存货	2 480
长期股权投资	4 202
固定资产	2 800
无形资产	1 800
资产合计	13 192
短期借款	1 000
应付账款	1 500
其他负债	150
负债合计	2 650
股本	4 000
资本公积	2 192
盈余公积	2 000
未分配利润	2 350
所有者权益合计	10 542
负债和所有者权益合计	13 192

（3）假定 P 公司与 S 公司在合并前未发生任何交易，则 P 公司在编制合并日的合并财务报表时的抵减分录如下所示。

借：股本　　　　　　　　　　　　　　　　　　　1 000
　　资本公积　　　　　　　　　　　　　　　　　　600
　　盈余公积　　　　　　　　　　　　　　　　　　200
　　未分配利润　　　　　　　　　　　　　　　　　402
　　贷：长期股权投资　　　　　　　　　　　　　　　　　　2 202

将被合并方在企业合并前实现的留存收益中归属于合并方的部分，自资本公积（假定 P 公司资本公积全部为"资本溢价或股本溢价"）转入留存收益，合并调整分录如下所示。

借：资本公积　　　　　　　　　　　　　　　　　602
　　贷：盈余公积　　　　　　　　　　　　　　　　　　　200
　　　　未分配利润　　　　　　　　　　　　　　　　　　402

（4）根据 P 公司与 S 公司合并日的个别报表和抵减分录填制的合并报表工作底稿见表 3-6。

表 3-6　合并报表工作底稿（一）　　　　　　　单位：万元

项目	P公司	S公司	合计	抵减分录 借	抵减分录 贷	合并金额
合并资产负债表						
货币资金	710	180	890			890
应收账款	1 200	800	2 000			2 000
存货	2 480	102	2 582			2 582
长期股权投资	4 202	860	5 062		2 202	2 860
固定资产	2 800	1 200	4 000			4 000
无形资产	1 800	200	2 000			2 000
资产合计	13 192	3 342	16 534		2 202	14 332
短期借款	1 000	900	1 900			1 900
应付账款	1 500	120	1 620			1 620
其他负债	150	120	270			270
负债合计	2 650	1 140	3 790			3 790
股本	4 000	1 000	5 000	1 000		4 000
资本公积	2 192	600	2 792	1 202		1 590
盈余公积	2 000	200	2 200	200	200	2 200
未分配利润	2 350	402	2 752	402	402	2 752
所有者权益合计	10 542	2 202	12 744	2 804	602	10 542
负债和所有者权益合计	13 192	3 342	16 534	2 804	602	14 332
合并利润表						
营业收入	4 250	1 200	5 450			5 450
营业成本	3 380	955	4 335			4 335
税金及附加	20	5	25			25
销售费用	60	20	80			80
管理费用	155	50	205			205
财务费用	40	35	75			75
投资收益	30	10	40			40
营业利润	625	145	770			770
营业外收入	50	45	95			95
营业外支出	45	55	100			100
利润总额	630	135	765			765
所得税费用	159	34	193			193
净利润	471	101	572			572

（5）根据合并日合并报表工作底稿编制合并资产负债表和合并利润表（表 3-7、表 3-8）。

表 3-7　合并资产负债表（一）

20×9 年 7 月 1 日　　　　　　　　　　　　　　　　　　单位：万元

资产	期末金额	负债及所有者权益	期末金额
流动资产：		负债：	
货币资金	890	短期借款	1 900
应收账款	2 000	应付账款	1 620
存货	2 582	其他负债	270
流动资产合计	5 472	负债合计	3 790
非流动资产：		所有者权益：	
长期股权投资	2 860	股本	4 000
固定资产	4 000	资本公积	1 590
无形资产	2 000	盈余公积	2 200
非流动资产合计	8 860	未分配利润	2 752
		所有者权益合计	10 542
资产合计	14 332	负债及所有者权益合计	14 332

表 3-8　合并利润表

20×9 年 1 月 1 日～20×9 年 7 月 1 日　　　　　　　　单位：万元

项目	本年金额
一、营业收入	5 450
减：营业成本	4 335
税金及附加	25
销售费用	80
管理费用	205
财务费用	75
加：投资收益	40
二、营业利润	770
加：营业外收入	95
减：营业外支出	100
三、利润总额	765
减：所得税费用	193
四、净利润	572
其中：被合并方在合并前实现利润	101

对于同一控制下的控股合并，在编制合并日的合并财务报表时，应当对合并资产负债表的期初数进行调整，同时应当对比较报表的相关项目进行调整，视同合并后的报告主体在以前期间一直存在。

（三）同一控制下投资方通过追加投资形成的控股合并核算

投资企业由于追加投资等原因从对被投资单位重大影响转变为控制的长期股权投资，长期股权投资核算方法应当由权益法转换为成本法。长期股权投资成本法下的初始投资成本为被合并方所有者权益在最终控制方合并财务报表中的账面价值的份额。长期股权投资成本法下的初始投资成本与权益法下长期股权投资账面价值加追加投资对价的账面价值之和的差额，如果为正差，则全部计入资本公积——资本（股本）溢价；如果为负差，则应冲减资本公积——资本（股本）溢价，资本公积不足冲减的，冲减盈余公积，盈余公积不足冲减的，计入利润分配——未分配利润。运用权益法核算确认的其他综合收益，不能自其他综合收益转入当期投资收益，应当在处置该项投资时再转入当期投资收益。

【例3-3】 A、B公司为同属C公司控制的子公司，A公司于20×8年3月以8 000万元取得B公司30%的股权，因能够对B公司施加重大影响，对所取得的长期股权投资采用权益法核算，于20×8年确认对B公司的投资收益为300万元，其他权益调整为100万元。20×9年4月，A公司又斥资10 000万元自C公司取得B公司另外30%的股权，当日B公司所有者权益在C公司合并报表中的账面价值为34 000万元。本例中假定A公司在取得对B公司的长期股权投资以后，B公司并未宣告发放现金股利或利润。

20×9年4月追加投资后形成的控股合并的账务处理如下（金额单位：万元）。

借：长期股权投资——B公司（34 000×60%） 20 400
　　贷：长期股权投资——B公司（成本） 8 000
　　　　　　　　　　——B公司（损益调整） 300
　　　　　　　　　　——B公司（其他权益变动） 100
　　　　银行存款 10 000
　　　　资本公积——资本溢价 2 000

三、同一控制下吸收合并的会计处理

同一控制下的吸收合并中，合并方主要涉及对合并日取得的被合并方资产、负债入账价值的确定，以及对合并中取得的有关净资产的入账价值与支付的合并对价账面价值之间差额的处理。

合并方对同一控制下吸收合并中取得的资产、负债应当按照相关资产、负债在被合并方的原账面价值入账。

合并方在确认了合并中取得的被合并方的资产和负债后，合并中取得的有关净资产的入账价值与支付的合并对价账面价值之间的差额，如果为正差，则全部计入资本公积——资本（股本）溢价；如果为负差，则应冲减资本公积——资本（股本）溢价，资本公积不足冲减的，冲减盈余公积，盈余公积不足冲减的，计入利润分配——未分配利润。

合并方应根据吸收合并中取得的资产在被合并方的原账面价值借记相关资产科目，根据吸收合并中取得的负债在被合并方的原账面价值贷记相关负债科目，根据支付对价资产、债务性或者权益性证券的账面价值贷记"××资产""应付债券""股本"等科目。如果取得的净资产账面价值大于对价账面价值的差额，贷记"资本公积——股本溢价"科目；如果取得的净资产账面价值小于对价账面价值的差额，借记"资本公积——股本溢价"科目，资本公积（资本溢价或股本溢价）的余额不足冲减的，借记"盈余公积"科目，盈余公积的余额不足冲减的，借记"利润分配——未分配利润"科目。

【例3-4】20×9年7月1日，P公司向S公司的股东支付现金1 000万元，定向增发1 000万股普通股（每股面值为1元）对S公司进行吸收合并。其他有关资料见【例3-2】。假定P公司和S公司为同一集团内的两个全资子公司，合并前其共同的母公司为M公司。该项合并中参与合并的企业在合并前及合并后均被M公司最终控制，为同一控制下的企业合并。自20×9年7月1日开始，P公司能够对S公司的净资产实施控制，该日即合并日。

（1）P公司对该项吸收合并进行账务处理时（金额单位：万元）。

借：银行存款等	180
应收账款	800
库存商品等	102
长期股权投资	860
固定资产	1 200
无形资产	200
贷：短期借款	900
应付账款	120
其他负债	120
银行存款	1 000
股本	1 000
资本公积——股本溢价	202
借：管理费用	5
资本公积——股本溢价	10
贷：银行存款	15

（2）P公司20×9年7月1日吸收合并后的利润表同表3-4，资产负债表见表3-9。

表3-9　资产负债表（简表）（三）
20×9年7月1日　　　　　　　　　　　　　　　　单位：万元

项目	账面价值
货币资金	890
应收账款	2 000
存货	2 582
长期股权投资	2 860

续表

项目	账面价值
固定资产	4 000
无形资产	2 000
资产合计	14 332
短期借款	1 900
应付账款	1 620
其他负债	270
负债合计	3 790
股本	4 000
资本公积	2 192
盈余公积	2 000
未分配利润	2 350
所有者权益合计	10 542
负债和所有者权益合计	14 332

四、同一控制下新设合并的会计处理

同一控制下的新设合并中，被合并各方的资产和负债按照原账面价值合并进入新设企业，被合并各方的原股东成为新设企业的股东。

新设企业根据新设合并中取得的资产在被合并方的原账面价值借记相关资产科目，根据新设合并中取得的负债在被合并方的原账面价值贷记相关负债科目，根据新设企业注册登记的资本贷记"股本"科目，根据取得的净资产账面价值大于新设企业注册登记资本的差额贷记"资本公积——股本溢价"科目。

【例3-5】P公司和S公司为同一集团内的两个全资子公司，合并前其共同的母公司为M公司。20×9年6月10日，经过母公司M公司要求，P公司和S公司合并设立新公司N公司，N公司注册资本6 000万元，P公司和S公司净资产折股6 000万股，股票面值1元/股。其他有关资料见【例3-2】。20×9年7月1日，N公司完成注册登记，领取营业执照正式营业。

（1）N公司对该项新设合并进行账务处理时（金额单位：万元）。

借：银行存款等　　　　　　　　　　　　　　　　　　1 905
　　应收账款　　　　　　　　　　　　　　　　　　　2 000
　　库存商品等　　　　　　　　　　　　　　　　　　2 582
　　长期股权投资　　　　　　　　　　　　　　　　　2 860
　　固定资产　　　　　　　　　　　　　　　　　　　4 000
　　无形资产　　　　　　　　　　　　　　　　　　　2 000

贷：短期借款	1 900
应付账款	1 620
其他负债	270
股本	6 000
资本公积——股本溢价	5 557

（2）N 公司 20×9 年 7 月 1 日新设合并后的资产负债表如表 3-10 所示。

表 3-10　资产负债表（简表）（四）

20×9 年 7 月 1 日　　　　　　　　　　　　　　　单位：万元

项目	账面价值
货币资金	1 905
应收账款	2 000
存货	2 582
长期股权投资	2 860
固定资产	4 000
无形资产	2 000
资产合计	15 347
短期借款	1 900
应付账款	1 620
其他负债	270
负债合计	3 790
股本	6 000
资本公积	5 557
盈余公积	0
未分配利润	0
所有者权益合计	11 557
负债和所有者权益合计	15 347

第三节　非同一控制下企业合并会计核算

一、非同一控制下企业合并的会计处理原则

（一）总体原则

对于非同一控制下的企业合并，企业合并准则中规定的会计处理方法类似于购买

法。即视同一个企业购买另外一个企业的交易，按照公允价值计量合并所取得的资产和负债，合并对价付出净资产的公允价值与合并中所取得的净资产公允价值的差额，正差作为商誉处理，负差计入当期损益（营业外收入）。

（二）具体原则

1. 确定购买方

购买方是指在企业合并中取得对另一方或多方控制权的一方。一般应根据企业合并合同、协议以及其他相关因素来确定购买方。在判断企业合并中的购买方时，应考虑所有相关的事实和情况，特别是企业合并后参与合并各方的相对投票权、合并后主体管理机构及高层管理人员的构成、权益互换的条款等。

2. 确定购买日

购买日是购买方获得对被购买方控制权的日期，即企业合并交易进行过程中，发生控制权转移的日期。当同时满足以下条件时，一般可认为实现了控制权的转移，形成购买日。

（1）企业合并合同或协议已获股东大会等内部权力机构通过。

（2）按照规定，合并事项需要经过国家有关主管部门审批的，已获得相关部门的批准。

（3）参与合并各方已办理了必要的财产权交接手续。

（4）购买方已支付了购买价款的大部分（一般应超过 50%），并且有能力、有计划支付剩余款项。

（5）购买方实际上已经控制了被购买方的财务和经营政策，享有相应的收益并承担相应的风险。

3. 确定企业合并成本

企业合并成本按购买方为进行企业合并支付的现金或非现金资产、发行或承担的债务、发行的权益性证券等在购买日的公允价值计量。

$$企业合并成本 = 买价 = 支付对价的公允价值$$

投资方因追加投资等能够对非同一控制下的被投资单位实施控制的，在编制个别财务报表时，应当将原持有的股权投资账面价值与新增投资成本之和，作为改按成本法核算的初始投资成本。

（1）作为合并对价的现金或非现金资产的公允价值。以货币性资产为合并对价的，其合并成本为实际支付的金额；以非货币性资产为合并对价的，其合并成本为所支付对价的公允价值，将该公允价值与作为合并对价的非货币性资产账面价值的差额，作为资产的处置损益，计入合并当期的利润表。

（2）发行的权益性证券的公允价值。确定所发行的权益性证券的公允价值时，对于购买日存在公开报价的权益性证券，其公开报价提供了确定公允价值的依据，除非在非常特殊的情况下，购买方能够证明权益性证券在购买日的公开报价不能可靠地代表其公允价值，并且用其他的证据和估价方法能够更好地计量公允价值时，可以考虑其他的证据和估价方法。如果购买日权益性证券的公开报价不可靠，或者购买方发行的权益性证券不存在公开报价，则该权益性证券的公允价值可以参照其在购买方公允价值中所占权益份额，或者参照在被购买方公允价值中获得的权益份额，按两者当中有明确证据支持的一个进行估价。

（3）因企业合并而发生或承担的债务的公允价值。因企业合并而承担的各项负债，应将按照适用利率计算的未来现金流量的现值作为其公允价值。预期因企业合并可能发生的未来损失或其他成本不是购买方为取得对被购买方的控制权而承担的负债，不构成企业合并成本。

（4）或有对价的公允价值。某些情况下，合并各方可能在合并协议中约定，根据未来一项或多项或有事项的发生，购买方通过发行额外证券、支付额外现金或其他资产等方式追加合并对价，或者要求返还之前已经支付的对价。购买方应当将合并协议约定的或有对价作为企业合并转移对价的一部分，按照其在购买日的公允价值计入企业合并成本。根据《企业会计准则第37号——金融工具列报》《企业会计准则第22号——金融工具确认和计量》以及其他相关准则的规定，或有对价符合权益工具和金融负债定义的，购买方应当将支付或有对价的义务确认为一项权益或负债；符合资产定义并满足资产确认条件的，购买方应当将符合合并协议约定条件的、可收回的部分已支付合并对价的权利确认为一项资产。

4. 对购买日取得的可辨认资产和负债的分类或指定

企业合并的实质是业务合并，而业务是由不同的资产和负债构成的。非同一控制下的企业合并就是购买业务，购买业务类似于购买资产和负债，这些资产和负债在购买日可能发生类别上的变化。

购买方在购买日取得的被购买方可辨认资产和负债通常应当按照原分类或指定的原则予以确认，不需要或也不应进行重新分类或指定。如果购买方在购买日取得的是被购买方的金融资产和金融负债、衍生工具、嵌入衍生工具等，则可能需要对其恰当地进行重新分类或指定。非同一控制下的企业合并中，购买方在购买日取得被购买方可辨认资产和负债，应当结合购买日存在的合同条款、经营政策、并购政策等相关因素进行分类或指定。

5. 企业合并成本在取得的可辨认资产和负债之间的分配

非同一控制下的企业合并中，购买方取得了对被购买方净资产的控制权，视合并方式的不同，应分别在合并财务报表或个别财务报表中确认合并中取得的各项可辨认资产和负债。在非同一控制下的企业合并中，购买方确认在合并中取得的被购买方各项可辨认资产和负债，不仅包括被购买方在合并前已经确认的资产和负债，还可能包括企业合并前被购买方在其资产负债表中未予确认的资产和负债，该类资产和负债在企业合并前，可能由于不符合确认条件未确认为被购买方的资产和负债，但在企业合并发生后，若符合了有关的确认条件，则需要作为合并中取得的可辨认资产和负债进行确认。在按照规定确定了合并中应予确认的各项可辨认资产、负债的公允价值后，其计税基础与账面价值形成暂时性差异的，应当按照所得税会计准则的规定确认相应的递延所得税资产或递延所得税负债。

6. 企业合并成本与合并中取得的被购买方可辨认净资产公允价值份额之间差额的处理

购买方对企业合并成本与确认的被购买方可辨认净资产公允价值份额的差额，应视情况分别处理。

（1）企业合并成本大于合并中取得的被购买方可辨认净资产公允价值份额的差额，应确认为商誉。视企业合并方式的不同，控股合并情况下，该差额是指合并财务报表中应列示的商誉；吸收合并情况下，该差额是购买方在其账簿及个别财务报表中应确认的商誉。商誉在确认以后，持有期间不要求摊销，企业应当按照《企业会计准则第8号——资产减值》的规定对其进行减值测试，对于可收回金额低于账面价值的部分，计提减值准备。

（2）企业合并成本小于合并中取得的被购买方可辨认净资产公允价值份额的差额，应计入合并当期损益。企业合并准则中要求在该种情况下，要对合并中取得的资产、负债的公允价值，以及作为合并对价的非现金资产或发行的权益性证券等的公允价值进行复核，若复核结果表明所确定的各项可辨认资产和负债的公允价值是恰当的，则应将企业合并成本低于取得的被购买方可辨认净资产公允价值份额之间的差额，计入合并当期的营业外收入，并在会计报表附注中予以说明。在吸收合并的情况下，若企业合并成本小于合并中取得的被购买方可辨认净资产公允价值的差额，则应计入合并当期购买方的个别利润表；在控股合并的情况下，上述差额应体现在合并当期的合并利润表中。

7. 企业合并成本或合并中取得的可辨认资产、负债公允价值的调整

（1）合并当期期末，对合并成本或所取得的被购买方可辨认资产、负债以暂时确定的价值对企业合并进行处理，自购买日算起12个月内取得的进一步的信息表明需对原暂时确定的价值进行调整的，应视同在购买日发生，进行追溯调整，同时对以暂时性价值为基础提供的比较报表信息，也应进行相关的调整。自购买日算起12个月以后对企业合并成本或合并中取得的可辨认资产、负债价值的调整，应作为前期差错处理。

（2）在企业合并中，购买日取得的被购买方在以前期间发生的未弥补亏损等可抵扣暂时性差异，按照税法规定可以用于抵减以后年度应纳税所得额，但在购买日不符合递延所得税资产确认条件的，不应予以确认。购买日后12个月内，如果取得的新的或进一步的信息表明相关情况在购买日已经存在，预期被购买方在购买日可抵扣暂时性差异带来的经济利益能够实现的，购买方应当确认相关的递延所得税资产，同时减少由该企业合并所产生的商誉，商誉不足冲减的，将差额部分确认为当期损益（所得税费用）。购买日后超过12个月，或在购买日不存在相关情况但购买日以后开始出现新的情况，使可抵扣暂时性差异带来的经济利益预期能够实现，如果符合了递延所得税资产的确认条件，确认与企业合并相关的递延所得税资产，应当计入当期损益（所得税费用），不得调整商誉金额。

8. 合并方为进行企业合并发生的有关费用的处理

与同一控制下，合并方为进行企业合并发生的有关费用的处理原则相同。

需要强调的是，非同一控制下的企业控股合并中，作为购买方的母公司在进行有关会计处理后，应单独设置备查簿，记录其在购买日取得的被购买方各项可辨认资产、负

债的公允价值以及因企业合并成本大于合并中取得的被购买方可辨认净资产公允价值的份额应确认的商誉金额，或因企业合并成本小于合并中取得的被购买方可辨认净资产公允价值的份额计入当期损益的金额，作为企业合并当期以及以后期间编制合并财务报表的基础。

二、非同一控制下控股合并的会计处理

非同一控制下控股合并中，购买方在购买日也涉及两个方面的问题：一是对于因该项企业合并形成的对被购买方的长期股权投资的确认和计量，二是购买日合并财务报表的编制。

（一）长期股权投资的确认和计量

按照《企业会计准则第2号——长期股权投资》的规定，非同一控制下企业合并形成的长期股权投资，购买方应以购买日按购买方为进行企业合并支付的现金或非现金资产、发行或承担的债务、发行的权益性证券等在购买日的公允价值作为形成长期股权投资的初始投资成本。

$$长期股权投资的初始投资成本＝合并成本＝支付对价的公允价值$$

合并日合并方应根据长期股权投资的初始投资成本借记"长期股权融资"科目，根据支付对价现金资产的实付金额贷记"银行存款"科目；根据支付对价存货资产的公允价值贷记"主营业务收入"或者"其他业务收入"科目，涉及的增值税额贷记"应交税费——应交增值税（销项税）"科目，同时根据支付对价存货资产的账面价值借记"主营业务成本"或者"其他业务成本"科目，贷记"库存商品"或者"原材料"等科目；根据其他非现金资产的账面价值贷记"交易性金融资产""长期债权投资""其他债务工具投资""其他权益工具投资""固定资产清理""无形资产"等科目，该非现金资产公允价值与账面价值的差额借记或者贷记"投资收益""资产处置收益"等科目；根据发行的债务性或者权益性证券的账面价值贷记"应付债券——债券面值""股本"等科目，该债务性证券的公允价值与账面价值的差额借记或者贷记"应付债券——利息调整"科目，该权益性证券的公允价值与账面价值的差额贷记"资本公积——股本溢价"科目。

账务处理完成后，购买方应对购买日的购买方会计报表进行调整，为编制购买日合并报表做准备。

（二）购买日合并财务报表的编制

由于非同一控制下的企业合并在合并前不在同一个集团内，母公司在购买日才取得对子公司的控制权，所以购买日一般只编制合并资产负债表。其编制程序如下。

第一步：建立合并报表工作底稿，将合并日合并方调整后的个别报表和被合并方的个别报表数据登入合并报表工作底稿，计算合计数。

第二步：编制调整和抵减分录。

（1）编制调整分录，根据备查簿将子公司个别报表中各资产、负债项目的账面价值调整为按公允价值计价。

借：××资产项目（公允价值与原价值的差额）
　　贷：××负债项目（公允价值与原价值的差额）
　　　　资本公积（差额）

如果合并时符合非税合并要求，则子公司各项可辨认资产、负债按账面价值确认计税基础，按公允价值调整必然形成暂时性差异，应确认递延所得税资产或者递延所得税负债。

借：××资产项目（公允价值与原价值的差额）
　　递延所得税资产
　　贷：××负债项目（公允价值与原价值的差额）
　　　　递延所得税负债
　　　　资本公积（差额）

（2）编制抵减分录，将母公司对子公司的长期股权投资和子公司可辨认净资产公允价值的份额抵减。将长期股权投资（合并成本）大于子公司可辨认净资产公允价值的份额的差额作为商誉项目，将小于的差额计入合并资产负债表的未分配利润项目。

借：股本/资本公积/盈余公积/未分配利润（子公司可辨认净资产公允价值）
　　商誉（长期股权投资大于子公司可辨认净资产公允价值的份额的差额）
　　贷：长期股权投资（合并成本）
　　　　少数股东权益（非全资子公司）
　　　　未分配利润（长期股权投资小于子公司可辨认净资产公允价值的份额的差额）

由于编制调整、抵减分录的目的是编制合并报表，不需要登账，所以编制调整、抵减分录时，不能使用会计科目，要使用与合并财务报表相同的项目。

第三步：将调整、抵减分录登入合并报表工作底稿，计算各项目合并数。

$$资产项目合并数＝合计数＋借方－贷方$$

$$负债、所有者权益项目合并数＝合计数＋贷方－借方$$

第四步：根据登入合并报表工作底稿编制合并财务报表。

【例3-6】P公司和S公司合并前为不受同一方或者多方控制的两个独立公司，20×9年7月1日，P公司向S公司的股东支付现金1 000万元，定向增发1 000万股普通股（每股面值为1元）对S公司进行合并，并于当日取得S公司100%的股权，P公司股票当日收盘价为3.5元/股。P公司用存款支付合并相关直接费用5万元，定向增发普通股发行费用10万元。其他资料见【例3-2】。

P公司和S公司合并前为不受同一方或者多方控制的两个独立公司，该合并为非同一控制下的企业合并。自20×9年7月1日开始，P公司能够对S公司的净资产实施控制，该日即购买日，合并成本为：1 000＋1 000×3.5＝4 500（万元）。

（1）P公司对该项合并进行账务处理时（金额单位：万元）。

借：长期股权投资　　　　　　　　　　　　　　　　　4 500
　　贷：银行存款　　　　　　　　　　　　　　　　　1 000
　　　　股本　　　　　　　　　　　　　　　　　　　1 000

　　　　资本公积——股本溢价　　　　　　　　　　　　　2 500
借：管理费用　　　　　　　　　　　　　　　　　　　　5
　　资本公积——股本溢价　　　　　　　　　　　　　10
　　贷：银行存款　　　　　　　　　　　　　　　　　　　15

（2）P公司20×9年7月1日合并后的个别利润表同表3-4，个别资产负债表如表3-11所示。

表3-11　资产负债表（简表）（五）

20×9年7月1日　　　　　　　　　　　　　　　　　单位：万元

项目	账面价值
货币资金	710
应收账款	1 200
存货	2 480
长期股权投资	6 500
固定资产	2 800
无形资产	1 800
资产合计	15 490
短期借款	1 000
应付账款	1 500
其他负债	150
负债合计	2 650
股本	4 000
资本公积	4 490
盈余公积	2 000
未分配利润	2 350
所有者权益合计	12 840
负债和所有者权益合计	15 490

（3）P公司在编制合并日的合并财务报表时编制调整、抵减分录。

（a）根据表3-2，将S公司各项资产、负债项目的账面价值调整为公允价值（金额单位：万元）。

借：存货　　　　　　　　　　　　　　　　　　　　　78
　　长期股权投资　　　　　　　　　　　　　　　　　660
　　固定资产　　　　　　　　　　　　　　　　　　　1 000
　　无形资产　　　　　　　　　　　　　　　　　　　400
　　贷：资本公积　　　　　　　　　　　　　　　　　　2 138

（b）将母公司对子公司的长期股权投资和子公司可辨认净资产公允价值的份额抵减（金额单位：万元）。

借：股本　　　　　　　　　　　　　　　　　　　　　　1 000
　　资本公积　　　　　　　　　　　　　　　　　　　　　2 738
　　盈余公积　　　　　　　　　　　　　　　　　　　　　　200
　　未分配利润　　　　　　　　　　　　　　　　　　　　　402
　　商誉　　　　　　　　　　　　　　　　　　　　　　　　160
　　贷：长期股权投资　　　　　　　　　　　　　　　　　4 500

（4）根据P公司与S公司合并日的个别报表和调整、抵减分录填制的合并报表工作底稿见表3-12。

表3-12　合并报表工作底稿（二）　　　　　　　　　　　　单位：万元

项目	P公司	S公司	合计	调整、抵减分录		合并金额
				借	贷	
货币资金	710	180	890			890
应收账款	1 200	800	2 000			2 000
存货	2 480	102	2 582	78		2 660
长期股权投资	6 500	860	7 360	660	4 500	3 520
固定资产	2 800	1 200	4 000	1 000		5 000
无形资产	1 800	200	2 000	400		2 400
商誉				160		160
资产合计	15 490	3 342	18 832	2 298	4 500	16 630
短期借款	1 000	900	1 900			1 900
应付账款	1 500	120	1 620			1 620
其他负债	150	120	270			270
负债合计	2 650	1 140	3 790			3 790
股本	4 000	1 000	5 000	1 000		4 000
资本公积	4 490	600	5 090	2 738	2 138	4 490
盈余公积	2 000	200	2 200	200		2 000
未分配利润	2 350	402	2 752	402		2 350
所有者权益合计	12 840	2 202	15 042	4 340	2 138	12 840
负债和所有者权益合计	15 490	3 342	18 832	4 340	2 138	16 630

（5）根据合并日合并报表工作底稿编制合并资产负债表（表3-13）。

表3-13　合并资产负债表（二）

20×9年7月1日　　　　　　　　　　　　　　　　　　单位：万元

资产	期末金额	负债和所有者权益	期末金额
流动资产：		负债：	
货币资金	890	短期借款	1 900
应收账款	2 000	应付账款	1 620
存货	2 660	其他负债	270
流动资产合计	5 550	负债合计	3 790
非流动资产：		所有者权益：	
长期股权投资	3 520	股本	4 000
固定资产	5 000	资本公积	4 490
无形资产	2 400	盈余公积	2 000
商誉	160	未分配利润	2 350
非流动资产合计	11 080	所有者权益合计	12 840
资产合计	16 630	负债和所有者权益合计	16 630

（三）非同一控制下投资方通过追加投资形成的控股合并核算

企业通过多次交易分步实现非同一控制下企业合并的，首先，应结合分步交易信息来判断分步交易是否属于"一揽子交易"。各项交易的条款、条件以及经济影响符合以下一种或多种情况的，通常应将多次交易事项作为"一揽子交易"进行会计处理：

（1）这些交易是同时或者在考虑了彼此影响的情况下订立的；

（2）这些交易整体才能达成一项完整的商业结果；

（3）一项交易的发生取决于至少一项其他交易的发生；

（4）一项交易单独看是不经济的，但是和其他交易一并考虑时是经济的。

如果分步取得对子公司的股权投资直至取得控制权的各项交易属于"一揽子交易"，则应当将各项交易作为一项取得子公司控制权的交易，并区分企业合并的类型分别进行会计处理。

如果不属于"一揽子交易"，则在合并财务报表中，还应区分企业合并的类型分别进行会计处理。对于分步实现的非同一控制下的企业合并，应按照下述相关规定进行会计处理。

投资企业由于追加投资等原因从对被投资单位施加重大影响转变为能够控制被投资单位的长期股权投资，长期股权投资核算方法应当由权益法转换为成本法。长期股权投资成本法下的初始投资成本为权益法下长期股权投资账面价值与追加投资对价的公允价值之和。按权益法核算时确认的其他综合收益,不能自其他综合收益转入当期投资收益,应当在处置该项投资时再转入当期投资收益。

在编制合并财务报表时,对于购买日之前持有的被购买方的股权,应当按照该股权在购买日(控制权取得日)的公允价值进行重新计量,将公允价值与其账面价值的差额计入当期投资收益;购买日之前持有的被购买方的股权涉及权益法核算下的其他综合收益等应当转为购买日所属当期收益。

【例 3-7】A、B 公司为不受同一方或者多方控制的两个独立公司,A 公司于 20×8 年 3 月以 8 000 万元取得 B 公司 30%的股权,因能够对 B 公司施加重大影响,对所取得的长期股权投资采用权益法核算,于 20×8 年确认对 B 公司的投资收益 300 万元,其他权益调整 100 万元。20×9 年 4 月,A 公司又斥资 12 000 万元自 C 公司取得 B 公司另外 40%的股权,当日 B 公司所有者权益的公允价值与账面价值同为 28 000 万元,当日原持有 30%股权的公允价值为 9 000 万元。本例中假定 A 公司在取得对 B 公司的长期股权投资以后,B 公司并未宣告发放现金股利或利润。

20×9 年 4 月追加投资后形成的控股合并的账务处理如下(金额单位:万元)。

借:长期股权投资——B 公司(8 400+12 000)　　　　　　20 400
　　贷:长期股权投资——B 公司(成本)　　　　　　　　　8 000
　　　　　　　　　　——B 公司(损益调整)　　　　　　　300
　　　　　　　　　　——B 公司(其他权益变动)　　　　　100
　　　　银行存款　　　　　　　　　　　　　　　　　　　12 000

合并方在编制合并财务报表时的调整分录如下(金额单位:万元)。

(1)将原持有的 30%股权调整为公允价值。

借:长期股权投资(9 000-8 400)　　　　　　　　　　　　600
　　贷:投资收益　　　　　　　　　　　　　　　　　　　600

(2)购买日之前持有的被购买方的股权涉及权益法核算下的其他综合收益等应当转为购买日所属当期收益。

借:其他综合收益　　　　　　　　　　　　　　　　　　　100
　　贷:投资收益　　　　　　　　　　　　　　　　　　　100

在编制合并财务报表时的抵减分录:

商誉=(12 000+9 000)-28 000×70%=1 400(万元)

借:B 公司所有者权益项目　　　　　　　　　　　　　　　28 000
　　商誉　　　　　　　　　　　　　　　　　　　　　　　1 400
　　贷:长期股权投资　　　　　　　　　　　　　　　　　21 000
　　　　少数股东权益(28 000×30%)　　　　　　　　　　　8 400

三、非同一控制下吸收合并的会计处理

非同一控制下吸收合并,购买方在购买日应当将合并中取得的符合确认条件的各项可辨认资产、负债,按其公允价值确认为本企业的资产和负债;作为合并对价的有关非

货币性资产在购买日的公允价值与其账面价值的差额,应作为资产处置损益计入合并当期的利润表;作为合并对价的有关债务性证券在购买日的公允价值与其面值的差额,应作为应付债券——利息调整处理;作为合并对价的有关权益性证券在购买日的公允价值与其面值的差额,应作为资本公积——股本溢价处理;确定的企业合并成本与所取得的被购买方可辨认净资产公允价值之间的差额,视情况分别确认为商誉或计入企业合并当期的损益。其账务处理如下。

借:××资产(被合并方资产公允价值)
　　商誉(正差额)
　　贷:××负债(被合并方负债公允价值)
　　　　××账户(合并对价公允价值)
　　　　营业外收入(负差)

【例 3-8】P 公司和 S 公司合并前为不受同一方或者多方控制的两个独立公司,20×9 年 7 月 1 日,P 公司向 S 公司的股东支付现金 1 000 万元,定向增发 1 000 万股普通股(每股面值为 1 元)对 S 公司进行吸收合并。P 公司股票当日收盘价为 3.5 元/股。P 公司用存款支付合并相关直接费用 5 万元,定向增发普通股发行费用 10 万元。其他有关资料见【例 3-2】。自 20×9 年 7 月 1 日开始,P 公司能够对 S 公司的净资产实施控制,该日即购买日。

(1)P 公司对该项吸收合并进行账务处理时(金额单位:万元)。

借:银行存款等　　　　　　　　　　　　　　　　180
　　应收账款　　　　　　　　　　　　　　　　　800
　　库存商品等　　　　　　　　　　　　　　　　180
　　长期股权投资　　　　　　　　　　　　　　1 520
　　固定资产　　　　　　　　　　　　　　　　2 200
　　无形资产　　　　　　　　　　　　　　　　　600
　　商誉　　　　　　　　　　　　　　　　　　　160
　　贷:短期借款　　　　　　　　　　　　　　　900
　　　　应付账款　　　　　　　　　　　　　　　120
　　　　其他负债　　　　　　　　　　　　　　　120
　　　　银行存款　　　　　　　　　　　　　　1 000
　　　　股本　　　　　　　　　　　　　　　　1 000
　　　　资本公积——股本溢价　　　　　　　　2 500
借:管理费用　　　　　　　　　　　　　　　　　　5
　　资本公积——股本溢价　　　　　　　　　　　 10
　　贷:银行存款　　　　　　　　　　　　　　　 15

(2)P 公司 20×9 年 7 月 1 日吸收合并后的利润表同表 3-4,资产负债表如表 3-14 所示。

表 3-14 P 公司 20×9 年资产负债表（简表）

20×9 年 7 月 1 日   单位：万元

项目	账面价值
货币资金	890
应收账款	2 000
存货	2 660
长期股权投资	3 520
固定资产	5 000
无形资产	2 400
商誉	160
资产合计	16 630
短期借款	1 900
应付账款	1 620
其他负债	270
负债合计	3 790
股本	4 000
资本公积	4 490
盈余公积	2 000
未分配利润	2 350
所有者权益合计	12 840
负债和所有者权益合计	16 630

四、非同一控制下新设合并的会计处理

非同一控制下新设合并中，被合并各方的资产和负债按照公允价值合并进入新设企业，被合并各方的原股东成为新设企业的股东。

新设企业根据新设合并中取得的资产公允价值借记相关资产科目，根据新设合并中取得的负债公允价值贷记相关负债科目，根据新设企业注册登记的资本贷记"股本"科目，根据取得的净资产公允价值大于新设企业注册登记资本的差额贷记"资本公积——股本溢价"科目。

【例 3-9】P 公司和 S 公司合并前为不受同一方或者多方控制的两个独立公司，20×9 年 6 月 10 日，P 公司和 S 公司合并设立新公司 N 公司，N 公司注册资本 6 000 万元，P 公司和 S 公司净资产折股 6 000 万股，股票面值 1 元/股，其中，P 公司原股东持股 69%，S 公司原股东持股 31%。P 公司和 S 公司的资产、负债公允价值见表 3-15。20×9 年 7 月 1 日，N 公司完成注册登记，领取营业执照正式营业。

表 3-15 P 公司和 S 公司 20×9 年资产负债表（简表）

20×9 年 6 月 30 日　　　　　　　　　　　　　　　　　　　　　　　单位：万元

项目	P 公司		S 公司	
	账面价值	公允价值	账面价值	公允价值
货币资金	1 725	1 725	180	180
应收账款	1 200	1 100	800	800
存货	2 480	2 600	102	180
长期股权投资	2 000	2 000	860	1 520
固定资产	2 800	3 500	1 200	2 200
无形资产	1 800	1 600	200	600
资产合计	12 005	12 525	3 342	5 480
短期借款	1 000	1 000	900	900
应付账款	1 500	1 500	120	120
其他负债	150	150	120	120
负债合计	2 650	2 650	1 140	1 140
股本	3 000		1 000	
资本公积	2 000		600	
盈余公积	2 000		200	
未分配利润	2 355		402	
所有者权益合计	9 355	9 875	2 202	4 340
负债和所有者权益合计	12 005		3 342	

（1）N 公司对该项新设合并进行账务处理时（金额单位：万元）。

借：银行存款等　　　　　　　　　　　　　　　　　　　1 905
　　应收账款　　　　　　　　　　　　　　　　　　　　1 900
　　库存商品等　　　　　　　　　　　　　　　　　　　2 780
　　长期股权投资　　　　　　　　　　　　　　　　　　3 520
　　固定资产　　　　　　　　　　　　　　　　　　　　5 700
　　无形资产　　　　　　　　　　　　　　　　　　　　2 200
　　贷：短期借款　　　　　　　　　　　　　　　　　　1 900
　　　　应付账款　　　　　　　　　　　　　　　　　　1 620
　　　　其他负债　　　　　　　　　　　　　　　　　　　270
　　　　股本　　　　　　　　　　　　　　　　　　　　6 000
　　　　资本公积——股本溢价　　　　　　　　　　　　8 215

（2）N 公司 20×9 年 7 月 1 日新设合并后的资产负债表见表 3-16。

表 3-16　N 公司 20×9 年资产负债表（简表）

20×9 年 7 月 1 日　　　　　　　　　　　　　　　　单位：万元

项目	账面价值
货币资金	1 905
应收账款	1 900
存货	2 780
长期股权投资	3 520
固定资产	5 700
无形资产	2 200
资产合计	18 005
短期借款	1 900
应付账款	1 620
其他负债	270
负债合计	3 790
股本	6 000
资本公积	8 215
盈余公积	0
未分配利润	0
所有者权益合计	14 215
负债和所有者权益合计	18 005

第四节　反向购买会计核算

一、反向购买概念及认定

非同一控制下的企业合并，以发行权益性证券交换股权的方式进行，通常发行权益性证券的一方为收购方。在某些企业合并中，发行权益性证券的一方因其生产经营决策在合并后被参与合并的另一方所控制，发行权益性证券的一方虽然为法律上的母公司，但实为会计上的被收购方，该类企业合并通常称为"反向购买"。

反向购买是借壳上市的常用做法，非上市公司的控股股东以其持有的非上市公司的股份换取上市公司增发的股份，以获取上市公司的控制权，实现非上市公司并入上市公司，成为上市公司法律意义上的子公司，达到上市的目的。

认定为反向购买必须同时满足以下两个条件。

（1）法律意义上的母公司发行的权益性证券支付对价必须能够控制该公司（超过50%）。

（2）换取的法律意义上子公司的必须具有控制的股权（超过50%）。

【例3-10】A公司是一家上市公司，C公司是B公司的母公司，A公司想取得对B公司的控制权，向B公司的经营领域发展，C公司想借A公司的壳实现B公司上市。这样A、B公司达成协议：A公司定向增发普通股（超过50%），以此作为对价支付给C公司，换取C公司拥有的B公司（超过50%）的股权，这样，表面上看，是A公司合并了B公司，但从实质上看，是C公司取得对A公司的控制权，同时C公司还通过A公司，依然间接控制着B公司，这样一来，A公司自己反而成了被购买方，所以这类合并称为反向购买。其流程如图3-1所示。

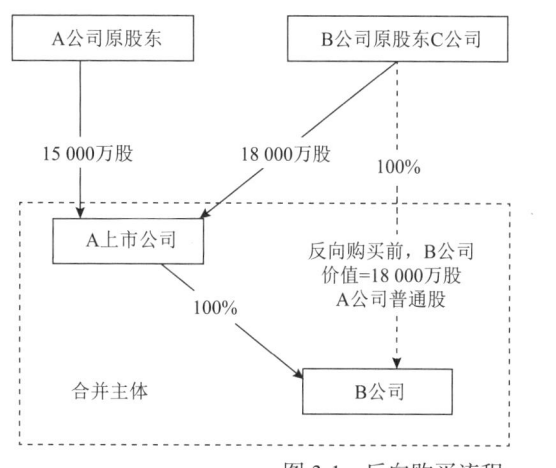

图3-1　反向购买流程

二、合并成本及其确定

反向购买中，法律上的子公司（购买方）的企业合并成本是指其如果以发行权益性证券的方式获取在合并后报告主体的股权比例，应向法律上的母公司（被购买方）的股东发行的权益性证券数量与权益性证券的公允价值计算的结果。

（1）法律上的子公司（购买方）的控股股东在合并后获取的报告主体的股权比例（F）。

$$F = M/N \times 100\%$$

式中，M为法律上的母公司（被购买方）定向增发的股份数；N为增发后的总股份数。

（2）法律上的子公司（购买方）如果以发行权益性证券的方式为获取在合并后报告主体的股权比例，应向法律上的母公司（被购买方）的股东发行的权益性证券数量（D）。

$$D = B/F - B$$

式中，B为换取的法律上的子公司（购买方）原股东持有的股份数。

（3）法律上的子公司（购买方）的企业合并成本（E）。

$$E = D \times K$$

式中，K 为法律上的子公司（购买方）股份的公允价值。

三、合并财务报表的编制

反向购买后，法律上的母公司应当遵从以下原则编制合并财务报表。

（1）合并财务报表中，法律上子公司的资产、负债应以其在合并前的账面价值进行确认和计量。

（2）合并财务报表中的留存收益和其他权益性余额反映的应当是法律上的子公司在合并前的留存收益和其他权益性余额。

（3）合并财务报表中的权益性工具（股本）的金额应当反映法律上的子公司合并前发行在外的股份面值以及假定在确定该项企业合并成本过程中新发行的权益性工具的金额。在合并财务报表中的权益结构应当反映法律上的母公司的权益结构，即法律上的母公司发行在外权益性证券的数量及种类。

（4）法律上母公司的有关可辨认资产、负债在并入合并财务报表时，应以其在购买日确定的公允价值进行合并，企业合并成本大于合并中取得的法律上母公司（被购买方）可辨认净资产公允价值的份额体现为商誉，小于合并中取得的法律上母公司（被购买方）可辨认净资产公允价值的份额确认为合并当期损益。

（5）合并财务报表的比较信息应当是法律上子公司的比较信息（法律上子公司的前期合并财务报表）。

（6）法律上子公司的有关股东在合并过程中未将其持有的股份转换为对法律上母公司股份的，该部分股东享有的权益份额在合并财务报表中应作为少数股东权益列示。因法律上子公司的部分股东未将其持有的股份转换为法律上母公司的股份，其享有的权益份额仍仅限于对法律上子公司的部分，该部分少数股东权益反映的是少数股东按持股比例计算享有法律上子公司合并前净资产账面价值的份额。另外，对于法律上母公司的所有股东，虽然该项合并中其被认为是被购买方，但其享有合并形成报告主体的净资产及损益，不应作为少数股东权益列示。

（7）非上市公司以所持有的对子公司投资等资产为对价取得上市公司的控制权，构成反向购买的，上市公司编制合并财务报表时应当对以下情况区别处理。

（a）交易发生时，上市公司未持有任何资产负债或仅持有现金、交易性金融资产等不构成业务的资产或负债的，应当按照权益性交易的原则进行处理，不得确认商誉或确认计入当期损益。

（b）交易发生时，上市公司保留的资产、负债构成业务的，企业合并成本与取得的上市公司可辨认净资产公允价值份额的差额应当确认为商誉或计入当期损益。

四、每股收益的计算

发生反向购买当期，用于计算每股收益的发行在外的普通股加权平均数分以下两种情况计算。

（1）自当期期初至购买日，发行在外的普通股数量应假定为在该项合并中法律上的母公司向法律上的子公司的股东发行的普通股数量。

（2）自购买日至期末发行在外的普通股数量为法律上母公司实际发行在外的普通股股数。

反向购买后对外提供比较合并财务报表的，其比较前期合并财务报表中的基本每股收益，应以法律上子公司的每一比较报表期间归属于普通股股东的净损益除以在反向购买中法律上的母公司向法律上的子公司的股东发行的普通股股数计算确定。

上述假定法律上的子公司发行的普通股股数在比较期间内和自反向购买发生期间的期初至购买日内未发生变化。如果法律上的子公司发行的普通股股数在此期间发生了变动，计算每股收益时应适当考虑其影响进行调整。

五、反向购买后，法律上的母公司合并日合并报表编制程序

（1）建立合并报表工作底稿，将合并日前法律上的母、子公司个别报表登入合并报表工作底稿。

（2）编制调整分录将法律上的母公司合并日净资产账面价值调整为公允价值，登入合并报表工作底稿。

借：资产（公允价值与原价值的差额）
　　贷：负债（公允价值与原价值的差额）
　　　　资本公积（差额）

（3）编制抵减分录将调整为公允价值的法律上的母公司合并日净资产与法律上的子公司（购买方）的企业合并成本抵销，登入合并报表工作底稿。

借：××所有者权益项目（法律上的母公司公允价值）
　　商誉（差额）
　　贷：股本/资本公积（合并成本）
　　　　未分配利润（差额）

（4）计算合并数。

【例3-11】A上市公司于20×9年9月30日通过定向增发本企业普通股对B公司进行合并，取得B公司100%的股权。假定不考虑所得税影响。A公司及B公司在合并前简化资产负债表见表3-17。

表3-17　A公司及B公司在合并前简化资产负债表　　　　单位：万元

项目	A公司	B公司
流动资产	3 000	2 700
非流动资产	21 000	36 000
资产合计	24 000	38 700
流动负债	1 200	900
非流动负债	300	1 800
负债合计	1 500	2 700

续表

项目	A公司	B公司
股本	1 500	900
资本公积		
盈余公积	6 000	10 260
未分配利润	15 000	24 840
所有者权益合计	22 500	36 000

（1）20×9年9月30日，A公司通过定向增发本企业普通股，以2股换1股的比例自B公司原股东处取得了B公司全部股权。A公司共发行了1 800万股普通股以取得B公司全部900万股普通股。

（2）A公司普通股在20×9年9月30日的公允价值为20元，B公司每股普通股当日的公允价值为40元。A公司、B公司每股普通股的面值均为1元。

（3）20×9年9月30日，A公司除非流动资产公允价值较账面价值高4 500万元以外，其他资产、负债项目的公允价值与其账面价值相同。

（4）假定A公司与B公司在合并前不存在任何关联方关系。

对于该项企业合并，虽然在合并中发行权益性证券的一方为A公司，但因其生产经营决策的控制权在合并后由B公司原股东控制，B公司应为购买方，A公司应为被购买方。

1. B公司合并成本计算

合并后B公司原股东持有A公司的股权比例＝1 800/3 300＝54.55%

B公司应发行股份＝900/54.55%－900＝750（万股）

B公司合并成本＝750×40＝30 000（万元）

其中：股本750万元

资本公积＝30 000－750＝29 250（万元）

2. 将A公司合并日净资产账面价值调整为公允价值

借：非流动资产　　　　　　　　　　　　　　　　　　　　　4 500
　　贷：资本公积　　　　　　　　　　　　　　　　　　　　　4 500

3. 编制抵减分录

借：股本　　　　　　　　　　　　　　　　　　　　　　　　1 500
　　资本公积　　　　　　　　　　　　　　　　　　　　　　4 500
　　盈余公积　　　　　　　　　　　　　　　　　　　　　　6 000
　　未分配利润　　　　　　　　　　　　　　　　　　　　　15 000
　　商誉[30 000－（1 500＋4 500＋6 000＋15 000）]　　　　3 000
　　贷：股本　　　　　　　　　　　　　　　　　　　　　　　750
　　　　资本公积　　　　　　　　　　　　　　　　　　　　29 250

4. 编制合并报表工作底稿

编制的合并资产负债表工作底稿见表3-18。

表 3-18 A 公司 20×9 年 9 月 30 日合并资产负债表工作底稿　　　单位：万元

项目	A 公司	B 公司	合计数	抵销、调整分录 借	抵销、调整分录 贷	合并数
流动资产	3 000	2 700	5 700			5 700
非流动资产	21 000	36 000	57 000	4 500		61 500
商誉				3 000		3 000
资产合计	24 000	38 700	62 700	7 500		70 200
流动负债	1 200	900	2 100			2 100
非流动负债	300	1 800	2 100			2 100
负债合计	1 500	2 700	4 200			4 200
股本	1 500	900	2 400	1 500	750	1 650
资本公积			0	4 500	33 750	29 250
盈余公积	6 000	10 260	16 260	6 000		10 260
未分配利润	15 000	24 840	39 840	15 000		24 840
所有者权益合计	22 500	36 000	58 500	27 000	34 500	66 000
负债和所有者权益合计	24 000	38 700	62 700	27 000	34 500	70 200

第四章 合并财务报表会计

教学目标：本章学习要求学生了解合并财务报表的概念和构成，合并财务报表的作用及编制目的、理论基础和原则；熟悉合并财务报表编制的前期准备工作；掌握合并财务报表编制的一般程序、调整实务处理和抵销实务处理。

课程思政：通过企业合并财务报表编制教学，引导学生学习掌握合并财务报表编制相关知识。通过合并财务报表编制目的、理论基础、编制原则、编制的一般程序、调整实务处理和抵销实务处理等相关知识点教学，切入坚持准则、守责敬业等课程思政要素，强调会计人员应精于业务，准确进行会计处理，把好职业判断关，实事求是，切勿弄虚作假，遵守职业道德，培养学生诚实守信的科学态度。

第一节 合并财务报表概述

一、合并财务报表的概念和构成

（一）合并财务报表的概念

合并财务报表是以母公司和子公司组成的企业集团为会计主体，以母公司和子公司单独编制的个别会计报表为基础，由母公司编制的综合反映母公司和其全部子公司形成的企业集团的整体财务状况、经营成果和现金流量的财务报表。母公司是指控制一个或一个以上主体（含企业、被投资单位中可分割的部分，以及企业所控制的结构化主体等）的主体。子公司是指被母公司控制的主体。

合并财务报表是由母公司编制的。如果母公司是投资性主体，且不存在为其投资活动提供相关服务的子公司，则不应编制合并财务报表。当母公司同时满足下列条件时，该母公司属于投资性主体：该公司以向投资者提供投资管理服务为目的，从一个或多个投资者处获取资金；该公司的唯一经营目的，是通过资本增值、投资收益或两者兼有让投资者获得回报；该公司按照公允价值对几乎所有投资的业绩进行考量和评价。

母公司属于投资性主体的，通常情况下应当符合下列所有特征：拥有一个以上投资；拥有一个以上投资者；投资者不是该主体的关联方；其所有者权益以股权或类似权益方式存在。

与个别财务报表相比,合并财务报表具有下列特点:合并财务报表反映的对象是由母公司和其全部子公司组成的会计主体;合并财务报表的编制者是母公司,但所对应的会计主体是由母公司及其控制的所有子公司所构成的合并财务报表主体(简称为"合并集团");合并财务报表是站在合并财务报表主体的立场上,以纳入合并范围的企业个别财务报表为基础,根据其他有关资料,抵销母公司与子公司、子公司相互之间发生的内部交易,考虑了特殊交易事项对合并财务报表的影响后编制的,旨在反映合并财务报表主体作为一个整体的财务状况、经营成果和现金流量。

(二)合并财务报表的构成

合并财务报表是综合反映母公司及其全部子公司形成的企业集团的整体财务状况、经营成果和现金流量的财务报表。所以,合并财务报表的构成与个别财务报表的构成是一致的,主要包括:合并资产负债表、合并利润表、合并现金流量表、合并所有者权益变动表以及合并财务报表附注。

1. 合并资产负债表

合并资产负债表是反映母公司和其全部子公司形成的企业集团在报告期末的财务状况的报表。与个别资产负债表比较,合并资产负债表格式在个别资产负债表基础上,主要增加了以下四个项目。

(1)在非流动资产中"开发支出"项目之下增加了"商誉"项目,用于反映非同一控制企业合并时形成的商誉价值,即在非同一控制控股合并下,购买日母公司对子公司的长期股权投资与其在子公司所有者权益公允价值中享有份额之间抵销后的借方差额。

(2)在所有者权益项目下增加"归属于母公司所有者权益合计"项目,用于反映企业集团的所有者权益中归属于母公司所有者权益的部分。

(3)在所有者权益中"未分配利润"项目之后,"归属于母公司所有者权益合计"项目之前增加了"外币报表折算差额"项目,用于反映境外经营的资产负债表折算为母公司记账本位币表示的资产负债表时所发生的折算差额。

(4)在所有者权益中"归属于母公司所有者权益合计"项目之后增加了"少数股东权益"项目,用于反映非全资子公司的所有者权益中不属于母公司的份额。

2. 合并利润表

合并利润表是反映母公司和其全部子公司形成的企业集团在报告期内经营成果的报表。与个别利润表比较,合并利润表在个别利润表基础上,主要增加了以下项目。

(1)在"净利润"项目下增加"按所有权归属分类",下设"归属于母公司所有者的净利润"和"少数股东损益"两个项目,分别反映净利润中由母公司所有者享有的份额和非全资子公司当期实现的净利润中归属于少数股东的份额。同一控制下的企业合并增加子公司的,还应在当期合并利润表中的"净利润"项下增加"其中:被合并方在合并前实现的净利润"项目,用于反映同一控制下企业合并中取得的被合并方在合并日前实现的净利润。

(2)在"综合收益总额"项目下增加"归属于母公司所有者的综合收益总额"和"归

属于少数股东的综合收益总额"两个项目，分别反映综合收益总额中由母公司所有者享有的份额和非全资子公司当期综合收益总额中归属于少数股东的份额。

3. 合并现金流量表

合并现金流量表是反映母公司和其全部子公司形成的企业集团在报告期内现金与现金等价物增减变动情况的报表。企业集团内全部为全资子公司时，合并现金流量表与个别现金流量表相同；存在非全资子公司时，合并现金流量表中有关少数股东项目的反映如下。

（1）对于非全资子公司的少数股东增加在子公司中的权益性资本投资，在合并现金流量表中应当在"筹资活动产生的现金流量"之下的"吸收投资收到的现金"项目下设置"其中：子公司吸收少数股东投资收到的现金"项目反映。

（2）对于非全资子公司向少数股东支付现金股利或利润，在合并现金流量表中应当在"筹资活动产生的现金流量"之下的"分配股利、利润或偿付利息支付的现金"项目下单设"其中：子公司支付给少数股东的股利、利润"项目反映。

4. 合并所有者权益变动表

合并所有者权益变动表是反映母公司和其全部子公司形成的企业集团在报告期内所有者权益各项目增减变动情况的报表。合并所有者权益变动表的格式与个别所有者权益变动表的格式基本相同。在存在少数股东的情况下，合并所有者权益变动表增加"少数股东权益"项目，用于反映少数股东权益变动的情况。

5. 合并财务报表附注

合并财务报表附注是报表使用者对合并主体进行财务分析不可缺少的资料。合并财务报表附注除了包括个别财务报表附注中应说明的事项外，还应当对以下事项进行说明。

（1）纳入合并财务报表合并范围的子公司名称、业务性质、母公司控股的时间及控股的方式、母公司所持有的各类股权的比例。

（2）纳入合并财务报表合并范围的子公司的增减变动情况。

（3）未纳入合并财务报表合并范围的子公司的情况（包括名称、持股比例）、未纳入合并财务报表合并范围的原因及其财务状况和经营成果情况，以及在合并财务报表中对未纳入合并范围的子公司投资的会计处理方法。

（4）子公司与母公司会计政策和财务处理方法不一致时，在合并财务报表中的处理方法。

（5）纳入合并财务报表合并范围、经营业务与母公司业务相差很大的子公司的资产负债表和利润表等有关资料。

二、合并财务报表的作用及编制目的

（一）合并财务报表的作用

控股合并后，母公司和其控制的每一个子公司虽然都是独立的法律实体，但从经济角度来看，母公司拥有对子公司的控制权，它们实际上形成了一个统一的经济实体。为了综合、全面地反映这一统一经济实体的财务状况、经营成果及现金流动情况，需要由控股企业为其编制一套合并财务报表。合并财务报表可以弥补母公司个别财务报表的不足，为有关方提供决策有用的信息，从而满足报表使用者了解集团总体财务状况和经营情况的需要。合并财务报表的作用主要表现在以下两个方面。

（1）对外提供反映企业集团整体财务状况和经营情况的会计信息。在控股经营的情况下，母公司和子公司都是独立的法人实体，分别编报自身的财务报表，这些财务报表也分别反映企业本身的生产经营情况，但并不能够有效地提供反映整个企业集团的会计信息。为此，要了解控股公司整体财务状况和经营情况，就需要将控股公司与被控股子公司的财务报表进行合并，通过编制合并财务报表提供反映企业集团整体经营情况的会计信息，以满足企业集团管理当局强化对被控制企业的管理的需要。

（2）避免利用内部控股关系人为粉饰财务报表的情况发生。控股合并带来了一系列新的问题，例如，母公司可以以内部控制人的身份运用内部转移价格等手段，低价向子公司提供原材料、高价收购子公司产品转移利润以避税；还可以通过向其他子公司高价出售产品、低价购买原材料转移亏损。编制合并报表，可以将企业集团内部交易所产生的收入和利润予以抵销，使合并财务报表能够客观真实地反映企业集团整体财务状况和经营情况，有利于防止和避免控股公司人为粉饰财务报表的情况发生。

（二）编制合并财务报表的目的

编制合并财务报表是基于这样一种假设：母公司财务报表的使用者可以通过合并财务报表来满足其对企业集团有关会计信息的需要，在这方面合并财务报表相比于个别财务报表能够提供更有意义的会计信息。基于这一假设，对于编制合并报表的具体目的有两种不同的观点：一种是放大观，另一种是取代观。

1. 放大观

放大观认为，编制合并财务报表的目的是将母公司个别财务报表上基于权益法的"长期股权投资——对子公司的股权投资"和"投资收益——对子公司的投资收益"这样的总括项目加以具体化，予以详细反映，即"放大"这些会计信息的内容。因而母公司在提供合并财务报表的同时，仍需提供母公司的个别财务报表，即放大观是以母公司个别财务报表上对子公司长期股权投资采用权益法进行会计处理为前提的。

2. 取代观

取代观认为，编制合并财务报表的直接目的是采用一种新的报表形式提供一个新实体的会计信息，以"取代"原有的母公司个别财务报表，因而在提供合并财务报表之后，无须再提供母公司的个别财务报表。

这两种观点在实务中被不同的国家所采用，采用第一种观点的国家有英国、法国、德国与荷兰等，采用第二种观点的典型代表是美国。我国目前采用的大体上是第一种观点。

三、合并财务报表的合并理论

合并理论是指人们对合并财务报表的理性认识和判断，即如何看待由母公司和子公司（包括全资子公司和非全资子公司）所组成的企业集团（合并主体）及其内部联系。

在编制合并财务报表时，如何看待少数股权的性质，以及如何对其进行会计处理，国际会计界形成了三种编制合并财务报表的合并理论，即所有权理论、经济实体理论和母公司理论。

（一）所有权理论

所有权理论也称业主理论，它是基于母公司在子公司所持有的所有权的合并理论。依据所有权理论，母子公司之间的关系是拥有与被拥有的关系，编制合并财务报表的目的是向母公司的股东报告其所拥有的资源。合并财务报表只是为了满足母公司股东的信息需求，而不是为了满足子公司少数股东的信息需求，后者的信息需求应当通过子公司的个别报表予以满足。所以，依据所有权理论编制合并财务报表，应按母公司在子公司持有股权比例对子公司进行合并。

（二）经济实体理论

经济实体理论是一种站在由母公司及其子公司组成的统一实体的角度，来看待母、子公司间的控股合并关系的合并理论。它强调单一管理机构对一个经济实体的控制。依据这一理论，编制合并财务报表的目的在于提供由不同法律实体组成的企业集团作为一个统一的合并主体进行经营的信息。因此，母公司及其子公司的资产、负债、收入与费用，也就是合并主体的资产、负债、收入与费用。依据经济实体理论编制合并财务报表时，按100%对子公司进行合并。如果母公司未能持有子公司100%的股权，则要将子公司的净资产（资产减负债后的净额）区分为控股权益与少数股权。尽管少数股权只与它们持有股份的子公司有关，但在依据经济实体理论编制合并财务报表时，少数股权与控股权益一样，也属于合并主体的所有者权益的一部分。合并利润表上的合并净利润中，包括子公司少数股东所持有的子公司净利润的份额。

（三）母公司理论

母公司理论是一种站在母公司股东的角度，来看待母公司与其子公司之间的控股合并关系的合并理论。这种理论强调母公司股东的利益，它不将子公司当作独立的法人看待，而是将其视为母公司的附属机构。依据这一理论编制的合并财务报表，不仅要反映母公司股东在母公司的利益，而且要反映这些股东在母公司所有子公司净资产中的利益。当母公司并不拥有子公司100%的股权时，要将子公司的少数股东视为集团外的利益群体，将这部分股东所持有的权益（少数股权）视为整个集团的负债。依据母公司理论编制合并财务报表，实际上是在母公司个别财务报表的基础上扩大其编制范围：合并资产负债表实际上是在母公司个别资产负债表的基础上，用所有子公司的资产、负债来代替母公司个别资产负债表上的"长期股权投资——对子公司股权投资"项目，合并主体的所有者权益只反映母公司的所有者权益，而不包括子公司的所有者权益；合并利润表实际上是在母公司个别利润表的基础上，用子公司的各收入、费用项目代替母公司个别利润表上的"投资收益——对子公司投资收益"项目。合并净利润中不包括子公司少数股东所持有的子公司净利润的份额，而是将其视为企业集团的一项费用。

值得注意的是，在合并财务报表实务中，往往不是单纯运用某一种合并理论，而是将上述理论结合起来运用。目前我国采用的是母公司理论结合经济实体理论。

第二节 合并财务报表合并范围

自 2014 年 7 月 1 日起施行的修订的《企业会计准则第 33 号——合并财务报表》第七条规定，合并财务报表的合并范围应当以控制为基础予以确定，不仅包括根据表决权（或类似权利）本身或者结合其他安排确定的子公司，也包括基于一项或多项合同安排确定的结构化主体。

控制，是指投资方拥有对被投资方的权力，通过参与被投资方的相关活动而享有可变回报，并且有能力运用对被投资方的权力影响其回报金额。控制的定义包含三项基本要素：一是投资方拥有对被投资方的权力；二是因参与被投资方的相关活动而享有可变回报；三是有能力运用对被投资方的权力影响其回报金额。在判断投资方是否能够控制被投资方时，当且仅当投资方具备上述三要素时，才能表明投资方能够控制被投资方。

一、投资方是否拥有对被投资方的权力

投资方拥有对被投资方的权力是判断投资方控制被投资方的第一项要素，这要求投资方识别被投资方并评估其设立目的和设计、识别被投资方的相关活动以及对相关活动进行决策的机制、确定投资方及涉入被投资方的其他方拥有的与被投资方相关的权利等，以确定投资方当前是否有能力主导被投资方的相关活动。在判定投资方是否拥有对被投资方的权力时，主要应从以下几个方面进行判定或考虑。

（一）是否具有主导相关活动的现时权利

投资方享有现时权利使其目前有能力主导被投资方的相关活动，而不论其是否实际行使该权利，视为投资方拥有对被投资方的权力。投资方拥有的对被投资方的权力必须是一种实质性权利，而不是保护性权利。

1. **实质性权利**

实质性权利是指持有人在对相关活动进行决策时有实际能力行使的可执行权利。判断一项权利是否为实质性权利，应当综合考虑所有相关因素；包括权利持有人行使该项权利是否存在财务、价格、条款、机制、信息、运营、法律法规等方面的障碍；当权利由多方持有或者行权需要多方同意时，是否存在实际可行的机制使得这些权利持有人在其愿意的情况下能够一致行权；权利持有人能否从行权中获利等。

2. **保护性权利**

保护性权利是指仅为了保护权利持有人的利益却没有赋予持有人对相关活动的决策权的一项权利。保护性权利通常只能在被投资方发生根本性改变或某些例外情况发生

时才能够行使，它既没有赋予其持有人对被投资方拥有权力，也不能阻止其他方对被投资方拥有权力。

（二）权力源自表决权

大部分情况下，投资方通过表决权或类似权利获得主导被投资方相关活动的现实权利。持有被投资方过半数表决权的投资方拥有对被投资方的权力，该投资方所拥有的表决权必须是实质性权利，且使该投资方具有主导该被投资方相关活动的现时能力（决定财务和经营政策）。

（1）除非有确凿证据表明其不能主导被投资方的相关活动，下列情况，表明投资方对被投资方拥有权力。

（a）投资方持有被投资方半数以上表决权的。当被投资方的相关活动由持有半数以上表决权的投资方表决决定，或者主导相关活动的权力机构的多数成员由持有半数以上表决权的投资方指派，而且权力机构的决策由多数成员主导时，持有半数以上表决权的投资方拥有对被投资方的权力。投资方持有被投资方半数以上表决权的情况通常包括如下三种：①投资方直接持有被投资方半数以上表决权；②投资方间接持有被投资方半数以上表决权；③投资方以直接和间接方式合计持有被投资方半数以上表决权。

（b）投资方持有被投资方半数或以下表决权，但通过与其他表决权持有人之间的协议能够控制半数以上表决权的。

投资方虽然持有被投资方半数以上投票权，但当这些投票权不是实质性权利时，其并不拥有对被投资方的权力：①当其他方拥有现时权利使其可以主导被投资方的相关活动（例如，持有半数以下表决权的其他方拥有实质性潜在表决权，并据此取得主导被投资方相关活动的现时权利），且该其他方不是投资方的代理人时，则投资方不拥有对被投资方的权力；②当投资方所拥有的表决权并非实质性权利时，即使持有多数表决权，投资方也不拥有对被投资方的权力。

（2）投资方持有被投资方半数或半数以下表决权，应综合考虑下列事实和情况，以判断其持有的表决权与相关事实和情况相结合是否可以赋予投资方拥有对被投资方的权力。

（a）投资方持有的表决权相对于其他投资方持有的表决权份额的大小，以及其他投资方持有表决权的分散程度。投资方持有的表决权比例越高，为否决投资方而需要联合的一致行动方越多，投资方越有可能有现时能力主导被投资方的相关活动。

（b）与其他表决权持有人的合同安排。投资方自己拥有的表决权不足，但通过与其他表决权持有人的合同安排，其可以控制足以主导被投资方相关活动的表决权，从而拥有对被投资方的权力。

（c）其他合同安排产生的权利。投资方可能通过拥有的表决权和其他决策权相结合的方式使其目前有能力主导被投资方的相关活动。例如，合同安排赋予投资方在被投资方的权力机构中指派若干成员的权力，而该等成员足以主导权力机构对相关活动的决策。

（d）被投资方以往的表决权行使情况、投资方和其他方持有的潜在表决权等其他相关事实和情况。在确定是否拥有对被投资方的权力时，投资方应当仅考虑具有实质性的投票权。

上述有关判断实质性权利的条件同样适用于潜在投票权，在确定潜在表决权是否给予其持有者权力时需要考虑以下因素。

（1）潜在表决权是否为实质性表决权，在分析控制时仅考虑满足实质性权利要求的潜在表决权。

（2）投资方是否持有其他表决权或其他与被投资方相关的决策权，这些权利与投资方持有的潜在表决权结合后是否赋予投资方拥有对被投资方的权力。

（3）潜在表决权工具的设立目的和设计，以及投资方参与被投资方的其他方式的目的和设计。这包括分析相关工具和安排的条款与条件，以及投资方接受这些条款与条件的期望、动机和原因。

（三）权力源自表决权之外的其他权利

在某些情况下，某些主体的投资方对被投资方的权力并非源自表决权，如证券化产品、资产支持融资工具、部分投资基金等结构化主体。

结构化主体，是指其设计导致在确定其控制方时不能将表决权或类似权利作为决定因素的主体，主导该主体相关活动的依据通常是合同安排或其他安排形式。结构化主体通常具备下列特征中的部分或全部。

（1）经营活动受到限定。

（2）设立和运作目标受到限定，通常为事先确定的单一目标，如为了在一项租赁交易中获得节税利益、从事研究开发活动、为主体提供资本或资金来源，或者将与该结构化主体的资产相关的风险和收益转移给投资者从而向投资者提供投资机会等。

（3）在不存在次级财务支持的情况下，其所拥有的权益不足以为所从事的活动提供资金。

（4）以多项基于合同而互相关联的方式向投资方进行融资，导致信用风险集中或其他风险集中。

（四）其他应考虑的因素

某些情况下，投资方可能难以判断其享有的权利是否足以使其拥有对被投资方的权力。在这种情况下，投资方应当考虑其具有实际能力以单方面主导被投资方相关活动的证据，从而判断其是否拥有对被投资方的权力。投资方应考虑的因素包括但不限于下列事项。

（1）投资方能否任命或批准被投资方的关键管理人员。

（2）投资方能否出于其自身利益决定或否决被投资方的重大交易。

（3）投资方能否掌控被投资方董事会等类似权力机构成员的任命程序，或者从其他表决权持有人手中获得代理权。

（4）投资方与被投资方的关键管理人员或董事会等类似权力机构中的多数成员是否存在关联方关系。

投资方与被投资方之间存在某种特殊关系的，在评价投资方是否拥有对被投资方的权力时，应当适当考虑这种特殊关系的影响。这种特殊关系通常包括：被投资方的关键管理人员是投资方的现任或前任职工、被投资方的经营依赖于投资方、被投资方活动的重大部分有投资方参与或者是以投资方的名义进行、投资方自被投资方承担可变回报的风险或享有可变回报的收益远超过其持有的表决权或其他类似权利的比例等。

二、是否享有可变回报

判断投资方是否控制被投资方的第二项要素是，是否因参与被投资方的相关活动而享有可变回报。可变回报是不固定的并可能随着被投资方业绩而变化的回报，可能是正数，也可能是负数，或者有正有负。投资方在判断其享有被投资方的回报是否变动以及如何变动时，应当根据合同安排的实质，而不是法律形式。

在评价投资方是否控制被投资方时，投资方需确定其是否通过参与被投资方的相关活动而享有可变回报。当表决权不能对被投资方的回报产生重大影响时，如仅与被投资方的日常行政管理活动有关，并且被投资方的相关活动由合同安排所决定，投资方需要评估这些合同安排，以评价其享有的权利是否足够使其拥有对被投资方的权力。常见的回报包括以下几项。

（1）股利、被投资方经济利益的其他分配、投资方对被投资方的投资的价值变动。

（2）因向被投资方的资产或负债提供劳务而得到的报酬、因提供信用支持或流动性支持而收取的费用或承担的损失、被投资方清算时在其剩余净资产中所享有的权益、税务利益、因参与被投资方的相关活动而获得的未来流动性。

（3）其他利益持有方无法得到的回报。

投资方自被投资方处取得的回报可能会随着被投资方业绩而变动的，视为享有可变回报。投资方应当基于合同安排的实质而非回报的法律形式对回报的可变性进行评价。

三、是否有能力运用对被投资方的权力影响其回报金额

判定投资方控制被投资方的第三项也就是最后一项要素是，投资方必须不仅拥有对被投资方的权力和因涉入被投资者而承担或有权获得可变回报，而且要有能力使用权力来影响因涉入被投资者而获得的投资方回报。只有当投资方不仅拥有对被投资方的权力、通过参与被投资方的相关活动而享有可变回报，并且有能力运用对被投资方的权力来影响其回报的金额时，投资方才控制被投资方。因此，在判断投资方是否控制被投资方时，应当确定其自身是以主要责任人的身份还是代理人的身份行使决策权，在其他方拥有决策权的情况下，还需要确定其他方是否以其代理人的身份代为行使决策权。代理人仅代表主要责任人行使决策权的，不控制被投资方。投资方将被投资方相关活动的决策权委托给代理人的，应当将该决策权视为投资方自身直接持有。

在评估控制时，代理人的决策权应被视为由主要责任人直接持有，权力属于主要责任人而非代理人。当存在多个主要责任人时，每个主要责任人需评估其是否拥有对被投资方的权力。决策者不会仅仅因为其他方能从其决策中获益而成为代理人。决策者在确定其是否为代理人时，应总体考虑其自身、被投资方以及其他方之间的关系，尤其需考虑以下四项因素。

（1）决策者对被投资方的决策权范围。在评估决策权范围时，应考虑相关协议或法

规允许决策者决策的活动,以及决策者对这些活动进行决策时的自主程度。与该评估相关的因素包括但不限于:被投资方的设立目的与设计、被投资方所面临的风险及转移到其他投资方的风险,以及决策者在设计被投资方过程中的参与程度。

(2)其他方享有的实质性权利。其他方享有的实质性权利可能会影响决策者主导被投资方相关活动的能力。其他方持有实质性罢免权或其他权利可能显示决策者是代理人。当存在单独一方拥有实质性罢免权并能够无理由地罢免决策者时,在判断决策者是否是代理人时,应考虑其他方所拥有的限制决策者自由决策的实质性权利,这与考虑罢免权的方法相似。

(3)决策者的薪酬水平。相对于被投资方活动的预期回报,决策者享有的薪酬的量级和可变动性越大,其越可能是主要责任人。就薪酬而言,在确定决策者是主要责任人还是代理人时,要考虑是否存在以下情况:①决策者的薪酬与其所提供的服务相称;②薪酬协议中仅包括在公平交易基础上针对类似服务和技能水平商定的安排中常见的条款、条件或金额。

如不同时满足上述条件,则决策者肯定不是代理人,但仅满足上述这些条件并不足以得出决策者是代理人的结论,还需结合决策者的决策权范围、其他方享有的实质性权利、决策者因持有其他权益而承担的可变回报风险等因素进一步分析。

(4)决策者因持有被投资方的其他权益而承担可变回报的风险。对于被投资方持有其他权益(如对被投资方进行投资或为被投资方提供业绩担保)的决策者,在评估其是否为代理人时,应考虑决策者因为该权益所面临的可变回报的风险。持有被投资方其他权益表明该决策者可能是主要责任人。在评估由于被投资方的其他利益而面临的可变回报风险时,决策者应考虑如下因素。

(a)决策者享有的经济利益的风险和可变动性将决策者的薪酬和其他利益结合在一起的总体经济利益的量级和可变动性越大,该决策者越有可能是主要责任人。

(b)决策者面临的可变回报风险是否与其他投资方不同,如果是,这些不同是否会影响其行为。例如,决策者持有次级权益,或向被投资方提供其他形式的信用增级。

决策者应评估相对于被投资方回报总体变动的风险而言,其所承担的可变回报风险的程度。该评价应主要基于预期从被投资方的活动中得到的回报,但也应考虑决策者通过持有其他利益而承担的被投资方可变回报的最大风险。

四、对被投资方可分割部分的控制

投资方通常应当对是否控制被投资方整体进行判断,但是在少数情况下,如果有确凿证据表明同时满足下列条件并且符合相关法律法规规定的,投资方应当将被投资方的一部分(以下简称"该部分")视为被投资方可分割部分,进而判断是否控制该部分。

(1)该部分的资产是偿付该部分的负债或该部分的其他权益的唯一来源,不能用于偿还该部分以外的被投资方的其他负债。

(2)除与该部分相关的各方外,其他方不享有与该部分资产相关的权利,也不享有与该部分资产剩余现金流量相关的权利。

因此，实质上该部分的所有资产、负债及相关权益均与被投资方的其他部分相隔离，即该部分的资产产生的回报不能由该部分以外的被投资方的其他部分使用，该部分的负债也不能用该部分以外的被投资方的资产偿还。

如果被投资方的一部分资产和负债及相关权益满足上述条件，构成可分割部分，则投资方应当基于控制的判断标准确定其是否能够控制该可分割部分，包括考虑该可分割部分的相关活动及其决策机制，投资方是否有能力主导可分割部分的相关活动并据以从中取得可变回报等。如果投资方控制该可分割部分，则应将其进行合并。此时，其他方在考虑是否控制并合并被投资方时，应仅对被投资方的剩余部分进行评估，不包括该可分割部分。

五、控制的持续评估

控制的评估是持续的，当环境或情况发生变化时，投资方需要评估控制的三项基本要素中的一项或多项是否发生了变化。如果有任何事实或情况表明评估控制的三项基本要素中的一项或多项发生了变化，则投资方应重新评估其对被投资方是否具有控制权。

（1）如果对被投资方的权力的行使方式发生变化，该变化必须反映在投资方对被投资方权力的评估中。例如，决策机制的变化可能意味着投资方不再通过表决权主导相关活动，而是通过协议或者合同等其他安排赋予其他方主导相关活动的现时权利。

（2）某些事件即使不涉及投资方，也可能会使该投资方获得或丧失对被投资方的权力。例如，其他方以前拥有的能阻止投资方控制被投资方的决策权到期失效，则可能使投资方因此而获得权力。

（3）投资方应考虑因其参与被投资方相关活动而承担的可变回报风险敞口的变化带来的影响。例如，如果拥有权力的投资方不再享有可变回报（如与业绩相关的管理费合同到期），则该投资方将由于不满足控制三要素中的第二要素而丧失对被投资方的控制权。

（4）投资方还应考虑其作为代理人或主要责任人的判断是否发生了变化。投资方与其他方之间整体关系的变化可能意味着原为代理人的投资方不再是代理人；反之亦然。例如，如果投资方或其他方的权利发生了变化，投资方应重新评估其代理人或主要责任人的身份。投资方有关控制的判断结论，或者初始评估其是主要责任人或代理人的结果，不会仅因为市场情况的变化（如因市场情况的变化导致被投资方的可变回报发生变化）而变化，除非市场情况的变化导致控制三要素中的一项或多项发生了变化，或导致主要责任人与代理人之间的关系发生了变化。

第三节 合并财务报表编制程序

一、合并财务报表的编制原则

合并财务报表作为财务报表，必须符合财务报表编制的一般原则和基本要求，这些基本要求包括真实可靠、内容完整、编报及时等。合并财务报表的编制除了遵循财务报表编制的一般原则和基本要求外，还应遵循以下原则。

（一）以个别财务报表为编制基础原则

合并财务报表并不是直接根据母公司和子公司的账簿记录来进行编制的，而是利用母公司和子公司编制的反映各自财务状况和经营成果的财务报表提供的数据，以纳入合并范围的个别财务报表为基础，通过合并财务报表的特有方法进行编制，可以说是客观性原则在合并财务报表编制时的具体体现。

（二）一体性原则

合并财务报表反映的是由多个主体组成的企业集团的财务状况、经营成果和现金流量。在编制合并财务报表时应当将母公司和所有子公司作为整体来看待，将其视为一个会计主体，母公司和子公司发生的经营活动都应当从企业集团这一整体角度进行考虑，包括对项目重要性的判断。

在编制合并财务报表时，对于母公司与子公司、子公司相互之间发生的经济业务，应当将其视为同一会计主体的内部业务处理，对合并财务报表的财务状况、经营成果和现金流量不产生影响。

另外，对于某些特殊交易，如果站在企业集团角度的确认和计量与个别财务报表角度的确认和计量不同，还需要站在企业集团角度就同一交易或事项予以调整。

（三）重要性原则

与个别财务报表相比，合并财务报表涉及多个法人主体，涉及的经营活动的范围很广，母公司与子公司的经营活动往往跨越不同行业界限，有时母公司与子公司的经营活动甚至相差很大。合并财务报表要综合反映这样的会计主体的财务情况，必然要涉及重要性的判断问题，特别是在拥有较多子公司的情况下，更是如此。在编制合并财务报表时，必须特别强调重要性原则的运用。例如，一些项目在企业集团中对某一企业具有重要性，但对于整个企业集团则不一定具有重要性，在这种情况下根据重要性的要求对财务报表项目进行取舍，则具有重要的意义。此外，当母公司与子公司、子公司相互之间发生的经济业务，对整个企业集团财务状况和经营成果的影响不大时，为简化合并手续也应根据重要性原则进行取舍，可以不编制抵销分录而直接编制合并财务报表。

二、编制合并财务报表的前期准备工作

合并财务报表的编制涉及多个子公司，为了使编制的合并财务报表准确、全面地反映企业集团的真实情况，必须做好一系列的前期准备工作，主要包括以下几个方面。

（一）统一母子公司的会计政策

会计政策是编制财务报表的基础。统一母公司和子公司的会计政策是保证母子公司财务报表各项目反映内容一致的基础。只有在财务报表各项目反映的内容一致的情况下，才能对其进行加总，编制合并财务报表。因此，在编制合并财务报表前，应统一要求子

公司所采用的会计政策与母公司保持一致。对一些境外子公司，若由于所在国或地区的法律、会计政策等方面的原因，其采用的会计政策与母公司所采用的会计政策确实无法保持一致，则应当要求其按照母公司所采用的会计政策，重新编报财务报表，也可以由母公司根据自身所采用的会计政策对境外子公司报送的财务报表进行调整，以重编或调整编制的境外子公司的财务报表，作为编制合并财务报表的基础。

需要注意的是，中国境内企业设在境外的子公司在境外发生的交易或事项，因受法律法规限制等在境内不存在或不常见，企业会计准则未做出规范的，可以将境外子公司已经得出的会计处理结果，在符合基本准则的原则下，按照国际财务报告准则进行调整后，并入境内母公司合并财务报表的相关项目。

（二）统一母子公司的资产负债表日及会计期间

母公司和子公司的个别财务报表只有在反映财务状况的日期和反映经营成果的会计期间都一致的情况下，才能进行合并。为了编制合并财务报表，必须统一企业集团内母公司和所有子公司的资产负债表日和会计期间，使子公司的资产负债表日和会计期间与母公司的资产负债表日和会计期间保持一致，以便于子公司提供相同资产负债表日和会计期间的财务报表。

对于境外子公司的财务报表决算日和会计期间，由于当地法律限制确实不能与母公司保持一致的，母公司应当按照自身的资产负债表日和会计期间对子公司的财务报表进行调整，以调整后的子公司财务报表为基础编制合并财务报表，也可以要求子公司按照母公司的资产负债表日和会计期间另行编制报送其个别财务报表。

（三）对子公司以外币表示的财务报表进行折算

对母公司和子公司的财务报表进行合并，其前提必须是母子公司个别财务报表所采用的货币计量单位一致。外币业务比较多的企业应该遵循外币折算准则有关选择记账本位币的规定，在符合准则规定的基础上，确定是否采用某一种外币作为记账本位币。在将境外经营纳入合并范围时，应该按照外币折算准则的相关规定进行处理。

（四）收集编制合并财务报表的相关资料

合并财务报表以母公司和其子公司的财务报表以及其他有关资料为依据，由母公司合并有关项目的数额编制。为编制合并财务报表，母公司应当要求子公司及时提供下列有关资料。

（1）子公司相应期间的财务报表。
（2）采用的与母公司不一致的会计政策及其影响金额。
（3）与母公司不一致的会计期间的说明。
（4）与母公司及与其他子公司之间发生的所有内部交易的相关资料，包括但不限于内部购销交易、债权债务、投资及其产生的现金流量，以及未实现内部销售损益的期初、期末余额及变动情况等资料。
（5）子公司所有者权益变动和利润分配的有关资料。
（6）编制合并财务报表所需要的其他资料。

三、合并财务报表的编制程序

合并财务报表编制的一般程序如下。

1. 设置合并报表工作底稿

合并报表工作底稿的作用是为合并财务报表的编制提供基础。在合并报表工作底稿中,对母公司和纳入合并范围的子公司的个别财务报表各项目的数据进行汇总、调整和抵销处理,最终计算得出合并财务报表各项目的合并数。合并报表工作底稿有两种格式,见表 4-1 和表 4-2。

表 4-1 合并报表工作底稿(格式一)

项目	母公司	子公司	调整分录		合计数	抵减分录		合并数
			借	贷		借	贷	

表 4-2 合并报表工作底稿(格式二)

项目	母公司	子公司	合计数	调整、抵减分录		合并数
				借	贷	

2. 将个别财务报表的数据登入合并报表工作底稿

将母公司和纳入合并范围的子公司的个别资产负债表、个别利润表、个别现金流量表及个别所有者权益变动表各项目的数据登入合并报表工作底稿,并在合并报表工作底稿中对母公司和子公司个别财务报表各项目的数据进行加总,计算得出个别资产负债表、个别利润表、个别现金流量表及个别所有者权益变动表各项目的合计数。

3. 编制调整分录,并登入合并报表工作底稿,计算合计数

编制调整分录的目的在于对会计政策及计量基础的差异对个别财务报表的影响进行调整,编制合并财务报表的调整分录涉及纳入合并范围的母子公司个别财务报表的调整。

(1)纳入合并范围的子公司个别财务报表调整包括:①属于非同一控制下企业合并取得的子公司,将取得时该子公司的各项可辨认资产、负债及预计负债调整为在购买日的公允价值;将子公司购买日可辨认净资产账面价值与公允价值不等的资产自合并日至报告日的成本费用按公允价值进行调整。②母子公司会计政策、会计期间不一致的,编制调整分录调整子公司个别报表。

(2)母公司个别财务报表调整。目前我国合并财务报表编制实务采用的是放大观,放大观认为,编制合并财务报表的目的是将母公司个别财务报表上基于权益法的"长期股权投资——对子公司的股权投资"和"投资收益——对子公司的投资收益"这样的总

括项目加以具体化，予以详细反映，即"放大"这些会计信息的内容。母公司对子公司的长期股权投资是按成本法核算的。所以，编制合并财务报表必须将母公司个别财务报表中的长期股权投资核算方法从按成本法核算调整为按权益法核算。

4. 编制抵销分录，并登入合并报表工作底稿

编制合并财务报表时将母子公司组成的企业集团视为一个会计主体，集团内部母子公司之间、子公司与子公司之间发生的交易事项，对于企业集团来讲是不存在的。母子公司个别财务报表分别反映了母子公司之间、子公司与子公司之间发生的交易事项。所以，在编制合并财务报表时，必须编制抵销分录，将集团内部母子公司之间、子公司与子公司之间发生的交易事项予以抵销，消除母子公司个别财务报表各项目加总数中的重复因素。合并财务报表编制的抵销事项可划分为以下四大类。

第一类：母公司对子公司的长期股权投资与子公司的所有者权益抵销。

第二类：母公司与子公司、子公司相互之间发生的内部债权债务抵销。

第三类：母公司与子公司、子公司相互之间发生的内部交易抵销。

第四类：母公司与子公司、子公司相互之间发生的内部现金流量抵销。

5. 在合并报表工作底稿中计算合并财务报表各项目的合并金额

在母公司和纳入合并范围的子公司的个别财务报表项目加总金额的基础上，分别计算合并财务报表中各资产类项目、负债类项目、所有者权益类项目、收入项目和费用项目、现金流入项目和现金流出项目等的合并金额。其计算方法如下。

（1）资产类项目，其合并金额根据该项目加总的金额，加上该项目调整分录与抵销分录有关的借方发生额，减去该项目调整分录与抵销分录有关的贷方发生额计算确定。

（2）负债类和所有者权益类项目，其合并金额根据该项目加总的金额，减去该项目调整分录与抵销分录有关的借方发生额，加上该项目调整分录与抵销分录有关的贷方发生额计算确定。

（3）有关收入、收益、利得类项目，其合并金额根据该项目加总的金额，减去该项目调整分录与抵销分录的借方发生额，加上该项目调整分录与抵销分录的贷方发生额计算确定。

（4）有关成本费用、损失类项目和有关利润分配的项目，其合并金额根据该项目加总的金额，加上该项目调整分录与抵销分录的借方发生额，减去该项目调整分录与抵销分录的贷方发生额计算确定。

（5）"专项储备"和"一般风险准备"项目由于既不属于实收资本（或股本）、资本公积，也与留存收益、未分配利润不同，在长期股权投资与子公司所有者权益相互抵销后，应当按归属于母公司所有者的份额予以恢复。

（6）现金流入项目，其合并金额根据该项目加总的金额，加上该项目抵销分录的借方发生额，减去该项目抵销分录的贷方发生额计算确定。

（7）现金流出项目，其合并金额根据该项目加总的金额，减去该项目抵销分录的借方发生额，加上该项目抵销分录的贷方发生额计算确定。

6. 填列合并财务报表

根据合并报表工作底稿中计算出的资产、负债、所有者权益、收入、成本费用类以

及现金流量表中各项目的合并金额，填列生成正式的合并财务报表。

由于编制调整、抵减分录的目的是编制合并报表，不需要登账，所以，编制调整、抵减分录时，不能使用会计科目，要使用与合并财务报表相同的项目。

四、报告期内增减子公司的处理

1. 增加子公司的处理

母公司由于追加投资等原因控制了另一家企业即实现了企业合并，应当根据企业合并准则的规定编制合并日或购买日的合并财务报表。在企业合并发生当期的期末和以后会计期间，母公司应当编制合并财务报表，分情况进行处理。

（1）同一控制下企业合并增加的子公司或业务，视同合并后形成的企业集团报告主体自最终控制方开始实施控制时一直是一体化存续下来的。编制合并资产负债表时，应当调整合并资产负债表的期初数，合并资产负债表的留存收益项目应当反映母子公司视同一直作为一个整体运行至合并日应实现的盈余公积和未分配利润的情况，同时应当对比较报表的相关项目进行调整；编制合并利润表时，应当将该子公司或业务自合并当期期初至报告期末的收入、费用、利润纳入合并利润表，而不是从合并日开始纳入合并利润表，同时应当对比较报表的相关项目进行调整。由于这部分净利润是企业合并准则所规定的同一控制下企业合并的编表原则所致，而非母公司管理层通过生产经营活动实现的净利润，因此，应当在合并利润表中单列"其中：被合并方在合并前实现的净利润"项目进行反映；在编制合并现金流量表时，应当将该子公司或业务自合并当期期初到报告期末的现金流量纳入合并现金流量表，同时应当对比较报表的相关项目进行调整。

（2）非同一控制下企业合并或其他方式增加的子公司或业务，应当从购买日开始编制合并财务报表，在编制合并资产负债表时，不调整合并资产负债表的期初数，企业以非货币性资产出资设立子公司或对子公司增资的，需要将该非货币性资产调整恢复至原账面价值，并在此基础上持续编制合并财务报表；在编制合并利润表时，应当将该子公司或业务自购买日至报告期末的收入、费用、利润纳入合并利润表；在编制合并现金流量表时，应当将该子公司购买日至报告期期末的现金流量纳入合并现金流量表。

2. 处置子公司的处理

在报告期内，如果母公司处置子公司或业务，失去对子公司或业务的控制，则被投资方从处置日开始就不再是母公司的子公司，不应继续将其纳入合并财务报表的合并范围，在编制合并资产负债表时，不应当调整合并资产负债表的期初数；在编制合并利润表时，应当将该子公司或业务自当期期初至处置日的收入、费用、利润纳入合并利润表；在编制合并现金流量表时，应将该子公司或业务自当期期初至处置日的现金流量纳入合并现金流量表。

五、存在孙公司的合并报表编制方法

企业集团不仅有母公司和子公司，有的企业集团子公司还有其所控制的子公司，这就构成了孙公司。在这种情况下集团母公司合并财务报表编制有分层合并法和平行合并法两种方法。

（1）分层合并法。分层合并法又称多次合并法，是由集团孙公司合并所属子公司，按合并报表编制程序编制子公司所属集团的合并报表，上报母公司，再由母公司按合并报表编制程序编制整个集团合并财务报表的编制方法。

（2）平行合并法。平行合并法又称一次合并法，是指集团内各子公司、孙公司直接向集团母公司报送本公司的个别财务报表，集团母公司根据各子公司、孙公司报送的个别财务报表，对纳入合并范围的各子公司、孙公司进行一次合并，按合并报表编制程序编制整个集团合并财务报表的编制方法。

对于母、子公司共同持股的孙子公司，无论母公司持股比例为多少，均由母公司按母、子公司持股比例之和在整个集团公司层面进行合并。

第四节 合并财务报表编制调整实务

一、纳入合并范围的子公司个别财务报表调整

（一）非同一控制下取得的子公司个别财务报表调整

非同一控制下的控股合并，无论是控制权取得日还是控制权取得日后，均采用购买法编制合并财务报表，即非同一控制下取得子公司，母公司编制购买日的合并资产负债表时，因企业合并取得的子公司的各项可辨认资产、负债及或有负债应当以公允价值在合并财务报表中列示。然而，即使母公司为进行企业合并要对子公司的资产负债进行评估，子公司作为持续经营的主体，一般都不会将该评估产生的资产、负债公允价值的变动登记入账，其对外提供的财务报表仍然是以各项资产和负债原来的账面价值为基础编制的。因此，母公司编制合并财务报表时，就必须采用一定的方法将购买日子公司个别报表上以账面价值列报的资产和负债调整为公允价值计量。其调整包括以下两个方面。

（1）根据母公司为该子公司设置的备查记录，编制调整分录，将控制权取得时该子公司各项可辨认资产、负债及预计负债账面价值调整为在购买日的公允价值。

借：××资产项目（公允价值与原价值的差额）
　　贷：××负债项目（公允价值与原价值的差额）
　　　　资本公积（差额）

如果合并时符合非税合并要求，子公司各项可辨认资产、负债按账面价值确认计税基础，按公允价值调整必然形成暂时性差异，应确认递延所得税资产或者递延所得税负债。

借：××资产项目（公允价值与原价值的差额）
　　　递延所得税资产
　　贷：××负债项目（公允价值与原价值的差额）
　　　　递延所得税负债
　　　　资本公积（差额）

（2）将子公司购买日可辨认净资产账面价值与公允价值不等的资产、负债项目，自购买日至合并报表编制日的成本费用按公允价值调整，涉及以前年度损益的调整年初未分配利润，涉及本年度损益的调整相应成本费用项目。

借：营业成本/管理费用/销售费用等（当年）
　　年初未分配利润（以前年度）
　　贷：存货/固定资产/无形资产/应付债券等

（1）分录中确认递延所得税资产或递延所得税负债的，由于公允价值的实现，递延所得税资产或递延所得税负债的暂时性差异的转回。

借：递延所得税负债
　　贷：递延所得税资产
借或贷：年初未分配利润/所得税费用（差额）

【例 4-1】假定 A 公司于 2017 年 1 月 1 日以 212 000 元存款购买了 B 公司 80%的股权，控制了 B 公司。该项控股合并为非同一控制下的合并。合并当日两家公司资产、负债的账面价值及公允价值的数据见表 4-3。2017 年末，B 公司存货全部对外出售，B 公司固定资产采用直线法进行折旧，至合并当日尚可使用 10 年，B 公司的应付债券还有 8 年到期。假定 A 公司与 B 公司除了具有投资与被投资关系外，未发生其他内部交易，并假定两家公司的会计处理与税法规定之间不存在任何差异，且不考虑所得税对合并财务报表的影响。B 公司 2017 年全年实现利润 21 000 元，提取盈余公积 2 100 元，当年向股东分配现金股利共计 12 000 元。2018 年全年实现利润 54 000 元，提取盈余公积 5 400 元，当年向股东分配现金股利共计 25 000 元。

表 4-3　A、B 公司资产负债表（2017 年 1 月 1 日）　　　　单位：元

项目	A 公司		B 公司	
	购买前账面价值	购买后账面价值	账面价值	公允价值
资产：				
货币资金	230 000	18 000	1 000	1 000
交易性金融资产	20 000	20 000	48 000	48 000
应收账款	264 000	264 000	111 000	110 000
存货	160 000	160 000	130 000	120 000
长期股权投资		212 000	0	0
固定资产	660 000	660 000	100 000	150 000
资产合计	1 334 000	1 334 000	390 000	429 000

续表

项目	A 公司		B 公司	
	购买前账面价值	购买后账面价值	账面价值	公允价值
负债:				
应付账款	160 000	160 000	16 000	16 000
应付职工薪酬	48 000	48 000	4 000	4 000
应付债券	0	0	160 000	156 000
长期借款	86 000	86 000	0	0
负债合计	294 000	294 000	180 000	176 000
股东权益:				
股本	550 000	550 000	140 000	
资本公积	350 000	350 000	50 000	
盈余公积	135 000	135 000	17 000	
未分配利润	5 000	5 000	3 000	
所有者权益合计	1 040 000	1 040 000	210 000	253 000
负债及所有者权益合计	1 334 000	1 334 000	390 000	429 000

1. 2017 年编制合并报表时，按公允价值对 B 公司财务报表的调整

（1）按公允价值对 B 公司资产负债表项目的调整。

借：固定资产　　　　　　　　　　　　　　　　　　　50 000
　　应付债券　　　　　　　　　　　　　　　　　　　 4 000
　　贷：应收账款　　　　　　　　　　　　　　　　　　 1 000
　　　　存货　　　　　　　　　　　　　　　　　　　　10 000
　　　　资本公积　　　　　　　　　　　　　　　　　　43 000

（2）调整购买日 B 公司资产、负债公允价值与账面价值的差额对损益的影响。2017 年末，B 公司存货全部对外出售，按账面价值结转的成本高于按公允价值核算的成本 10 000 元，所以，冲营业成本 10 000 元；B 公司应收账款按原账面价值全额收回，高于按公允价值核算金额，所以，冲信用减值损失 1 000 元；B 公司固定资产公允价值高于账面价值 50 000 元，所以补提折旧费增加管理费用 5 000 元（50 000/10）；B 公司的应付债券公允价值低于账面价值 4 000 元，在 8 年内分摊计入财务费用。

借：管理费用　　　　　　　　　　　　　　　　　　　5 000
　　财务费用　　　　　　　　　　　　　　　　　　　　 500
　　应收账款　　　　　　　　　　　　　　　　　　　 1 000
　　存货　　　　　　　　　　　　　　　　　　　　　10 000
　　贷：固定资产　　　　　　　　　　　　　　　　　　 5 000
　　　　应付债券　　　　　　　　　　　　　　　　　　　500

信用减值损失　　　　　　　　　　　　　　　　　　　　　1 000
　　营业成本　　　　　　　　　　　　　　　　　　　　　　　10 000

经上述调整后，B 公司 2017 年度净利润＝21 000－5 000－500＋1 000＋10 000＝26 500 元。B 公司 2017 年末调整后的所有者权益各项目余额如下。

股本：140 000 元

资本公积：50 000＋43 000＝93 000（元）

盈余公积：17 000＋2 100＝19 100（元）

未分配利润：3 000＋26 500－2 100－12 000＝15 400（元）

合计：267 500 元

2. 2018 年编制合并报表时，按公允价值对 B 公司财务报表的调整

（1）按公允价值对 B 公司资产负债表项目的调整。

　　借：固定资产　　　　　　　　　　　　　　　　　　　　　50 000
　　　　应付债券　　　　　　　　　　　　　　　　　　　　　 4 000
　　　贷：应收账款　　　　　　　　　　　　　　　　　　　　 1 000
　　　　　存货　　　　　　　　　　　　　　　　　　　　　　10 000
　　　　　资本公积　　　　　　　　　　　　　　　　　　　　43 000

（2）调整购买日 B 公司资产、负债公允价值与账面价值的差额对损益的影响。2017 年末依据对损益的影响金额调整年初未分配利润项目，2018 年末 B 公司固定资产公允价值高于账面价值 50 000 元，所以补提折旧费增加管理费用 5 000 元（50 000/10）；B 公司的应付债券公允价值低于账面价值 4 000 元，在 8 年内分摊计入财务费用。

　　借：应收账款　　　　　　　　　　　　　　　　　　　　　 1 000
　　　　存货　　　　　　　　　　　　　　　　　　　　　　　10 000
　　　贷：固定资产　　　　　　　　　　　　　　　　　　　　 5 000
　　　　　应付债券　　　　　　　　　　　　　　　　　　　　　 500
　　　　　年初未分配利润　　　　　　　　　　　　　　　　　 5 500
　　借：管理费用　　　　　　　　　　　　　　　　　　　　　 5 000
　　　　财务费用　　　　　　　　　　　　　　　　　　　　　　 500
　　　贷：固定资产　　　　　　　　　　　　　　　　　　　　 5 000
　　　　　应付债券　　　　　　　　　　　　　　　　　　　　　 500

经上述调整后，B 公司 2018 年度净利润＝54 000－5 000－500＝48 500（元）。B 公司 2018 年末调整后的所有者权益各项目余额如下。

股本：140 000（元）

资本公积：50 000＋43 000＝93 000（元）

盈余公积：19 100＋5 400＝24 500（元）

未分配利润：15 400＋48 500－5 400－25 000＝33 500（元）

合计：291 000 元

（二）母子公司会计政策、会计期间不一致的，子公司个别财务报表调整

母公司应当统一子公司所采用的会计政策和会计期间，使子公司采用的会计政策和会计期间与母公司保持一致。子公司所采用的会计政策或会计期间与母公司不一致的，应当按照母公司的会计政策或者会计期间对子公司财务报表进行必要的调整；或者要求子公司按照母公司的会计政策另行编报财务报表。

二、母公司个别财务报表调整

合并财务报表编制有基于成本法编制和基于权益法编制两种编制模式。虽然 2014 年重新修订的《企业会计准则第 33 号——合并财务报表》中没有再明确要求母公司在按照权益法调整对子公司的长期股权投资后编制合并报表，但在实务中合并财务报表编制采用的仍然是放大观。放大观要求编制合并财务报表时，母公司个别财务报表上的长期股权投资核算应是基于权益法核算的，但纳入合并范围的母公司对子公司的长期股权投资有的按成本法核算（持股比例大于 50%），有的按权益法核算（持股比例小于或等于 50%）。所以，编制合并财务报表有必要将母公司个别财务报表中按成本法核算的长期股权投资由成本法核算调整为权益法核算。

长期股权投资成本法核算是指长期股权投资始终按照初始入账成本进行核算，除追加或者收回投资可以调整长期股权投资账面价值外，一般不再调整。长期股权投资权益法核算是指长期股权投资始终按照初始投资成本占被投资单位可辨认净资产公允价值份额进行核算，长期股权投资账面价值随着被投资单位可辨认净资产公允价值的变动按比例进行调整。二者会计核算的主要区别见表 4-4。

表 4-4　长期股权投资成本法核算、权益法核算比较

时间	成本法	权益法
初始投资时	借：长期股权投资 　　贷：××账户	①借：长期股权投资 　　　贷：××账户 ②比较投资成本与被投资单位可辨认净资产公允价值： 大于：不调整 小于： 借：长期股权投资 　　贷：营业外收入
被投资单位盈利		借：长期股权投资 　　贷：投资收益
被投资单位亏损		借：投资收益 　　贷：长期股权投资
被投资单位分配现金股利	借：银行存款 　　贷：投资收益	借：银行存款 　　贷：长期股权投资
被投资单位其他权益变动		借：长期股权投资 　　贷：其他综合收益/资本公积

根据表4-4，基于权益法编制合并财务报表对母公司个别财务报表的调整如下。

（一）初始投资调整

将初始投资时的投资成本与被投资单位（子公司）可辨认净资产公允价值份额进行比较（非同一控制合并）。

（1）初始投资时的投资成本大于被投资单位（子公司）可辨认净资产公允价值份额，对长期股权投资不做调整，其差额作为商誉反映在合并财务报表中。

商誉＝初始投资成本－被投资单位（子公司）可辨认净资产公允价值×持股比例

（2）初始投资时的投资成本小于被投资单位（子公司）可辨认净资产公允价值份额，按其差额调整长期股权投资。其调整分录如下。

借：长期股权投资
　　贷：营业外收入（合并当年）
　　　　年初未分配利润（以后年度）

（二）被投资单位累计盈亏引起的所有者权益变动调整投资额

被投资单位累计盈亏引起的所有者权益变动调整投资额时，被投资单位的累计盈亏不是子公司的账面盈亏，而是经过调整后的盈亏。其调整的内容包括以下几项。

（1）非同一控制下合并日子公司各项可辨认资产、负债及或有负债等在购买日的公允价值与账面价值不一致的差额对子公司损益影响的调整。

（2）子公司会计政策或会计期间与母公司不一致，由母公司对子公司财务报表进行调整对子公司损益影响的调整。

（3）母子公司、子公司与子公司之间未实现内部交易损益，无论是顺流交易还是逆流交易都要调整被投资单位的盈亏（顺流交易全额调减长期股权投资，逆流交易按比例调减长期股权投资）。

其调整分录如下。

（1）被投资单位累计实现净利。

借：长期股权投资（累计实现净利×持股比例）
　　贷：投资收益（当期）
　　　　年初未分配利润（以前年度）

（2）被投资单位累计发生亏损。

借：投资收益（当期）
　　年初未分配利润（以前年度）
　　贷：长期股权投资（亏损×持股比例）

（三）被投资单位累计分派现金股利或利润引起的所有者权益变动调整投资额

被投资单位分派的现金股利或利润，在成本法下是作为投资收益处理的，而在权益法下是冲减长期股权投资账面价值的，所以，其调整分录如下。

借：投资收益（当期）
　　　年初未分配利润（以前年度）
　　贷：长期股权投资（被投资单位累计分派的现金股利或利润×持股比例）

（四）被投资单位由其他原因引起的所有者权益变动调整投资额

被投资单位由其他原因引起的所有者权益变动，在成本法下是不做账务处理的，而在权益法下是要调整长期股权投资账面价值的，所以，其调整分录如下。

借：长期股权投资（其他权益增加额×持股比例）
　　贷：其他综合收益/资本公积

【例 4-2】（接【例 4-1】）将 A 公司对 B 公司的长期股权投资核算方法从成本法调整为权益法。

1. 2017 年末编制合并财务报表时对 A 公司个别财务报表进行调整

（1）初始投资调整。2017 年 1 月 1 日 A 公司对 B 公司的长期股权投资的初始投资成本 212 000 元大于 B 公司（子公司）可辨认净资产公允价值份额 202 400 元 [（429 000－176 000）×80%]，对长期股权投资不做调整，其差额作为商誉反映在合并财务报表中。

$$商誉 = 212\,000 - 202\,400 = 9\,600（元）$$

（2）B 公司 2017 年度调整后净利润 = 21 000－5 000－500＋1 000＋10 000＝26 500（元）。由 B 公司累计盈利引起的所有者权益变动调整投资额＝26 500×80%＝21 200（元）。其调整分录如下。

　　借：长期股权投资　　　　　　　　　　　　　　　　　21 200
　　　　贷：投资收益　　　　　　　　　　　　　　　　　　　21 200

（3）由 B 公司累计分派现金股利或利润引起的所有者权益变动调整投资额＝12 000×80%＝9 600（元）。其调整分录如下。

　　借：投资收益　　　　　　　　　　　　　　　　　　　9 600
　　　　贷：长期股权投资　　　　　　　　　　　　　　　　　9 600

2017 年末 A 公司对 B 公司调整后的长期股权投资＝212 000＋21 200－9 600＝223 600（元）。

2. 2018 年末编制合并财务报表时对 A 公司个别财务报表进行调整

（1）初始投资调整。2017 年 1 月 1 日 A 公司对 B 公司的长期股权投资的初始投资成本 212 000 元大于 B 公司（子公司）可辨认净资产公允价值份额 202 400 元 [（429 000－176 000）×80%]，对长期股权投资不做调整，其差额作为商誉反映在合并财务报表中。

$$商誉 = 212\,000 - 202\,400 = 9\,600（元）$$

（2）B 公司 2018 年度调整后净利润＝54 000－5 000－500＝48 500（元）。由 B 公司累计盈利引起的所有者权益变动调整投资额＝（26 500＋48 500）×80%＝60 000（元）。其调整分录如下。

　　借：长期股权投资　　　　　　　　　　　　　　　　　60 000
　　　　贷：年初未分配利润　　　　　　　　　　　　　　　21 200

投资收益　　　　　　　　　　　　　　　　　　　　　　　　38 800
（3）由B公司累计分派现金股利或利润引起的所有者权益变动调整投资额＝（12 000＋25 000）×80%＝29 600（元）。其调整分录如下。
　　借：年初未分配利润　　　　　　　　　　　　　　9 600
　　　　投资收益　　　　　　　　　　　　　　　　　20 000
　　　　贷：长期股权投资　　　　　　　　　　　　　　　　29 600
2018年末A公司对B公司调整后的长期股权投资＝212 000＋60 000－29 600＝242 400（元）

第五节　合并财务报表编制抵销实务

一、母公司对子公司的长期股权投资与子公司的所有者权益抵销实务

由于合并会计报表是以母公司和子公司组成的企业集团为会计主体，在母公司和子公司单独编制的个别会计报表的基础上编制的，母公司取得的子公司的股权在其个别会计报表上反映在"长期股权投资"项目中，而子公司得到的母公司投入的资本及其营运获利在其个别会计报表上体现在所有者权益项目中。所以，在编制合并财务报表时，必须将母公司对子公司的长期股权投资与子公司的所有者权益抵销，以体现母公司和子公司组成的企业集团为一个会计主体。其抵销原理如图4-1所示。

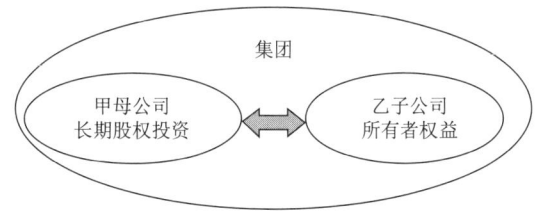

图4-1　投资与权益抵销原理

母公司对子公司的长期股权投资与子公司的所有者权益抵销业务包括：长期股权投资与子公司的所有者权益抵销和母公司权益性投资收益与子公司利润分配的抵销两个方面。

（一）长期股权投资与子公司的所有者权益抵销

1. 同一控制下控制权取得日后长期股权投资与子公司的所有者权益抵销

同一控制下控制权取得日后长期股权投资与子公司的所有者权益抵销处理与控制权取得日的抵销处理实务相同。母公司对非全资子公司的长期股权投资和子公司股东权益项目份额抵减时，子公司股东权益中属于少数股东的部分在"少数股东权益"项目中反映，抵销分录如下。

借：股本
　　资本公积
　　盈余公积
　　未分配利润——年末（子公司）
　　贷：长期股权投资
　　　　少数股东权益

2. 非同一控制下控制权取得日后长期股权投资与子公司的所有者权益抵销

非同一控制下控制权取得日后长期股权投资与子公司的所有者权益抵销处理与控制权取得日的抵销处理实务基本相同。由于在抵销前，已将母公司对子公司的长期股权投资核算方法从成本法调整为权益法。所以，在非同一控制下的企业合并中，母公司对子公司的长期股权投资与子公司的所有者权益抵销，不存在长期股权投资小于子公司可辨认净资产公允价值的份额的情况。母公司对非全资子公司的长期股权投资和子公司股东权益项目份额抵减时，子公司股东权益中属于少数股东的部分在"少数股东权益"项目中反映，抵销分录如下。

借：股本
　　资本公积
　　盈余公积
　　未分配利润——年末（子公司）
　　商誉
　　贷：长期股权投资
　　　　少数股东权益

（二）母公司权益性投资收益与子公司利润分配的抵销

从子公司角度看，子公司当年实现的净利润加上年初未分配利润是子公司利润分配的来源，子公司对其进行分配：提取盈余公积、向股东分配股利以及留待以后年度的未分配利润等是子公司利润分配的去向。子公司当年实现的净利润划分为两部分：一部分归母公司所有，在权益法下母公司确认为投资收益；另一部分则归少数股东所有，作为少数股东损益。为了使合并报表反映母公司股东权益的变动情况，必须将母公司的投资收益、少数股东损益、子公司的年初未分配利润与子公司当年的利润分配和年末未分配利润的金额抵销。抵销分录如下。

（1）全资子公司。

借：投资收益（母公司）
　　年初未分配利润（子公司）
　　贷：提取盈余公积（子公司）
　　　　对所有者（或股东）的分配（子公司）
　　　　年末未分配利润（子公司）

（2）非全资子公司。

借：投资收益（母公司）

少数股东损益
年初未分配利润（子公司）
贷：提取盈余公积（子公司）
　　对所有者（或股东）的分配（子公司）
　　年末未分配利润（子公司）

【例 4-3】（接【例 4-1】【例 4-2】）将 A 公司对 B 公司的长期股权投资与 B 公司的股东权益抵销。

1. 2017 年末编制合并财务报表时，A 公司对 B 公司的长期股权投资与 B 公司的股东权益抵销

（1）长期股权投资与子公司的所有者权益抵销。

根据【例 4-1】，B 公司 2017 年末调整后的所有者权益各项目余额如下。

股本：140 000 元

资本公积：50 000＋43 000＝93 000（元）

盈余公积：17 000＋2 100＝19 100（元）

未分配利润：3 000＋26 500－2 100－12 000＝15 400（元）

合计：267 500 元

根据【例 4-2】，2017 年末 A 公司对 B 公司调整后的长期股权投资＝212 000＋21 200－9 600＝223 600（元）。

少数股东权益＝267 500×20%＝53 500（元）

商誉＝223 600－267 500×80%＝9 600（元），与初始投资时确认的商誉金额一致。

根据以上数据，编制抵销分录（金额单位：元）。

借：股本　　　　　　　　　　　　　　　　　　　　　　140 000
　　资本公积　　　　　　　　　　　　　　　　　　　　　93 000
　　盈余公积　　　　　　　　　　　　　　　　　　　　　19 100
　　未分配利润　　　　　　　　　　　　　　　　　　　　15 400
　　商誉　　　　　　　　　　　　　　　　　　　　　　　9 600
　　贷：长期股权投资　　　　　　　　　　　　　　　　　223 600
　　　　少数股东权益　　　　　　　　　　　　　　　　　53 500

（2）母公司权益性投资收益与子公司利润分配的抵销。

根据【例 4-2】，B 公司 2017 年度调整后净利润＝21 000－5 000－500＋1 000＋10 000＝26 500（元）。A 公司权益性投资收益＝26 500×80%＝21 200（元），少数股东损益＝26 500×20%＝5 300（元）。

根据【例 4-1】，B 公司 2017 年初未分配利润 3 000 元，提取盈余公积 2 100 元，当年向股东分配现金股利共计 12 000 元。

根据以上数据，编制抵销分录（金额单位：元）。

借：投资收益　　　　　　　　　　　　　　　　　　　　21 200
　　少数股东损益　　　　　　　　　　　　　　　　　　　5 300
　　年初未分配利润　　　　　　　　　　　　　　　　　　3 000

贷：提取盈余公积　　　　　　　　　　　　　　　　　　2 100
　　　对所有者（或股东）的分配　　　　　　　　　　　12 000
　　　年末未分配利润　　　　　　　　　　　　　　　　15 400

2017年合并报表工作底稿见表4-5。

表4-5　2017年合并报表工作底稿　　　　　　　　　　单位：元

项目	个别报表金额 A公司	个别报表金额 B公司	调整分录 借	调整分录 贷	合计	抵减分录 借	抵减分录 贷	合并金额
资产负债表：								
应收账款	380 000	210 000	1 000	1 000	590 000			590 000
存货	200 000	285 000	10 000	10 000	485 000			485 000
长期股权投资	212 000		21 200	9 600	223 600		223 600	0
固定资产	630 000	420 000	50 000	5 000	1 095 000			1 095 000
商誉					0	9 600		9 600
其他资产	345 000	35 000			380 000			380 000
资产合计	1 767 000	950 000	**82 200**	**25 600**	2 773 600	**9 600**	**223 600**	2 559 600
应付债券		160 000	4 000	500	156 500			1 56 500
其他负债	670 675	571 000			1 241 675			1 241 675
负债合计	670 675	731 000	**4 000**	**500**	1 398 175			1 398 175
股本	550 000	140 000			690 000	140 000		550 000
资本公积	350 000	50 000		43 000	443 000	93 000		350 000
盈余公积	147 382.5	19 100			166 482.5	19 100		147 382.5
未分配利润	48 942.5	9 900	**15 100**	**32 200**	75 942.5	44 900	29 500	60 542.5
少数股东权益					0		53 500	53 500
所有者权益合计	1 096 325	219 000	**15 100**	**75 200**	1 375 425	**297 000**	**83 000**	1 161 425
负债及所有者权益合计	1 767 000	950 000	**19 100**	**75 700**	2 773 600	**297 000**	**83 000**	2 559 600
利润表：								
营业收入	586 000	320 000			906 000			906 000
营业成本	325 000	210 000		10 000	525 000			525 000
管理费用	65 000	35 000	5 000		105 000			105 000
财务费用	32 000	42 000	500		74 500			74 500
信用减值损失	8 500	6 500		1 000	14 000			14 000
投资收益	9 600		9 600	21 200	21 200	21 200		0
所得税费用	41 275	5 500			46 775			46 775
净利润	123 825	21 000	**15 100**	**32 200**	161 925	**21 200**		140 725
少数股东损益						5 300		5 300

续表

项目	个别报表金额		调整分录		合计	抵减分录		合并金额
	A公司	B公司	借	贷		借	贷	
所有者权益变动表：								
年初未分配利润	5 000	3 000			8 000	3 000		5 000
提取盈余公积	12 382.5	2 100			14 482.5		2 100	12 382.5
对股东的分配	67 500	12 000			79 500		12 000	67 500
年末未分配利润	48 942.5	9 900	**15 100**	**32 200**	**75 942.5**	15 400 **44 900**	15 400 **29 500**	60 542.5

注：加粗加下横线的数据，表示该数据不是来源于调整或者抵减分录，而是合计的结果

注意：①在登入调整、抵减分录时，涉及未分配利润的，不要登入资产负债表中的"未分配利润"项目，登入所有者权益变动表中的未分配利润；②资产负债表中的"未分配利润"项目调整、抵减分录的金额，根据所有者权益变动表中的"年末未分配利润"项目调整、抵减分录的合计金额填写。

2. 2018年末编制合并财务报表时，A公司对B公司的长期股权投资与B公司的股东权益抵销

（1）长期股权投资与子公司的所有者权益抵销。

根据【例4-1】，B公司2018年末调整后的所有者权益各项目余额如下。

股本：140 000元

资本公积：50 000＋43 000＝93 000（元）

盈余公积：19 100＋5 400＝24 500（元）

未分配利润：15 400＋48 500－5 400－25 000＝33 500（元）

合计：291 000元

根据【例4-2】，2018年末A公司对B公司调整后的长期股权投资＝212 000＋60 000－29 600＝242 400（元）。

少数股东权益＝291 000×20%＝58 200（元）

商誉＝242 400－291 000×80%＝9 600（元），与初始投资时确认的商誉金额一致。

根据以上数据，编制抵销分录（金额单位：元）。

借：股本　　　　　　　　　　　　　　　　　　　　140 000
　　资本公积　　　　　　　　　　　　　　　　　　　93 000
　　盈余公积　　　　　　　　　　　　　　　　　　　24 500
　　未分配利润　　　　　　　　　　　　　　　　　　33 500
　　商誉　　　　　　　　　　　　　　　　　　　　　9 600
　　贷：长期股权投资　　　　　　　　　　　　　　　242 400
　　　　少数股东权益　　　　　　　　　　　　　　　58 200

（2）母公司权益性投资收益与子公司利润分配的抵销。

根据【例4-2】，B公司2018年度调整后净利润＝54 000－5 000－500＝48 500（元）。

A公司权益性投资收益＝48 500×80%＝38 800（元），少数股东损益＝48 500×20%＝9 700（元）。

根据【例4-1】，B公司2017年初未分配利润15 400元，提取盈余公积5 400元，当年向股东分配现金股利共计25 000元。

根据以上数据，编制抵销分录（金额单位：元）。

借：投资收益	38 800
少数股东损益	9 700
年初未分配利润	15 400
贷：提取盈余公积	5 400
对所有者（或股东）的分配	25 000
年末未分配利润	33 500

2018年合并报表工作底稿见表4-6。

表4-6　2018年合并报表工作底稿　　　　单位：元

项目	个别报表金额		调整分录		合计	抵减分录		合并金额
	A公司	B公司	借	贷		借	贷	
资产负债表：								
应收账款	420 000	180 000	1 000	1 000	600 000			600 000
存货	189 000	260 000	10 000	10 000	449 000			449 000
长期股权投资	212 000		60 000	29 600	242 400		242 400	0
固定资产	720 000	540 000	50 000	10 000	1 300 000			1 300 000
商誉					0	9 600		9 600
其他资产	345 000	70 000			415 000			415 000
资产合计	1 886 000	1 050 000	**121 000**	**50 600**	3 006 400	**9 600**	**242 400**	2 773 600
应付债券		160 000	4 000	1 000	157 000			157 000
其他负债	773 125	642 000			1 415 125			1 415 125
负债合计	773 125	802 000	**4 000**	**1 000**	1 572 125			1 572 125
股本	550 000	140 000			690 000	140 000		550 000
资本公积	350 000	50 000		43 000	443 000	93 000		350 000
盈余公积	157 537.5	24 500			182 037.5	24 500		157 537.5
未分配利润	55 337.5	33 500	**35 100**	**65 500**	119 237.5	**97 400**	**63 900**	85 737.5
少数股东权益					0		58 200	58 200
所有者权益合计	1 112 875	248 000	**35 100**	**108 500**	1 434 275	**354 900**	**122 100**	1 201 475
负债及所有者权益合计	1 886 000	1 050 000	**39 100**	**109 500**	3 006 400	**354 900**	**122 100**	2 773 600

续表

项目	个别报表金额		调整分录		合计	抵减分录		合并金额
	A公司	B公司	借	贷		借	贷	
利润表：								
营业收入	768 500	420 000			1 188 500			1 188 500
营业成本	524 000	213 000		0	737 000			737 000
管理费用	82 500	78 000	5 000		165 500			165 500
财务费用	28 000	42 000	500		70 500			70 500
信用减值损失	18 600	15 000		0	33 600			33 600
投资收益	20 000		20 000	38 800	38 800	38 800		0
所得税费用	33 850	18 000			51 850			51 850
净利润	101 550	54 000	**25 500**	**38 800**	168 850	**38 800**		130 050
少数股东损益						9 700		9 700
所有者权益变动表：								
年初未分配利润	48 942.5	9 900	9 600	26 700	75 942.5	15 400		60 542.5
提取盈余公积	10 155	5 400			15 555		5 400	10 155
对股东的分配	85 000	25 000			110 000		25 000	85 000
年末未分配利润	55 337.5	33 500			119 237.5	33 500	33 500	85 737.5
			35 100	**65 500**		**97 400**	**63 900**	

注：加粗加下横线的数据，表示该数据不是来源于调整或者抵减分录，而是合计的结果

注意：

（a）子公司持有母公司的长期股权投资，应当视为企业集团的库存股，作为所有者权益的减项，在合并资产负债表中所有者权益项目下以"减：库存股"项目列示。其抵销分录如下。

借：库存股
　　贷：长期股权投资

（b）子公司相互之间持有的长期股权投资，视同母公司持有的长期股权投资，应当比照母公司对子公司的股权投资的抵销方法，将长期股权投资与其对应的子公司所有者权益中所享有的份额相互抵销。

二、集团内部各公司相互之间发生的内部债权债务抵销

集团内部的债权债务是指集团内部各公司之间由于销售商品、提供劳务以及其他业务等原因产生的往来款项及债权债务项目。从企业集团整体来看，发生在集团内部的债权债务业务只是集团内部的资金运动，既不增加企业集团的资产，也不增加企业集团的

负债。因此，在编制合并财务报表时应将这些集团内部债权债务予以抵销，其抵销示意如图 4-2 所示。集团内部债权债务抵销包括合并范围内债权债务抵销、合并范围内债权计提的坏账准备抵销和合并范围内债权性投资收益与债务性费用抵销三个方面。

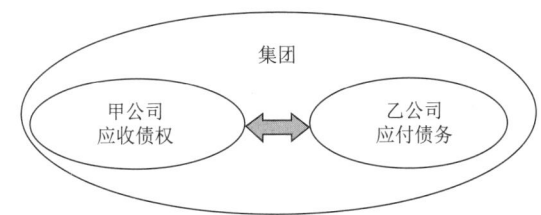

图 4-2 集团内部债权债务抵销示意

（一）合并范围内债权债务抵销

合并范围内债权债务抵销主要包括：应收账款（或者合同资产）与应付账款、应收票据与应付票据、预付账款与预收账款（或者合同负债）、其他应收款与其他应付款、债权投资或者交易性金融资产或者其他债权投资与应付债券等债权债务抵销，其抵销分录如下。

借：应付账款/应付票据/预收账款或者合同负债/其他应付款/应付债券
　　贷：应收账款或者合同资产/应收票据/预付账款/其他应收款/债权投资或者交易性金融资产或者其他债权投资

债权投资或者交易性金融资产或者其他债权投资与应付债券项目债权债务抵销时，投资方如果是直接从集团内部发行方处取得债券的，则债权债务抵销时不存在差额；投资方如果是从集团外部非发行方处取得债券的，则债权债务抵销时一般会存在差额，其差额是由投资方引起的，所以可以在合并财务报表中的投资收益中反映。

（二）合并范围内债权计提的坏账准备抵销

对于合并范围内债权债务的抵销，其抵销的债权在债权方的个别财务报表中是通过扣除坏账准备后的净额反映的。所以，在编制合并财务报表时也应将合并范围内债权计提的坏账准备予以抵销。其抵销分录如下。

借：××债权项目——坏账准备
　　贷：信用减值损失（当年计提）
　　　　年初未分配利润（连续编制合并报表时，以前年度计提的）

由于抵销债权计提的坏账准备，造成债权方因计提坏账准备原确认的递延所得税资产的转回：

借：所得税费用（当年确认的）
　　年初未分配利润（连续编制合并报表时，以前年度确认的）
　　贷：递延所得税资产

（三）合并范围内债权性投资收益与债务性费用抵销

合并范围内债权投资或者交易性金融资产与应付债券项目债权债务抵销，由此形成的合并范围内债权性投资收益与债务性费用也必须一起抵销。合并范围内债权性投资收益一般是计入当期损益中的投资收益项目，而合并范围内的债务性费用有可能费用化，计入当期损益中的财务费用项目，也可能资本化计入相关资产项目。所以，合并范围内债权性投资收益与债务性费用抵销应分以下两种情况。

（1）合并范围内的债务性费用费用化，计入当期损益中的财务费用项目的抵销分录如下。

借：投资收益
　　贷：财务费用

（2）合并范围内的债务性费用资本化，计入相关资产项目的抵销分录如下。

借：投资收益
　　贷：××资产项目

减少××资产账面价值，造成××资产账面价值低于计税基础，所以，还应确认递延所得税资产。

借：递延所得税资产
　　贷：所得税费用

【例4-4】M公司是N公司的控股母公司，M公司、N公司连续3年债权债务情况见表4-7。

表4-7　M公司、N公司连续3年债权债务明细表　　单位：万元

项目	M公司			N公司		
	第1年	第2年	第3年	第1年	第2年	第3年
应收账款	5 000	8 000	3 000	3 000	5 000	4 000
其中：M公司				1 000		2 000
N公司	2 000	5 000	2 000			
其他	3 000	3 000	1 000	2 000	5 000	2 000
应付账款	4 000	3 000	5 000	3 500	6 000	5 000
其中：M公司				2 000	5 000	2 000
N公司	1 000		2 000			
其他	3 000	3 000	3 000	1 500	1 000	3 000

M公司、N公司均按债权的10%计提坏账准备。

第1年编制合并财务报表时的抵销分录如下（金额单位：万元）。

（1）M公司应收N公司的债权为2 000万元，N公司应收M公司的债权为1 000万元，合并范围内的债权债务总额为3 000万元。

　　借：应付账款　　　　　　　　　　　　　　　　　3 000
　　　　贷：应收账款　　　　　　　　　　　　　　　　　　3 000

（2）因M公司、N公司均按债权的10%计提坏账准备，所以，需要抵销的坏账准备为 $3\,000 \times 10\% = 300$（万元）。

借：应收账款——坏账准备　　　　　　　　　　　　　　　300
　　贷：信用减值损失　　　　　　　　　　　　　　　　　　　300

（3）抵销债权计提的坏账准备，造成债权方因计提坏账准备原确认的递延所得税资产 $300 \times 25\% = 75$（万元）的转回：

借：所得税费用　　　　　　　　　　　　　　　　　　　　　75
　　贷：递延所得税资产　　　　　　　　　　　　　　　　　　75

第1年合并报表工作底稿相关部分见表4-8。

表4-8　合并报表工作底稿（一）　　　　　　　单位：万元

项目	M公司	N公司	合计	抵减分录		合并数
				借	贷	
应收账款	4 500	2 700	7 200	300	3 000	4 500
应付账款	4 000	3 500	7 500	3 000		4 500
递延所得税资产	125	75	200		75	125
信用减值损失	500	300	800		300	500
所得税费用	−125	−75	−200	75		−125

第2年编制合并财务报表时的抵销分录如下（金额单位：万元）。

（1）M公司应收N公司的债权为5 000万元，N公司应收M公司的债权为0万元，合并范围内的债权债务总额为5 000万元。

借：应付账款　　　　　　　　　　　　　　　　　　　　　5 000
　　贷：应收账款　　　　　　　　　　　　　　　　　　　　5 000

（2）因M公司、N公司均按债权的10%计提坏账准备，所以，需要抵销的坏账准备为 $5\,000 \times 10\% = 500$（万元），其中以前年度计提300万元。

借：应收账款——坏账准备　　　　　　　　　　　　　　　500
　　贷：年初未分配利润　　　　　　　　　　　　　　　　　300
　　　　信用减值损失　　　　　　　　　　　　　　　　　　200

（3）抵销债权计提的坏账准备，造成债权方因计提坏账准备原确认的递延所得税资产 $500 \times 25\% = 125$（万元）的转回，其中：以前年度确认75万元。

借：所得税费用　　　　　　　　　　　　　　　　　　　　　50
　　年初未分配利润　　　　　　　　　　　　　　　　　　　75
　　贷：递延所得税资产　　　　　　　　　　　　　　　　　125

第2年合并报表工作底稿相关部分见表4-9。

表 4-9　合并报表工作底稿（二）　　　　　　　　　　　　单位：万元

项目	M公司	N公司	合计	抵减分录 借	抵减分录 贷	合并数
应收账款	7 200	4 500	11 700	500	5 000	7 200
应付账款	3 000	6 000	9 000	5 000		4 000
递延所得税资产	200	125	325		125	200
信用减值损失	300	200	500		200	300
所得税费用	−75	−50	−125	50		−75
年初未分配利润	−500+125*	−300+75*	−600	75	300	−375
	−375	−225				

*表示上年度的信用减值损失和所得税费用

M公司、N公司个别报表中的年初未分配利润项目数据为第1年的信用减值损失和所得税费用。

第3年编制合并财务报表时的抵销分录如下（金额单位：万元）。

（1）M公司应收N公司的债权为2 000万元，N公司应收M公司的债权为2 000万元，合并范围内的债权债务总额为4 000万元。

借：应付账款　　　　　　　　　　　　　　　　　　　　　　　　4 000
　　贷：应收账款　　　　　　　　　　　　　　　　　　　　　　4 000

（2）因M公司、N公司均按债权的10%计提坏账准备，所以，需要抵销的坏账准备为4 000×10%＝400（万元），其中以前年度计提500万元。

借：应收账款——坏账准备　　　　　　　　　　　　　　　　　　400
　　信用减值损失　　　　　　　　　　　　　　　　　　　　　　100
　　贷：年初未分配利润　　　　　　　　　　　　　　　　　　　500

（3）抵销债权计提的坏账准备，造成债权方因计提坏账准备原确认的递延所得税资产400×25%＝100（万元）的转回，其中：以前年度确认125万元。

借：年初未分配利润　　　　　　　　　　　　　　　　　　　　　125
　　贷：递延所得税资产　　　　　　　　　　　　　　　　　　　100
　　　　所得税费用　　　　　　　　　　　　　　　　　　　　　 25

第3年合并报表工作底稿相关部分见表4-10。

表 4-10　合并报表工作底稿（三）　　　　　　　　　　　　单位：万元

项目	M公司	N公司	合计	抵减分录 借	抵减分录 贷	合并数
应收账款	2 700	3 600	6 300	400	4 000	2 700
应付账款	5 000	5 000	10 000	4 000		6 000
递延所得税资产	75	100	175		100	75

续表

项目	M公司	N公司	合计	抵减分录 借	抵减分录 贷	合并数
信用减值损失	−500	−100	−600	100		−500
所得税费用	125	25	150		25	125
年初未分配利润	−800+200*	−500+125*	−975	125	500	−600
	−600	−375				

*表示上两个年度的信用减值损失和所得税费用

M公司、N公司个别报表中的年初未分配利润项目数据为第1年、第2年的信用减值损失和所得税费用。

【例4-5】M公司是N公司的控股母公司,2018年1月1日N公司按面值发行1 000万元、期限为3年、票面利率为10%、到期一次还本付息的公司债券,所募集资金用于建造办公楼,工程期2年,假定第一、二年利息全部资本化,办公楼于2019年底完工投入使用。N公司发行的债券全部被M公司购买,划分为按摊余成本计量的金融资产(债权投资)。

1. 2018年编制合并财务报表时的抵销分录

(1) 2018年末内部债权债务为:债券面值发行价款1 000万元,计提1年利息1 000×10%=100(万元),合计1 100万元。

借:应付债券   1 100
  贷:债权投资   1 100

(2) 债权性投资收益与债务性投资费用100万元已资本化。

借:投资收益   100
  贷:在建工程   100

在建工程冲减100万元,造成资产账面价值低于计税基础100万元,确认递延所得税资产100×25%=25(万元)。

借:递延所得税资产   25
  贷:所得税费用   25

2018年合并报表工作底稿相关部分见表4-11。

表4-11 合并报表工作底稿(四)   单位:万元

项目	M公司	N公司	合计	抵减分录 借	抵减分录 贷	合并数
债权投资	1 100		1 100		1 100	0
应付债券		1 100	1 100	1 100		0
递延所得税资产				25		25
在建工程		100	100		100	0
投资收益	100		100	100		0
所得税费用					25	−25

2. 2019年编制合并财务报表时的抵销分录

（1）2019年末内部债权债务为：债券面值发行价款1 000万元，计提2年利息1 000×10%×2＝200（万元），合计1 200万元。

借：应付债券　　　　　　　　　　　　　　　　　　　　1 200
　　贷：债权投资　　　　　　　　　　　　　　　　　　　　1 200

（2）债权性投资收益与债务性投资费用200万元已资本化。

借：投资收益　　　　　　　　　　　　　　　　　　　　　100
　　年初未分配利润　　　　　　　　　　　　　　　　　　100
　　贷：固定资产　　　　　　　　　　　　　　　　　　　　200

固定资产冲减200万元，造成资产账面价值低于计税基础200万元，确认递延所得税资产200×25%＝50（万元）。

借：递延所得税资产　　　　　　　　　　　　　　　　　　50
　　贷：所得税费用　　　　　　　　　　　　　　　　　　　25
　　　　年初未分配利润　　　　　　　　　　　　　　　　25

2019年合并报表工作底稿相关部分见表4-12。

表4-12　合并报表工作底稿（五）　　　　　　　　　单位：万元

项目	M公司	N公司	合计	抵减分录 借	抵减分录 贷	合并数
债权投资	1 200		1 200		1 200	0
应付债券		1 200	1 200	1 200		0
递延所得税资产				50		50
固定资产		200	200		200	0
投资收益	100		100	100		0
所得税费用					25	－25
年初未分配利润	100		100	100	25	25

3. 2020年编制合并财务报表时的抵销分录

（1）2020年末内部债权债务为：债券面值发行价款1 000万元，计提3年利息1 000×10%×3＝300（万元），合计1 300万元。

借：应付债券　　　　　　　　　　　　　　　　　　　　1 300
　　贷：债权投资　　　　　　　　　　　　　　　　　　　　1 300

（2）债权性投资收益与债务性投资费用300万元，其中已资本化200万元，费用化100万元，资本化形成的固定资产假定按10年折旧计入管理费用。

借：投资收益　　　　　　　　　　　　　　　　　　　　　100
　　年初未分配利润　　　　　　　　　　　　　　　　　　200

贷：固定资产 200
　　财务费用 100

资本化形成的固定资产假定按 10 年折旧计入管理费用，冲减多计提的折旧费 200/10＝20（万元）。

借：固定资产——折旧 20
贷：管理费用 20

固定资产冲减 180 万元，造成资产账面价值低于计税基础 180 万元，确认递延所得税资产 180×25%＝45（万元），其中：上年度确认的递延所得税资产 50 万元。

借：递延所得税资产 45
　　所得税费用 5
贷：年初未分配利润 50

2020 年合并报表工作底稿相关部分见表 4-13。

表 4-13　合并报表工作底稿（六）　　　　　　　　　　　单位：万元

项目	M 公司	N 公司	合计	抵减分录		合并数
				借	贷	
债权投资	1 300		1 300		1 300	0
应付债券		1 300	1 300	1 300		0
递延所得税资产				45		45
固定资产		180	180	20	200	0
管理费用		20	20		20	0
财务费用		100	100		100	0
投资收益	100		100	100		0
所得税费用				5		5
年初未分配利润	200		200	200	50	50

三、集团内部各公司相互之间发生的内部资产购销交易抵销

集团内部各公司相互之间发生的内部资产购销交易事项主要包括内部存货交易事项、内部固定资产交易事项、内部无形资产交易事项和其他内部交易事项。集团内部资产购销交易事项作为销售方在其个别财务报表中反映为一项销售事项，而在购买方个别财务报表中反映为一项资产购进事项。从企业集团整体角度来看，集团内部资产购销交易事项只是一项资产存放地点的转移，并没有资产的购进和销售发生。所以，在编制合并财务报表时，集团内部各公司相互之间发生的内部资产购销交易事项必须抵销，其抵销示意如图 4-3 所示。

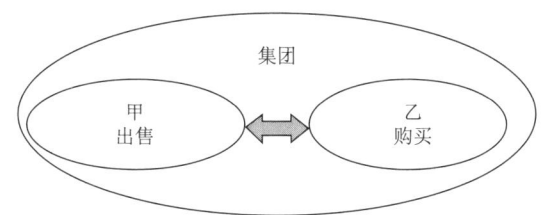

图 4-3　集团内部资产购销交易事项抵销示意图

（一）集团内部存货交易事项的抵销

集团内部存货交易事项指集团公司内部母公司与其所属的子公司之间以及各子公司之间发生的一方销售存货，另一方购买存货的事项。购买存货方在合并报表日存在全部实现对外销售、部分实现对外销售和全部未实现对外销售三种情况，如图 4-4 所示。

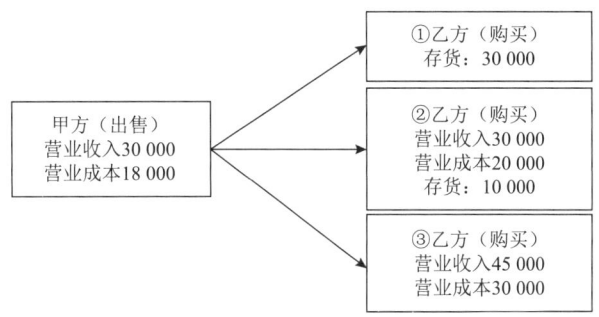

图 4-4　集团内部存货交易事项（单位：元）

（1）集团内部存货交易事项：购买存货方在合并报表日全部实现对外销售情况。从企业集团整体角度来看，营业收入为购买方对外销售实现的营业收入，营业成本为出售方的营业成本。所以，在编制合并报表时，应将出售方的营业收入与购买方对外销售的营业成本抵销，消除重复现象。图 4-4 中③的抵销分录如下（金额单位：元）。

借：营业收入　　　　　　　　　　　　　　　　　　　　　　30 000
　　贷：营业成本　　　　　　　　　　　　　　　　　　　　　　30 000

（2）集团内部存货交易事项：购买存货方在合并报表日全部未实现对外销售情况。从企业集团整体角度来看，不存在营业收入，也不存在营业成本，只是存货的存放地点从出售方转移到购买方。所以，在编制合并报表时，应抵销出售方的营业收入和营业成本以及购买方存货中未实现毛利。图 4-4 中①的抵销分录如下（金额单位：元）。

借：营业收入　　　　　　　　　　　　　　　　　　　　　　30 000
　　贷：营业成本　　　　　　　　　　　　　　　　　　　　　　18 000
　　　　存货　　　　　　　　　　　　　　　　　　　　　　　　12 000

存货冲减 12 000 元，造成资产账面价值低于计税基础 12 000 元，确认递延所得税资产 $12\,000 \times 25\% = 3\,000$（元）。

借：递延所得税资产　　　　　　　　　　　　　　　　　　　　3 000
　　贷：所得税费用　　　　　　　　　　　　　　　　　　　　　　3 000

（3）集团内部存货交易事项：购买存货方在合并报表日部分实现对外销售情况。在编制合并报表时，有两种抵销方法。

第一种方法：按（1）、（2）两种情况分别处理。图4-4中②的抵销分录如下（金额单位：元）。

已实现对外销售部分：

借：营业收入　　　　　　　　　　　　　　　　　　　　　　　20 000
　　贷：营业成本　　　　　　　　　　　　　　　　　　　　　　20 000

未实现对外销售部分：

借：营业收入　　　　　　　　　　　　　　　　　　　　　　　10 000
　　贷：营业成本　　　　　　　　　　　　　　　　　　　　　　 6 000
　　　　存货　　　　　　　　　　　　　　　　　　　　　　　　 4 000

存货冲减4 000元，造成资产账面价值低于计税基础4 000元，确认递延所得税资产4 000×25%＝1 000（元）。

借：递延所得税资产　　　　　　　　　　　　　　　　　　　　 1 000
　　贷：所得税费用　　　　　　　　　　　　　　　　　　　　　 1 000

第二种方法：将其视同全部对外销售抵销，再抵销未对外销售部分存货中未实现毛利。

视同全部实现对外销售：

借：营业收入　　　　　　　　　　　　　　　　　　　　　　　30 000
　　贷：营业成本　　　　　　　　　　　　　　　　　　　　　　30 000

抵销未对外销售部分存货中未实现毛利：

借：营业成本　　　　　　　　　　　　　　　　　　　　　　　 4 000
　　贷：存货　　　　　　　　　　　　　　　　　　　　　　　　 4 000

存货冲减4 000元，造成资产账面价值低于计税基础4 000元，确认递延所得税资产4 000×25%＝1 000（元）。

借：递延所得税资产　　　　　　　　　　　　　　　　　　　　 1 000
　　贷：所得税费用　　　　　　　　　　　　　　　　　　　　　 1 000

一般情况下，采用第二种方法进行处理。在连续编制合并财务报表的情况下，集团内部存货交易事项可以按以下步骤编制抵销分录进行抵销。

（1）抵销期初内部存货交易中的未实现内部销售毛利。

借：年初未分配利润
　　贷：营业成本（未实现内部销售毛利）

（2）将本期内部存货交易全部视作对外销售。

借：营业收入（集团内销售方收入）
　　贷：营业成本（集团内购买方成本）

（3）如果内部销售形成了期末存货，则将期末存货中包含的未实现内部销售毛利予以抵销。

借：营业成本
　　贷：存货（集团内销售方的毛利）
减少存货账面价值，造成低于计税基础，确认递延所得税资产。
借：递延所得税资产（期末毛利×所得税税率）
　　贷：年初未分配利润（期初毛利×所得税税率）
借或贷：所得税费用（差额）

（4）内部销售形成了期末存货，并且计提了存货跌价准备的，需要抵销计提的存货跌价准备。

借：存货——跌价准备
　　贷：资产减值损失（当期计提）
　　　　年初未分配利润（连续编制合并报表时，以前年度计提的）

如果计提的存货跌价准备数额小于期末存货未实现内部销售毛利，则全额抵销。如果计提的存货跌价准备数额大于期末存货未实现内部销售毛利，则按期末存货未实现内部销售毛利部分抵销。

增加存货账面价值，造成递延所得税资产转回。

借：所得税费用
　　年初未分配利润（连续编制合并报表时，以前年度确认的）
　　贷：递延所得税资产

【例4-6】M公司是N公司的控股母公司，N公司期初有从M公司购入的10 000元存货，本期又从M公司购入了24 000元的存货，同时本期实现对外销售存货30 000元，取得销售收入48 000元，期末存货可变现净值3 000元。N公司存货采用先进先出法。M公司存货毛利率：期初为20%，本期为30%。编制合并财务报表时的抵销分录如下（金额单位：元）。

（1）抵销期初内部存货交易中的未实现内部销售毛利10 000×20%＝2 000（元）。

借：年初未分配利润　　　　　　　　　　　　　　　　　　　　　　　2 000
　　贷：营业成本　　　　　　　　　　　　　　　　　　　　　　　　2 000

（2）将本期内部存货交易24 000元全部视作对外销售。

借：营业收入　　　　　　　　　　　　　　　　　　　　　　　　　24 000
　　贷：营业成本　　　　　　　　　　　　　　　　　　　　　　　24 000

（3）期末存货[10 000＋24 000－30 000＝4 000（元）]中包含的未实现内部销售毛利[4 000×30%＝1 200（元）]予以抵销。

借：营业成本　　　　　　　　　　　　　　　　　　　　　　　　　1 200
　　贷：存货　　　　　　　　　　　　　　　　　　　　　　　　　1 200

减少存货账面价值1 200元，造成低于计税基础1 200元，确认递延所得税资产1 200×25%＝300（元）。

借：递延所得税资产　　　　　　　　　　　　　　　　　　　　　　　300
　　所得税费用　　　　　　　　　　　　　　　　　　　　　　　　　200
　　贷：年初未分配利润（2 000×25%）　　　　　　　　　　　　　　500

（4）内部销售形成了期末存货，并且计提了存货跌价准备 4 000－3 000＝1 000（元），需要抵销计提的存货跌价准备。

借：存货——跌价准备　　　　　　　　　　　　　　　1 000
　　贷：资产减值损失　　　　　　　　　　　　　　　　　　　1 000

增加存货账面价值 1 000 元，造成 N 公司个别财务报表由于计提存货跌价准备确认的递延所得税资产 1 000×25%＝250（元）转回：

借：所得税费用　　　　　　　　　　　　　　　　　　　250
　　贷：递延所得税资产　　　　　　　　　　　　　　　　　　250

合并报表工作底稿相关部分见表 4-14。

表 4-14　合并报表工作底稿（七）　　　　　　　　　　　单位：元

项目	M 公司	N 公司	合计	抵减分录 借	抵减分录 贷	合并数
存货		3 000	3 000	④1 000	③1 200	2 800
递延所得税资产		250	250	③300	④250	300
营业收入	24 000	48 000	72 000	②24 000		48 000
营业成本	16 800	30 000	46 800	③1 200	①2 000	22 000
					②24 000	
资产减值损失		1 000	1 000		④1 000	0
所得税费用		－250	－250	③200		200
				④250		
年初未分配利润	2 000		2 000	①2 000	③500	500

（二）集团内部固定资产交易事项的抵销

集团内部固定资产交易事项是指集团内部资产交易事项中，至少有一方涉及固定资产的交易业务。集团内部固定资产交易事项包括以下三种类型。

第一种类型：企业集团内部某企业将自身生产的产品销售给企业集团内的其他企业作为固定资产使用。简称为"一方卖存货，另一方买固定资产"。

第二种类型：企业集团内部某企业将自身使用的固定资产变卖给企业集团内的其他企业作为固定资产使用。简称为"一方卖固定资产，另一方买固定资产"。

第三种类型：企业集团内部某企业将自身使用的固定资产变卖给企业集团内的其他企业作为普通商品销售。该类型的固定资产交易在企业集团内部极少发生。简称为"一方卖固定资产，另一方买存货"。

由于固定资产可供长期使用，抵销未实现损益对合并报表的影响要比存货复杂，也比不需要计提折旧（或不需摊销）的长期资产复杂，所以对于内部交易形成的固定资产，不仅需要在该内部交易发生的当期进行抵销处理，而且需要在以后使用该固定资产的期间进行抵销处理。固定资产在使用过程中是通过折旧的方式将其价值转移到产品价值之中的，由于固定资产按原价计提折旧，在固定资产原价中包含未实现内部交易损益的情况下，每期计提的折旧费中也必然包含着未实现内部销售损益的金额，由此也需要对该内部交易形成的固定资产每期计提的折旧费进行相应的抵销处理。同样，如果购买企业对该项固定资产计提了固定资产减值准备，由于固定资产减值准备是以原价为基础进行计算确定的，在固定资产原价中包含未实现内部销售损益的情况下，对该项固定资产计提的减值准备中也必然包含着未实现损益的金额，由此也需要对该内部交易形成的固定资产计提的减值准备进行相应的抵销处理。

1. 第一种类型：集团内部存货转换为固定资产交易事项的抵销

首先是集团内部存货转换为固定资产交易当期的抵销。

（1）抵销固定资产原价中包含的未实现内部销售利润。在企业集团内部一方企业将自身生产的产品销售给另一方企业作为固定资产使用的情况下，对于销售企业来说，在其个别利润表中反映为内部销售商品的销售收入、销售成本和销售利润。对于购买企业来说，则以其支付的价款为固定资产原价列示于其个别财务报表中。从整个企业集团角度来看，将经营的商品作为固定资产使用，相当于通过在建工程自建固定资产，它不能产生利润，作为固定资产原价确认的也只能是其建造成本。因此，必须将销售企业的内部销售收入、销售成本以及购买企业固定资产原价中包含的销售企业内部销售利润予以抵销，在合并会计报表中净利润反映的是扣除企业集团未实现内部销售利润后的利润，固定资产原价反映的是抵销这部分未实现内部销售利润后的原价。

借：营业收入（集团内销售方收入）
　　贷：营业成本（集团内销售方成本）
　　　　固定资产——原价（未实现内部销售利润）

（2）抵销固定资产本期就未实现内部销售利润多计提的折旧费。

借：固定资产——累计折旧（未实现内部销售利润/年限）
　　贷：管理费用

（3）抵销减少固定资产账面价值，造成低于计税基础，确认递延所得税资产。

借：递延所得税资产〔（原价－累计折旧）×所得税税率〕
　　贷：所得税费用

（4）抵销本期期末固定资产多提或少提的固定资产减值准备。

借：固定资产——减值准备
　　贷：资产减值损失

冲减计提的固定资产减值准备造成原计提的递延所得税资产的转回。

借：所得税费用
　　贷：递延所得税资产

【例 4-7】 M 公司是 N 公司的控股母公司，2018 年 6 月 M 公司将一台成本为 500 000 元的商品，以 800 000 元的价格出售给 N 公司。N 公司购入该设备后作为固定资产入账，预计使用 5 年，采用直线法折旧。

2018 年末编制合并财务报表的抵销分录如下（金额单位：元）。

（1）抵销固定资产原价中包含的未实现内部销售利润 800 000－500 000＝300 000（元）。

借：营业收入　　　　　　　　　　　　　　　　　　800 000
　　贷：营业成本　　　　　　　　　　　　　　　　　　500 000
　　　　固定资产——原价　　　　　　　　　　　　　　300 000

（2）抵销固定资产本期就未实现内部销售利润多计提的折旧费 300 000/5×6/12＝30 000 元。

借：固定资产——累计折旧　　　　　　　　　　　　　30 000
　　贷：管理费用　　　　　　　　　　　　　　　　　　30 000

（3）抵销减少固定资产账面价值 300 000－30 000＝270 000（元），造成低于计税基础，确认递延所得税资产 270 000×25%＝67 500（元）。

借：递延所得税资产　　　　　　　　　　　　　　　　67 500
　　贷：所得税费用　　　　　　　　　　　　　　　　　67 500

2018 年合并报表工作底稿相关部分见表 4-15。

表 4-15　合并报表工作底稿（八）　　　　　　　　　单位：元

项目	M公司	N公司	合计	抵减分录 借	抵减分录 贷	合并数
固定资产		720 000	720 000	②30 000	①300 000	450 000
递延所得税资产				③67 500		67 500
营业收入	800 000		800 000	①800 000		0
营业成本	500 000		500 000		①500 000	0
管理费用		80 000	80 000		②30 000	50 000
所得税费用					③67 500	－67 500

其次是集团内部存货转换为固定资产交易在以后会计期间的抵销。

（1）抵销固定资产原价中包含的未实现内部销售利润。在以后的会计期间，该内部交易固定资产仍然以其原价在购买企业的个别资产负债表中列示，因此首先必须将其固定资产原价中包含的未实现内部销售利润的数额予以抵销；相应的销售企业以前会计期间由于该内部交易固定资产所实现的销售利润，形成销售当期的净利润的一部分并结转到以后的会计期间，在其个别所有者权益变动表中列示，因此必须将期初未分配利润中包含的该未实现内部销售利润予以抵销，以调整期初未分配利润的数额。将内部交易固定资产原价中包含的未实现内部销售利润抵销，并调整期初未分配利润。抵销分录如下。

借：年初未分配利润
　　贷：固定资产——原价（未实现内部销售利润）

（2）抵销固定资产累计就未实现内部销售利润多计提的折旧费。

借：固定资产——累计折旧

贷：管理费用（本期计提）
　　年初未分配利润（以前年度累计计提）
（3）抵销减少固定资产账面价值，造成低于计税基础，确认递延所得税资产。
借：递延所得税资产［（原价－累计折旧）×所得税税率］
　　所得税费用（差额）
　　贷：年初未分配利润（以前年度累计确认）
（4）抵销本期期末固定资产多提或少提的固定资产减值准备。
借：固定资产——减值准备
　　贷：资产减值损失（本年度计提）
　　　　年初未分配利润（以前年度累计计提）
冲减计提的固定资产减值准备造成原计提的递延所得税资产的转回。
借：所得税费用（本年度确认）
　　年初未分配利润（以前年度累计确认）
　　贷：递延所得税资产

【例4-8】（接【例4-7】）2019年该资产可收回金额500 000元。2019年末编制合并财务报表的抵销分录如下（金额单位：元）。

（1）抵销固定资产原价中包含的未实现内部销售利润 800 000－500 000＝300 000（元）。

借：年初未分配利润　　　　　　　　　　　　　　　　　　　300 000
　　贷：固定资产——原价　　　　　　　　　　　　　　　　　　300 000

（2）抵销固定资产累计就未实现内部销售利润多计提的折旧费90 000元。其中：上年度30 000元，本会计年度60 000元。

借：固定资产——累计折旧　　　　　　　　　　　　　　　　90 000
　　贷：管理费用　　　　　　　　　　　　　　　　　　　　　60 000
　　　　年初未分配利润　　　　　　　　　　　　　　　　　　30 000

（3）抵销减少固定资产账面价值 300 000－90 000＝210 000（元），造成低于计税基础，确认递延所得税资产 210 000×25%＝52 500（元）。其中：上年度确认67 500元。

借：递延所得税资产　　　　　　　　　　　　　　　　　　　52 500
　　所得税费用　　　　　　　　　　　　　　　　　　　　　15 000
　　贷：年初未分配利润　　　　　　　　　　　　　　　　　　67 500

（4）抵销本期期末固定资产多提的固定资产减值准备。N公司在2019年末就该固定资产计提了 560 000－500 000＝60 000（元）固定资产减值准备，小于该固定资产未实现内部销售利润 300 000－90 000＝210 000（元），全额抵销。

借：固定资产——减值准备　　　　　　　　　　　　　　　　60 000
　　贷：资产减值损失　　　　　　　　　　　　　　　　　　60 000

冲减计提的固定资产减值准备造成原计提的递延所得税资产 60 000×25%＝15 000（元）的转回。

借：所得税费用　　　　　　　　　　　　　　　　　　　　　15 000

贷：递延所得税资产　　　　　　　　　　　　　　　　　　　15 000

2019 年合并报表工作底稿相关部分见表 4-16。

表 4-16　合并报表工作底稿（九）　　　　　　　　　　　单位：元

项目	M 公司	N 公司	合计	抵减分录 借	抵减分录 贷	合并数
固定资产		500 000	500 000	②90 000 ④60 000	①300 000	350 000
递延所得税资产		15 000	15 000	③52 500	④15 000	52 500
资产减值损失		60 000	60 000		④60 000	0
管理费用		160 000	160 000		②60 000	100 000
所得税费用		-15 000	-15 000	③15 000 ④15 000		15 000
年初未分配利润	300 000	-80 000	220 000	①300 000	②30 000 ③67 500	17 500

最后是集团内部存货转换为固定资产交易在清理期间的抵销。

对于销售企业来说，企业集团内部存货转换为固定资产交易实现的利润，作为期末未分配利润的一部分结转到以后会计期间，直到购买企业对该内部交易形成的固定资产进行清理的会计期间为止。对购买企业来说，对内部交易形成的固定资产进行清理的期间，在其个别资产负债表中表现为固定资产价值的减少；该固定资产清理收入减去该固定资产账面价值以及有关清理费用后的余额，则在其个别利润表中以营业外收入（或营业外支出）列示。固定资产清理时可能出现期满清理、超期清理和提前清理三种情况，编制合并财务报表时应当根据具体情况进行抵销处理。

（1）内部交易形成的固定资产使用期限届满进行清理的抵销处理。在这种情况下，购买企业内部交易形成的固定资产实体已不复存在，包含未实现内部销售损益在内的该内部交易形成的固定资产的价值已全部转移到其加工的产品价值或各期损益中去，因此不存在未实现内部销售损益的抵销。从整个企业集团角度来说，随着该内部交易形成的固定资产的使用寿命的届满，其包含的未实现内部交易损益也转化为已实现利润。销售企业因该内部交易而实现的利润，作为期初未分配利润的一部分结转到购买企业对该内部交易形成的固定资产进行清理的会计期间为止。为此，必须调整期初未分配利润。在对固定资产进行清理的会计期间，如果仍计提了折旧，则本期计提的折旧费用中仍然包含多计提的折旧额，因此需要将多计提的折旧额予以抵销。其抵销分录如下。

借：年初未分配利润
　　贷：管理费用（报废期多计提的折旧费）

同时，上一期确认的递延所得税资产也应在本期转回。

借：所得税费用
　　贷：年初未分配利润

【例 4-9】（接【例 4-7】）假定该固定资产在 2023 年 6 月正常使用到期报废。2023 年末编制合并财务报表的抵销分录如下（金额单位：元）。

借：年初未分配利润　　　　　　　　　　　　　　　　　　　30 000
　　贷：管理费用　　　　　　　　　　　　　　　　　　　　　　　30 000

同时，上一期确认的递延所得税资产[（300 000－60 000×4.5）×25%＝7 500（元）]也应在本期转回。

借：所得税费用　　　　　　　　　　　　　　　　　　　　　7 500
　　贷：年初未分配利润　　　　　　　　　　　　　　　　　　　　7 500

（2）内部交易形成的固定资产超期使用进行清理的抵销处理。内部交易形成的固定资产超期使用进行清理前，该项固定资产仍处于使用之中，并在购买企业资产负债表中列示，但其账面价值已减记至零。在编制内部交易形成的固定资产超期使用的会计期间的合并财务报表时，不再需要编制抵销分录。

对于超期使用的内部交易形成的固定资产，由于当期对该项固定资产进行了清理，其实物已不存在，因此不存在固定资产原价中包含未实现内部销售利润的抵销问题；同时，该固定资产累计折旧也随着固定资产的清理而核销，也不存在固定资产多计提折旧的抵销问题。因此，在编制对该项内部交易形成的固定资产进行清理的会计期间的合并会计报表时，不需要进行抵销处理。

（3）内部交易形成的固定资产使用期限未满提前进行清理的抵销处理。在这种情况下，购买企业内部交易形成的固定资产实体已不复存在，因此不存在未实现内部销售损益的抵销问题，但由于固定资产提前报废，固定资产原价中包含的未实现内部销售利润随着清理而成为实现的损益。对于销售企业来说，因该内部交易而实现的利润，作为期初未分配利润的一部分结转到购买企业对该内部交易形成的固定资产进行清理的会计期间为止。为此，必须调整期初未分配利润。在固定资产使用期限未满提前进行清理的会计期间仍须计提折旧，本期计提的折旧费用中仍然包含多计提的折旧额，因此需要将多计提的折旧费用予以抵销。其抵销分录如下。

借：年初未分配利润
　　贷：管理费用（报废期多计提的折旧费）
　　　　营业外收入（尚未多计提的折旧费）

同时上一期确认的递延所得税资产，由于资产报废也应在本期转回。

借：所得税费用
　　贷：年初未分配利润

【例 4-10】（接【例 4-7】）假定该固定资产在 2022 年末提前报废。2022 年末编制合并财务报表的抵销分录如下（金额单位：元）。

借：年初未分配利润　　　　　　　　　　　　　　　　　　　90 000
　　贷：管理费用　　　　　　　　　　　　　　　　　　　　　　　60 000
　　　　营业外收入　　　　　　　　　　　　　　　　　　　　　　30 000

同时上一期确认的递延所得税资产[（300 000－60 000×3.5）×25%＝22 500（元）]也应在本期转回。

借：所得税费用	22 500	
贷：年初未分配利润		22 500

2. 第二种类型：集团内部固定资产转换为固定资产交易事项的抵销

集团内部固定资产交易，是企业集团内部某企业将自身使用的固定资产变卖给企业集团内的其他企业作为固定资产使用的交易业务。在编制合并财务报表时的抵销处理，与第一种类型集团内部存货转换为固定资产交易事项的抵销处理基本相同。其不同之处主要表现在交易当期抵销固定资产原价中包含的未实现内部销售利润。由于固定资产出售方在其个别财务报表中，将出售固定资产的净损益计入了利润表中的"资产处置收益"项目。所以，在交易当期抵销固定资产原价中包含的未实现内部销售利润的抵销分录如下。

借：资产处置收益
　　贷：固定资产——原价（未实现内部销售利润）

如果资产出售方以低于账面价值的价格出售，造成资产处置损失，其抵销处理分录反向处理，增加资产账面价值高于计税基础，应确认递延所得税负债。

【例 4-11】 M 公司是 N 公司的控股母公司，2018 年 6 月 M 公司将一台原值为 800 000元、已折旧 300 000 元的设备，以 400 000 元的价格出售给 N 公司。N 公司购入该设备后作为固定资产入账，预计使用 5 年，采用直线法折旧。

2018 年末编制合并财务报表的抵销分录如下（金额单位：元）。

（1）抵销固定资产原价中包含的未发生内部销售损失（800 000－300 000）－400 000＝100 000（元）。

借：固定资产——原价	100 000	
贷：资产处置收益		100 000

（2）抵销固定资产本期就未发生内部销售损失少计提的折旧费 100 000/5×6/12＝10 000 元。

借：管理费用	10 000	
贷：固定资产——累计折旧		10 000

（3）由于抵销增加固定资产账面价值 100 000－10 000＝90 000（元），造成高于计税基础，确认递延所得税负债 90 000×25%＝22 500 元。

借：所得税费用	22 500	
贷：递延所得税负债		22 500

2018 年合并报表工作底稿相关部分见表 4-17。

表 4-17 合并报表工作底稿（十）　　　　　　　　单位：元

项目	M 公司	N 公司	合计	抵减分录		合并数
				借	贷	
固定资产		360 000	360 000	①100 000	②10 000	450 000
递延所得税负债					③22 500	22 500
资产处置收益	－100 000		－100 000		①100 000	0

续表

项目	M公司	N公司	合计	抵减分录		合并数
				借	贷	
管理费用		40 000	40 000	②10 000		50 000
所得税费用					③22 500	22 500

3. 第三种类型：集团内部固定资产转换为存货交易事项的抵销

由于固定资产出售方在其个别财务报表中，将出售固定资产的净损益计入了利润表中的"资产处置收益"项目。购买方购入作为存货，到会计期末存在未实现对外销售和已实现对外销售两种情况。

（1）购入方未实现对外销售，其抵销调整分录如下。

借：资产处置收益
　　贷：存货（未实现内部销售利润）

减少存货账面价值，造成低于计税基础，确认递延所得税资产。

借：递延所得税资产
　　贷：所得税费用

（2）购入方已实现对外销售，其抵销调整分录如下。

借：资产处置收益
　　贷：营业成本（未实现内部销售利润）

（三）集团内部无形资产交易事项的抵销

集团内部无形资产交易事项指集团公司内部母公司与其所属的子公司之间以及各子公司之间发生的一方转让无形资产，另一方购买无形资产的事项。企业集团内部购销无形资产也会出现未实现损益，除非该无形资产已向外界转售。所以，在编制合并财务报表时，也应编制抵销分录抵销企业集团内部购销无形资产中的未实现损益。按照现行会计准则，使用寿命确定的无形资产，其成本应在其使用寿命内采用系统合理的方法加以摊销；使用寿命不确定的无形资产，其成本不摊销。所以，集团内部无形资产交易事项的抵销，分为价值分摊的集团内部无形资产交易抵销和价值不分摊的集团内部无形资产交易抵销两种情况。

1. 价值分摊的集团内部无形资产交易抵销

无形资产成本的摊销，其实质与固定资产的折旧相同。对需要摊销成本的无形资产，合并报表工作底稿上的抵销处理程序与第二种类型集团内部固定资产交易事项抵销处理程序基本一致。不同之处就是将固定资产改为无形资产。

【例4-12】M公司是N公司的控股母公司，2019年7月M公司将一项原值为100 000元、已摊销40 000元的专利权，以80 000元的价格出售给N公司。N公司购入该专利后作为无形资产入账，预计使用5年，采用直线法摊销。

2019年末编制合并财务报表的抵销分录如下（金额单位：元）。

（1）抵销无形资产原价中包含的未实现内部销售利得 80 000－（100 000－40 000）＝

20 000（元）。

  借：资产处置收益   20 000
    贷：无形资产——原价   20 000

（2）抵销无形资产本期就未实现内部销售利得多计提的摊销费 20 000/5×6/12＝2 000（元）。

  借：无形资产——累计摊销   2 000
    贷：管理费用   2 000

（3）抵销减少无形资产账面价值 20 000－2 000＝18 000（元），造成低于计税基础，确认递延所得税资产 18 000×25%＝4 500（元）。

  借：递延所得税资产   4 500
    贷：所得税费用   4 500

2019 年合并报表工作底稿相关部分见表 4-18。

表 4-18 合并报表工作底稿（十一）   单位：元

项目	M 公司	N 公司	合计	抵减分录 借	抵减分录 贷	合并数
无形资产		72 000	72 000	②2 000	①20 000	54 000
递延所得税资产				③4 500		4 500
资产处置收益	20 000		20 000	①20 000		0
管理费用		8 000	8 000		②2 000	6 000
所得税费用					③4 500	－4 500

2. 价值不分摊的集团内部无形资产交易抵销

由于无形资产使用寿命不确定，按企业会计准则规定，其成本可以不分摊。所以，价值不分摊的集团内部无形资产交易抵销与价值分摊的集团内部无形资产交易抵销的主要区别在于，前者不需要抵销无形资产就未实现内部销售利得多计提的摊销费。

【例 4-13】M 公司是 N 公司的控股母公司，2019 年 7 月 N 公司将一项价值为 1 000 000 元的土地使用权，以 1 200 000 元的价格出售给 M 公司。M 公司购入该土地使用权后作为无形资产入账，该土地使用权无确定受益期限。

2019 年末编制合并财务报表的抵销分录如下（金额单位：元）。

（1）抵销无形资产原价中包含的未实现内部销售利得 1 200 000－1 000 000＝200 000（元）。

  借：资产处置收益   200 000
    贷：无形资产——土地使用权   200 000

（2）抵销减少无形资产账面价值 200 000 元，造成低于计税基础，确认递延所得税资产 200 000×25%＝50 000（元）。

  借：递延所得税资产   50 000

贷：所得税费用　　　　　　　　　　　　　　　　　　　　　　　　50 000

2019年合并报表工作底稿相关部分见表4-19。

表4-19　合并报表工作底稿（十二）　　　　　　　　　　　　单位：元

项目	M公司	N公司	合计	抵减分录		合并数
				借	贷	
无形资产	1 200 000		1 200 000		①200 000	1 000 000
递延所得税资产				②50 000		50 000
资产处置收益		200 000	200 000	①200 000		0
所得税费用					②50 000	−50 000

2020年若M公司继续享有该土地使用权，在合并报表工作底稿上，需要将土地使用权调整到企业集团的成本基础，同时调整期初未分配利润，抵销分录如下（金额单位：元）。

（1）借：年初未分配利润　　　　　　　　　　　　　　　　200 000
　　　　贷：无形资产——土地使用权　　　　　　　　　　　　　　200 000
（2）借：递延所得税资产　　　　　　　　　　　　　　　　50 000
　　　　贷：年初未分配利润　　　　　　　　　　　　　　　　　　50 000

2020年合并报表工作底稿相关部分见表4-20。

表4-20　合并报表工作底稿（十三）　　　　　　　　　　　　单位：元

项目	M公司	N公司	合计	抵减分录		合并数
				借	贷	
无形资产	1 200 000		1 200 000		①200 000	1 000 000
递延所得税资产				②50 000		50 000
年初未分配利润		200 000	200 000	①200 000	②50 000	50 000

假定M公司在利用该土地3年后，即2022年，以1 300 000元的价格将该土地使用权转让给外界。

2022年在合并报表工作底稿上，土地使用权转让利得实现转为资产处置收益，同时调整期初未分配利润，抵销分录如下（金额单位：元）。

（1）借：年初未分配利润　　　　　　　　　　　　　　　　200 000
　　　　贷：资产处置收益　　　　　　　　　　　　　　　　　　200 000
（2）借：所得税费用　　　　　　　　　　　　　　　　　　50 000
　　　　贷：年初未分配利润　　　　　　　　　　　　　　　　　50 000

2022年合并报表工作底稿相关部分见表4-21。

表 4-21　合并报表工作底稿（十四）　　　　　　　　　　单位：元

项目	M公司	N公司	合计	抵减分录		合并数
				借	贷	
资产处置收益	100 000		100 000		①200 000	300 000
所得税费用				②50 000		50 000
年初未分配利润		200 000	200 000	①200 000	②50 000	50 000

四、集团内部各公司相互之间发生的内部现金流量抵销

合并现金流量表是由母公司编制的反映企业集团整体报告期内现金流入、现金流出数量及增减变动情况的合并报表。从理论上讲，合并现金流量表有两种编制方法：一种方法是根据合并资产负债表、合并利润表及其他有关资料，按个别现金流量表的编制方法编制；另一种方法是根据集团内部成员企业（母公司及纳入合并范围的子公司，以下同）的个别现金流量表，通过抵销成员企业之间的现金流入和现金流出，采用合并财务报表的一般编制程序编制。

毫无疑问，上述任何一种方法都不能直接根据现有资料简单合并，都需要有关母子公司提供比较详细的合并资产负债表、合并利润表和合并利润分配表或个别现金流量表及其他有关记录，但是两种方法的编表思路不同，所需资料有异。实务中通常采用第二种方法编制合并现金流量表，第二种方法比第一种方法合理、简便，而且操作性强。

采用第二种方法编制合并现金流量表，有关成员企业在提供个别现金流量表的基础上，还需要提供与其他成员企业的现金流动记录资料；当母公司将个别现金流量表加总以后，合并现金流量表编制程序中的关键就是抵销内部现金流动。集团内部各公司相互之间发生的内部现金流量抵销的特点：①抵销分录借、贷方项目均是现金流量表项目，不涉及其他报表项目。因为这里的抵销分录涉及的是成员企业之间现金流入与现金流出的抵销。因此，合并现金流量表的工作底稿可以单独开设。②抵销分录只涉及合并报表期间的集团内部各公司相互之间发生的内部现金流量抵销，不涉及以前期间的累计现金流量。其基本抵销分录如下。

借：××现金流出量
　　贷：××现金流入量

集团内部各公司相互之间发生的内部现金流量抵销常见抵销业务如下。

1. 成员企业间现销业务、赊销业务本期的货款（不含增值税）收付的抵销

借：经营活动现金流量——购买商品、接受劳务支付的现金
　　贷：经营活动现金流量——销售商品、提供劳务收到的现金

如果上述业务交易双方中的一方涉及经营活动而另一方涉及投资活动，则抵销分录如下。

借：经营活动现金流量——购买商品、接受劳务支付的现金
　　贷：投资活动现金流量——处置固定资产、无形资产和其他长期资产收回的现金净额

或：

借：投资活动现金流量——购建固定资产、无形资产和其他长期资产支付的现金
　　贷：经营活动现金流量——销售商品、提供劳务收到的现金

2. 成员企业间其他与经营活动有关的现金收付（如罚款、捐赠）的抵销

借：经营活动现金流量——支付的其他与经营活动有关的现金
　　贷：经营活动现金流量——收到的其他与经营活动有关的现金

3. 成员企业间筹资本金与投资成本的现金收、付的抵销

借：投资活动现金流量——投资支付的现金
　　贷：筹资活动现金流量——吸收投资收到的现金

4. 成员企业间投资收益与筹资费用的现金收付的抵销

借：筹资活动现金流量——分配股利、利润或偿付利息支付的现金
　　贷：投资活动现金流量——取得投资收益收到的现金

5. 收回投资收现与增加投资付现、收回投资收现与减少筹资付现的抵销分录

现金流量表中的企业收回投资主要指出售、转让或者到期收回现金等价物以外的投资。如果是出售或转让投资给集团内其他成员企业，则后者为之付出的现金属于投资活动付现，前者因此收到的现金属于投资活动收现。这时的抵销分录如下。

借：投资活动现金流量——投资支付的现金
　　贷：投资活动现金流量——收回投资收到的现金

如果企业到期收回投资，对方单位一般是筹资方。双方均是集团内部成员企业时，抵销分录如下。

借：筹资活动现金流量——偿还债务支付的现金
　　　　　　　　　　　——支付其他与筹资活动有关的现金
　　贷：投资活动现金流量——收回投资收到的现金

6. 固定资产、无形资产、其他资产交易双方现金收、付的抵销

固定资产、无形资产、其他资产交易的双方均为集团内部成员企业时，相关的现金流入与现金流出属于投资活动现金流动，抵销分录如下。

借：投资活动现金流量——购建固定资产等长期资产支付的现金
　　贷：投资活动现金流量——处置固定资产等长期资产收回的现金净额

集团内部各公司相互之间发生的内部现金流量抵销业务并不是单独发生存在的，往往是与其他抵销业务并存的。

【例 4-14】A 公司是 B 公司的控股母公司，2019 年 A 公司向 B 公司出售产品，成本 80 万元，售价 100 万元，已收到 B 公司支付的 80%的货款，余款按 10%计提坏账准备；B 公司从 A 公司购入时商品已对外出售 60%，毛利率 30%；A、B 公司所得税税率均为 25%。2019 年合并财务报表编制涉及以下三类抵销事项（金额单位：万元）。

第一类：集团内部存货交易抵销。

（1）将本期内部存货交易 100 万元全部视作对外销售。

借：营业收入　　　　　　　　　　　　　　　　　　　　100
　　贷：营业成本　　　　　　　　　　　　　　　　　　　　　100

（2）期末存货中包含的未实现内部销售毛利[100×(1－60%)×20%＝8（万元）]予以抵销。

　　借：营业成本　　　　　　　　　　　　　　　　　　　　　　　8
　　　　贷：存货　　　　　　　　　　　　　　　　　　　　　　　　　8

（3）减少存货账面价值，造成低于计税基础，确认递延所得税资产 8×25%＝2（万元）。

　　借：递延所得税资产　　　　　　　　　　　　　　　　　　　　　2
　　　　贷：所得税费用　　　　　　　　　　　　　　　　　　　　　　　2

第二类：集团内部债权债务抵销。

（4）抵销集团内部债权债务 100×(1－80%)＝20（万元）。

　　借：应付账款　　　　　　　　　　　　　　　　　　　　　　　20
　　　　贷：应收账款　　　　　　　　　　　　　　　　　　　　　　　20

（5）抵销集团内部债权计提的坏账准备 20×10%＝2（万元）。

　　借：应收账款——坏账准备　　　　　　　　　　　　　　　　　　2
　　　　贷：信用减值损失　　　　　　　　　　　　　　　　　　　　　　2

（6）因坏账准备转销，原确认的递延所得税资产[2×25%＝0.5（万元）]转回。

　　借：所得税费用　　　　　　　　　　　　　　　　　　　　　　0.5
　　　　贷：递延所得税资产　　　　　　　　　　　　　　　　　　　　0.5

第三类：集团内部现金流量抵销。

（7）集团内部由存货交易引起的现金流量[100×80%＝80（万元）]抵销。

　　借：经营活动现金流量——购买商品、接受劳务支付的现金　　　　80
　　　　贷：经营活动现金流量——销售商品、提供劳务收到的现金　　　　80

2019 年合并报表工作底稿相关部分见表 4-22。

表 4-22　合并报表工作底稿（十五）　　　　　　　　　　单位：万元

项目	A公司	B公司	合计	抵减分录 借	抵减分录 贷	合并数
营业收入	100	85.71	185.71	①100		85.71
营业成本	80	60	140	②8	①100	48
信用减值损失	2		2		⑤2	0
应收账款	18		18	⑤2	④20	0
存货		40	40		②8	32
所得税费用	－0.5		－0.5	⑥0.5	③2	－2
递延所得税资产	0.5		0.5	③2	⑥0.5	2
应付账款		20	20	④20		0
销售商品、提供劳务收到的现金	80		80		⑦80	0
购买商品、接受劳务支付的现金		80	80	⑦80		0

第六节 合并财务报表综合案例

一、案例资料

（一）控股合并资料

甲、乙公司为独立的、不存在关联关系的公司。2×18 年 1 月 1 日甲公司以支付现金方式，用银行存款 78 652 万元，收购取得了乙公司 80%的股份。甲、乙公司 2×17 年 12 月 31 日资产负债表相关资料见表 4-23。

表 4-23 甲、乙公司 2×17 年资产负债表

2×17 年 12 月 31 日　　　　　　　　　　　　　　　单位：万元

项目	甲公司账面价值	乙公司账面价值	乙公司公允价值
货币资金	164 000	12 000	12 000
应收账款	30 000	12 000	12 000
存货	46 000	25 000	26 000
流动资产合计	240 000	49 000	50 000
固定资产	280 000	65 000	66 000
非流动资产合计	280 000	65 000	66 000
资产合计	520 000	114 000	116 000
短期借款	85 000	24 000	24 000
长期借款	215 000	40 000	40 000
负债合计	300 000	64 000	64 000
实收资本	100 000	22 000	
资本公积	40 000	15 000	
盈余公积	20 000	3 000	
未分配利润	60 000	10 000	
所有者权益合计	220 000	50 000	
负债及所有者权益合计	520 000	114 000	

（二）控股合并一年后有关资料

（1）甲、乙公司 2×18 年财务报表资料见表 4-24～表 4-27。

表 4-24　甲、乙公司 2×18 年资产负债表

2×18 年 12 月 31 日　　　　　　　　　　　　单位：万元

项目	甲公司期末金额	乙公司期末金额
货币资金	81 273	14 985
交易性金融资产	12 000	3 000
应收账款	30 046.25	12 404.5
存货	48 000	25 250
流动资产合计	171 319.25	55 639.5
长期股权投资	78 652	0
固定资产	276 000	63 750
递延所得税资产	6.25	2.5
非流动资产合计	354 658.25	63 752.5
资产合计	525 977.5	119 392
短期借款	81 000	21 000
应付账款	4 000	3 000
流动负债合计	85 000	24 000
长期借款	215 000	40 000
递延所得税负债	75	25
非流动负债合计	215 075	40 025
负债合计	300 075	64 025
实收资本	100 000	22 000
资本公积	40 000	15 000
盈余公积	20 590.25	3 536.7
未分配利润	65 312.25	14 830.3
所有者权益合计	225 902.5	55 367
负债及所有者权益合计	525 977.5	119 392

表 4-25　甲、乙公司 2×18 年度利润表

2×18 年度　　　　　　　　　　　　　　　单位：万元

项目	甲公司本年金额	乙公司本年金额
一、营业收入	16 000	12 000
减：营业成本	7 600	4 500
税金及附加	300	120
销售费用	280	150
管理费用	520	240
财务费用	85	24

续表

项目	甲公司本年金额	乙公司本年金额
资产减值损失	25	10
加：公允价值变动净收益	300	100
资产处置收益	0	0
投资净收益	0	0
其他收益	0	0
二、营业利润	7 490	7 056
加：营业外收入	600	150
减：营业外支出	220	50
三、利润总额	7 870	7 156
减：所得税费用	1 967.5	1 789
四、净利润	5 902.5	5 367
五、其他综合收益的税后净额	0	0
（一）以后不能重分类进损益的其他综合收益	0	0
1. 重新计量设定受益计划净负债或净资产的变动	0	0
2. 权益法下在被投资单位不能重分类进损益的其他综合收益中享有的份额	0	0
（二）以后将重分类进损益的其他综合收益	0	0
1. 权益法下在被投资单位以后将重分类进损益的其他综合收益中享有的份额	0	0
2. 可供出售金融资产公允价值变动损益	0	0
3. 持有至到期投资重分类为可供出售金融资产损益	0	0
4. 现金流经套期损益的有效部分	0	0
5. 外币财务报表折算差额	0	0
6. 其他	0	0
六、综合收益总额	5 902.5	5 367
七、每股收益		
（一）基本每股收益	0.06	0.24
（二）稀释每股收益	0.06	0.24

表 4-26　甲、乙公司 2×18 年现金流量表

2×18 年度　　　　　　　　　　　　　　　　　　　　　　单位：万元

项目	甲公司本年金额	乙公司本年金额
一、经营活动产生的现金流量		
销售商品、提供劳务收到的现金	18 673.75	13 635.50
收到的税费返还		
收到的其他与经营活动有关的现金	600.00	150.00

续表

项目	甲公司本年金额	乙公司本年金额
经营活动现金流入小计	19 273.75	13 785.50
购买商品、接受劳务支付的现金	1 990.40	1 709.25
支付给职工以及为职工支付的现金	1 280.00	525.00
支付的各项税费	3 988.35	2 178.25
支付的其他与经营活动有关的现金	305.00	464.00
经营活动现金流出小计	7 563.75	4 876.50
经营活动产生的现金流量净额	11 710.00	8 909.00
二、投资活动产生的现金流量		
收回投资收到的现金		
取得投资收益收到的现金		
处置固定资产、无形资产和其他长期资产收回的现金净额		
处置子公司及其他营业单位收到的现金净额		
收到其他与投资活动有关的现金		
投资活动现金流入小计	—	—
购建固定资产、无形资产和其他长期资产支付的现金		
投资支付的现金	11 700.00	2 900.00
取得子公司及其他营业单位支付的现金净额	78 652.00	
支付其他与投资活动有关的现金		
投资活动现金流出小计	90 352.00	2 900.00
投资活动产生的现金流量净额	−90 352.00	−2 900.00
三、筹资活动产生的现金流量		
吸收投资收到的现金		
取得借款收到的现金	150 000.00	82 000.00
收到其他与筹资活动有关的现金		
筹资活动现金流入小计	150 000.00	82 000.00
偿还债务支付的现金	154 000.00	85 000.00
分配股利、利润或偿付利息支付的现金	85.00	24.00
支付其他与筹资活动有关的现金		
筹资活动现金流出小计	154 085.00	85 024.00
筹资活动产生的现金流量净额	−4 085.00	−3 024.00
四、汇率变动对现金及现金等价物的影响		
五、现金及现金等价物净增加额	−82 727.00	2 985.00
加：期初现金及现金等价物余额	164 000.00	12 000.00
六、期末现金及现金等价物余额	81 273.00	14 985.00

表 4-27 甲、乙公司 2×18 年所有者权益（股东权益）变动表

2×18 年度

单位：万元

行次	项目	甲公司本年金额						乙公司本年金额					
		实收资本（或股本）	资本公积	其他综合收益	盈余公积	未分配利润	所有者权益合计	实收资本（或股本）	资本公积	其他综合收益	盈余公积	未分配利润	所有者权益合计
1	一、上年年末余额	100 000	40 000		20 000	60 000	220 000	22 000	15 000		3 000	10 000	50 000
2	加：会计政策变更												
3	前期差错更正												
4	其他												
5	二、本年年初余额	100 000	40 000	0	20 000	60 000	220 000	22 000	15 000	0	3 000	10 000	50 000
6	三、本年增减变动金额（减少以"－"号填列）				590.25	5 312.25	5 902.5				536.7	4 830.3	5 367
7	（一）综合收益总额					5 902.5	5 902.5					5 367	5 367
8	（二）所有者投入或减少资本												
9	1. 所有者投入资本												
10	2. 其他权益工具所有者投入资本												
11	3. 股份支付计入所有者权益的金额												
12	4. 其他												
13	（三）利润分配				590.25	−590.25	0				536.7	−536.7	0
14	1. 提取盈余公积				590.25	−590.25	0				536.7	−536.7	0
15	2. 对所有者（或股东）的分配												
16	3. 其他												
17	（四）所有者权益内部结转												
18	1. 资本公积转增资本（或股本）												

续表

项目	行次	甲公司本年金额							乙公司本年金额				
		实收资本（或股本）	资本公积	其他综合收益	盈余公积	未分配利润	所有者权益合计	实收资本（或股本）	资本公积	其他综合收益	盈余公积	未分配利润	所有者权益合计
2. 盈余公积转增资本（或股本）	19												
3. 盈余公积弥补亏损	20												
4. 设定受益计划变动额结转留存收益	21												
5. 其他	22												
四、本年年末余额	23	100 000	40 000	0	20 590.25	65 312.25	225 902.5	22 000	15 000	0	3 536.7	14 830.3	55 367

(2)乙公司2×17年12月31日公允价值与账面价值不一致的资产项目情况：①存货在2×18年度对外销售80%；②固定资产按10年直线法计提折旧。

(3)2×18年度甲（母公司）、乙公司（子公司）之间发生的经济业务如下：乙公司向甲公司销售商品数量5.4万件，单位售价20元/件，单位成本15元/件，已收到80%的货款，未收到货款形成的应收账款按5%计提坏账准备；乙公司至年末已售出60%，单位售价25元/件，其余形成期末存货，期末存货可变现净值19元/件。

(4)2×18年度甲（母公司）、乙公司（子公司）分别按实现净利润的10%提取了法定盈余公积，未向股东分配股利。

二、要求

（一）控股合并日会计处理及合并财务报表编制

(1)编制甲公司合并取得乙公司80%股份的账务处理分录，调整合并后甲公司个别资产负债表。

借：长期股权投资——乙公司股份　　　　　　　　78 652
　　贷：银行存款　　　　　　　　　　　　　　　　　　78 652

调整合并后甲公司个别资产负债表见表4-28。

表4-28　甲公司个别资产负债表

2×18年1月1日　　　　　　　　　　　　　　　　　　　　　单位：万元

项目	甲公司账面价值
货币资金	85 348.00
应收账款	30 000.00
存货	46 000.00
流动资产合计	161 348.00
长期股权投资	78 652.00
固定资产	280 000.00
非流动资产合计	358 652.00
资产合计	520 000.00
短期借款	85 000.00
长期借款	215 000.00
负债合计	300 000.00
实收资本	100 000.00
资本公积	40 000.00
盈余公积	20 000.00
未分配利润	60 000.00

续表

项目	甲公司账面价值
所有者权益合计	220 000.00
负债及所有者权益合计	520 000.00

（2）编制合并日调整和抵销分录，建立合并日合并报表工作底稿。

（a）编制调整分录，将合并日乙公司个别资产负债表账面价值调整为公允价值。

借：固定资产　　　　　　　　　　　　　　　　　　　　　　1 000
　　存货　　　　　　　　　　　　　　　　　　　　　　　　1 000
　　　贷：资本公积　　　　　　　　　　　　　　　　　　　　　2 000

（b）编制抵销分录，将合并日甲公司对乙公司的长期股权投资78 652万元与乙公司净资产公允价值52 000万元抵销。商誉为78 652－52 000×80%＝37 052（万元）；少数股东权益为52 000×20%＝10 400（万元）。

借：实收资本　　　　　　　　　　　　　　　　　　　　　　22 000
　　资本公积　　　　　　　　　　　　　　　　　　　　　　17 000
　　盈余公积　　　　　　　　　　　　　　　　　　　　　　3 000
　　未分配利润　　　　　　　　　　　　　　　　　　　　　10 000
　　商誉　　　　　　　　　　　　　　　　　　　　　　　　37 052
　　　贷：长期股权投资　　　　　　　　　　　　　　　　　　78 652
　　　　　少数股东权益　　　　　　　　　　　　　　　　　　10 400

根据资料和调整抵减分录编制的合并日合并报表工作底稿见表4-29。

表4-29　合并日合并报表工作底稿
2×18年1月1日　　　　　　　　　　　　　　　　　　单位：万元

| 项目 | 甲公司 | 乙公司 | 调整分录 | | 合计 | 抵减分录 | | 合并数 |
			借	贷		借	贷	
货币资金	85 348	12 000			97 348			97 348
应收账款	30 000	12 000			42 000			42 000
存货	46 000	25 000	1 000		72 000			72 000
流动资产合计	161 348	49 000	1 000		211 348			211 348
长期股权投资	78 652				78 652		78 652	0
固定资产	280 000	65 000	1 000		346 000			346 000
商誉					0	37 052		37 052
非流动资产合计	358 652	65 000	1 000		424 652	37 052	78 652	383 052

续表

项目	甲公司	乙公司	调整分录 借	调整分录 贷	合计	抵减分录 借	抵减分录 贷	合并数
资产合计	520 000	114 000	2 000		636 000	37 052	78 652	594 400
短期借款	85 000	24 000			109 000			109 000
长期借款	215 000	40 000			255 000			255 000
负债合计	300 000	64 000			364 000			364 000
实收资本	100 000	22 000			122 000	22 000		100 000
资本公积	40 000	15 000		2 000	57 000	17 000		40 000
盈余公积	20 000	3 000			23 000	3 000		20 000
未分配利润	60 000	10 000			70 000	10 000		60 000
归属于母公司所有者权益合计	220 000	50 000		2 000	272 000	52 000		220 000
少数股东权益					0		10 400	10 400
所有者权益合计	220 000	50 000		2 000	272 000	52 000	10 400	230 400
负债及所有者权益合计	520 000	114 000		2 000	636 000	52 000	10 400	594 400

注：调整和抵销分录栏中的合计数是按报表的合计原理计算的

根据合并日合并报表工作底稿的合并数编制的合并资产负债表（表 4-30）。

表 4-30　合并资产负债表（一）

2×18 年 1 月 1 日　　　　　　　　　　单位：万元

资产	期末数	年初数	负债及股东权益	期末数	年初数
货币资金	97 348		短期借款	109 000	
应收账款	72 000		长期借款	255 000	
存货	42 000		负债合计	364 000	
流动资产合计	211 348		实收资本	100 000	
长期股权投资	0		资本公积	40 000	
固定资产	346 000		盈余公积	20 000	
商誉	37 052		未分配利润	60 000	
非流动资产合计	383 052		归属于母公司所有者权益合计	220 000	
			少数股东权益	10 400	
			所有者权益合计	230 400	
资产合计	594 400		负债及所有者权益合计	594 400	

（二）2×18年度合并财务报表编制

（1）编制调整分录，调整乙公司个别财务报表（金额单位：万元）。

（a）将合并日乙公司个别资产负债表账面价值调整为公允价值。

借：固定资产　　　　　　　　　　　　　　　　　　　　1 000
　　存货　　　　　　　　　　　　　　　　　　　　　　1 000
　　　贷：资本公积　　　　　　　　　　　　　　　　　　2 000

（b）调整资产、负债公允价值与账面价值不一致对累计损益的影响。其中：固定资产为1 000/10＝100（万元），存货为1 000×80%＝800（万元）。

借：管理费用　　　　　　　　　　　　　　　　　　　　100
　　营业成本　　　　　　　　　　　　　　　　　　　　800
　　　贷：固定资产　　　　　　　　　　　　　　　　　　100
　　　　　存货　　　　　　　　　　　　　　　　　　　　800

（2）编制抵销分录，抵销甲、乙公司之间发生的内部交易事项以及引起的债权债务和现金流量。

（a）甲、乙公司之间发生的内部交易事项抵销。

本期存货内部交易5.4×20＝108（万元）。

借：营业收入　　　　　　　　　　　　　　　　　　　　108
　　　贷：营业成本　　　　　　　　　　　　　　　　　　108

期末未实现销售毛利5.4×40%×（20－15）＝10.8（万元）；确认递延所得税资产10.8×25%＝2.7（万元）。

借：营业成本　　　　　　　　　　　　　　　　　　　　10.8
　　　贷：存货　　　　　　　　　　　　　　　　　　　　10.8
借：递延所得税资产　　　　　　　　　　　　　　　　　2.7
　　　贷：所得税费用　　　　　　　　　　　　　　　　　2.7

期末存货减值5.4×40%×（20－19）＝2.16（万元）；递延所得税资产转回2.16×25%＝0.54（万元）。

借：存货　　　　　　　　　　　　　　　　　　　　　　2.16
　　　贷：资产减值损失　　　　　　　　　　　　　　　　2.16
借：所得税费用　　　　　　　　　　　　　　　　　　　0.54
　　　贷：递延所得税资产　　　　　　　　　　　　　　　0.54

（b）甲、乙公司之间发生内部交易事项引起的债权债务抵销。

甲、乙公司之间发生内部交易事项引起的债权债务5.4×20×20%＝21.6（万元）。

借：应付账款　　　　　　　　　　　　　　　　　　　　21.6
　　　贷：应收账款　　　　　　　　　　　　　　　　　　21.6

债权计提的减值准备抵销21.6×5%＝1.08（万元），递延所得税资产转回1.08×25%＝0.27（万元）。

借：应收账款　　　　　　　　　　　　　　　　　　　　1.08

  贷：信用减值损失 1.08
 借：所得税费用 0.27
  贷：递延所得税资产 0.27
（c）甲、乙公司之间发生内部交易事项引起的现金流量 5.4×20×80%＝86.4（万元）抵销。

 借：经营活动现金流量——购买商品、接受劳务支付的现金 86.4
  贷：经营活动现金流量——销售商品、提供劳务收到的现金 86.4

（3）编制调整分录，调整甲公司个别财务报表，将甲公司对乙公司的长期股权投资核算方法从成本法调整为权益法。

（a）初始投资时，甲公司的投资成本 78 652 万元大于被投资单位（乙公司）可辨认净资产公允价值份额 52 000×80%＝41 600（万元），对长期股权投资不做调整，其差额作为商誉反映在合并财务报表中。

$$商誉＝78\,652－41\,600＝37\,052（万元）$$

（b）乙公司调整后净利润＝5 367－800－100－（10.8－2.7－2.16＋0.54）＝4 460.52（万元），调整长期股权投资＝4 460.52×80%＝3 568.42（万元）。

 借：长期股权投资 3 568.42
  贷：投资收益 3 568.42

（4）编制抵销分录，将调整后甲公司对乙公司的长期股权投资＝78 652＋3 568.42＝82 220.42（万元）与乙公司净资产公允价值 56 460.52 万元抵销。商誉＝82 220.42－56 460.52×80%＝37 052（万元）；少数股东权益＝56 460.52×20%＝11 292.1（万元）。

 借：实收资本（年初 22 000，本年增加 0） 22 000
  资本公积（年初 15 000，本年增加 2 000） 17 000
  盈余公积（年初 3 000，本年增加 536.7） 3 536.7
  未分配利润——年末 13 923.82
  商誉 37 052
  贷：长期股权投资 82 220.42
   少数股东权益 11 292.1

将甲公司对乙公司的权益投资收益 3 568.42 万元、少数股东损益 4 460.52×20%＝892.1（万元）、乙公司年初未分配利润 10 000 万元与乙公司利润分配抵销。

 借：投资收益 3 568.42
  少数股东损益 892.1
  年初未分配利润 10 000
  贷：提前盈余公积 536.7
   年末未分配利润 13 923.82

根据资料和调整抵销分录编制的合并报表工作底稿见表 4-31。

表 4-31 合并报表工作底稿（十六）

2×18年12月31日   单位：万元

项目	甲公司	乙公司	调整分录 借	调整分录 贷	合计	抵减分录 借	抵减分录 贷	少数股东	合并数
一、合并利润表									
营业收入	16 000	12 000			28 000	②108			27 892
营业成本	7 600	4 500	①800		12 900		②108		12 802.8
税金及附加	300	120			420				420
销售费用	280	150			430				430
管理费用	520	240	①100		860				860
财务费用	85	24			109				109
资产减值损失	25	10			35		②2.16+①1.08 =3.24		31.76
公允价值变动净收益	300	100			400				400
投资净收益	0	0		③3 568.42	3 568.42	④3 568.42			0
营业利润	7 490	7 056	900	3 568.42	17 214.42	3 687.22	111.24		13 638.44
营业外收入	600	150			750				750
营业外支出	220	50			270				270
利润总额	7 870	7 156	900	3 568.42	17 694.42	3 687.22	111.24		14 118.44
所得税费用	1 967.5	1 789			3 756.5	②0.54+② 0.27=0.81	②2.7		3 754.195
净利润	5 902.5	5 367	900	3 568.42	13 937.92	3 688.03	113.94		10 363.83
归属于母公司股东的净利润									9 471.73
归属于少数股东的净利润								④892.1	892.1

续表

项目	甲公司	乙公司	调整分录 借	调整分录 贷	合计	抵减分录 借	抵减分录 贷	少数股东	合并数
其他综合收益的税后净额	0	0							
综合收益总额	5 902.5	5 367	900	3 568.42	13 937.92	3 688.03	113.94		10 363.83
归属于母公司股东的综合收益									9 471.73
归属于少数股东的综合收益							④892.1	892.1
二、合并所有者权益变动表									
年初实收资本	100 000	22 000			122 000	④22 000			100 000
实收资本增减					0				0
年末实收资本	100 000	22 000			122 000	22 000			100 000
年初资本公积	40 000	15 000			55 000	④15 000			40 000
资本公积增减				①2 000	2 000	④2 000			0
年末资本公积	40 000	15 000		2 000	57 000	17 000			40 000
年初盈余公积	20 000	3 000			23 000	④3 000			20 000
提取盈余公积	590.25	536.7			1 126.95	④536.7	④536.7		1 126.95
年末盈余公积	20 590.25	3 536.7			24 126.95	3 536.7	536.7		21 126.95
年初未分配利润	60 000	10 000			70 000	④10 000			60 000
综合收益总额	5 902.5	5 367	900	3 568.42	13 937.92	3 688.03	113.94	892.1	9 471.73
利润分配——提前盈余公积	590.25	536.7	900		1 126.95	④536.7	④536.7		1 126.95
年末未分配利润	65 312.25	14 830.3	900	3 568.42	82 810.97	④13 923.82 28 148.55	④13 923.82 14 574.46	892.1	68 344.78
三、合并资产负债表									
货币资金	81 273	14 985			96 258				96 258
交易性金融资产	12 000	3 000			15 000				15 000

续表

项目	甲公司	乙公司	调整分录 借	调整分录 贷	合计	抵减分录 借	抵减分录 贷	少数股东	合并数
应收账款	30 046.25	12 404.5			42 450.75	②1.08	②21.6		42 430.23
存货	48 000	25 250		①800	73 450	②2.16	②10.8		73 441.36
流动资产合计	171 319.25	55 639.5	1 000	800	227 158.75	3.24	32.4		227 129.59
长期股权投资	78 652	0	③3 568.42		82 220.42		④82 220.42		0
固定资产	276 000	63 750		①100	340 650				340 650
商誉					0	④37 052			37 052
递延所得税资产	6.25	2.5			8.75	②2.7	②0.54+② 0.27=0.81		10.64
非流动资产合计	354 658.25	63 752.5	4 568.42	100	422 879.17	37 054.7	82 221.23		377 712.64
资产合计	525 977.5	119 392	5 568.42	900	650 037.92	37 057.94	82 253.63		604 842.23
短期借款	81 000	21 000			102 000				102 000
应付账款	4 000	3 000			7 000	②21.6			6 978.4
流动负债合计	85 000	24 000			109 000	21.6			108 978.4
长期借款	215 000	40 000			255 000				255 000
递延所得税负债	75	25			100				100
非流动负债合计	215 075	40 025			255 100				255 100
负债合计	300 075	64 025			364 100	21.6			364 078.4
实收资本（股本）	100 000	22 000	①2 000		122 000	④22 000			100 000
资本公积	40 000	15 000			57 000	④17 000			40 000
盈余公积	20 590.25	3 536.7			24 126.95	④3 536.7	④536.7		21 126.95
未分配利润	65 312.25	14 830.3	900	3 568.42	82 810.97	28 148.55	14 574.46	892.1	68 344.78
归属于母公司所有者权益合计	225 902.5	55 367	900	5 568.42	285 937.92	70 685.25	15 111.16	892.1	229 471.73

续表

项目	甲公司	乙公司	调整分录 借	调整分录 贷	合计	抵减分录 借	抵减分录 贷	少数股东	合并数
少数股东权益					0			④11 292.1	11 292.1
所有者权益合计	225 902.5	55 367	900	5 568.42	285 937.92	70 685.25	15 111.16	10 400	240 763.83
负债及所有者权益合计	525 977.5	119 392	900	5 568.42	650 037.92	70 706.85	15 111.16	10 400	604 842.23
四、合并现金流量表									
(一)经营活动产生的现金流量:									
销售商品、提供劳务收到的现金	18 673.75	13 635.50			32 309.25		②86.4		32 222.85
收到的税费返还	600.00	150.00			750.00				750.00
收到其他与经营活动有关的现金					—				
经营活动现金流入小计	19 273.75	13 785.50			33 059.25		86.4		32 972.85
购买商品、接受劳务支付的现金	1 990.40	1 709.25			3 699.65	②86.4			3 613.25
支付给职工以及为职工支付的现金	1 280.00	525.00			1 805.00				1 805.00
支付的各项税费	3 988.35	2 178.25			6 166.60				6 166.60
支付其他与经营活动有关的现金	305.00	464.00			769.00				769.00
经营活动现金流出小计	7 563.75	4 876.50			12 440.25	86.4			12 353.85
经营活动产生的现金流量净额	11 710.00	8 909.00			20 619.00				20 619.00
(二)投资活动产生的现金流量:									
收回投资收到的现金					—				—
取得投资收益收到的现金					—				—
处置固定资产、无形资产和其他长期资产收回的现金净额					—				—
处置子公司及其他营业单位收到的现金净额					—				—

续表

项目	甲公司	乙公司	调整分录 借	调整分录 贷	合计	抵减分录 借	抵减分录 贷	少数股东	合并数
收到其他与投资活动有关的现金	—	—			—				—
投资活动现金流入小计	—	—			—				—
购建固定资产、无形资产和其他长期资产支付的现金	11 700.00	2 900.00			14 600.00				14 600.00
投资支付的现金	78 652.00				78 652.00				78 652.00
取得子公司及其他营业单位支付的现金净额									
支付其他与投资活动有关的现金									
投资活动现金流出小计	90 352.00	2 900.00			93 252.00				93 252.00
投资活动产生的现金流量净额	−90 352.00	−2 900.00			−93 252.00				−93 252.00
（三）筹资活动产生的现金流量：									
吸收投资收到的现金					—				—
取得借款收到的现金	150 000.00	82 000.00			232 000.00				232 000.00
收到其他与筹资活动有关的现金					—				—
筹资活动现金流入小计	150 000.00	82 000.00			232 000.00				232 000.00
偿还债务支付的现金	154 000.00	85 000.00			239 000.00				239 000.00
分配股利、利润或偿付利息支付的现金	85.00	24.00			109.00				109.00
支付其他与筹资活动有关的现金					—				—
筹资活动现金流出小计	154 085.00	85 024.00			239 109.00				239 109.00
筹资活动产生的现金流量净额	−4 085.00	−3 024.00			−7 109.00				−7 109.00
（四）汇率变动对现金及现金等价物影响					—				—

续表

项目	甲公司	乙公司	调整分录 借	调整分录 贷	合计	抵减分录 借	抵减分录 贷	少数股东	合并数
(五) 现金及现金等价物净增加额	-82 727.00	2 985.00			-79 742.00	86.4	86.4		-79 742.00
加: 期初现金及现金等价物余额	164 000.00	12 000.00			176 000.00				176 000.00
(六) 期末现金及现金等价物余额	81 273.00	14 985.00			96 258.00	86.4	86.4		96 258.00

注：(1) 工作底稿中的调整抵减栏数据栏前的编号为调整、抵销分录的顺序号。

(2) 母公司的长期股权投资与子公司股东权益分录抵销中抵销的子公司所有者权益项目，除"未分配利润"项目外，在资产负债表项目中按年末金额（抵减额）反映，在所有者权益（股东权益）变动表项目中按年初金额和本年增减金额分别反映，"未分配利润"项目抵减分录在：

(3) 所有者权益（股东权益）变动表项目中的"年末未分配利润"
借方合计=10 000+3 688.03+536.7+13 923.82=28 148.55
贷方合计=113.94+536.7+13 923.82=14 574.46

(4) 资产负债表中的"未分配利润"项目抵减分录借贷方金额，根据所有者权益（股东权益）变动表中的"年末未分配利润"项目抵减分录借方合计和贷方合计填写。

(5) 资产负债表中的"所有者权益合计"项目抵减分录栏少数股东权益（贷方）=少数股东权益金额（借方）=11 292.1-892.1=10 400

根据合并报表工作底稿编制的 20×8 年度合并财务报表见表 4-32~表 4-35。

表 4-32　合并资产负债表（二）　　　　　　　　　　　　　　　企会 01 表
20×8 年 12 月 31 日　　　　　　　　　　　　　　　　　　　　　单位：万元

资产	期末数	年初数	负债及股东权益	期末数	年初数
流动资产：			流动负债：		
货币资金	96 258.00	97 348.00	短期借款	102 000.00	109 000.00
交易性金融资产	15 000.00		应付账款	6 978.40	0.00
应收账款	42 430.23	42 000.00	流动负债合计	108 978.40	109 000.00
存货	73 441.36	72 000.00	非流动负债：		
流动资产合计	227 129.59	211 348.00	长期借款	255 000.00	255 000.00
非流动资产：			递延所得税负债	100.00	0.00
长期股权投资	0.00	0.00	非流动负债合计	255 100.00	255 000.00
固定资产	340 650.00	346 000.00	负债合计	364 078.40	364 000.00
商誉	37 052.00	37 052.00	所有者权益		
递延所得税资产	10.64		股本	100 000.00	100 000.00
非流动资产合计	377 712.64	383 052.00	资本公积	40 000.00	40 000.00
			盈余公积	21 126.95	20 000.00
			未分配利润	68 344.78	60 000.00
			归属于母公司所有者权益合计	229 471.73	220 000.00
			少数股东权益	11 292.10	10 400.00
			所有者权益合计	240 763.83	230 400.00
资产合计	604 842.23	594 400.00	负债及所有者权益合计	604 842.23	594 400.00

表 4-33　合并利润表　　　　　　　　　　企会 02 表
20×8 年度　　　　　　　　　　　　　　　　单位：万元

项目	本年金额	上年金额
一、营业收入	27 892.00	
减：营业成本	12 802.80	
税金及附加	420.00	
销售费用	430.00	
管理费用	860.00	
财务费用	109.00	
资产减值损失	31.76	
加：公允价值变动净收益	400.00	
投资净收益	0.00	

续表

项目	本年金额	上年金额
二、营业利润	13 638.44	
加：营业外收入	750.00	
减：营业外支出	270.00	
三、利润总额	14 118.44	
减：所得税费用	3 754.20	
四、净利润	10 363.83	
其中：归属于母公司股东的净利润	9 471.73	
归属于少数股东的净利润	892.10	
五、其他综合收益的税后净额	0.00	
（一）以后不能重分类进损益的其他综合收益	0.00	
1. 重新计量设定受益计划净负债或净资产的变动	0.00	
2. 权益法下在被投资单位不能重分类进损益的其他综合收益中享有的份额	0.00	
（二）以后将重分类进损益的其他综合收益	0.00	
1. 权益法下在被投资单位以后将重分类进损益的其他综合收益中享有的份额	0.00	
2. 可供出售金融资产公允价值变动损益	0.00	
3. 持有至到期投资重分类为可供出售金融资产损益	0.00	
4. 现金流经套期损益的有效部分	0.00	
5. 外币财务报表折算差额	0.00	
6. 其他	0.00	
六、综合收益总额	10 363.83	
其中：归属于母公司股东的综合收益	9 471.73	
归属于少数股东的综合收益	892.10	
七、每股收益		
（一）基本每股收益	0.09	
（二）稀释每股收益	27 892.00	

表 4-34　合并现金流量表
20×8 年度

企会 03 表
单位：万元

项目	本年金额	上年金额
一、经营活动产生的现金流量		
销售商品、提供劳务收到的现金	32 222.85	
收到的税费返还	0.00	
收到的其他与经营活动有关的现金	750.00	
经营活动现金流入小计	32 972.85	
购买商品、接受劳务支付的现金	3 613.25	

续表

项目	本年金额	上年金额
支付给职工以及为职工支付的现金	1 805.00	
支付的各项税费	6 166.60	
支付的其他与经营活动有关的现金	769.00	
经营活动现金流出小计	12 353.85	
经营活动产生的现金流量净额	20 619.00	
二、投资活动产生的现金流量		
收回投资收到的现金	0.00	
取得投资收益收到的现金	0.00	
处置固定资产、无形资产和其他长期资产收回的现金净额	0.00	
处置子公司及其他营业单位收到的现金净额	0.00	
收到其他与投资活动有关的现金	0.00	
投资活动现金流入小计	0.00	
购建固定资产、无形资产和其他长期资产支付的现金	0.00	
投资支付的现金	14 600.00	
取得子公司及其他营业单位支付的现金净额	78 652.00	
支付其他与投资活动有关的现金	0.00	
投资活动现金流出小计	93 252.00	
投资活动产生的现金流量净额	−93 252.00	
三、筹资活动产生的现金流量		
吸收投资收到的现金	0.00	
其中：子公司吸收少数股东投资收到的现金	0.00	
取得借款收到的现金	232 000.00	
收到其他与筹资活动有关的现金	0.00	
筹资活动现金流入小计	232 000.00	
偿还债务支付的现金	239 000.00	
分配股利、利润或偿付利息支付的现金	109.00	
其中：子公司支付给少数股东的股利、利润		
支付其他与筹资活动有关的现金	0.00	
筹资活动现金流出小计	239 109.00	
筹资活动产生的现金流量净额	−7 109.00	
四、汇率变动对现金及现金等价物的影响	0.00	
五、现金及现金等价物净增加额	−79 742.00	
加：期初现金及现金等价物余额	176 000.00	
六、期末现金及现金等价物余额	96 258.00	

表4-35 合并所有者权益（股东权益）变动表

2×18年度

企会04表
单位：万元

项目	行次	本年金额							上年金额						
		实收资本（或股本）	资本公积	其他综合收益	盈余公积	未分配利润	少数股东权益	所有者权益合计	实收资本（或股本）	资本公积	其他综合收益	盈余公积	未分配利润	少数股东权益	所有者权益合计
一、上年未余额	1	100 000	40 000		20 000	60 000	10 400	230 400							
加：会计政策变更	2														
前期差错更正	3														
其他	4														
二、本年初余额	5	100 000	40 000	0	20 000	60 000	10 400	230 400							
三、本年增减变动金额（减少以"-"号填列）	6				1 126.95	8 344.78	892.1	10 363.83							
（一）综合收益总额	7					9 471.73	892.1	10 363.83							
（二）所有者投入或减少资本	8														
1. 所有者投入资本	9														
2. 其他权益工具所有者投入资本	10														
3. 股份支付计入所有者权益的金额	11														
4. 其他	12														
（三）利润分配	13				1 126.95			0							
1. 提取盈余公积	14				1 126.95	−1 126.95		0							
2. 对所有者（或股东）的分配	15					−1 126.95									
3. 其他	16														
（四）所有者权益内部结转	17														
1. 资本公积转增资本（或股本）	18														

续表

项目	行次	本年金额							上年金额						
		实收资本（或股本）	资本公积	其他综合收益	盈余公积	未分配利润	少数股东权益	所有者权益合计	实收资本（或股本）	资本公积	其他综合收益	盈余公积	未分配利润	少数股东权益	所有者权益合计
2. 盈余公积转增资本（或股本）	19														
3. 盈余公积弥补亏损	20														
4. 设定受益计划变动额结转留存收益	21														
5. 其他	22														
四、本年末余额	23	100 000	40 000	0	21 126.95	68 344.78	11 292.1	240 763.83	100 000	40 000	0	20 000	60 000	10 400	230 400

第七节 合并财务报表编制——特殊交易的会计处理

一、追加投资的会计处理

追加投资既包括母公司购买少数股东拥有的子公司股权的情况，也包括企业由于追加投资等原因能够对非同一控制下或同一控制下的被投资方实施控制的情况。追加投资的会计处理应分别对个别财务报表和合并财务报表进行会计处理。

（一）母公司购买子公司少数股东拥有的子公司股权

1. 母公司个别财务报表的会计处理

母公司购买子公司少数股东拥有的子公司股权，应当按照非合并确定长期股权投资的入账价值（支付对价的公允价值＋相关直接费用），按成本法进行后续计量核算。

借：长期股权投资——××投资
　　贷：银行存款等（支付对价的公允价值＋相关直接费用）

2. 合并财务报表的会计处理

（1）子公司的资产、负债应以购买日或合并日（公允价值）开始持续计算的金额反映。

（2）商誉按照原取得控制权（原持股比例）时确认的商誉确认与计量。

（3）母公司因购买少数股权新取得的长期股权投资与按照新增持股比例计算应享有子公司自购买日（或合并日）开始持续计算的净资产份额之间的差额，应当调整合并财务报表中的资本公积(资本溢价或股本溢价)，资本公积不足冲减的，依次冲减盈余公积、未分配利润。

（a）母公司因购买少数股权新取得的长期股权投资－按照新增持股比例计算应享有子公司自购买日（或合并日）开始持续计算的净资产份额＝正数。

借：资本公积/盈余公积/年初未分配利润
　　贷：长期股权投资

（b）母公司因购买少数股权新取得的长期股权投资－按照新增持股比例计算应享有子公司自购买日（或合并日）开始持续计算的净资产份额＝负数。

借：长期股权投资
　　贷：资本公积

【例4-15】2×20年12月29日，A公司以8 000万元取得B公司70%的股权，能够对B公司实施控制，形成非同一控制下的企业合并。2×21年12月25日，A公司又以公允价值为3 000万元、原账面价值为2 500万元的固定资产为对价，自B公司的少数股东处取得B公司20%的股权。本例中A公司与B公司的少数股东在交易前不存在任何关联方关系（不考虑所得税等影响）。

2×20年12月29日，A公司在取得B公司70%股权时，B公司可辨认净资产公允价值为 10 000 万元。

2×21 年 12 月 25 日，B 公司自购买日开始持续计算的净资产账面价值为 11 000 万元。

2×21 年 12 月 25 日，A 公司自 B 公司的少数股东处取得 B 公司 20%股权的会计处理如下。

1）A 公司个别财务报表的会计处理（计量单位为万元）

借：固定资产清理　　　　　　　　　　　　　　　　　　2 500
　　贷：固定资产　　　　　　　　　　　　　　　　　　　　2 500
借：长期股权投资——B 公司　　　　　　　　　　　　　　3 000
　　贷：固定资产清理　　　　　　　　　　　　　　　　　　2 500
　　　　资产处置收益　　　　　　　　　　　　　　　　　　　500

2）合并财务报表的会计处理（计量单位为万元）

（1）合并财务报表中，B 公司的有关资产、负债按照自购买日（公允价值）开始持续计算的价值进行合并，无须按照公允价值进行重新计量。即在 2×20 年 12 月 29 日，A 公司取得 B 公司 70%股权时，将 B 公司可辨认净资产从账面价值调整为公允价值后持续计算的净资产账面价值。

（2）合并财务报表中，商誉按照原取得控制权（原持股比例）时确认的商誉 1 000 万元（8 000－10 000×70%）确认与计量，即按照原持股比例 70%，将长期股权投资核算方法从成本法调整为权益法。

（3）A 公司按新增持股比例计算应享有自购买日开始持续计算的净资产份额为 2 200 万元[11 000×（90%－70%）]，与新增长期股权投资（3 000 万元）之间的差额为 800 万元，在合并资产负债表中应调整所有者权益相关项目，首先调整归属于母公司的资本公积（资本溢价或股本溢价），资本公积不足冲减的，冲减归属于母公司的盈余公积，盈余公积不足冲减的，冲减归属于母公司的未分配利润。编制调整分录如下。

借：资本公积/盈余公积/未分配利润　　　　　　　　　　　800
　　贷：长期股权投资　　　　　　　　　　　　　　　　　　800

（二）因追加投资能够对被投资方实施控制

对于企业由于追加投资等原因能够对非同一控制下或同一控制下的被投资方实施控制的情况，其会计处理见第三章中企业合并的会计处理。

二、处置对子公司投资的会计处理

处置对子公司的投资既包括母公司因处置对子公司长期股权投资而未丧失控制权的情况，也包括母公司因处置对子公司长期股权投资而丧失控制权的情况。处置子公司的会计处理应分别对个别财务报表和合并财务报表进行会计处理。

（一）母公司因处置对子公司长期股权投资而未丧失控制权的会计处理

1. 母公司个别财务报表的会计处理

应相应结转与所售股权相对应的长期股权投资的账面价值，出售所得价款与处置长期股权投资部分账面价值之间的差额,应确认为投资损益。其会计处理如下。

借:银行存款(实收款)
　　长期股权投资减值准备(处置部分已计提的减值准备)
　贷:长期股权投资——×公司(处置部分的账面价值)
　　　应收股利(处置部分尚未收到的现金股利)
借或贷:投资收益(差额)

2. 合并财务报表的会计处理

处置价款与处置长期股权投资相对应享有子公司自购买日或合并日开始持续计算的净资产份额之间的差额,应当调整资本公积(资本溢价或股本溢价),资本公积不足冲减的,依次冲减盈余公积、未分配利润。其调整会计处理如下。

(1)处置价款-处置长期股权投资相对应享有子公司自购买日或合并日开始持续计算的净资产份额=正数。

借:长期股权投
　贷:资本公积

(2)处置价款-处置长期股权投资相对应享有子公司自购买日或合并日开始持续计算的净资产份额=负数。

借:资本公积(资本溢价或股本溢价)
　　盈余公积
　　年初未分配利润
　贷:长期股权投资

(二)母公司因处置对子公司长期股权投资而丧失控制权的会计处理

1. 一次交易处置对子公司长期股权投资而丧失控制权

(1)母公司个别财务报表的会计处理:应相应结转与所售股权相对应的长期股权投资的账面价值,出售所得价款与处置长期股权投资部分账面价值之间的差额,应确认为投资损益。其会计处理同未丧失控制权的会计处理。在处置投资导致对被投资单位的影响能力由控制转为具有重大影响或者与其他投资方一起实施共同控制的情况下,长期股权投资核算方法应当由成本法转换为权益法,剩余的长期股权投资完全按权益法的要求,按剩余持股比例对按成本法核算的长期股权投资进行追溯调整。处置投资导致长期股权投资重新分类为公允价值计量的金融资产,剩余的长期股权投资重新分类为公允价值计量的金融资产(交易性金融资产或者其他权益工具投资),均按重新分类日该金融资产的公允价值计量,公允价值与原长期股权投资账面价值的差额,计入当期投资收益。

(2)合并财务报表的会计处理:对于剩余股权,应当按照丧失控制权日的公允价值进行重新计量。处置股权取得的对价与剩余股权公允价值之和,减去按原持股比例计算应享有原有子公司自购买日开始持续计算的净资产的份额与商誉之和的差额,计入丧失控制权当期的投资收益。

此外,与原有子公司的股权投资相关的其他综合收益应当在丧失控制权时采用与原有子公司直接处置相关资产或负债相同的基础进行会计处理，与原有子公司相关的涉及权益法核算下的其他所有者权益变动应当在丧失控制权时转入当期损益。

【例 4-16】 2×20 年 6 月 30 日，A 公司以现金 9 000 万元取得了 B 公司 60%的股权，并自该日起控制 B 公司，由于收购 B 公司产生商誉 3 000 万元。当日，B 公司可辨认净资产账面价值为 9 500 万元，公允价值为 10 000 万元。

2×22 年 6 月 30 日，A 公司以 8 000 万元的对价将其持有的 B 公司 40%的股权出售给第三方公司，处置后对 B 公司的剩余持股比例降为 20%。剩余 20%股权的公允价值为 4 000 万元。当日，B 公司可辨认净资产账面价值为 10 200 万元，自购买日开始持续计算的可辨认净资产账面价值为 10 700 万元。

B 公司在 2×20 年 7 月 1 日至 2×22 年 6 月 30 日实现的净利润为 600 万元（其中：2×22 年 1 月 1 日至 2×22 年 6 月 30 日实现的净利润为 100 万元），其他综合收益为 100 万元。其他综合收益源自 B 公司的联营公司的将重分类进损益的其他综合收益的变动，A 公司商誉未减值（不考虑所得税等影响）。

A. A 公司应在个别财务报表中进行的会计处理（单位为万元）

a. 处置持有 B 公司 40%的股权

借：银行存款	8 000
贷：长期股权投资——B 公司（9 000/60%×40%）	6 000
投资收益	2 000

b. 剩余持有 B 公司 20%的股权进行追溯调整

（a）结转剩余部分＝9 000－6 000＝3 000（万元）

借：长期股权投资——B 公司（投资成本）	3 000
贷：长期股权投资——B 公司	3 000

（b）初始投资成本 3 000 万元大于投资时 B 公司可辨认净资产的公允价值份额 2 000 万元，不需要调整初始投资成本。

（c）自 A 公司取得 B 公司 60%的股份后至转让 B 公司 40%的股份前，B 公司实现净利润 600 万元调整（A 公司按 10%计提盈余公积）：

借：长期股权投资——B 公司（损益调整）（600×20%）	120
贷：投资收益（100×20%）	20
盈余公积（500×20%×10%）	10
利润分配——未分配利润（500×20%－10）	90

（d）A 公司自取得 B 公司 60%的股份后至转让 A 公司 40%的股份前，A 公司确认其他综合收益的金额为 100 万元的调整。

借：长期股权投资——B 公司（其他综合收益）	20
贷：其他综合收益（100×20%）	20

B. A 公司应在合并财务报表中进行的会计处理（单位为万元）

（a）终止确认 B 公司的长期股权资产、商誉等的账面价值，并终止确认少数股东权益（包括属于少数股东的其他综合收益）的账面价值。应将 B 公司 2×22 年 1 月 1 日至 2×22 年 6 月 30 日之间发生的损益和现金流量纳入合并利润表和合并现金流量表。

（b）视同在丧失控制权之日处置子公司，并按当日剩余20%股权的公允价值（4 000万元）重新计量该剩余股权。编制调整分录。

借：长期股权投资（4 000－3 000－120－20） 860
　　贷：投资收益 860

（c）将处置股权取得的对价（8 000万元）与剩余股权公允价值（4 000万元）之和12 000万元，减去按原持股比例（60%）计算应享有B公司自购买日开始持续计算的可辨认净资产账面价值的份额6 420万元（10 700×60%）以及与B公司的相关商誉3 000万元所得的差额2 580万元（12 000－6 420－3 000），计入丧失控制权当期的投资收益。编制调整分录。

借：长期股权投资 2 580
　　贷：投资收益 2 580

（d）B公司其他综合收益和其他所有者权益中归属A公司的部分60万元（100×60%）也应当转为当期投资收益。编制调整分录。

借：其他综合收益 60
　　贷：投资收益 60

2. 多次交易处置对子公司长期股权投资而丧失控制权

企业通过多次交易分步处置对子公司股权投资直至丧失控制权，首先，应结合分步交易的各个步骤的交易协议条款、分别取得的处置对价、出售股权的对象、处置方式、处置时点等信息来判断分步交易是否属于"一揽子交易"。

（1）如果分步交易不属于"一揽子交易"，则在丧失对子公司控制权以前的各项交易，应按照本章"母公司因处置对子公司长期股权投资而未丧失控制权的会计处理"的有关规定进行会计处理。丧失对子公司控制权的交易，应按照本章"一次交易处置对子公司长期股权投资而丧失控制权"的有关规定进行会计处理。

（2）如果分步交易属于"一揽子交易"，则应将各项交易作为一项处置原有子公司并丧失控制权的交易进行会计处理，其中，对于丧失控制权之前的每一次交易，处置价款与处置投资对应的享有该子公司自购买日开始持续计算的净资产账面价值的份额之间的差额，在合并财务报表中应当计入其他综合收益，在丧失控制权时一并转入丧失控制权当期的损益。

【例4-17】A公司主要从事机械产品的生产与销售，B公司系A公司出资2 600万元设立的全资子公司，主要从事化工产品的生产与销售。A公司计划整合集团业务、剥离辅业，集中发展机械产品的主营业务。2×21年11月30日，A公司与C公司签订不可撤销的转让协议，约定A公司向C公司转让其持有的B公司100%股权，对价总额为5 000万元。考虑到C公司的资金压力以及股权平稳过渡，双方在协议中约定，C公司应在2×21年12月31日之前支付2 000万元，以先取得B公司20%股权；C公司应在2×22年12月31日之前支付3 000万元，以取得B公司剩余80%股权。2×21年12月31日至2×22年12月31日，B公司的相关活动仍然由A公司单方面主导，若B公司在此期间向股东进行利润分配，则后续80%股权的购买对价按C公司已分得的金额进行相应调整。

2×21 年 12 月 31 日，按照协议约定，C 公司向 A 公司支付 2 000 万元，A 公司将其持有的 B 公司 20%股权转让给 C 公司并已办理股权变更手续；当日，B 公司自购买日持续计算的净资产账面价值为 3 500 万元，其中：股本 2 600 万元，2×21 年 1 月 1 日前实现净利润 400 万元，2×21 年 1 月 1 日至 2×21 年 12 月 31 日，B 公司实现净利润 500 万元。B 公司按净利润的 10%计提盈余公积，无其他利润分配。

2×22 年 6 月 30 日，C 公司向 A 公司支付 3 000 万元，A 公司将其持有的 B 公司剩余 80%股权转让给 C 公司并已办理股权变更手续，自此 C 公司取得 B 公司的控制权；当日，B 公司自购买日持续计算的净资产账面价值为 4 000 万元。

2×22 年 1 月 1 日至 2×22 年 6 月 30 日，B 公司实现净利润 500 万元，无其他净资产变动事项（不考虑所得税等影响）。

分析：A 公司通过两次交易处置其持有的 B 公司 100%股权，第一次交易处置 B 公司 20%股权，仍保留对 B 公司的控制；第二次交易处置剩余 80%股权，并于第二次交易后丧失对 B 公司的控制权。首先，需要分析上述两次交易是否属于"一揽子交易"。

（1）A 公司处置 B 公司股权是出于业务整合、剥离辅业的考虑，A 公司的目的是处置其持有的 B 公司 100%股权，两次处置交易结合起来才能达到其商业目的。

（2）两次交易在同一转让协议中同时约定。

（3）第一次交易中，20%股权的对价为 2 000 万元，相对于 100%股权的对价总额 5 000 万元而言，第一次交易单独看并不经济，和第二次交易一并考虑才反映真正的经济影响，此外，如果在两次交易期间 B 公司进行了利润分配，也将据此调整对价，说明两次交易是在考虑了彼此影响的情况下订立的。

综合上述，两次交易应作为"一揽子交易"，按照分步处置子公司股权至丧失控制权并构成"一揽子交易"的相关规定进行会计处理。

1）2×21 年 12 月 31 日会计处理

（1）A 公司应在个别财务报表中进行如下会计处理（单位为万元）。

借：银行存款　　　　　　　　　　　　　　　　　　　　　　2 000
　　贷：长期股权投资——B 公司（2 600×20%）　　　　　　　520
　　　　投资收益　　　　　　　　　　　　　　　　　　　　1 480

（2）A 公司应在合并财务报表中进行如下会计处理（单位为万元）。

（a）如果分步交易属于"一揽子交易"，对于丧失控制权之前的每一次交易，处置价款与处置投资对应的享有该子公司自购买日开始持续计算的净资产账面价值的份额之间的差额，在合并财务报表中应当计入其他综合收益，在丧失控制权时一并转入丧失控制权当期的损益。所以，编制调整分录将个别报表中计入投资收益的 1 480 万元转作其他综合收益。

借：投资收益　　　　　　　　　　　　　　　　　　　　　　1 480
　　贷：其他综合收益　　　　　　　　　　　　　　　　　　1 480

（b）将 A 公司对 B 公司的长期股权投资核算方法从成本法调整为权益法。

借：其他综合收益（900×20%）　　　　　　　　　　　　　　　180
　　长期股权投资（900×80%）　　　　　　　　　　　　　　　720

　　　　贷：年初未分配利润（400×100%）　　　　　　　　　　　400
　　　　　　投资收益（500×100%）　　　　　　　　　　　　　500
　（c）长期股权投资与B公司所有者权益抵消。
　　借：股本　　　　　　　　　　　　　　　　　　　　　　2 600
　　　　盈余公积（900×10%）　　　　　　　　　　　　　　　90
　　　　未分配利润——年末（900－90）　　　　　　　　　　810
　　　　贷：长期股权投资（2 600－520＋720）　　　　　　　2 800
　　　　　　少数股东权益（3 500×20%）　　　　　　　　　　700
　（d）母公司的投资收益与子公司的利润分配抵消。
　　借：投资收益（500×100%）　　　　　　　　　　　　　　500
　　　　少数股东损益　　　　　　　　　　　　　　　　　　　0
　　　　年初未分配利润（400×90%）　　　　　　　　　　　360
　　　　贷：提取盈余公积（500×10%）　　　　　　　　　　　50
　　　　　　年末未分配利润（500＋360－50）　　　　　　　810

通过以上调整抵销处理，在合并财务报表中相关项目金额如下。
货币资金2 000万元（来源于A公司个别报表）
少数股东权益700万元（来源于合并抵消分录）
其他综合收益（2 000－3 500×20%）1 300万元（来源于合并调整分录）

2）2×22年6月30日会计处理
（1）A公司应在个别财务报表中进行如下会计处理（单位为万元）。
　　借：银行存款　　　　　　　　　　　　　　　　　　　　3 000
　　　　贷：长期股权投资——B公司（2 600×80%）　　　　2 080
　　　　　　投资收益　　　　　　　　　　　　　　　　　　920
（2）A公司应在合并财务报表中进行如下会计处理（单位为万元）。
（a）如果分步交易属于"一揽子交易"，对于丧失控制权之前的每一次交易，处置价款与处置投资对应的享有该子公司自购买日开始持续计算的净资产账面价值的份额之间的差额，在合并财务报表中应当计入其他综合收益，在丧失控制权时一并转入丧失控制权当期的损益。所以，编制调整分录将上年度个别报表中计入投资收益的1 480万元转作本年度投资收益。
　　借：年初未分配利润　　　　　　　　　　　　　　　　　1 480
　　　　贷：投资收益　　　　　　　　　　　　　　　　　　1 480
（b）将A公司对B公司的长期股权投资核算方法从成本法调整为权益法。
　　借：投资收益（1 400×80%）　　　　　　　　　　　　　1 120
　　　　贷：年初未分配利润（900×80%）　　　　　　　　　720
　　　　　　投资收益（500×80%）　　　　　　　　　　　　400
（c）终止确认B公司的长期股权资产、商誉等的账面价值，并终止确认少数股东权益（包括属于少数股东的其他综合收益）的账面价值。应将B公司2×22年1月1日至2×22年6月30日发生的损益和现金流量纳入合并利润表和合并现金流量表。

（d）母公司的投资收益与子公司的利润分配抵消。

借：投资收益（500×80%）　　　　　　　　　　　　　400
　　少数股东损益（500×20%）　　　　　　　　　　　100
　　年初未分配利润（900×90%）　　　　　　　　　　810
　　贷：提取盈余公积（500×10%）　　　　　　　　　　　　50
　　　　年末未分配利润（500＋810－50＝1 400×90%）　1 260

（e）将上年度合并报表调整产生的其他综合收益－180万元转作当期损益。

借：投资收益　　　　　　　　　　　　　　　　　　180
　　贷：其他综合收益　　　　　　　　　　　　　　　　180

通过以上调整抵销处理，在合并财务报表中处置投资的投资收益＝个别报表（920）＋合并调整抵减（1 480－1 120＋400－400－180）＝1 100（万元）。

三、因子公司的少数股东增资而稀释母公司拥有的股权比例的会计处理

子公司的其他股东对子公司进行增资，由此稀释了母公司对子公司的股权比例但未丧失控制权，在母公司个别报表中不进行会计处理，只是调整备查账中稀释后母公司对子公司的股权比例。在合并财务报表中做以下会计处理：应当按照增资前的母公司股权比例计算其在增资前子公司账面净资产中的份额，该份额与增资后按母公司持股比例计算的在增资后子公司账面净资产份额之间的差额计入资本公积，资本公积不足冲减的，依次冲减盈余公积、未分配利润。其调整分录处理如下。

（1）按照增资后的母公司股权比例计算其在增资后子公司账面净资产中的份额－增资前按母公司持股比例计算的在增资前子公司账面净资产份额＝正数。

借：长期股权投
　　贷：资本公积

（2）按照增资后的母公司股权比例计算其在增资后子公司账面净资产中的份额－增资前按母公司持股比例计算的在增资前子公司账面净资产份额＝负数。

借：资本公积（资本溢价或股本溢价）
　　盈余公积
　　年初未分配利润
　　贷：长期股权投资

由其他投资方对子公司增资而导致母公司持股比例下降并丧失控制权的，在母公司个别报表中，应将长期股权投资核算方法从成本法转换为权益法核算处理。在合并报表中，应按照本章"母公司因处置对子公司长期股权投资而丧失控制权的会计处理"的有关规定进行会计处理。

【例4-18】2×21年，A公司和B公司分别出资750万元和250万元设立C公司，A公司、B公司的持股比例分别为75%和25%。C公司为A公司的子公司。

2×22年7月1日，B公司对C公司增资500万元，增资后占C公司的股权比例为

35%。交易完成后，A公司仍控制C公司。

C公司自成立日至增资前实现净利润1 000万元，其中：2021年实现净利润800万元，按10%计提盈余公积，除此以外，不存在其他影响C公司净资产变动的事项（不考虑所得税等影响）。

（1）A公司应在个别财务报表中进行如下会计处理（单位为万元）。

由于B公司对C公司增资后，A公司仍控制C公司，A公司在个别财务报表中不需要进行会计处理，只需要在备查账簿中将A公司对C公司的持股比例从75%调整为65%。

（2）A公司应在合并财务报表中进行如下会计处理（单位为万元）。

（a）按照增资前的母公司股权比例计算其在增资前子公司账面净资产中的份额，该份额与增资后按母公司持股比例计算的在增资后子公司账面净资产份额之间的差额计入资本公积，资本公积不足冲减的，依次冲减盈余公积、未分配利润。

（750＋250＋1 000＋500）×65%－（750＋250＋1 000）×75%＝125（万元）

借：长期股权投资　　　　　　　　　　　　　　　　125
　　贷：资本公积　　　　　　　　　　　　　　　　　　125

（b）将A公司对C公司的长期股权投资核算方法（75%）从成本法调整为权益法。

借：长期股权投资（1 000×75%）　　　　　　　　　750
　　贷：年初未分配利润（800×75%）　　　　　　　　　600
　　　　投资收益（200×75%）　　　　　　　　　　　　150

（c）长期股权投资与C公司所有者权益抵消。

借：股本　　　　　　　　　　　　　　　　　　　1 500
　　盈余公积　　　　　　　　　　　　　　　　　　100
　　年末未分配利润　　　　　　　　　　　　　　　900
　　贷：长期股权投资（750＋125＋750）　　　　　　1 625
　　　　少数股东权益（2 500×35%）　　　　　　　　 875

（d）母公司的投资收益与子公司的利润分配抵消。

借：投资收益（200×75%）　　　　　　　　　　　　150
　　少数股东损益（200×25%）　　　　　　　　　　　50
　　年初未分配利润（800×90%）　　　　　　　　　720
　　贷：提取盈余公积（200×10%）　　　　　　　　　　20
　　　　年末未分配利润（200＋720－20＝1 000×90%）　900

四、其他特殊交易的会计处理

对于站在企业集团合并财务报表角度的确认和计量结果与其所属的母公司或子公司的个别财务报表层面的确认和计量结果不一致的，在编制合并财务报表时，应站在企业集团角度对该特殊交易事项予以调整。

随着我国市场经济的快速发展和各类型经济交易的日益复杂化、多元化，在母子公司个别财务报表及在母公司合并财务报表中，部分特殊交易会计主体假设的不同导致对同一事项的会计处理结果存在差异。在这种情况下，仅仅通过常规的抵销分录难以真实、全面地反映企业集团整体财务状况、经营成果和现金流量状况，需要站在企业集团合并财务报表的角度对这类交易予以调整。例如，母公司将借款作为实收资本投入子公司用于长期资产的建造，母公司应在合并财务报表层面反映借款利息的资本化金额。又如，子公司将作为投资性房地产的大厦，出租给集团内其他企业使用，母公司应在合并财务报表层面将其作为固定资产反映。再如，子公司发行的按照《企业会计准则第37号——金融工具列报》分类为权益工具的特殊金融工具，子公司在其个别财务报表中作为权益工具列报，母公司应在合并财务报表中将对应的少数股东权益部分列报为金融负债。

子公司发行累积优先股等其他权益工具的，无论当期是否宣告发放其股利，在计算列报母公司合并利润表中的"归属于母公司股东的净利润"时，应扣除当期归属于除母公司之外的其他权益工具持有者的可累积分配股利，扣除金额应在"少数股东损益"项目中列示。子公司发行不可累积优先股等其他权益工具的，在计算列报母公司合并利润表中的"归属于母公司股东的净利润"时，应扣除当期宣告发放的归属于除母公司之外的其他权益工具持有者的不可累积分配股利，扣除金额应在"少数股东损益"项目中列示。

第五章 会计调整

教学目标：本章学习要求学生了解会计估计、会计政策、前期差错以及资产负债表日后事项的概念、构成、作用和内容；熟悉会计估计变更、会计政策变更的判断，前期差错重要性判断，资产负债表日后调整事项和非调整事项的判断；掌握会计估计变更、会计政策变更、前期差错和资产负债表日后事项的会计处理。

课程思政：通过企业会计调整教学，引导学生学习掌握会计估计变更、会计政策变更、前期差错和资产负债表日后事项的会计处理的相关知识。通过会计估计变更、会计政策变更、前期差错和资产负债表日后事项的会计处理等相关知识点教学，切入坚持准则、守责敬业等课程思政要素，强调会计人员应精于业务，准确进行会计处理，把好职业判断关，实事求是，切勿弄虚作假，遵守职业道德，培养学生诚实守信的科学态度。

第一节 会计估计变更、会计政策变更与前期差错及其更正

一、会计估计变更

（一）会计估计概述

会计估计，是指企业对结果不确定的交易或者事项，以最近可利用的信息为基础所做的判断。由于受商业活动中内在的不确定因素的影响，许多财务报表的项目不能精确地计量，而只能加以估计。估计涉及以最近可利用的、可靠的信息为基础所做的判断。例如，以下项目可能要求估计：坏账、陈旧过时的存货、应折旧资产的使用寿命或者体现在应折旧资产中的未来经济利益的预期消耗方式、担保债务等。

1. 会计估计的特点

（1）会计估计的存在是由于经济活动中内在的不确定性因素的影响。在会计核算中，企业总是力求保持会计核算的准确性，但有些经济业务本身具有不确定性（例如，预期信用损失、固定资产折旧年限、固定资产残余价值、无形资产摊销年限、在某一时段内履行的履约义务的履约进度等），因而需要根据经验及相关信息进行估计。可以说，在进行会计核算和相关信息披露的过程中，会计估计是不可避免的，并不会削弱会计确认和

计量的可靠性。

（2）进行会计估计时，往往以最近可利用的信息或资料为基础。企业在会计核算中，由于经营活动中内在的不确定性，需要经常进行估计。有些估计的主要目的是确定资产或负债的账面价值，如坏账准备、担保责任引起的负债；有些估计的主要目的是确定将在某一期间记录的收益或费用的金额，如某一期间的折旧、摊销金额。企业在进行会计估计时，通常应根据当时的情况和经验，以一定的信息或资料为基础，但是，随着时间的推移、环境的变化，进行会计估计的基础可能会发生变化，因此，进行会计估计所依据的信息或者资料不得不经常发生变化。由于最新的信息是最接近目标的，以其为基础所做的估计最接近实际，所以进行会计估计时，应以最近可利用的信息或资料为基础。

（3）进行会计估计并不会削弱会计确认和计量的可靠性。企业为了定期、及时地提供有用的会计信息，将延续不断的经营活动人为地划分为一定的期间，并在权责发生制的基础上对企业的财务状况和经营成果进行定期确认和计量。由于会计分期和货币计量的前提，在确认和计量过程中，企业不得不对许多尚在延续中、结果尚未确定的交易或事项予以估计入账。

2. 会计估计的判断

企业会计估计的判断，应当考虑与会计估计相关的项目的性质和金额。通常情况下，下列情况属于会计估计。

（1）存货可变现净值的确定。

（2）公允价值模式下的投资性房地产公允价值的确定。

（3）固定资产的预计使用寿命、预计净残值和折旧方法、弃置费用的确定。

（4）消耗性生物资产可变现净值、生产性生物资产的使用寿命、预计净残值和折旧方法的确定。

（5）使用寿命有限的无形资产的预计使用寿命、残值、摊销方法的确定。

（6）非货币性资产公允价值的确定。

（7）固定资产、无形资产、长期股权投资等非流动资产可收回金额的确定。

（8）职工薪金金额的确定。

（9）与股份支付相关的公允价值的确定。

（10）与债务重组相关的公允价值的确定。

（11）预计负债的确定。

（12）收入金额中交易价格、履约进度的确定等。

（13）与政府补助相关的公允价值的确定。

（14）一般借款资本化的确定。

（15）应纳税暂时性差异与可抵扣暂时性差异的确定。

（16）非同一控制下的企业合并相关的公允价值的确定。

（17）租赁资产公允价值的确定、租赁付款额现值的确定、承租人折现率的确定、承租人对未确认融资费用的分摊、出租人对未实现融资收益的分配、未担保余值的确定。

（18）与金融工具相关的公允价值的确定、摊余成本的确定、信用减值损失的确定。

（19）继续涉入所转移金融资产的程度的确定、金融资产所有权上风险与报酬转移程度的确定。

（20）套期工具和被套期项目公允价值的确定。

（21）探明矿区权益、矿井及相关设施的折旧计提方法，以及与油气开采活动相关的辅助设备及设施的折旧方法、弃置费用的确定。

（22）其他按照相关准则规定属于会计估计的情况。

（二）会计估计变更概述

会计估计变更，是指由于资产和负债的当前状况及预期经济利益和义务发生了变化，从而对资产或负债的账面价值或者资产的定期消耗金额进行调整。

由于企业经营活动中内在不确定因素的存在，许多财务报表项目不能准确地计量，只能加以估计，估计过程涉及以最近可得到的信息为基础所做的判断，但是，估计毕竟是就现有资料对未来所做的判断，随着时间的推移，如果赖以进行估计的基础发生了变化，或者由于取得了最新的信息、积累了更多的经验或后来的发展可能不得不对估计进行修订，但会计估计变更的依据应当真实、可靠。会计估计变更包括以下情形。

1. 赖以进行估计的基础发生了变化

企业进行会计估计，总是依赖于一定的基础。如果其所依赖的基础发生了变化，则会计估计也应相应发生变化。

【例 5-1】某企业的一项固定资产折旧年限原定为 10 年，以后发生的情况表明，该资产的受益年限已不足 10 年，相应调减折旧年限。

2. 取得了新的信息、积累了更多的经验

企业进行会计估计是就现有资料对未来所做的判断。随着时间的推移，企业有可能取得新的信息、积累更多的经验，在这种情况下，企业可能不得不对会计估计进行修订，即发生会计估计变更。

【例 5-2】丙企业原根据当时能够得到的信息，以预期信用损失为基础对某应收账款计提了一定金额的坏账准备。现在掌握了新的信息，判定应收账款基本不能收回。企业应当全额计提坏账准备。

会计估计变更，是由于情况发生了变化，或者掌握了新的信息，积累了更多的经验，变更会计估计能够更好地反映企业的财务状况和经营成果，因此，会计估计变更并不意味着以前期间的会计估计是错误的，如果以前期间的会计估计是错误的，则属于会计差错，按会计差错更正的会计处理办法进行处理。

（三）会计估计变更的会计处理

企业对会计估计变更应当采用未来适用法处理，其具体处理方法如下。

（1）会计估计变更仅影响变更当期的，其影响数应当在变更当期予以确认。

【例 5-3】某企业以预期信用损失为基础对某项应收账款按 5%提取坏账准备，由于企业现在掌握了新的信息，该项应收账款不能收回的比例已达 15%，则企业改按该项应收账款的 15%提取坏账准备。这类会计估计的变更，只影响变更当期，因此，应于变更当期确认。

（2）既影响变更当期又影响未来期间的，其影响数应当在变更当期和未来期间予以确认。

【例5-4】丁企业的一项可计提折旧的固定资产的有效使用年限或预计净残值的会计估计发生变更，影响了变更当期及资产以后使用年限内各个期间的折旧费用，这项会计估计的变更，应于变更当期以及以后各期确认。

会计估计变更的影响数计入变更当期与前期相同的项目中。为了保证不同期间的财务报表具有可比性，如果会计估计变更的影响数以前包括在企业日常经营活动的损益中，则以后也应包括在相应的损益类项目中；如果会计估计变更的影响数以前包括在特殊项目中，则以后也应相应作为特殊项目反映。

（3）难以将某项变更区分为会计政策变更或会计估计变更的，应当将其作为会计估计变更处理。

（四）会计估计变更的披露

企业应当在附注中披露与会计估计变更有关的下列信息。

（1）会计估计变更的内容和原因，包括变更的内容、变更日期以及会计估计变更的原因。

（2）会计估计变更对当期和未来期间的影响数，包括会计估计变更对当期和未来期间损益的影响金额，以及对其他各项目的影响金额。

（3）会计估计变更的影响数不能确定的，披露这一事实和原因。

【例5-5】甲公司2×21年12月30日购入一台管理用设备，初始入账价值为200万元，原估计使用年限为10年，预计净残值为8万元，按双倍余额递减法计提折旧。由于固定资产所含经济利益预期实现方式的改变和技术因素的原因，已不能继续按原定的折旧方法、折旧年限计提折旧。A公司于2×24年1月1日将设备的折旧方法改为年限平均法，将设备的折旧年限由原来的10年改为8年，预计净残值仍为8万元。A公司适用的所得税税率为25%。假定税法允许按变更后的折旧额在税前扣除。假定不考虑减值等其他因素。

甲公司对上述会计估计变更的会计处理如下。

（1）不调整以前各期折旧，也不计算累积影响数。

（2）变更日以后发生的经济业务改按新估计使用寿命和折旧方法计提折旧。

按原估计2×22年和2×23年计提折旧如下：

设备2×22年计提的折旧额＝200×2/10＝40（万元）

设备2×23年计提的折旧额＝（200－40）×2/10＝32（万元）

2×24年相关科目期初余额如下：

固定资产	200万元
累计折旧	72万元
固定资产净值	128万元

2×24年由于折旧方法和折旧年限的改变，应按新的会计估计计提折旧如下：

设备 2×24 年计提的折旧额 = $\dfrac{128-8}{8-2}$ = 20（万元）

2×24 年不必对以前年度已提折旧进行调整，只需按重新预计的尚可使用寿命和净残值计算确定年折旧费用，编制会计分录。

借：管理费用　　　　　　　　　　　　　　　　　　　　　200 000
　　贷：累计折旧　　　　　　　　　　　　　　　　　　　　　200 000

（3）计算上述会计估计变更对 2×24 年净利润的影响。

按原会计估计，设备 2×24 年计提的折旧额 =（200－40－32）×2/10 = 25.6（万元）。

上述会计估计变更使 2×24 年净利润增加（25.6－20）×（1－25%）= 4.2（万元）。

A 公司对其会计估计变更，应在附注中披露如下信息。

本公司一台管理用设备，原始价值为 200 万元，原估计使用年限为 10 年，预计净残值为 8 万元，按双倍余额递减法计提折旧。由于固定资产所含经济利益预期实现方式的改变和技术因素的影响，该设备已不能按原估计使用年限、折旧方法计提折旧，本公司于 2×24 年初变更该设备的使用年限为 8 年，折旧方法采用年限平均法，以反映该设备的真实使用年限和折旧方法。此会计估计变更影响本年度净利润增加数为 4.2 万元。

二、会计政策变更

（一）会计政策概述

1. 会计政策的概念和内容

会计政策，是指企业在会计确认、计量和报告中所采用的原则、基础和会计处理方法。会计政策包括的原则、基础和会计处理方法，是指导企业进行会计确认和计量的具体要求。

（1）原则，是指按照企业会计准则规定的、适合于企业会计要素确认过程中采用的具体会计原则。例如，收入准则中关于企业应当在履行了合同中的履约义务，即在客户取得相关商品控制权时确认收入的规定，就属于收入确认的具体会计原则。

（2）基础，是指为了将会计原则应用于交易或者事项而采用的基础，主要是计量基础（即计量属性），包括历史成本、重置成本、可变现净值、现值和公允价值等，不包括确认基础。

（3）会计处理方法，是指企业按照法律、行政法规或者国家统一的会计制度等规定采用或者选择的、适合于本企业的具体会计处理方法。例如，发出存货计价的先进先出法、加权平均法、移动加权平均法、个别计价法。

2. 会计政策的特点

会计政策具有选择性、强制性和层次性。

（1）会计政策的选择性。在我国，会计准则属于法规，会计政策所包括的具体会计原则、会计基础和具体会计处理方法由企业会计准则规定。企业基本上是在法规所允许的范围内选择适合本企业实际情况的会计政策。

（2）会计政策的强制性。由于企业经济业务的复杂性和多样化，某些经济业务在符合会计原则和会计基础的要求下，可以有多种会计处理方法。例如，存货的计价有先进先出法、加权平均法、移动加权平均法、个别计价法等，但是，企业在发生某项经济业务时，必须从允许的会计原则、会计基础和会计处理方法中选择出适合本企业特点的会计政策。

（3）会计政策的层次性。会计政策包括原则、基础和会计处理方法三个层次。其中，原则是指导企业会计核算的具体原则；基础是为将会计原则体现在会计核算中而采用的基础；会计处理方法是按照会计原则和会计基础的要求，由企业在会计核算中采用或选择的，适合于本企业的具体会计处理方法。原则、基础和会计处理方法三者之间是个具有逻辑性、密不可分的整体，通过这个整体，会计政策才能得以应用和落实。

3. 会计政策的判断

原则、基础和会计处理方法构成了会计政策相互关联的有机整体，对会计政策的判断通常应当从会计要素的确认出发，根据各项资产、负债、所有者权益、收入、费用等会计要素的确认条件、计量属性以及两者相关的处理方法、列报要求等确定相应的会计政策。

（1）在资产方面，存货的取得、发出和期末计价的处理方法，长期股权投资的取得及后续计量中的成本法和权益法，投资性房地产的确认及其后续计量模式，固定资产、无形资产的确认条件及其减值政策，金融资产的分类，等等，属于资产要素的会计政策。

（2）在负债方面，债务重组的确认和计量、预计负债的确认条件、应付职工薪酬和股份支付的确认和计量、金融负债的分类等，属于负债要素的会计政策。

（3）在所有者权益方面，权益工具的确认和计量、复合金融工具的分拆等，属于所有者权益要素的会计政策。

（4）在收入方面，商品销售合同、租赁合同、保险合同、贷款合同等合同收入的确认与计量，属于收入要素的会计政策。

（5）在费用方面，营业成本的确认、期间费用的划分等，属于费用要素的会计政策。

（6）除会计要素相关会计政策外，财务报表列报方面所涉及的编制现金流量表的直接法和间接法、合并财务报表合并范围的判断、分部报告中报告分部的确定，也属于会计政策。

（二）会计政策变更概述

会计政策变更，是指企业对相同的交易或者事项由原来采用的会计政策改用另一会计政策的行为。为保证会计信息的可比性，使财务报表使用者在比较企业一个以上期间的财务报表时，能够正确判断企业的财务状况、经营成果和现金流量的趋势，一般情况下，企业采用的会计政策，在每一会计期间和前后各期应当保持一致，不得随意变更。否则，势必会削弱会计信息的可比性。

1. 会计政策变更的条件

企业只有在以下两种情况下才可以变更会计政策。

（1）法律、行政法规或者国家统一的会计制度等要求变更。这种情况是指，法律、行政法规以及国家统一的会计制度，要求企业采用新的会计政策，则企业应当按照法律、行政法规以及国家统一的会计制度的规定改变原会计政策，按照新的会计政策执行。

【例 5-6】 2017 年修订的《企业会计准则第 14 号——收入》规定，企业应在履行了合同履约义务，即"在客户取得相关商品控制权时确认收入"，这就要求企业按照新准则规定改变原划分销售商品收入、提供劳务收入、让渡资产使用权收入、建造合同收入的做法，变更原有会计政策。

（2）会计政策变更能够提供更可靠、更相关的会计信息。这种情况是指由于经济环境、客观情况的改变，企业原来采用的会计政策所提供的会计信息，已不能恰当地反映企业的财务状况、经营成果和现金流量等情况。在这种情况下，应改变原有会计政策，按变更后新的会计政策进行会计处理，以便对外提供更可靠、更相关的会计信息。

【例 5-7】 某企业一直采用成本模式对投资性房地产进行后续计量，如果该企业能够从房地产交易市场上持续地取得同类或类似房地产的市场价格及其他相关信息，从而能够对投资性房地产的公允价值做出合理的估计，此时采用公允价值模式对投资性房地产进行后续计量可以更好地反映其价值。这种情况下，该企业可以将投资性房地产的后续计量方法由成本模式变更为公允价值模式。

需要注意的是，除法律、行政法规以及国家统一的会计制度要求变更会计政策的，应当按照国家的相关规定执行外，企业因满足上述第二个条件而变更会计政策时，要满足以下两条要求。

（1）必须有充分、合理的证据表明其变更的合理性，并说明变更会计政策后，能够提供关于企业财务状况、经营成果和现金流量等更可靠、更相关的会计信息的理由。

（2）对会计政策的变更，企业仍应经股东大会或董事会、经理（厂长）会议或类似机构批准，并按照法律、行政法规等的规定报送有关各方备案。

如无充分、合理的证据表明会计政策变更的合理性，或者未重新经股东大会或董事会、经理（厂长）会议或类似机构批准擅自变更会计政策的，或者连续、反复地自行变更会计政策的，视为滥用会计政策，按照前期差错更正的方法进行处理。

2. 不属于会计政策变更的情形

（1）企业本期发生的交易或事项与以前相比具有本质的差别而采用新的会计政策。

【例 5-8】 M 企业以往租出的设备均为临时租出的，因此按经营租赁会计处理方法核算，但自本年度起该企业租出的设备均采用融资租赁方式，因此该企业自本年度起对新租赁的设备采用融资租赁会计处理方法核算。由于该企业原租出的设备均为经营性租赁，本年度起租赁的设备均改为融资租赁，经营租赁和融资租赁有着本质差别，因而改变会计政策不属于会计政策变更。

（2）对初次发生的或不重要的交易或者事项采用新的会计政策。

【例 5-9】 甲企业初次签订一项建造服务合同，为另一企业建造厂房，假定该建造服务合同整体构成单项履约义务，并属于在某一时段履行的履约义务，该企业在提供该建造服务的期间内确认收入。由于该企业初次发生该项交易，在提供该建造服务的期间内确认该项合同的收入，不属于会计政策变更。

（三）会计政策与会计估计及其变更的划分

企业应当正确划分会计政策变更与会计估计变更，并按照不同的方法进行相关会计处理。

1. 会计政策变更与会计估计变更的划分基础

企业应当将变更事项的会计确认、计量基础和列报项目是否发生变更作为判断该变更是会计政策变更，还是会计估计变更的划分基础。

（1）以会计确认是否发生变更为判断基础。《企业会计准则——基本准则》规定了资产、负债、所有者权益、收入、费用和利润等六项会计要素的确认标准，是会计处理的首要环节。一般地，对会计确认的指定或选择是会计政策，其相应的变更是会计政策变更。会计确认、计量的变更一般会引起列报项目的变更。

【例5-10】甲企业在前期将某项内部研发项目开发阶段的支出计入当期损益，而当期按照《企业会计准则第6号——无形资产》的规定，该项支出符合无形资产的确认条件，应当确认为无形资产。该事项的会计确认发生变更，即前期将开发费用确认为一项费用，而当期将其确认为一项资产。该事项中会计确认发生了变化，所以该变更属于会计政策变更。

（2）以计量基础是否发生变更为判断基础。《企业会计准则——基本准则》规定了历史成本、重置成本、可变现净值、现值和公允价值等五项会计计量属性，是会计处理的计量基础。一般地，对计量基础的指定或选择是会计政策，其相应的变更是会计政策变更。

【例5-11】乙企业在前期对购入的价款超过正常信用条件延期支付的固定资产初始计量采用历史成本，而当期按照固定资产准则的规定，该类固定资产的初始成本应以购买价款的现值为基础确定。该事项的计量基础发生了变化，所以该变更属于会计政策变更。

（3）以列报项目是否发生变更为判断基础。财务报表列报准则规定了财务报表项目应采用的列报原则。一般地，对列报项目的指定或选择是会计政策，其相应的变更是会计政策变更。当然，在实务中，有时列报项目的变更往往伴随着会计确认的变更或者相反。

【例5-12】某商业企业在前期将商品采购费用列入营业费用，当期根据存货准则的规定，将采购费用列入成本。因为列报项目发生了变化，所以，该变更是会计政策变更。当然，这里也涉及会计确认、计量的变更。

（4）根据会计确认、计量基础和列报项目所选择的、为取得与该项目有关的金额或数值所采用的处理方法，不是会计政策，而是会计估计，其相应的变更是会计估计变更。

【例5-13】丁企业需要对某项资产采用公允价值进行计量，而公允价值的确定需要根据市场情况选择不同的处理方法。在能够取得相同资产在活跃市场上的报价的情况下，应将该报价不加调整地应用于该资产的公允价值计量；在仅能取得活跃市场中类似资产的报价、非活跃市场中相同或类似资产的报价等可观察的输入值的情况下，应当根据该资产的特征，对输入值进行调整；在相关资产不存在市场活动或者市场活动很少导致相关可观察输入值无法取得或取得不切实可行的情况下，才能使用不可观察输入值确定公允价值。因为企业所确定的公允价值是与该项资产有关的金额，所以为确定公允价值所采用的处理方法是会计估计，不是会计政策。相应地，当企业面对的市场情况发生变化时，其采用的确定公允价值的方法变更是会计估计变更，不是会计政策变更。

在单个会计期间，会计政策决定了财务报表所列报的会计信息和列报方式；会计估计是用来确定与财务报表所列报的会计信息有关的金额和数值的。

2. 划分会计政策变更和会计估计变更的方法

企业可以采用下列具体方法划分会计政策变更与会计估计变更：分析并判断该事项是否涉及会计确认、计量基础选择或列报项目的变更，当至少涉及其中一项划分基础变更时，该事项是会计政策变更；不涉及上述划分基础变更时，该事项可以判断为会计估计变更。

【例 5-14】甲企业在前期将自行购建的固定资产相关的一般借款费用计入当期损益，当期根据借款费用准则的规定，将符合条件的有关借款费用予以资本化，企业因此将对该事项进行变更。该事项的计量基础未发生变更，即都以历史成本为计量基础；该事项的会计确认发生变更，即前期将借款费用确认为一项费用，而当期将其确认为一项资产；同时，会计确认的变更导致该事项在资产负债表和利润表相关项目的列报也发生变更。该事项涉及会计确认和列报的变更，所以属于会计政策变更。

【例 5-15】乙企业原采用双倍余额递减法计提固定资产折旧，根据固定资产使用的实际情况，企业决定改用直线法计提固定资产折旧。该事项前后采用的两种计提折旧方法都以历史成本为计量基础，该事项的会计确认和列报项目也未发生变更，只是固定资产折旧、固定资产净值等相关金额发生了变化。因此，该事项属于会计估计变更。

（四）会计政策变更的会计处理

1. 会计政策变更的会计处理原则

企业会计政策变更要根据具体情况，分别按以下规定选择追溯调整法或者未来适用法进行会计处理。

（1）按照法律、行政法规或国家统一的会计制度等要求变更会计政策的，分别按以下规定进行会计处理：①国家发布了相关的会计处理办法，则按照国家发布的相关会计处理规定进行会计处理；②国家没有发布相关的会计处理办法，则采用追溯调整法进行会计处理。

（2）会计政策变更能够提供更可靠、更相关的会计信息的情况下，企业应当采用追溯调整法进行会计处理，将会计政策变更累积影响数调整列报前期最早期初留存收益，其他相关项目的期初余额和列报前期披露的其他比较数据也应一并调整。

（3）确定会计政策变更对列报前期影响数不切实可行的，应当从可追溯调整的最早期间期初开始应用变更后的会计政策。

（4）在当期期初确定会计政策变更对以前各期累积影响数不切实可行的，应当采用未来适用法进行处理。

不切实可行：企业在采取所有合理的方法后，仍然不能获得采用某项规定所必需的相关信息，而导致无法采用该项规定，则该项规定在此时是不切实可行的。

对于以下特定前期，对某项会计政策变更应用追溯调整法是不切实可行的。

（1）应用追溯调整法的累积影响数不能确定。

（2）应用追溯调整法要求对管理层在该期当时的意图做出假定。

（3）应用追溯调整法要求对有关金额进行重大估计，并且不可能将提供有关交易发生时存在状况的证据（例如，有关金额确认、计量或披露日期存在事实的证据，以及在受变更影响的当期和未来期间确认会计估计变更影响的证据）和该期间财务报表批准报出时能够取得的信息与其他信息客观地加以区分。

在某些情况下，调整一个或者多个前期比较信息以获得与当期会计信息的可比性是不切实可行的。例如，因账簿、凭证超过法定保存期限而销毁，或因不可抗力而毁坏、遗失，如火灾、水灾等，或因人为因素，如盗窃、故意毁坏等，企业当期期初确定会计政策变更对以前各期累积影响数无法计算，即不切实可行，此时，会计政策变更应当采用未来适用法进行处理。

2. 追溯调整法

追溯调整法，是指对某项交易或事项变更会计政策，视同该项交易或事项初次发生时即采用变更后的会计政策，并以此对财务报表相关项目进行调整的方法。

追溯调整法通常由以下步骤构成。

第一步，计算会计政策变更的累积影响数。

第二步，编制相关项目的调整分录。

会计政策变更涉及损益调整的事项通过"利润分配——未分配利润"科目核算，不通过"以前年度损益调整"科目核算。

第三步，调整列报前期最早期初财务报表相关项目及其金额。

第四步，附注说明。

其中，会计政策变更的累积影响数，是指按照变更后的会计政策对以前各期追溯计算的列报前期最早期初留存收益应有金额与现有金额之间的差额。根据上述定义，会计政策变更的累积影响数可以分解为以下两个金额之间的差额。

（1）在变更会计政策当期，按变更后的会计政策对以前各期追溯计算，所得到的列报前期最早期初留存收益金额。

（2）在变更会计政策当期，列报前期最早期初留存收益金额。

上述留存收益金额，包括盈余公积和未分配利润等项目，不考虑由于损益的变化而应当补分的利润或股利。例如，由于会计政策变化，以前期间可供分配的利润增加，该企业通常按净利润的 20%分派股利，但在计算调整会计政策变更当期期初的留存收益时，不应当考虑由于以前期间净利润的变化而需要分派的股利。

在财务报表只提供列报项目上一个可比会计期间比较数据的情况下，上述第（2）项在变更会计政策当期，列报前期最早期初留存收益金额，即上期资产负债表所反映的期初留存收益，可以从上年资产负债表项目中获得；需要计算确定的是第（1）项，即按变更后的会计政策对以前各期追溯计算，所得到的上期期初留存累积影响数通常可以通过以下步骤计算获得。

第一步，根据新会计政策重新计算受影响的前期交易或事项。

第二步，计算两种会计政策下的差异。

第三步，计算差异的所得税影响金额。

应说明的是，会计政策变更的追溯调整不会影响以前年度应交所得税的变动，也就是说不会涉及应交所得税的调整；但追溯调整时如果涉及暂时性差异，则应考虑递延所得税的调整，这种情况应考虑前期所得税费用的调整。

第四步，确定前期中每一期的税后差异。

第五步，计算会计政策变更的累积影响数。

需要注意的是，对以前年度损益进行追溯调整或追溯重述的，应当重新计算各列报期间的每股收益。

【例 5-16】甲公司为增值税一般纳税人，增值税税率为 13%，所得税税率为 25%。公司于 2×20 年 12 月 31 日以 8 000 万元取得一栋办公楼，并于当日对外出租，公司采用成本模式计量，采用年限平均法计提折旧，预计使用 20 年，预计无残值，与税法规定一致。从 2×24 年开始，甲公司对该项资产的计量由成本模式改为公允价值模式。公司保存的会计资料比较齐备，可以通过会计资料追溯计算。假设公司按净利润的 10% 提取法定盈余公积，按年确认公允价值变动损益。该资产各年公允价值见表 5-1。

表 5-1 办公楼各年公允价值　　　　　　　　　　　　　　单位：万元

时间	2×20-12-31	2×21-12-31	2×22-12-31	2×23-12-31	2×24-12-31
公允价值	8 000	9 000	9 600	10 100	10 200

列报前期最早期初：2×23 年 1 月 1 日。所以，2×21 年、2×22 年的累积影响数调整 2×23 年年初数；2×23 年新增的累积影响数调整 2×23 年本年数。

第一步：计算会计政策变更的累积影响数，结果见表 5-2。

表 5-2 办公楼累积影响数计算表　　　　　　　　　　　　单位：万元

时间	原会计政策影响当期损益（折旧费）	新会计政策影响当期损益（公允价值变动损益）	税前差额	所得税影响	税后影响（累积影响数）
2×21	−400	1 000	1 400	350	1 050
2×22	−400	600	1 000	250	750
小计	−800	1 600	2 400	600	1 800
2×23	−400	500	900	225	675
合计	−1 200	2 100	3 300	825	2 475

该公司投资性房地产项目原会计政策成本模式下，以计提折旧费用影响当期损益，新会计政策公允价值模式下，以公允价值变动损益影响当期损益，从而形成累积影响数 2 475 万元，其中：2×21 年、2×22 年的累积影响数 1 800 万元调整 2×23 年年初数；2×23 年新增的累积影响数 675 万元调整 2×23 年本年数。

第二步：编制相关项目的调整分录（金额单位：元）。

（1）调整会计政策变更的累积影响数。

借：投资性房地产——成本　　　　　　　　　　　　　　　　　80 000 000

——公允价值变动		21 000 000
投资性房地产累计折旧		12 000 000
贷：投资性房地产		80 000 000
利润分配——未分配利润		24 750 000
递延所得税负债		8 250 000

（2）调整利润分配。

借：利润分配——未分配利润（24 750 000×10%） 2 475 000
  贷：盈余公积 2 475 000

第三步：调整列报前期最早期初财务报表相关项目及其金额。

甲公司在列报2×24年度的财务报表时，应调整2×24年资产负债表有关项目的年初余额、利润表有关项目的上年金额，所有者权益变动表有关项目的上年金额和本年金额也应进行调整。

（1）资产负债表项目"年初余额"栏的调整：投资性房地产调增33 000 000元；递延所得税负债调增8 250 000元；盈余公积调增2 475 000元；未分配利润调增22 275 000元。

（2）利润表项目"上年金额"栏的调整：管理费用调减4 000 000元；公允价值变动净收益调增5 000 000元；利润总额调增9 000 000元；所得税费用调增2 250 000元；净利润调增6 750 000元。

（3）所有者权益变动表项目"上年金额"栏的调整：会计政策变更、本年年初余额和本年年末余额等横向项目中，盈余公积调增1 800 000元，未分配利润调增16 200 000元，所有者权益合计调增18 000 000元。

所有者权益变动表项目"本年金额"栏的调整：上年末余额等横向项目中，盈余公积调增1 800 000元，未分配利润调增16 200 000元，所有者权益合计调增18 000 000元；会计政策变更横向项目中，盈余公积调增675 000元，未分配利润调增6 075 000元，所有者权益合计调增6 750 000元。

第四步：附注说明。

甲公司在列报2×24年度的财务报表时做以下附注说明。

本公司2×24年为能够提供更可靠、更相关的会计信息，对投资性房地产的计量由成本模式改为公允价值模式。此项会计政策变更采用追溯调整法，2×24年比较财务报表已重新表述。2×23年期初运用新会计政策追溯计算的会计政策变更的累积影响数为18 000 000元。调增2×23年的期初留存收益18 000 000元，其中，调增未分配利润16 200 000元，调增盈余公积1 800 000元。会计政策变更对2×23年度财务报表本年金额的影响为净利润调增6 750 000元，盈余公积调增675 000元，未分配利润调增6 075 000元。

3. 未来适用法

未来适用法是指将变更后的会计政策应用于变更日及以后发生的交易或者事项，或者在会计估计变更当期和未来期间确认会计估计变更影响数的方法。

在未来适用法下，不需要计算会计政策变更产生的累积影响数，也无须重新编制以前年度的财务报表。变更之日仍保留企业会计账簿记录及财务报表上反映的原有金额，会计政策变更不会改变以前年度的既定结果,并在现有金额的基础上再按新的会计政策进行处理。

【例 5-17】M 公司 2×24 年及以前存货计价采用全月一次加权平均法。该公司从 2×24 年 1 月 1 日起改用先进先出法。具体数字资料参见当期净利润的影响数计算表(表 5-3)。公司依法改变存货计价方法,因而属于会计政策变更。假设企业由于对以前年度的存货成本不能进行合理的调整,因此,采用未来适用法进行处理,即对存货采用先进先出法从 2×24 年及以后年度才适用,不需要计算 2×24 年 1 月 1 日以前按先进先出法计算的存货应有余额,以及对留存收益的影响金额。

表 5-3 当期净利润的影响数计算表　　　　　　单位:元

项目	全月一次加权平均法	先进先出法
销售收入	10 000 000	10 000 000
减:销售成本	7 320 000	6 400 000
其他费用	480 000	480 000
利润总额	2 200 000	3 120 000
减:所得税费用	550 000	780 000
净利润	1 650 000	2 340 000
差额	690 000	

由于会计政策变更,M 公司 2×24 年净利润增加了 690 000 元。

(五)会计政策变更的披露

企业应当在附注中披露与会计政策变更有关的下列信息。

(1)会计政策变更的性质、内容和原因,包括对会计政策变更的简要阐述、变更的日期、变更前采用的会计政策和变更后所采用的新会计政策及会计政策变更的原因。例如,依据法律或会计准则等行政法规、规章的要求变更会计政策时,在财务报表附注中应当披露所依据的文件。

(2)当期和各个列报前期财务报表中受影响的项目名称和调整金额,包括采用追溯调整法时,计算出的会计政策变更的累积影响数;当期和各个列报前期财务报表中需要调整的净损益及其影响金额,以及其他简要调整的项目名称和调整金额。

(3)无法进行追溯调整的,应说明该事实和原因以及开始应用变更后的会计政策的时点、具体应用情况,包括无法进行追溯调整的事实、确定会计政策变更对列报前期影响数不切实可行的原因、在当期期初确定会计政策变更对以前各期累积影响数不切实可行的原因、开始应用新会计政策的时点和具体应用情况。

需要注意的是,在以后期间的财务报表中,不需要重复披露在以前期间的附注中已披露的会计政策变更的信息。

三、前期差错及其更正

（一）前期差错的概念及类型

1. 前期差错的概念

前期差错，是指没有运用或错误运用下列两种信息，而对前期财务报表造成省略或错报：①编报前期财务报表时预期能够取得并加以考虑的可靠信息；②前期财务报告批准报出时能够取得的可靠信息。前期差错是在本会计年度发现的以前会计年度发生的会计差错。

2. 前期差错的类型

前期差错通常包括计算错误、应用会计政策错误、疏忽或曲解事实以及舞弊产生的影响等。没有运用或错误运用上述两种信息而形成前期差错的情形主要有以下几种。

（1）计算以及账户分类错误。例如，企业购入的五年期国债，意图长期持有，但在记账时计入了交易性金融资产，导致账户分类出现错误，并导致在资产负债表上流动资产和非流动资产的分类也有误。

（2）采用法律、行政法规或者国家统一的会计制度等不允许的会计政策。例如，按照《企业会计准则第 17 号——借款费用》的规定，为购建固定资产的专门借款而发生的借款费用满足一定条件的，在固定资产达到预定可使用状态前发生的应予资本化，计入所购建固定资产的成本；在固定资产达到预定可使用状态后发生的计入当期损益。如果企业固定资产已达到预定可使用状态后发生的借款费用，也计入该项固定资产的价值予以资本化，则属于采用法律或会计准则等行政法规、规章所不允许的会计政策。

（3）对事实的疏忽或曲解，以及舞弊。例如，企业对某项建造合同应按建造合同规定的方法确认营业收入，但该企业却按确认商品销售收入的原则确认收入。

（4）在期末对应计项目与递延项目未予调整。例如，企业应在本期摊销的长期待摊费用在期末未予摊销。

（5）漏记已完成的交易。例如，企业销售一批商品，商品已经发出，开出增值税专用发票，商品销售收入确认条件均已满足，但企业在期末未将已实现的销售收入入账。

（6）提前确认尚未实现的收入或不确认已实现的收入。例如，在采用委托代销商品的销售方式的情况下，应在收到代销单位的代销清单时确认商品销售收入的实现，如企业在发出委托代销商品时即确认为收入，则为提前确认尚未实现的收入。

（7）资本性支出与费用性支出划分差错等。例如，企业发生的管理人员的工资一般作为费用性支出，而发生的在建工程人员工资一般作为资本性支出。如果企业将发生的在建工程人员工资计入了当期损益，则属于资本性支出与费用性支出的划分差错。

（二）前期差错重要性的判断

重要的前期差错，是指足以影响财务报表使用者对企业财务状况、经营成果和现金流量做出正确判断的前期差错。不重要的前期差错，是指不足以影响财务报表使用者对企业财务状况、经营成果和现金流量做出正确判断的前期差错。

前期差错的重要性取决于在相关环境下对遗漏或错误表述的规模和性质的判断。前期差错所影响的财务报表项目的金额或性质，是判断该前期差错是否具有重要性的决定性因素。一般来说，前期差错所影响的财务报表项目的金额越大、性质越严重，其重要性水平越高。

企业应当严格区分会计估计变更和前期差错更正，对于前期根据当时的信息、假设等做了合理估计，在当期按照新的信息、假设等需要对前期估计金额做出变更的，应当作为会计估计变更处理，不应作为前期差错更正处理。

（三）前期差错更正的会计处理

会计差错产生于财务报表项目的确认、计量、列报或披露的会计处理过程中，如果财务报表中包含重要差错，或者差错不重要但是故意造成的（以便形成对企业财务状况、经营成果和现金流量等会计信息某种特定形式的列报），即应认为该财务报表的编报未遵循企业会计准则的规定进行。在当期发现的当期差错应当在财务报表发布之前予以更正。当重要差错直到下一期间才被发现，就形成了前期差错。

前期差错的重要程度，应根据差错的性质和金额加以具体判断。对于不重要的前期差错，采用未来适用法更正；企业应当采用追溯重述法更正重要的前期差错，但确定前期差错累积影响数不切实可行的除外。

追溯重述法，是指在发现前期差错时，视同该项前期差错从未发生过，从而对财务报表相关项目进行更正的方法。确定前期差错影响数不切实可行的，可以从可追溯重述的最早期间开始调整留存收益的期初余额，财务报表其他相关项目的期初余额也应当一并调整，也可以采用未来适用法。

企业应当在重要的前期差错发现当期的财务报表中，调整前期比较数据。对于在年度资产负债表日至财务报告批准报出日发现的报告年度的会计差错及报告年度前不重要的前期差错，应按照《企业会计准则第29号——资产负债表日后事项》的规定进行处理。

1. 不重要的前期差错的处理

对于不重要的前期差错，企业不需要调整财务报表相关项目的期初数，但应调整发现当期与前期相同的相关项目。属于影响损益的，应直接计入本期与上期相同的净损益项目；属于不影响损益的，应调整本期与前期相同的相关项目。

【例5-18】A公司在2×19年12月31日发现，一台价值9 600元，应计入固定资产，并于2×18年2月1日开始计提折旧的管理用设备，在2×18年计入当期费用。该公司固定资产采用直线法折旧，该资产估计使用年限为4年，假设不考虑净残值因素。则2×19年12月31日更正此差错的会计分录如下。

借：固定资产　　　　　　　　　　　　　　　　　　　　　9 600
　　贷：管理费用　　　　　　　　　　　　　　　　　　　　　9 600
借：管理费用（9 600/4/12×23）　　　　　　　　　　　　　　4 600
　　贷：累计折旧　　　　　　　　　　　　　　　　　　　　　4 600

假设该项差错直到2×22年2月才发现，则不需要做任何分录，因为该项差错已经抵销了。

2. 重要的前期差错的处理

对于重要的前期差错,企业应当在其发现当期的财务报表中,调整前期比较数据。具体来说,企业应当在重要的前期差错发现当期的财务报表中,通过下述处理对其进行追溯更正。

(1)追溯重述差错发生期间列报的前期比较金额。

(2)如果前期差错发生在列报的最早前期之前,则追溯重述列报的最早前期的资产、负债和所有者权益相关项目的期初余额。对于发生的重要前期差错,如影响损益,应将其对损益的影响数调整发现当期的期初留存收益,财务报表其他相关项目的期初数也应一并调整;如不影响损益,应调整财务报表相关项目的期初数。

在编制比较财务报表时,对于比较财务报表期间的重要的前期差错,应调整该期间的净损益和其他相关项目,视同该差错在产生的当期已经更正;对于比较财务报表期间以前的重要的前期差错,应调整比较财务报表最早期间的期初留存收益,财务报表其他相关项目的数字也应一并调整。

确定前期差错影响数不切实可行的,可以从可追溯重述的最早期间开始调整留存收益的期初余额,财务报表其他相关项目的期初余额也应当一并调整,可以采用未来适用法。当企业确定前期差错对列报的一个或者多个前期比较信息的特定期间的累积影响数不切实可行时,应当追溯重述切实可行的最早期间的资产、负债和所有者权益相关项目的期初余额;当企业在当期期初确定前期差错对所有前期的累积影响数不切实可行时,应当从确定前期差错影响数切实可行的最早日期开始采用未来适用法追溯重述比较信息。

重要的前期差错如果属于资产负债表日后调整事项,则按资产负债表日后调整事项处理。

【例 5-19】B 公司在 2×24 年 10 月 30 日发现,2×23 年公司漏记一项生产用固定资产的折旧费用 150 000 元,所得税申报表中未扣除该项费用。假设 2×24 年适用的所得税税率为 25%,无其他纳税调整事项。该公司分别按净利润的 10%、5%提取法定盈余公积和任意盈余公积。公司发行股票份额为 1 800 000 股。假定税法允许调整应交所得税。假定 2×23 年用该设备生产的产品均已完工并全部对外销售。

1)分析前期差错的影响数

2×23 年少计折旧费用 150 000 元;多计所得税费用 37 500 元(150 000×25%);多计净利润 112 500 元;多计应交税费 37 500 元(150 000×25%);多提法定盈余公积和任意盈余公积 11 250 元(112 500×10%)和 5 625 元(112 500×5%)。

2)编制有关项目的调整分录

(1)补提折旧。

借:以前年度损益调整——营业成本	150 000	
贷:累计折旧		150 000

(2)调整应交所得税。

借:应交税费——应交所得税	37 500	
贷:以前年度损益调整——所得税费用		37 500

(3) 将"以前年度损益调整"科目余额转入利润分配。

借：利润分配——未分配利润　　　　　　　　　　　112 500
　　贷：以前年度损益调整　　　　　　　　　　　　　　112 500

(4) 调整利润分配有关数字。

借：盈余公积　　　　　　　　　　　　　　　　　　16 875
　　贷：利润分配——未分配利润　　　　　　　　　　　16 875

3) 财务报表调整和重述（财务报表略）

B 公司在列报 2×24 年财务报表时，应调整 2×24 年资产负债表有关项目的年初余额，利润表有关项目及所有者权益变动表的上年金额也应进行调整。

(1) 资产负债表项目"年初余额"栏的调整：调减固定资产 150 000 元；调减应交税费 37 500 元；调减盈余公积 16 875 元；调减未分配利润 95 625 元。

(2) 利润表项目"上年金额"栏的调整：调增营业成本金额 150 000 元；调减所得税费用金额 37 500 元；调减净利润金额 112 500 元；调减基本每股收益金额 0.062 5 元。

(3) 所有者权益变动表项目"本年金额"栏的调整：调减前期差错更正横向项目中盈余公积金额 16 875 元，未分配利润金额 95 625 元，所有者权益合计金额 112 500 元。

4) 附注说明

2×24 年发现 2×23 年漏记固定资产折旧 150 000 元，在编制 2×24 年与 2×23 年可比财务报表时，已对该项差错进行了更正。更正后，调减 2×23 年净利润及留存收益 112 500 元，调减固定资产 150 000 元。

（四）前期差错更正的披露

企业应当在附注中披露与前期差错更正有关的下列信息。

(1) 前期差错的性质。
(2) 各个列报前期财务报表中受影响的项目名称和更正金额。
(3) 无法进行追溯重述的，说明该事实和原因以及对前期差错开始进行更正的时点、具体更正情况。

在以后期间的财务报表中，不需要重复披露在以前期间的附注中已披露的前期差错更正的信息。

第二节　资产负债表日后事项

一、资产负债表日后事项的概念及涵盖期间

（一）资产负债表日后事项的概念

资产负债表日后事项是指资产负债表日至财务报告批准报出日发生的有利或不利事项。

1. 资产负债表日

资产负债表日是指会计年度末和会计中期期末。其中，年度资产负债表日是指公历12月31日；会计中期通常包括半年度、季度和月度等，会计中期期末相应地是指公历半年末、季末和月末等。

如果母公司或者子公司在国外，无论该母公司或子公司如何确定会计年度和会计中期，其向国内提供的财务报告都应根据我国会计法和会计准则的要求确定资产负债表日。

2. 财务报告批准报出日

财务报告批准报出日是指董事会或类似机构批准财务报告报出的日期，通常是指对财务报告的内容负有法律责任的单位或个人批准财务报告对外公布的批准日期。

公司制企业财务报告批准报出日是指董事会批准财务报告报出的日期。对于非公司制企业，财务报告批准报出日是指经理（厂长）会议或类似机构批准财务报告报出的日期。

3. 有利或不利事项

资产负债表日后事项概念中所称"有利或不利事项"，是指资产负债表日后事项肯定对企业财务状况和经营成果具有一定影响（既包括有利影响，也包括不利影响）。如果某些事项的发生对企业并无任何影响，那么，那些事项既不是有利事项，也不是不利事项，也就不属于资产负债表日后事项。

（二）资产负债表日后事项涵盖的期间

资产负债表日后事项涵盖的期间是自资产负债表日次日起至财务报告批准报出日止的一段时间，具体是指报告年度次年的1月1日或报告期下一期间的第一天至董事会或类似机构批准财务报告对外公布的日期。财务报告批准报出以后、实际报出之前又发生与资产负债表日后事项有关的事项，并由此影响财务报告对外公布日期的，应以董事会或类似机构再次批准财务报告对外公布的日期为截止日期。

【例5-20】某上市公司2×23年的年度财务报告于2×24年2月20日编制完成，注册会计师完成年度财务报表审计工作并签署审计报告的日期为2×24年4月17日，董事会批准财务报告对外公布的日期为2×24年4月17日，财务报告实际对外公布的日期为2×24年4月23日，股东大会召开日期为2×24年5月10日。

该公司2×23年度财务报告的资产负债表日后事项涵盖的期间为2×24年1月1日至2×24年4月17日。

如果在4月17日至23日发生了重大事项，则需要调整财务报表相关项目的数字或需要在财务报表附注中披露；经调整或说明后的财务报告再经董事会批准报出的日期为2×24年4月25日，实际报出的日期为2×24年4月30日。

该公司2×23年度财务报告的资产负债表日后事项涵盖的期间为2×24年1月1日至2×24年4月25日。

二、资产负债表日后事项的内容

资产负债表日后事项包括资产负债表日后调整事项和资产负债表日后非调整事项两类。

（一）资产负债表日后调整事项

资产负债表日后调整事项，是指对资产负债表日已经存在的情况提供了新的或进一步证据的事项。如果资产负债表日及所属会计期间已经存在某种情况，但当时并不知道其存在或者不能知道确切结果，资产负债表日后发生的事项能够证实该情况存在或者其确切结果，则该事项为资产负债表日后事项中的调整事项。调整事项有两个特点：①资产负债表日及所属会计期间已经存在的情况；②对资产负债表日的存在情况提供追加的证据，并会影响编制财务报表过程中的内在估计。

以下是资产负债表日后调整事项。

（1）资产负债表日后诉讼案件结案，法院判决证实了企业在资产负债表日已经存在现时义务，需要调整原先确认的与该诉讼案件相关的预计负债，或确认一项新负债。

（2）资产负债表日后取得确凿证据，表明某项资产在资产负债表日发生了减值或者需要调整该项资产原先确认的减值金额。

（3）资产负债表日后进一步确定了资产负债表日前购入资产的成本或售出资产的收入。

（4）资产负债表日后发现了财务报表舞弊或差错。

【例 5-21】 甲公司因专利侵权被起诉。2×23 年 12 月 31 日法院尚未判决，参考公司律师对此案件诉讼结果可能性的评估和判断，甲公司确认了 500 万元的预计负债。2×24 年 2 月 20 日，在甲公司 2×23 年度财务报告批准报出之前，法院做出判决，要求甲公司支付赔偿款 700 万元。

本例中，甲公司在 2×23 年 12 月 31 日结账时已经知道对方胜诉的可能性较大，但不能知道法院判决的确切结果，因此，确认了 500 万元的预计负债。2×24 年 2 月 20 日法院判决结果为甲公司预计负债的存在提供了进一步的证据。此时，按照 2×23 年 12 月 31 日存在状况编制的财务报表所提供的信息已不能真实反映企业的实际情况，应据此对财务报表相关项目的数字进行调整。

（二）资产负债表日后非调整事项

资产负债表日后非调整事项，是指表明资产负债表日后所发生情况的事项。非调整事项的发生不影响资产负债表日企业的财务报表数字，只说明资产负债表日后发生了某些情况。对于财务报告使用者来说，非调整事项说明的情况有的重要，有的不重要；其中重要的非调整事项虽然与资产负债表日的财务报表数字无关，但可能影响资产负债表日以后的财务状况和经营成果，所以应在附注中适当披露。非调整事项的特点是：第一，在资产负债表日并未发生或存在，完全是日后才发生；第二，对理解和分析财务报告有重大影响。企业发生的非调整事项，通常包括资产负债表日后发生重大诉讼、仲裁、承诺，资产负债表日后资产价格、税收政策、外汇汇率发生重大变化等。

（三）调整事项与非调整事项的区别

资产负债表日后发生的某一事项究竟是调整事项还是非调整事项，取决于该事项表明的情况在资产负债表日或资产负债表日以前是否已经存在。若该情况在资产负债表日或之前已经存在，则属于调整事项；反之，则属于非调整事项。这是因为，在会计期间假设下，调整事项虽然发生在资产负债表日的下一会计期间，但其指向的情况在资产负债表日已经存在，资产负债表日后所获得的证据只为资产负债表日已存在状况提供进一步的证据，为便于真实、公允反映企业财务状况和经营成果，需要对资产负债表日的财务报表进行调整。

三、资产负债表日后调整事项的会计处理

（一）资产负债表日后调整事项的处理原则

资产负债表日后发生的调整事项，应当如同资产负债表所属期间发生的事项一样，做出相关账务处理，并对资产负债表日已经编制的财务报表进行调整。这里的财务报表包括资产负债表、利润表及所有者权益变动表等内容，但不包括现金流量表正表。

由于资产负债表日后事项发生在次年，报告年度的有关账目已经结转，特别是损益类科目在结账后已无余额。因此，资产负债表日后发生的调整事项，应当分以下情况进行处理。

（1）涉及损益的事项，通过"以前年度损益调整"科目核算，调整增加以前年度利润或调整减少以前年度亏损的事项，计入"以前年度损益调整"科目的贷方；调整减少以前年度利润或调整增加以前年度亏损的事项，计入"以前年度损益调整"科目的借方。

涉及损益的调整事项，如果发生在该企业资产负债表日所属年度（报告年度）所得税汇算清缴前，则应调整报告年度应纳税所得额、应纳所得税税额；如果发生在该企业报告年度所得税汇算清缴后，则应调整本年度（即报告年度的次年）应纳所得税税额。

由于以前年度损益调整增加的所得税费用，计入"以前年度损益调整"科目的借方，同时贷记"应交税费——应交所得税"等科目；由于以前年度损益调整减少的所得税费用，计入"以前年度损益调整"科目的贷方，同时借记"应交税费——应交所得税"等。

调整完成后，应将"以前年度损益调整"科目的贷方或借方余额，转入"利润分配——未分配利润"科目。

（2）涉及利润分配调整的事项，直接在"利润分配——未分配利润"科目核算。

（3）不涉及损益以及利润分配的事项，调整相关科目。

（4）通过上述账务处理后，还应同时调整财务报表相关项目的数字，包括以下内容：①资产负债表日编制的财务报表相关项目的期末数或本年发生数；②当期编制的财务报表相关项目的期初数或上年数；③经过上述调整后，如果涉及报表附注内容，还应当调整报表附注相关项目的数字。

（二）资产负债表日后调整事项的具体会计处理

1. 资产负债表日后诉讼案件结案，法院判决证实了企业在资产负债表日已经存在现时义务，需要调整原先确认的与该诉讼案件相关的预计负债，或确认一项新负债

这一事项是指导致诉讼的事项在资产负债表日已经发生，但尚不具备确认负债的条件而未确认，因此，法院判决后应确认一项新负债；或者虽已确认，但需要调整已确认

负债的金额。

【例 5-22】甲公司与乙公司签订一项销售合同，合同中订明甲公司应在 2×23 年 8 月销售给乙公司一批物资。甲公司未能按照合同发货，致使乙公司发生重大经济损失。2×23 年 12 月，乙公司将甲公司告上法庭，要求甲公司赔偿 450 万元。2×23 年 12 月 31 日法院尚未判决，甲公司按或有事项准则对该诉讼事项确认预计负债 300 万元。2×24 年 2 月 10 日，经法院判决甲公司应赔偿乙公司 400 万元。甲、乙双方均服从判决。判决当日，甲公司向乙公司支付赔偿款 400 万元。甲、乙两公司 2×23 年所得税汇算清缴均在 2×24 年 3 月 20 日完成（假定该项预计负债产生的损失不允许在预计时税前抵扣，只有在损失实际发生时，才允许税前抵扣）。甲、乙两公司 2×23 年度财务报告经董事会批准报出时间为 2×24 年 4 月 10 日。甲、乙两公司均按净利润的 10%提取法定盈余公积，提取法定盈余公积后不再做其他分配。

本例中，2×24 年 2 月 10 日的判决证实了甲、乙两公司在资产负债表日（2×23 年 12 月 31 日）分别存在现时赔偿义务和获赔权利，因此两公司都应将"法院判决"这一事项作为调整事项进行处理。甲公司和乙公司 2×23 年所得税汇算清缴均在 2×24 年 3 月 20 日完成，因此，应根据法院判决结果调整报告年度应纳税所得额和应纳所得税税额。

1）甲公司的账务处理（金额单位：万元）

（1）2×24 年 2 月 10 日，记录支付的赔款，并调整递延所得税资产。

借：以前年度损益调整——营业外支出　　　　　　　100
　　预计负债　　　　　　　　　　　　　　　　　　300
　　　贷：其他应付款　　　　　　　　　　　　　　　　　　400
借：应交税费——应交所得税（400×25%）　　　　100
　　　贷：以前年度损益调整——所得税费用（100×25%）　　25
　　　　　递延所得税资产　　　　　　　　　　　　　　　　75
借：其他应付款　　　　　　　　　　　　　　　　400
　　　贷：银行存款　　　　　　　　　　　　　　　　　　　400

注：2×23 年末因确认预计负债 300 万元时已确认相应的递延所得税资产，资产负债表日后事项发生后递延所得税资产不复存在，故应冲销相应记录，支付赔款 400 万元的分录不属于调整分录。

（2）将"以前年度损益调整"科目余额转入未分配利润。

借：利润分配——未分配利润　　　　　　　　　　75
　　　贷：以前年度损益调整　　　　　　　　　　　　　　　75

（3）因净利润变动，调整盈余公积。

借：盈余公积（75×10%）　　　　　　　　　　　7.5
　　　贷：利润分配——未分配利润　　　　　　　　　　　　7.5

（4）调整报告年度（2×23 年）报表。

（a）资产负债表项目的期末数调整：调减递延所得税资产 75 万元；调增其他应付款 400 万元，调减应交税费 100 万元，调减预计负债 300 万元；调减盈余公积 7.5 万元，调减未分配利润 67.5 万元。

（b）利润表项目的本年金额调整：调增营业外支出 100 万元，调减所得税费用 25 万元，调减净利润 75 万元。

（c）所有者权益变动表项目的本年金额调整：未分配利润项目综合收益总额栏调减 75 万元，盈余公积、未分配利润项目中提取盈余公积栏各调减 7.5 万元，盈余公积项目本年末余额栏调减 7.5 万元，未分配利润项目本年末余额栏调减 67.5 万元。

2）乙公司的账务处理（金额单位：万元）

（1）2×24 年 2 月 10 日，记录收到的赔款，并调整应交所得税。

借：其他应收款　　　　　　　　　　　　　　　　400
　　贷：以前年度损益调整——营业外收入　　　　　　　　400

借：以前年度损益调整——所得税费用　　　　　　100
　　贷：应交税费——应交所得税　　　　　　　　　　　　100

借：银行存款　　　　　　　　　　　　　　　　　400
　　贷：其他应收款　　　　　　　　　　　　　　　　　　400

（2）将"以前年度损益调整"科目余额转入未分配利润。

借：以前年度损益调整　　　　　　　　　　　　　300
　　贷：利润分配——未分配利润　　　　　　　　　　　　300

（3）因净利润增加，补提盈余公积。

借：利润分配——未分配利润　　　　　　　　　　30
　　贷：盈余公积　　　　　　　　　　　　　　　　　　　30

（4）调整报告年度（2×23 年度）财务报表相关项目的数字（财务报表略）。

（a）资产负债表项目的年末数调整：调增其他应收款 400 万元，调增应交税费 100 万元，调增盈余公积 30 万元，调增未分配利润 270 万元。

（b）利润表项目的本年金额调整：调增营业外收入 400 万元，调增所得税费用 100 万元，调增净利润 300 万元。

（c）所有者权益变动表项目的本年金额调整：未分配利润项目综合收益总额栏调增 300 万元，盈余公积、未分配利润项目中提取盈余公积栏各调增 30 万元，盈余公积项目本年末余额栏调增 30 万元，未分配利润项目本年末余额栏调增 270 万元。

2. 资产负债表日后取得确凿证据，表明某项资产在资产负债表日发生了减值或者需要调整该项资产原先确认的减值金额

【例 5-23】甲公司 2×23 年 6 月销售给乙公司一批物资，货款为 2 000 000 元（含增值税）。乙公司于 7 月收到所购物资并验收入库。按合同规定，乙公司应于收到所购物资后 3 个月内付款。由于乙公司财务状况不佳，到 2×23 年 12 月 31 日仍未付款。甲公司于 2×23 年 12 月 31 日已为该项应收账款计提坏账准备 100 000 元。2×23 年 12 月 31 日资产负债表上"应收账款"项目的金额为 4 000 000 元，其中 1 900 000 元为该项应收账款。甲公司于 2×24 年 2 月 3 日（所得税汇算清缴前）收到人民法院通知，乙公司已宣告破产清算，无力偿还所欠部分货款。甲公司预计可收回应收账款的 60%。甲公司 2×23 年度财务报告经董事会批准报出时间为 2×24 年 4 月 10 日。甲公司按净利润的 10%提取法定盈余公积，提取法定盈余公积后不再做其他分配。

本例中，甲公司在收到人民法院通知后，首先可判断该事项属于资产负债表日后调整事项。甲公司原对应收乙公司账款计提了 100 000 元的坏账准备，按照新的证据应计提的坏账准备为 800 000 元（2 000 000×40%），差额 700 000 元，应当调整 2×23 年度财务报表相关项目的数字。

甲公司的账务处理如下（金额单位：元）。

(1) 补提坏账准备。

应补提的坏账准备＝2 000 000×40%－100 000＝700 000

借：以前年度损益调整——信用减值损失　　　　　　700 000
　　贷：坏账准备　　　　　　　　　　　　　　　　　　　　　700 000

(2) 调整递延所得税资产。

借：递延所得税资产　　　　　　　　　　　　　　　　175 000
　　贷：以前年度损益调整——所得税费用（700 000×25%）　175 000

(3) 将"以前年度损益调整"科目的余额转入未分配利润。

借：利润分配——未分配利润　　　　　　　　　　　525 000
　　贷：以前年度损益调整　　　　　　　　　　　　　　　525 000

(4) 因净利润减少，调减盈余公积。

借：盈余公积——法定盈余公积　　　　　　　　　　52 500
　　贷：利润分配——未分配利润（525 000×10%）　　　52 500

(5) 调整报告年度（2×23 年度）财务报表相关项目的数字（财务报表略）。

(a) 资产负债表项目的期末数调整：调减应收账款 700 000 元，调增递延所得税资产 175 000 元；调减盈余公积 52 500 元，调减未分配利润 472 500 元。

(b) 利润表项目的本年金额调整：调增信用减值损失 700 000 元，调减所得税费用 175 000 元，调减净利润 525 000 元。

(c) 所有者权益变动表项目的本年金额调整：未分配利润项目综合收益总额栏调减 525 000 元，盈余公积、未分配利润项目中提取盈余公积栏各调减 52 500 元，盈余公积项目本年年末余额栏调减 52 500 元，未分配利润项目本年年末余额栏调减 472 500 元。

3. 资产负债表日后进一步确定了资产负债表日前购入资产的成本或售出资产的收入

这类调整事项包括两方面的内容：①若资产负债表日前购入的资产已经按暂估金额等入账，资产负债表日后获得证据，可以进一步确定该资产的成本，则应该对已入账的资产成本进行调整。②企业在资产负债表日已根据收入确认条件确认资产销售收入，但资产负债表日后获得关于资产收入的进一步证据，如发生符合资产负债表日后调整事项判断条件的销售退回等，则此时也应调整财务报表相关项目的金额。需要说明的是，资产负债表日后发生的销售退回，既包括报告年度或报告中期销售的商品在资产负债表日后发生的销售退回，也包括以前期间销售的商品在资产负债表日后发生的销售退回。

资产负债表所属期间或以前期间所售商品在资产负债表日后退回的，企业应当根据相关事实和情况综合判断其是否应作为资产负债表日后调整事项处理。例如，资产负债表日后外汇汇率突然发生此前不可预期的重大变化，导致出口产品的退回比例大幅高于在资产负债表日合理估计的退回比例,则该事项可能属于资产负债表日后非调整事项。

发生于资产负债表日后至财务报告批准报出日的销售退回事项,如属于资产负债表日后调整事项,则应调整报告年度会计报表的收入、成本等,但该销售退回事项所涉及的应缴所得税,应按照税收有关法律法规要求进行调整。

【例 5-24】甲公司 2×23 年 11 月 8 日销售一批商品给乙公司,取得收入 120 万元(不含税,增值税税率为 13%)。甲公司发出商品后,按照正常情况已确认收入,并结转成本 100 万元。2×23 年 12 月 31 日,该笔货款尚未收到,甲公司未对应收账款计提坏账准备。2×24 年 1 月 12 日,由于产品质量问题,本批货物被退回。甲公司于 2×24 年 2 月 28 日完成 2×23 年所得税汇算清缴。甲公司 2×23 年度财务报告经董事会批准报出时间为 2×24 年 4 月 10 日。甲公司按净利润的 10%提取法定盈余公积,提取法定盈余公积后不再做其他分配。

本例中,销售退回业务发生在资产负债表日后事项涵盖期间内,属于资产负债表日后调整事项。由于销售退回发生在甲公司报告年度所得税汇算清缴之前,因此在所得税汇算清缴时,应扣除该部分销售退回所实现的应纳税所得额。

甲公司的账务处理如下(金额单位:元)。

(1)2×24 年 1 月 12 日,调整销售收入。

借:以前年度损益调整——营业收入　　　　　　　　　　1 200 000
　　应交税费——应交增值税(销项税额)　　　　　　　　156 000
　　贷:应收账款　　　　　　　　　　　　　　　　　　　　　　1 356 000

(2)调整销售成本。

借:库存商品　　　　　　　　　　　　　　　　　　　　1 000 000
　　贷:以前年度损益调整——营业成本　　　　　　　　　　　　1 000 000

(3)调整应缴纳的所得税。

借:应交税费——应交所得税　　　　　　　　　　　　　　　50 000
　　贷:以前年度损益调整——所得税费用　　　　　　　　　　　　50 000

(4)将"以前年度损益调整"科目的余额转入利润分配。

借:利润分配——未分配利润　　　　　　　　　　　　　　150 000
　　贷:以前年度损益调整　　　　　　　　　　　　　　　　　　150 000

(5)调整盈余公积。

借:盈余公积　　　　　　　　　　　　　　　　　　　　　15 000
　　贷:利润分配——未分配利润　　　　　　　　　　　　　　　15 000

(6)调整报告年度(2×23 年度)财务报表相关项目的数字(财务报表略)。

(a)资产负债表项目的期末数调整:调减应收账款 1 356 000 元,调增存货 1 000 000 元;调减应交税费 254 000 元,调减盈余公积 15 000 元,调减未分配利润 135 000 元。

(b)利润表项目的本年金额调整:调减营业收入 1 200 000 元,调减营业成本 1 000 000 元,调减所得税费用 50 000 元,调减净利润 150 000 元。

(c)所有者权益变动表项目的本年金额调整:未分配利润项目综合收益总额栏调减 150 000 元,盈余公积、未分配利润项目中提取盈余公积栏各调减 15 000 元,盈余公积项目本年年末余额栏调减 15 000 元，未分配利润项目本年年末余额栏调减 135 000 元。

4. 资产负债表日后发现了财务报表舞弊或差错

这一事项是指资产负债表日后发现报告期或以前期间存在的财务报表舞弊或差错。企业发生这一事项后，应当将其作为资产负债表日后调整事项，调整报告期间财务报告相关项目的数字。

【例 5-25】（会计差错情况见【例 5-19】）假定 B 公司在 2×24 年 1 月 10 日发现该差错，B 公司于 2×24 年 2 月 28 日完成 2×23 年所得税汇算清缴。B 公司 2×23 年度财务报告经董事会批准报出时间为 2×24 年 4 月 10 日。B 公司按净利润的 10%、5%提取法定盈余公积和任意盈余公积，提取法定盈余公积后不再做其他分配。

本例中，前期会计差错发现在资产负债表日后事项涵盖期间内，属于资产负债表日后调整事项。由于前期会计差错发现在 B 公司报告年度所得税汇算清缴之前，因此在所得税汇算清缴时，应扣除该部分前期会计差错影响的应纳税所得额。

B 公司的账务处理如下（金额单位：元）。

（1）补提折旧。

借：以前年度损益调整——营业成本　　　　　　　　　　　150 000
　　贷：累计折旧　　　　　　　　　　　　　　　　　　　　　　150 000

（2）调整应交所得税。

借：应交税费——应交所得税　　　　　　　　　　　　　　37 500
　　贷：以前年度损益调整——所得税费用　　　　　　　　　　　37 500

（3）将"以前年度损益调整"科目余额转入利润分配。

借：利润分配——未分配利润　　　　　　　　　　　　　112 500
　　贷：以前年度损益调整　　　　　　　　　　　　　　　　　　112 500

（4）调整利润分配有关数字。

借：盈余公积　　　　　　　　　　　　　　　　　　　　16 875
　　贷：利润分配——未分配利润　　　　　　　　　　　　　　　 16 875

（5）调整报告年度（2×23 年度）财务报表相关项目的数字（财务报表略）。

（a）资产负债表项目的期末数调整：调减固定资产 150 000 元；调减应交税费 37 500 元，调减盈余公积 16 875 元，调减未分配利润 95 625 元。

（b）利润表项目的本年金额调整：调增营业成本 150 000 元，调减所得税费用 37 500 元，调减净利润 112 500 元。

（c）所有者权益变动表项目的本年金额调整：未分配利润项目综合收益总额栏调减 112 500 元，盈余公积、未分配利润项目中提取盈余公积栏各调减 16 875 元，盈余公积项目本年年末余额栏调减 16 875 元，未分配利润项目本年年末余额栏调减 95 625 元。

四、资产负债表日后非调整事项的处理

（一）资产负债表日后非调整事项的处理原则

资产负债表日后发生的非调整事项，是表明资产负债表日后发生情况的事项，与资

产负债表日存在状况无关，不应当调整资产负债表日的财务报表。有的非调整事项对财务报告使用者具有重大影响，如不加以说明，将不利于财务报告使用者做出正确估计和决策，因此，资产负债表日后事项准则要求在报表附注中披露"重要的资产负债表日后非调整事项的性质、内容，及其对财务状况和经营成果的影响"。

（二）资产负债表日后非调整事项的具体会计处理办法

资产负债表日后发生的非调整事项，企业不必调整资产负债表日后非调整事项的表中已确认的金额，但应当在报告期财务报表的报表附注中披露每项重要的资产负债表日后非调整事项的性质、内容，及其对财务状况和经营成果的影响。无法做出估计的，应当说明原因。

资产负债表日后，企业利润分配方案中拟分配的以及经审议批准宣告发放的股利或利润，不确认为资产负债表日负债，但应当在附注中单独披露。

资产负债表日后非调整事项的主要例子有以下几种。

（1）资产负债表日后发生重大诉讼、仲裁、承诺。
（2）资产负债表日后资产价格、税收政策、外汇汇率发生重大变化。
（3）资产负债表日后自然灾害导致资产发生重大损失。
（4）资产负债表日后发行股票和债券以及其他巨额举债。
（5）资产负债表日后资本公积转增资本。
（6）资产负债表日后发生巨额亏损。
（7）资产负债表日后发生企业合并或处置子公司。
（8）资产负债表日后，企业利润分配方案中拟分配的以及经审议批准宣告发放的股利（包括现金股利和股票股利）或利润。

第六章 每股收益

教学目标：本章学习要求学生了解每股收益的概念、作用和构成内容；熟悉影响基本每股收益和稀释每股收益的因素；掌握基本每股收益和稀释每股收益的计算。

课程思政：通过每股收益的教学，引导学生学习掌握基本每股收益和稀释每股收益计算的相关知识。通过基本每股收益和稀释每股收益计算的相关知识点教学，切入坚持准则、守责敬业等课程思政要素，强调会计人员应精于业务，准确进行会计处理，把好职业判断关，实事求是，切勿弄虚作假，遵守职业道德，培养学生诚实守信的科学态度。

第一节 每股收益概述

一、每股收益的概念和作用

每股收益是指普通股股东每持有一股普通股所能享有的企业净利润或需承担的企业净亏损。每股收益用于反映企业的经营成果，衡量普通股的获利水平及投资风险，是投资者等信息使用者据以评价企业盈利能力、预测企业成长潜力、进而做出相关经济决策的重要财务指标之一。它有助于同一会计期间内不同企业之间以及同一企业在不同会计期间进行业绩比较。《企业会计准则第34号——每股收益》规范了每股收益的计算和列报要求。

二、每股收益的类型

每股收益包括基本每股收益和稀释每股收益两类。基本每股收益是按照归属于普通股股东的当期净利润除以当期实际发行在外普通股的加权平均数计算的每股收益。稀释每股收益是以基本每股收益为基础，假定企业所有发行在外的稀释性潜在普通股均已转换为普通股，从而分别调整归属于普通股股东的当期净利润以及发行在外普通股的加权平均数计算的每股收益。基本每股收益仅考虑当期实际发行在外的普通股股份，而稀释每股收益的计算和列报主要是为了避免每股收益虚增可能带来的信息误导。

三、每股收益的列报要求

普通股或潜在普通股已公开交易的企业,以及正处于公开发行普通股或潜在普通股过程中的企业,应当计算每股收益指标,并在招股说明书、年度财务报告、中期财务报告等公开披露信息中予以列报。每股收益的计算以及相关信息的列报应当严格遵循本章的规定。

企业对外提供合并财务报表的,应当以合并财务报表为基础计算每股收益,并在合并财务报表中予以列报;与合并财务报表一同提供的母公司财务报表中不要求计算和列报每股收益,如果企业自行选择列报的,应以母公司个别财务报表为基础计算每股收益,并在其个别财务报表中予以列报。

第二节 基本每股收益

基本每股收益是按照归属于普通股股东的当期净利润除以当期实际发行在外普通股的加权平均数计算的每股收益。基本每股收益只考虑当期实际发行在外的普通股股份,按照归属于普通股股东的当期净利润除以当期实际发行在外普通股的加权平均数计算确定。其计算公式如下:

$$基本每股收益 = \frac{归属于普通股股东的当期净利润}{当期实际发行在外普通股的加权平均数}$$

一、分子的确定

计算基本每股收益时,分子为归属于普通股股东的当期净利润,即企业当期实现的可供普通股股东分配的净利润或应由普通股股东分担的净亏损金额。发生亏损的企业,每股收益以负数列示。

以合并财务报表为基础计算的每股收益,分子应当是归属于母公司普通股股东的当期合并净利润,即扣减少数股东损益后的余额。与合并财务报表一同提供的母公司财务报表中企业自行选择列报每股收益的,以母公司个别财务报表为基础计算的每股收益,分子应当是归属于母公司全部普通股股东的当期净利润。

企业存在发行在外的除普通股以外的金融工具的,在计算基本每股收益时,分子不应包含其他权益工具的股利或利息。其中,对于发行的不可累积优先股等其他权益工具应扣除当期宣告发放的股利,对于发行的累积优先股等其他权益工具,无论当期是否宣告发放股利,均应予以扣除。对于同普通股股东一起参加剩余利润分配的其他权益工具,在计算普通股每股收益时,归属于普通股股东的净利润不应包含根据可参加机制计算的应归属于其他权益工具持有者的净利润。

根据以上分析,分子归属于普通股股东的当期净利润的计算如下。

（1）以合并财务报表为基础计算的每股收益分子为
  归属于普通股股东的净利润
  ＝归属于母公司普通股股东的当期合并净利润
  ＝合并报表净利润－少数股东损益－其他权益工具的股利或利息
（2）以个别财务报表为基础计算的每股收益分子为
  归属于普通股股东的净利润
  ＝个别报表净利润－其他权益工具的股利或利息

如果企业存在终止经营的情况，应当按照扣除终止经营净利润以后的当期归属于普通股股东的持续经营净利润进行计算。

二、分母的确定

计算基本每股收益时，分母为当期发行在外普通股的加权平均数，即期初发行在外普通股股数根据当期新发行或回购的普通股股数与相应时间权数的乘积进行调整后的股数。其中，作为权数的已发行时间、报告期时间和已回购时间通常按天数计算，在不影响计算结果合理性的前提下，也可以采用简化的计算方法，如按月数计算。公司库存股不属于发行在外的普通股，且无权参与利润分配，应当在计算分母时扣除。其计算公式如下：

$$\begin{aligned}
&\text{当期发行在外普通股的加权平均数} \\
&= \text{年初已发行在外的普通股股数} \\
&\quad + \text{本期增加在外的普通股股数} \times \frac{\text{增加当月至年末的天数或者月数}}{365\text{或者}12} \\
&\quad - \text{本期减少在外的普通股股数} \times \frac{\text{减少当月至年末的天数或者月数}}{365\text{或者}12}
\end{aligned}$$

【例 6-1】甲公司 2×24 年期初发行在外的普通股为 20 000 万股；2 月 28 日新发行普通股 10 800 万股；12 月 1 日回购普通股 4 800 万股，以备将来奖励职工之用。该公司当年度实现净利润 6 500 万元。2×24 年度基本每股收益计算如下。

发行在外普通股加权平均数按月数计算：
20 000＋10 800×10/12－4 800×1/12＝28 600（万股）
基本每股收益＝6 500/28 600＝0.23（元/股）
发行在外普通股加权平均数按天数计算：
20 000＋10 800×306/365－4 800×30/365＝28 660（万股）
基本每股收益＝6 500/28 660＝0.23（元/股）
本期增加或者减少在外普通股开始时间的确定：
（1）企业回购股份形成库存股的应从回购之日起计算减少时间。
（2）新发行普通股股数应当根据发行合同的具体条款，从应收或实收对价孰先之日起计算确定。一般情况下，应收或实收对价之日即股票发行日，例如，企业发行新股；但在一些特定发行情况下，如定向增发，两个日期可能并不一致，企业应当以应收或实收对价之日为准，例如，企业购买一项资产，并以未来将发行的一定普通股股份作为支付对价，那么这部分普通股股数应当自资产确认之日起计入发行在外普通股加权平均数。

（3）非同一控制下的企业合并中作为对价发行的普通股股数应当从购买日起计算。非同一控制下的企业合并，购买方自购买日起取得对被购买方的实际控制权。被购买方在购买日以前实现的净利润包含在合并成本中，购买方能够真正控制和享有的被购买方净利润应当从购买日起计算，也就是说，自购买日起购买方才将被购买方的收入、费用和利润并入其利润表中。由于计算每股收益时分母普通股股数与分子净利润的口径应当保持一致，因此，非同一控制下的企业合并中作为对价发行的普通股股数也应当从购买日起计算。

（4）同一控制下的企业合并中作为对价发行的普通股，应当视同列报最早期间期初（合并双方受同一方或者多方共同控制的时间）就已发行在外，计入各列报期间普通股的加权平均数。同一控制下的企业合并，参与合并的企业在合并前后均受同一方或相同的多方最终控制。从最终控制方角度看，视同合并后形成的以合并财务报表为基础的报告主体在以前期间就一直存在，合并后以合并财务报表为基础的报告主体的留存收益包括参与合并各方在合并前实现净利润的累积金额。因此，与分子净利润口径相一致，同一控制下的企业合并中作为对价发行的普通股，也应当视同列报最早期间期初就已发行在外，计入各列报期间普通股的加权平均数。

【例6-2】甲公司和乙公司分别为丙公司控制下的两家全资子公司，甲公司是丙公司成立时设立的全资子公司，乙公司是丙公司2×21年6月30日投资设立的全资子公司。2×22年6月30日，甲公司自母公司丙公司处取得乙公司100%的股权，合并后乙公司仍维持其独立法人资格继续经营。为进行该项企业合并，甲公司向乙公司的股东定向增发8 000万股本公司普通股（每股面值为1元）。该项合并中参与合并的企业在合并前及合并后均为丙公司最终控制，为同一控制下的企业合并。假定甲公司和乙公司采用的会计政策和会计期间相同，两家公司在合并前未发生任何交易，合并前甲公司旗下没有子公司。甲公司2×21年度净利润为6 400万元，乙公司2×21年度净利润为800万元；甲公司2×22年度合并净利润为8 400万元，其中包括被合并方乙公司在合并前实现的净利润760万元。合并前甲公司发行在外的普通股为32 000万股，假定除企业合并过程中定向增发股票外股数未发生其他变动。2×22年度甲公司比较利润表中基本每股收益的计算如下：

2×22年度基本每股收益＝8 400/（32 000＋8 000）＝0.21（元/股）

2×21年度基本每股收益＝（6 400＋800）/（32 000＋8 000×6/12）＝0.2（元/股）

第三节 稀释每股收益

稀释每股收益是以基本每股收益为基础，假定企业所有发行在外的稀释性潜在普通股均已转换为普通股,从而分别调整归属于普通股股东的当期净利润以及发行在外普通股的加权平均数计算的每股收益。存在稀释性潜在普通股的复杂股权结构的公司,除了应当按照本章第二节"基本每股收益"要求计算和列报基本每股收益外,还应当同时根据稀释性潜在普通股的影响计算和列报稀释每股收益。稀释每股收益计算公式如下:

$$稀释每股收益 = \frac{考虑稀释性潜在普通股调整后归属于普通股股东的当期利润}{考虑稀释性潜在普通股调整后当期发行在外普通股的加权平均数}$$

一、计算稀释每股收益应当考虑的因素

企业在计算稀释每股收益时应当考虑稀释性潜在普通股以及对分子和分母调整因素的影响。

(一)稀释性潜在普通股

潜在普通股是指赋予其持有者在报告期或以后期间享有取得普通股权利的一种金融工具或其他合同。目前,我国企业发行的潜在普通股主要有可转换公司债券、认股权证、股份期权等。潜在普通股通常对每股收益具有稀释的可能性。比如,可转换公司债券是一种潜在普通股,具有稀释每股收益的可能性,不是在实际转换时,而是在其存在期间具有稀释的可能性。等到实际转换时,就变为对基本每股收益的影响,而不是对稀释每股收益的影响。

稀释性潜在普通股,是指假设当期转换为普通股会减少每股收益的潜在普通股。对于亏损企业而言,稀释性潜在普通股假定当期转换为普通股,将会增加企业每股亏损的金额。如果潜在普通股转换为普通股,将增加每股收益或降低每股亏损的金额,则表明该潜在普通股不具有稀释性,而是具有反稀释性,在计算稀释每股收益时不应予以考虑。

【例6-3】某上市公司2×24年度亏损,基本每股收益为每股亏损2元,考虑到该公司年初发行了一批与已发行在外普通股股数相同数量的认股权证,假定该批认股权证于发行日即转换为普通股,从而导致公司发行在外普通股增加,在亏损总额不变的情况下,公司每股亏损减少为1元,这种情况下,认股权证实际上产生了反稀释作用,在实际计算稀释每股收益时不应当考虑认股权证的影响。

需要特别说明的是,潜在普通股是否具有稀释性的判断标准是看其对持续经营每股收益的影响,也就是说,假定潜在普通股当期转换为普通股,如果会减少持续经营每股收益或增加持续经营每股亏损,则表明具有稀释性,否则,具有反稀释性。一般情况下,每股收益是按照企业当期归属于普通股股东的全部净利润计算得到;但如果企业存在终止经营的情况,应当按照扣除终止经营净利润以后的当期归属于普通股股东的持续经营净利润进行计算。

(二)分子的调整

计算稀释每股收益时,应当根据下列事项对归属于普通股股东的当期净利润进行调整。

(1)当期已确认为费用的稀释性潜在普通股的利息。潜在普通股一旦假定转换成普

通股,与之相关的利息等费用将不再发生,原本已从企业利润中扣除的费用应当加回来,从而增加归属于普通股股东的当期净利润。因此,在计算稀释每股收益时,这一因素一般作为一项调增因素对归属于普通股股东的当期净利润进行调整,最常见的例子为可转换公司债券的利息。

(2)稀释性潜在普通股转换时将产生的收益或费用。假定潜在普通股转换成发行在外的普通股,除了考虑直接导致当期净利润发生变化的调整因素外,还应当考虑一些随之而来的间接影响因素。例如,对于实行利润分享和奖金计划的企业,假定潜在普通股转换成发行在外的普通股,相关利息费用的减少将使企业利润增加,进而使职工利润分享计划相关费用增加,对此,也应当将上述因素作为一项调减因素对归属于普通股股东的当期净利润进行调整。上述调整应当考虑相关的所得税影响,即按照税后影响金额进行调整。对于包含负债和权益成分的金融工具,仅需调整属于金融负债部分的相关利息、利得或损失。

【例6-4】甲上市公司于2×23年1月1日按面值发行25 000万元的三年期可转换公司债券,票面固定利率为2%,利息自发行之日起每年支付一次,每年12月31日为付息日。该批可转换公司债券自发行结束18个月以后可转换为公司股票。债券利息不符合资本化条件,直接计入当期损益。所得税税率为25%。假设不考虑可转换公司债券负债和权益成分的分拆,且债券票面利率等于实际利率。按照公司利润分享计划约定,该公司高级管理人员按照当年税前利润的1%领取奖金报酬。该公司2×23年度税前利润为18 000万元,税后净利润为13 500万元。

为计算稀释每股收益,分子"考虑稀释性潜在普通股调整后归属于普通股股东的当期净利润"该案例应调整的项目主要包括下列两方面:一是假定可转换公司债券期初转换为普通股而减少的利息费用;二是由此增加利润使得支付高管人员奖金的增加。

调整前税后净利润　　　　　　　　　　　　　　　　　　　　　13 500
加:可转换公司债券发行时即转换为普通股减少的利息费用(25 000×2%)　500
减:减少利息费用增加税前利润对所得税影响(500×25%)　　　　　125
减:减少利息费用增加税前利润增加的高管人员奖金(500×1%)　　　5
加:增加高管人员奖金减少税前利润对所得税影响(5×25%)　　　　1.25
考虑稀释性潜在普通股调整后归属于普通股股东的当期净利润　　13 871.25

(三)分母的调整

计算稀释每股收益时,考虑稀释性潜在普通股调整后当期发行在外普通股的加权平均数应当为计算基本每股收益时普通股的加权平均数与假定稀释性潜在普通股转换为已发行普通股而增加的普通股股数的加权平均数之和。

假定稀释性潜在普通股转换为已发行普通股而增加的普通股股数,应当根据潜在普通股的条件确定。当存在不止一种转换基础时,应当假定会采取从潜在普通股持有者角度看最有利的转换率或执行价格。

假定稀释性潜在普通股转换为已发行普通股而增加的普通股股数应当按照其发行在外时间进行加权平均。以前期间发行的稀释性潜在普通股,应当假设在当期期初转换为普通股；当期发行的稀释性潜在普通股，应当假定在发行日转换为普通股；当期被注销或终止的稀释性潜在普通股，应当按照当期发行在外的时间加权平均计入稀释每股收益；当期被转换或行权的稀释性潜在普通股，应当从当期期初至转换日（或行权日）计入稀释每股收益中，从转换日（或行权日）起所转换的普通股则计入基本每股收益中。

【例 6-5】（接【例 6-4】）甲上市公司于 2×23 年初已发行在外的普通股票为 45 000 万股，2×24 年 7 月 1 日已发行的可转换公司债券全部转换为普通股，转股价为 10 元/股。

（1）计算 2×23 年度每股收益时：①基本每股收益的分母当期发行在外普通股的加权平均数＝45 000 万股；②稀释每股收益的分母考虑稀释性潜在普通股调整后当期发行在外普通股的加权平均数＝45 000＋25 000/10×12/12＝47 500（万股）

（2）计算 2×24 年度每股收益时：①基本每股收益的分母当期发行在外普通股的加权平均数＝45 000＋25 000/10×6/12＝46 250（万股）；②稀释每股收益的分母考虑稀释性潜在普通股调整后当期发行在外普通股的加权平均数＝46 250＋25 000/10×6/12＝47 500（万股）

二、可转换公司债券——稀释每股收益计算

可转换公司债券是指发行公司依法发行、在一定期间内依据约定的条件可以转换成股份的公司债券。对于可转换公司债券，可以采用假设转换法判断其稀释性，并计算稀释每股收益。首先，假定这部分可转换公司债券在当期期初（或发行日）即已转换成普通股，从而一方面增加了发行在外的普通股股数，另一方面节约了公司债券的利息费用，增加了归属于普通股股东的当期净利润。其次，用增加的净利润除以增加的普通股股数，得出增量股的每股收益，与原来的每股收益进行比较。如果增量股的每股收益小于基本每股收益，则说明该可转换公司债券具有稀释作用，应当计入稀释每股收益中。

计算稀释每股收益时，以基本每股收益为基础，分子的调整项目为可转换公司债券当期已确认为费用的利息等税后影响额。对于溢价发行或折价发行的可转换公司债券，采用实际利率法当期摊销的溢价或折价金额，由于当期确认利息费用时已将其作为利息费用的调整项目进行会计处理，因此，在计算稀释每股收益分子时，应当一并予以调整回来。分母的调整项目为假定可转换公司债券当期期初（或发行日）转换为普通股的股数加权平均数。

【例 6-6】（接【例 6-4】【例 6-5】）该公司 2×24 年度税后净利润为 18 500 万元。计算 2×23 年度、2×24 年度每股收益。

1. 2×23 年度每股收益计算

1）基本每股收益＝13 500/45 000＝0.3（元/股）

2）稀释每股收益计算

（1）判断可转换债券是否具有稀释性。

增量利润＝25 000×2%×（1－25%）－25 000×2%×1%×（1－25%）＝371.25（万元）

增量普通股加权平均数＝25 000/10×12/12＝2 500（万股）

增量每股收益＝371.25/2 500＝0.15（元/股）

如果增量股的每股收益小于基本每股收益，则说明该可转换公司债券具有稀释作用，应当计入稀释每股收益中。

（2）稀释每股收益＝（13 500＋371.25）/（45 000＋2 500）＝0.29（元/股）

2. 2×24 年度每股收益计算

1）基本每股收益＝18 500/46 250＝0.4（元/股）

2）稀释每股收益计算

（1）判断可转换债券是否具有稀释性。

增量利润＝25 000×2%×1/2×（1－25%）－25 000×2%×1/2×1%×（1－25%）
　　　　＝185.63（万元）

增量普通股加权平均数＝25 000/10×6/12＝1250（万股）

增量每股收益＝185.63/1250＝0.15（元/股）

如果增量股的每股收益小于基本每股收益，则说明该可转换公司债券具有稀释作用，应当计入稀释每股收益中。

（2）稀释每股收益＝（18 500＋185.63）/（46 250＋1250）＝0.39（元/股）

三、认股权证和股份期权——稀释每股收益计算

认股权证是指公司发行的、约定持有人有权在履约期间内或特定到期日按约定价格向本公司购买新股的有价证券。股份期权是指公司授予持有人在未来一定期限内以预先确定的价格和条件购买本公司一定数量股份的权利，股份期权持有人对于其享有的股份期权，可以在规定的期间内以预先确定的价格和条件购买公司一定数量的股份，也可以放弃该种权利。

对于盈利企业，认股权证、股份期权等的行权价格低于当期普通股平均市场价格时，具有稀释性。对于亏损企业，认股权证、股份期权的假设行权一般不影响净亏损，但增加普通股股数，从而导致每股亏损金额减少，实际上产生了反稀释的作用，因此，这种情况下，不应当计算稀释每股收益。

对于稀释性认股权证、股份期权，计算稀释每股收益时，一般无须调整分子净利润金额，只需要按照下列步骤调整分母普通股加权平均数。

（1）假设这些认股权证、股份期权在当期期初（或发行日）已经行权，计算按约定行权价格发行普通股将取得的股款金额。其计算公式如下：

①按约定行权价格发行普通股将取得的股款金额
＝行权需发行普通股股数×约定行权价格

（2）假设按照当期普通股平均市场价格发行股票，计算需发行多少普通股能够带来上述相同的股款金额。其计算公式如下：

②按照当期普通股平均市场价格发行股票获取①需要发行的普通股股数
＝①/当期普通股平均市场价格

（3）比较行使股份期权、认股权证将发行的普通股股数与按照平均市场价格发行的

普通股股数，差额部分相当于无对价发行的普通股，作为发行在外普通股股数的净增加。也就是说，认股权证、股份期权行权时发行的普通股可以视为两部分，一部分是按照平均市场价格发行的普通股，这部分普通股是按照市价发行的，导致企业经济资源流入数与普通股股数同比例增加，既没有稀释作用也没有反稀释作用，不影响每股收益金额；另一部分是无对价发行的普通股，这部分普通股由于是无对价发行的，企业可利用的经济资源没有增加，但发行在外普通股股数增加，因此具有稀释性，应当计入稀释每股收益中。其计算公式如下：

③无对价发行的普通股股数＝认股权证、股份期权行权需发行普通股股数－②

（4）将净增加的普通股股数乘以其假设发行在外的时间权数，据此调整计算稀释每股收益时的分母数。其计算公式如下：

④净增加的普通股股数加权平均数
＝③×认股权证、股份期权发行日至行权日与报告期末孰先的天数（月数）/360（12）

普通股平均市场价格的计算，理论上应当包括该普通股每次交易的价格，但实务操作中通常对每周或每月具有代表性的股票交易价格进行简单算术平均即可。股票价格比较平稳的情况下，可以采用每周或每月股票的收盘价作为代表性价格；股票价格波动较大的情况下，可以采用每周或每月股票最高价与最低价的平均值作为代表性价格。无论采用何种方法计算平均市场价格，一经确定，不得随意变更，除非有确凿证据表明原计算方法不再适用。当期发行认股权证或股份期权的，普通股平均市场价格应当自认股权证或股份期权的发行日起计算。

【例6-7】甲公司2×24年度归属于普通股股东的净利润为500万元，发行在外普通股加权平均数为1 250万股，该普通股平均每股市场价格为4元。2×24年7月1日，该公司对外发行250万份认股权证，行权日为2×25年10月1日，每份认股权证可以在行权日以3.5元的价格认购该公司1股新发的股份。该公司2×24年度每股收益计算如下：

基本每股收益＝500/1 250＝0.4（元/股）
无对价发行的普通股股数＝250－250×3.5÷4＝31.25（万股）
净增加的普通股股数加权平均数＝31.25×6/12＝15.625（万股）
稀释每股收益＝500/（1 250＋15.625）＝0.395（元/股）

需要注意的是，企业发行的金融工具中包含转股条款的，即存在潜在稀释性的，在计算稀释每股收益时考虑的因素与企业发行可转换公司债券、认股权证相同。

四、企业承诺将回购其股份的合同——稀释每股收益计算

企业承诺将回购其股份的合同中规定的回购价格高于当期普通股平均市场价格时，应当考虑其稀释性。计算稀释每股收益时，与前面认股权证、股份期权的计算思路恰好相反，具体步骤如下：

（1）假设企业于期初按照当期普通股平均市场价格发行普通股，以募集足够的资金来履行回购合同；合同日晚于期初的，则假设企业于合同日按照自合同日至期末的普通

股平均市场价格发行足量的普通股。该假设前提下,由于是按照市价发行普通股,导致企业经济资源流入与普通股股数同比例增加,每股收益金额不变。其计算公式如下:

①为获取履行回购合同总价按市场价格需要发行的普通股股数
＝回购合同总价/普通股平均市场价格

(2)假设回购合同已于当期期初(或合同日)履行,按照约定的行权价格回购本企业股票。(②按合同约定的回购价格回购的普通股股数)

(3)比较假设发行的普通股股数与假设回购的普通股股数,差额部分作为净增加的发行在外普通股股数,再乘以相应的时间权数,据此调整计算稀释每股收益的分母数。其计算公式如下:

③净增加的普通股股数加权平均数
＝②×股票回购合同日至行权日与报告期末孰先的天数(月数)/360(12)

【例6-8】甲公司2×24年度归属于普通股股东的净利润为400万元,发行在外普通股加权平均数为1 000万股。2×24年3月2日,该公司与股东签订一份远期回购合同,承诺一年后以每股5.5元的价格回购其发行在外的240万股普通股。假设该普通股2×24年3月至12月平均每股市场价格为5元。2×24年度每股收益计算如下:

基本每股收益＝400/1 000＝0.4(元/股)
调整净增加的普通股股数加权平均数＝(240×5.5÷5－240)×10/12＝20(万股)
稀释每股收益＝400/(1 000＋20)＝0.39(元/股)

五、多项潜在普通股——稀释每股收益计算

企业对外发行不同潜在普通股的,单独考察其中某潜在普通股可能具有稀释作用,但如果和其他潜在普通股一并考察则可能变为反稀释作用。

【例6-9】某公司先后发行甲、乙两种可转换公司债券(票面利率和转换价格均不同),甲债券导致的增量股每股收益为1.5元,乙债券导致的增量股每股收益为3.5元,假设基本每股收益为4元。如果分别考察甲、乙两种可转换公司债券,增量股每股收益小于基本每股收益,两种债券都具有稀释作用。并且,由于增量股每股收益越小,其稀释作用越大,甲债券的稀释作用大于乙债券。然而,如果综合考察甲、乙两种可转换公司债券,先计入甲债券使得每股收益稀释为3.1元,若再计入乙债券则使得每股收益反弹为3.4元,因此,乙债券在这种情况下不再具有稀释作用,不应计入稀释每股收益中。

为了反映潜在普通股最大的稀释作用,应当按照各潜在普通股的稀释程度从大到小的顺序计入稀释每股收益,直至稀释每股收益达到最小值。稀释程度根据增量股的每股收益衡量,即假定稀释性潜在普通股转换为普通股的情况下,将增加的归属于普通股股东的当期净利润除以增加的普通股股数的金额。需要强调的是,企业每次发行的潜在普通股应当视作不同的潜在普通股,分别判断其稀释性,而不能将其作为一个总体考虑。通常情况下,股份期权和认股权证排在前面计算,因为其假设行权一般不影响净利润。

对外发行多项潜在普通股的企业应当按照下列步骤计算稀释每股收益。

(1)假设各潜在普通股已于当期期初(或发行日)转换为普通股,确定其对归属于

普通股股东当期净利润的影响金额。

（2）确定各潜在普通股假设转换后将增加的普通股股数。

（3）计算各潜在普通股的增量股每股收益，判断其稀释性。增量股每股收益越小，潜在普通股稀释程度越大。

（4）按稀释程度（增量股每股收益）大小排列企业发行在外的各潜在普通股。通常情况下，股份期权和认股权证排在前，可转债排在后。

（5）按照潜在普通股稀释程度从大到小的顺序，将各稀释性潜在普通股分别计入稀释每股收益中。分步计算过程中，如果下一步得出的每股收益小于上一步得出的每股收益，表明新计入的潜在普通股具有稀释作用，应当计入稀释每股收益中；反之，则表明具有反稀释作用，不计入稀释每股收益中。

（6）最后得出的最小每股收益金额即稀释每股收益。

【例6-10】甲公司2×24年度归属于普通股股东的净利润为3 750万元，发行在外普通股加权平均数为12 500万股。年初已发行在外的潜在普通股有：

（1）认股权证4 800万份，行权日为2×25年6月1日，每份认股权证可以在行权日以8元的价格认购1股本公司新发股票。

（2）按面值发行的五年期可转换公司债券50 000万元，债券每张面值100元，票面年利率为2.6%，转股价格为每股12.5元，即每100元债券可转换为8股面值为1元的普通股。

（3）按面值发行的三年期可转换公司债券100 000万元，债券每张面值100元，票面年利率为1.4%，转股价格为每股10元，即每100元债券可转换为10股面值为1元的普通股。

当期普通股平均市场价格为12元，年度内没有认股权证被行权，也没有可转换公司债券被转换或赎回，所得税税率为25%。假设不考虑可转换公司债券负债和权益成分的分拆，且债券票面利率等于实际利率。

2×24年度每股收益计算如下：

基本每股收益＝3 750/12 500＝0.3（元/股）

计算稀释每股收益：

（1）确定其对归属于普通股股东当期净利润的影响金额。

认股权证＝0

五年期可转换公司债券＝50 000×2.6%×（1－25%）＝975（万元）

三年期可转换公司债券＝100 000×1.4%×（1－25%）＝1 050（万元）

（2）计算增加的普通股股数。

认股权证＝4 800－4 800×8/12＝1 600（万股）

五年期可转换公司债券＝50 000/12.5＝4 000（万股）

三年期可转换公司债券＝100 000/10＝10 000（万股）

（3）计算增量每股收益并排序。

认股权证＝0

五年期可转换公司债券＝975/4 000＝0.24（元/股）

三年期可转换公司债券＝1 050/10 000＝0.11（万股）

排序：认股权证、三年期可转换公司债券、五年期可转换公司债券

（4）分步计入稀释每股收益。

认股权证＝3 750/（12 500＋1 600）＝0.27（元/股）

认股权证＋三年期可转换公司债券
＝（3 750＋1 050）/（12 500＋1 600＋10 000）＝0.20（元/股）

认股权证＋三年期可转换公司债券＋五年期可转换公司债券
＝（3 750＋1 050＋975）/（12 500＋1 600＋10 000＋4 000）＝0.21（元/股）

所以，稀释每股收益＝0.20（元/股）

六、子公司、合营企业或联营企业发行的潜在普通股——稀释每股收益计算

子公司、合营企业、联营企业发行能够转换成其普通股的稀释性潜在普通股，不仅应当包括在其稀释每股收益的计算中，而且还应当包括在合并稀释每股收益以及投资者稀释每股收益的计算中。

【例6-11】甲公司2×24年度归属于普通股股东的净利润为48 000万元（不包括子公司乙公司利润或乙公司支付的股利），发行在外普通股加权平均数为40 000万股，持有乙公司80%的普通股股权。乙公司2×24年度归属于普通股股东的净利润为21 600万元，发行在外普通股加权平均数为9 000万股，该普通股当年平均市场价格为8元。年初，乙公司对外发行600万份可用于购买其普通股的认股权证，行权价格为4元，甲公司持有其中12万份认股权证，当年无认股权证被行权。假设除股利外，母子公司之间没有其他需抵销的内部交易；甲公司取得对乙公司投资时，乙公司各项可辨认资产、负债等的公允价值与其账面价值一致。2×24年度每股收益计算过程如下。

（1）子公司（乙公司）每股收益的计算：

①基本每股收益＝21 600/9 000＝2.4（元/股）

②调整增加的普通股股数＝600－600×4÷8＝300（万股）

稀释每股收益＝21 600/（9 000＋300）＝2.32（元/股）

（2）合并报表中合并每股收益的计算：

①归属于母公司普通股股东的母公司净利润＝48 000（万元）

包括在合并基本每股收益计算中的子公司净利润部分
＝9 000×80%×2.4＝17 280（万元）

基本每股收益＝（48 000＋17 280）/40 000＝1.63（元/股）

②子公司净利润中归属于普通股且由母公司享有的部分
＝9 000×80%×2.32＝16 704（万元）

子公司净利润中归属于认股权证且由母公司享有的部分
＝300×2.32×12/600＝13.92（万元）

稀释每股收益＝（48 000＋16 704＋13.92）/40 000＝1.62（元/股）

第四节 限制性股票

一、股权激励与限制性股票

股权激励是指企业为了激励和留住核心人才而推行的一种长期激励机制,是最常用的激励员工的方法之一。股权激励主要是通过附条件给予员工部分股东权益,使其具有主人翁意识,从而与企业形成利益共同体,促进企业与员工共同成长,从而帮助企业实现稳定发展的长期目标。

限制性股票是上市公司实施股权激励的一种安排,是指上市公司以非公开发行的方式向激励对象授予一定数量的公司股票,并规定锁定期和解锁期,在锁定期和解锁期内,不得上市流通及转让。激励对象只有在工作年限或业绩目标符合股权激励计划规定解锁条件时,才可以解锁并出售限制性股票以从中获益。如果全部或部分股票未被解锁而失效或作废,通常由上市公司按照事先约定的价格立即进行回购。限制性股票的时间环节具体如下:

(1)授予日:是指公司根据其经股东大会通过的《限制性股票股权激励计划》,在达到计划要求的授予条件时,实际授予公司员工限制性股票的日期。

(2)限售期(锁定期、等待期):是指公司员工取得限制性股票后不得通过二级市场或其他方式进行转让的期限。根据我国《上市公司股权激励管理办法》的规定,限制性股票授予日与首次解除限售日之间的间隔不得少于 12 个月。

(3)解锁期:在禁售期结束后,进入解锁期。在解锁期内,如果公司业绩满足计划规定的条件,员工取得的限制性股票可以按计划分期解锁。解锁后,员工的股票就可以在二级市场自由出售。

二、等待期内每股收益的计算

(一)等待期内基本每股收益的计算

上市公司在等待期内基本每股收益的计算,应视其发放的现金股利是否可撤销采取不同的方法。

(1)现金股利可撤销,即一旦未达到解锁条件,被回购限制性股票的持有者将无法获得(或需要退回)其在等待期内应收(或已收)的现金股利。等待期内计算基本每股收益时,分子应扣除当期分配给预计未来可解锁限制性股票持有者的现金股利;分母不应包含限制性股票的股数。计算公式如下:

基本每股收益

$$= \frac{当期归属于普通股东净利润-当期分配给预计未来可解锁限制性股票持有者的现金股利}{不应包含限制性股票在内的已发行在外普通股加权平均数}$$

（2）现金股利不可撤销，即不论是否达到解锁条件，限制性股票持有者仍有权获得（或不得被要求退回）其在等待期内应收（或已收）的现金股利。等待期内计算基本每股收益时，应当将预计未来可解锁限制性股票作为同普通股一起参加剩余利润分配的其他权益工具处理，分子应扣除当期归属于预计未来可解锁限制性股票的净利润；分母不应包含限制性股票的股数。计算公式如下：

$$基本每股收益 = \frac{当期归属于普通股东净利润 - 当期归属于预计未来可解锁限制性股票的净利润}{不应包含限制性股票在内的已发行在外普通股加权平均数}$$

（二）等待期内稀释每股收益的计算

解锁条件又叫可行权条件，是指能够确定企业是否得到职工或其他方提供的服务，且该服务使职工或其他方具有获取股份支付协议规定的权益工具或现金等权利的条件。解锁条件包括服务期限条件和业绩条件。服务期限条件是指职工或其他方完成规定服务期限才可行权的条件。业绩条件是指职工或其他方完成规定服务期限且企业已经达到特定业绩目标才可行权的条件，具体包括市场条件和非市场条件。等待期内计算稀释每股收益时，应视解锁条件不同采取不同的方法。

（1）解锁条件仅为服务期限条件的，企业应假设资产负债表日尚未解锁的限制性股票已于当期期初（或晚于期初的授予日）全部解锁，并参照本章股份期权的有关规定考虑限制性股票的稀释性。其中，行权价格为限制性股票的发行价格加上资产负债表日尚未取得的职工服务按股份支付准则有关规定计算确定的公允价值。锁定期内计算稀释每股收益时，分子应加回计算基本每股收益分子时已扣除的当期分配给预计未来可解锁限制性股票持有者的现金股利或当期归属于预计未来可解锁限制性股票的净利润。计算公式如下：

①限制性股票行权价格＝限制性股票的发行价格＋限制性股票发行日公允价×资产负债表日尚未取得的职工服务期限比例

②如果限制性股票行权价格小于当期普通股平均市场价格，限制性股票具有稀释性

③发行在外的限制性股票加权平均数＝Σ（当期发行在外的限制性股票数量×时间权数）

④调整增加的普通股股数＝③－（③×①）/当期普通股平均市场价格

⑤稀释每股收益＝当期归属于普通股东净利润/（不应包含限制性股票在内的已发行在外普通股加权平均数＋④）

（2）解锁条件包含业绩条件的，企业应假设资产负债表日即解锁日并据以判断资产负债表日的实际业绩情况是否满足解锁要求的业绩条件。若满足业绩条件，应当参照上述解锁条件仅为服务期限条件的有关规定计算稀释性每股收益；若不满足业绩条件，计算稀释性每股收益时不必考虑此限制性股票的影响。

【例 6-12】甲公司是一家上市公司，采用授予职工限制性股票的形式实施股权激励计划。甲公司发生的与该计划有关的交易或事项如下。

2×24 年 1 月 1 日，甲公司以非公开发行方式向 50 名管理人员每人授予 20 万股限

制性股票，每股面值为 1 元，授予价格为每股 8 元。当日，甲公司将发行所得款项 8 000 万元存入银行，且限制性股票的登记手续已办理完成。甲公司估计该限制性股票股权激励在授予日的公允价值为每股 15 元。

股权激励计划规定，激励对象自 2×24 年 1 月 1 日起在甲公司连续服务 3 年的，所授予股票将于 2×27 年 1 月 1 日全部解锁（解锁条件未设置业绩条件）；其间离职的，甲公司将按照原授予价格每股 8 元回购。2×24 年 1 月 1 日至 2×27 年 1 月 1 日，所授予股票不得流通或转让；激励对象因获授限制性股票而取得的现金股利由甲公司代管，作为应付股利在解锁时向激励对象支付；对于未能解锁的限制性股票，甲公司在回购股票时应扣除激励对象已享有的该部分现金分红。

2×24 年 4 月 30 日，甲公司股东大会批准董事会制定的利润分配方案，即以 2×24 年 3 月 31 日包括上述限制性股票在内的 21 000 万股为基数，每股分配现金股利 1 元。

2×24 年度，甲公司实际有 4 名管理人员在 6 月 30 日离职，估计未来 2 年还有 10 名管理人员离职。

甲公司 2×24 年度实现的净利润为 50 000 万元，2×23 年 12 月 31 日发行在外的普通股（不含限制性股票）股数为 20 000 万股，2×24 年除发行限制性股票外股数未发生变化，2×24 年度普通股平均市场价格为每股 32 元。

假定不考虑相关税费和其他因素。

（1）2×24 年度基本每股收益计算如下：

预计未来可解锁限制性股票的股数＝（50－4－10）×20＝720（万股）

当期分配给预计未来可解锁限制性股票持有者的现金股利＝720×1＝720（万元）

基本每股收益＝（50 000－720）/20 000＝2.46（元/股）

（2）2×24 年度稀释每股收益计算如下：

行权价格＝8＋15×2/3＝18（元）

由于行权价格低于当期普通股平均市场价格，因此应当考虑限制性股票的稀释性

发行在外的限制性股票加权平均数＝50×20×6/12＋（50－4）×20×6/12＝960（万股）

调整增加的普通股股数＝960－960×18÷32＝420（万股）

稀释每股收益＝50 000/（20 000＋420）＝2.45（元）

第五节 每股收益列示与披露

一、每股收益重新计算

（一）派发股票股利、公积金转增资本、拆股和并股

企业派发股票股利、公积金转增资本、拆股或并股等，会增加或减少其发行在外普

通股或潜在普通股的数量,但并不影响所有者权益金额,这既不影响企业所拥有或控制的经济资源,也不改变企业的盈利能力,即意味着同样的损益现在要由扩大或缩小了的股份规模来享有或分担。因此,为了保持会计指标的前后期可比性,企业应当在相关报批手续全部完成后,按调整后的股数重新计算各列报期间的每股收益。上述变化发生于资产负债表日至财务报告批准报出日的,应当以调整后的股数重新计算各列报期间的每股收益。

【例 6-13】甲公司 2×23 年和 2×24 年归属于普通股股东的净利润分别为 665 万元和 770 万元,2×23 年 1 月 1 日发行在外的普通股 400 万股,2×23 年 4 月 1 日按市价新发行普通股 80 万股,2×24 年 7 月 1 日分派股票股利,以 2×23 年 12 月 31 日总股本 480 万股为基数每 10 股送 3 股,假设不存在其他股数变动因素。2×24 年度比较利润表中基本每股收益的计算过程如下:

2×24 年 7 月 1 日分派股票股利＝480×3/10＝144(万股)

2×24 年度发行在外普通股加权平均数＝(400＋80＋144)×12/12＝624(万股)

2×23 年度发行在外普通股加权平均数＝400×1.3×12/12＋80×1.3×9/12＝598(万股)

2×24 年度基本每股收益＝770/624＝1.23(元/股)

2×23 年度基本每股收益＝665/598＝1.11(元/股)

如果存在稀释性潜在普通股的,同时调整稀释性每股收益。

(二) 配股

配股在计算每股收益时比较特殊,因为它是向全部现有股东以低于当前股票市价的价格发行普通股,实际上可以理解为按市价发行股票和无对价送股的混合体。也就是说,配股中包含的送股因素具有与股票股利相同的效果,导致发行在外普通股股数增加的同时,却没有相应的经济资源流入。因此,计算基本每股收益时,应当考虑配股中的送股因素,将这部分无对价的送股(不是全部配发的普通股)视同列报最早期间期初就已发行在外,并据以调整各列报期间发行在外普通股的加权平均数,计算各列报期间的每股收益。

为此,企业首先应当计算出一个调整系数,其次用配股前发行在外普通股股数乘以该调整系数,得出计算每股收益时应采用的普通股股数。

(1) 每股理论除权价格＝$\dfrac{\text{行权前发行在外普通股的公允价值总额＋配股收到的款项}}{\text{行权后发行在外的普通股股数}}$。

(2) 调整系数＝$\dfrac{\text{行权前发行在外普通股的每股公允价值}}{\text{每股理论除权价格}}$。

(3) 因配股重新计算的上年度基本每股收益＝上年度基本每股收益÷调整系数。

(4) 本年度基本每股收益＝归属于普通股股东的当期净利润÷(配股前发行在外普通股股数×调整系数×配股前普通股发行在外的时间权重＋配股后发行在外普通股加权平均数)。

【例 6-14】甲公司 2×24 年度归属于普通股股东的净利润为 9 600 万元,2×24 年 1 月 1 日发行在外普通股股数为 4 000 万股,2×24 年 6 月 10 日,该企业发布增资配股公告,向截止到 2×24 年 6 月 30 日(股权登记日)所有登记在册的老股东配股,配股比例为每 5 股配 1 股,配股价格为每股 5 元,除权交易基准日为 2×24 年 7 月 1 日。假设行权前一日的市价为每股 11 元,2×23 年度基本每股收益为 2.2 元。2×24 年度比较利润表中基本每股收益的计算如下:

配股数量＝4 000÷5＝800(万股)

每股理论除权价格＝(11×4 000＋5×800)÷(4 000＋800)＝10(元/股)

调整系数＝11÷10＝1.1

因配股重新计算的 2×23 年度基本每股收益＝2.2÷1.1＝2(元/股)

2×24 年度基本每股收益＝9 600÷(4 000×1.1×6/12＋4 800×6/12)＝2.09(元/股)

需要特别说明的是,企业向特定对象以低于当前市价的价格发行股票的,不考虑送股因素。虽然它与配股具有相似的特征,即发行价格低于市价。后者属于向非特定对象增发股票;而前者往往是企业出于某种战略考虑或其他动机向特定对象以较低的价格发行股票,或者特定对象除认购股份以外还需以其他形式予以补偿,因此,倘若综合这些因素,向特定对象发行股票的行为可以视为不存在送股因素,视同发行新股处理。

二、每股收益列示

不存在稀释性潜在普通股的企业应当在利润表中单独列示基本每股收益。存在稀释性潜在普通股的企业应当在利润表中单独列示基本每股收益和稀释每股收益。编制比较财务报表时,各列报期间中只要有一个期间列示了稀释每股收益,那么所有列报期间均应当列示稀释每股收益,即使其金额与基本每股收益相等。

三、每股收益有关信息披露

企业应当在附注中披露与每股收益有关的下列信息:①基本每股收益和稀释每股收益分子、分母的计算过程;②列报期间不具有稀释性但以后期间很可能具有稀释性的潜在普通股;③在资产负债表日至财务报告批准报出日,企业发行在外普通股或潜在普通股股数发生重大变化的情况。

企业如有终止经营的情况,应当在附注中分别针对持续经营和终止经营披露基本每股收益和稀释每股收益。

第七章 外币会计

教学目标：本章学习要求学生了解金融学和会计学中的外币与外币业务概念的不同，外汇汇率的概念和类型；熟悉企业记账本位币的确定，外币交易业务的会计处理观点和会计核算方法；掌握外币交易业务会计核算，我国会计准则中的外币报表折算规定。

课程思政：通过外币会计的教学，引导学生学习掌握外币交易业务会计核算和外币报表折算的相关知识。通过外币、外汇汇率、外币交易业务会计核算和外币报表折算相关知识点教学，切入跨文化交流和国际化运营等课程思政要素，加强对企业跨国业务会计处理的学习和研究，培养学生的国际视野。

第一节 外币业务概述

一、金融学的外币业务相关概念

（一）外币与外汇

（1）外币（foreign currency）是指本国货币以外的其他国家或地区的货币。

（2）外汇是指一国持有的以外币表示的用以进行国际结算的支付手段。国际货币基金组织对外汇的定义为：外汇是货币行政当局（中央银行、货币管理机构、财政部门）以银行存款、财政部库券、长短期政府证券等形式，以确保在国际收支逆差时可以使用的债权。

（二）外币兑换与外币折算

（1）外币兑换是指将外币换成本国货币，以及将本国货币换成外币，或将不同外币进行互换。外币兑换是不同货币之间的实际交换，它不同于外币折算。

（2）外币折算是指将不同的外币金额换算成统一的本国货币（或特定的外币）等值的程序，它是会计上对原有外币金额的重新表述。

（三）现钞和现汇

在我国现行的外汇管理体制下，外汇现钞指的是企业或个人手中直接持有的外币钞票，而外汇现汇则是境外寄来后直接存储于银行的汇款。二者在银行有着不同的汇价，在汇往境外时也有不同的汇率要求。

（四）结汇与售汇

（1）结汇是指企业或个人按照外汇牌价，将经营收入、接受捐赠收入、罚没收入、转让资产收入等取得的外汇全部结售给外汇指定银行。

（2）售汇是指企业或个人按照外汇牌价，将需要在进口产品、货物，购买无形资产，以及保证金及垫付款项、赔付款项中支付的外汇到外汇指定银行兑付。

二、外汇汇率

汇率（也称为汇价）是以一国货币单位购买另一国货币单位的价格，也即将一种货币换算成另一种货币的比率。

（一）汇率的标价方法

汇率是两种货币相兑换的比率，是一种货币单位用另一种货币单位所表示的价格。其标价方法有直接标价法和间接标价法两种。

（1）直接标价法，又称为应付标价法，是指以一定单位的外国货币为标准，计算取得一定单位外币应付的本国货币额。

$$汇率 = 本国货币 / 外国货币$$

（2）间接标价法，又称为应收标价法，是指以一定单位的本国货币为标准，计算兑出一定单位本国货币应收回的外国货币额。

$$汇率 = 外国货币 / 本国货币$$

在直接标价法下，汇率的含义是单位外国货币值多少本国货币。外国货币是商品，本国货币是货币。汇率上升，外国货币升值叫升水，本国货币贬值；汇率上升，外国货币贬值叫贴水，本国货币升值。间接标价法相反。

直接标价法是国际通行的惯例，英国、美国例外。我国采用直接标价法。

（二）汇率分类

1. 固定汇率与浮动汇率

固定汇率是一国货币与另一国货币的兑换比率基本固定的汇率，固定汇率并非汇率完全固定不动，而是围绕一个相对固定的平价的上下限范围波动，该范围最高点叫"上限"，最低点叫"下限"。当汇价涨或跌到上限或下限时，政府的中央银行要采取措施，使汇率维持不变。

浮动汇率是指一国货币管理当局不规定汇率波动的上下限，汇率随外汇市场的供求关系自由波动。

2. 银行挂牌汇率

银行挂牌汇率是由中国银行每日对外公告的汇率。

（1）买入价，是指银行买入外汇付出本币的价格。

（2）卖出价，是指银行卖出外汇收入本币的价格。

（3）中间价，则是卖出价和买入价的平均价。

$$中间价 ＝（买入价＋卖出价）/2$$

3. 即期汇率与远期汇率

即期汇率（也称现汇率），即交易双方达成外汇买卖协议后，在两个工作日以内办理交割的汇率，一般是现时外汇市场的汇率水平。

为方便核算，会计准则中企业用于记账的即期汇率一般指当日中国人民银行公布的人民币汇率的中间价，但是在企业发生单纯的货币兑换交易或涉及货币兑换的交易时，仅用中间价不能反映货币买卖的损益，需要使用买入价或卖出价折算。

企业发生的外币交易只涉及人民币与美元、欧元、日元、港元等之间折算的，可直接采用中国人民银行每日公布的人民币汇率的中间价作为即期汇率进行折算；企业发生的外币交易涉及人民币与其他货币之间折算的，应按照国家外汇管理局公布的各种货币对美元折算率采用套算的方法进行折算；发生的外币交易涉及人民币以外的货币之间折算的，可直接采用国家外汇管理局公布的各种货币对美元折算率进行折算。

远期汇率又称为期汇汇率，是交易双方达成外汇买卖协议，约定在未来某一时间进行外汇实际交割所使用的汇率，以即期汇率为基础加减升贴水来计算。

4. 现行汇率、历史汇率与平均汇率

现行汇率是指会计报告期末的即期汇率。

历史汇率是指交易或事项发生时的即期汇率。

平均汇率是指会计报告期内的期末期初简单或加权平均的汇率。

5. 记账汇率与账面汇率

记账汇率是指企业发生外币经济业务进行会计账务处理所采用的汇率。

账面汇率是指已经登记入账的汇率。

三、会计学中的外币与外币交易

会计准则所称"外币"，是指企业记账本位币以外的货币；所称"外币交易"（foreign currency transactions），是指以外币计价或者结算的交易。例如，我国某企业经常采用美元结算，若其选用美元作为记账本位币，则人民币就成为其会计处理中的"外币"。

外币交易主要包括：以外币计价的商品贸易或服务贸易；借入或者借出外币资金；其他交易（如接受外币捐赠）。在核算外币业务时，应当设置相应的外币账户，包括外币现金、外币银行存款、以外币结算的债权（如应收票据、应收账款、预付账款等）和债务（如短期借款、应付票据、应付账款、预收账款、应付工资、长期借款等）。外币账户应当与非外币的相同账户分别设置并分别核算。

四、记账本位币

（一）记账本位币与列报货币

记账本位币是指企业经营所处的主要经济环境中的货币。主要经济环境，通常是指企业主要产生和支出现金的环境，使用该环境中的货币最能反映企业主要交易的经济结

果。例如，我国大多数企业主要产生和支出现金的环境在国内，因此，一般以人民币为记账本位币。

列报货币是指企业列报财务报表时所采用的货币。

同一企业的记账本位币与列报货币可能一致，也可能不一致。《企业会计准则第19号——外币折算》规定："企业通常应选择人民币作为记账本位币。业务收支以人民币以外的货币为主的企业，可以按照本准则第五条规定选定其中一种货币作为记账本位币，但是，编报的财务报表应当折算为人民币。"记账本位币可以是人民币也可以不是人民币，列报货币必须是人民币。

（二）记账本位币的确定

我国《企业会计准则第19号——外币折算》规定，业务收支以人民币以外的货币为主的单位，可以选定其中一种货币，作为记账本位币，但是编报的财务报告应当折算为人民币。企业记账本位币的选定应当考虑下列因素。

（1）从日常活动收入的角度看，所选择的货币能够对企业商品和劳务销售价格起主要作用，通常运用该货币进行商品和劳务销售价格的计价和结算。

（2）从日常活动支出的角度看，所选择的货币能够对商品和劳务所需人工、材料和其他费用产生主要影响，通常以该货币对这些费用进行计价和结算。

（3）融资活动获得的资金以及保存从经营活动中收取款项时所使用的货币，即视融资活动获得的资金在其生产经营活动中的重要性，或者企业通常留存销售收入的货币而定。

【例7-1】国内丙公司为外贸自营出口企业，超过70%的营业收入来自向欧盟各国的出口，其商品销售价格主要受欧元的影响，以欧元计价，因此，从影响商品和劳务销售价格的角度看，丙公司应选择欧元作为记账本位币。

如果丙公司除厂房设施、30%的人工成本在国内以人民币采购外，生产所需原材料、机器设备及70%以上的人工成本以欧元在欧盟市场采购，则可确定丙公司的记账本位币是欧元。

如果丙公司的人工成本、原材料及相应的厂房设施、机器设备等95%以上在国内采购并以人民币计价，则难以判定丙公司的记账本位币应选择欧元还是人民币，还需要结合第三项因素予以确定。如果丙公司取得的欧元营业收入在汇回国内时直接换成了人民币存款，且丙公司对欧元波动产生的外汇风险进行了套期保值，丙公司可以确定其记账本位币为人民币。

一般情况下，综合考虑前两项即可确定企业的记账本位币，第三项为参考因素，视其对企业收支现金的影响程度而定。在综合考虑前两项因素仍不能确定企业记账本位币的情况下，第三项因素对企业记账本位币的确定起重要作用。

（三）记账本位币的变更

需要强调的是，企业管理当局根据实际情况确定的记账本位币只有一种，该货币一经确定，不得改变，除非与确定记账本位币相关的企业经营所处的主要经济环境发生重大变化。

企业因经营所处的主要经济环境发生重大变化，确需变更记账本位币的，应当采用变更当日的即期汇率将所有项目折算为变更后的记账本位币。

折算后的金额作为以新的记账本位币计量的历史成本，由于采用同一即期汇率进行折算，不会产生汇兑损益。

（四）境外经营记账本位币的确定

境外经营通常是指企业在境外的子公司、合营企业、联营企业、分支机构。当企业在境内的子公司、联营企业、合营企业或者分支机构选定的记账本位币不同于企业的记账本位币时，也应当视同境外经营。

区分某实体是否为该企业的境外经营的关键有两项：一是该实体与企业的关系，即是否为企业的子公司、合营企业、联营企业、分支机构；二是该实体的记账本位币是否与企业记账本位币相同，而不是以该实体是否在企业所在地的境外为标准。

境外经营也是一个企业，在确定其记账本位币时也应当考虑企业选择确定记账本位币需要考虑的因素。同时，由于境外经营是企业的子公司、联营企业、合营企业或者分支机构，因此境外经营记账本位币的选择考虑该境外经营与企业的关系。

（1）境外经营对其所从事的活动是否拥有很强的自主性。如果境外经营所从事的活动视同企业经营活动的延伸，则该境外经营应当选择与企业记账本位币相同的货币作为记账本位币，如果境外经营所从事的活动拥有极大的自主性，则应根据所处的主要经济环境选择记账本位币。

（2）境外经营活动中与企业的交易是否在境外经营活动中占有较大比重。如果境外经营与企业的交易在境外经营活动中所占的比例较高，境外经营应当选择与企业记账本位币相同的货币作为记账本位币；反之，应根据所处的主要经济环境选择记账本位币。

（3）境外经营活动产生的现金流量是否直接影响企业的现金流量、是否可以随时汇回。如果境外经营活动产生的现金流量直接影响企业的现金流量，并可随时汇回，境外经营应当选择与企业记账本位币相同的货币作为记账本位币；反之，应根据所处的主要经济环境选择记账本位币。

（4）境外经营活动产生的现金流量是否足以偿还其现有债务和可预期的债务。如果境外经营活动产生的现金流量在企业不提供资金的情况下，难以偿还其现有债务和正常情况下可预期的债务，境外经营应当选择与企业记账本位币相同的货币作为记账本位币；反之，应根据所处的主要经济环境选择记账本位币。

第二节 外币交易业务的会计处理

一、外币交易业务的会计处理观点

由于交易日与款项结算日不同，外币交易折算所用的汇率可能不同，相同金额的外币折算为记账货币的金额可能不同，对此的处理有两种观点：一种是历史曾出现的一项交易观，另一种是目前普遍为我国及其他国家或地区所采用的两项交易观。

（一）一项交易观

一项交易观认为，应当将交易的发生与以后相应款项的结算视为一项交易的两个阶段，将交易日至款项结算日汇率变动的影响作为对原已入账的销售收入或购货成本的调整。

按照这一观点，交易发生日、报表编制日、交易结算日汇率变动所发生的折合成记账本位币的全部差额，都应列作已入账的购入商品成本或销售收入的调整额，而不作为外币交易损益处理。

这样，企业的销售收入或购货成本在交易日不能确定，须待款项结算时由当日的汇率确定。这与国际上所公认的销售收入应在销售成立时确认的原则相违背，且所提供的会计信息不能反映外币风险的程度。

（二）两项交易观

两项交易观认为，交易的发生与相应款项的结算是两项独立的关联交易，交易产生的销售收入或购货成本在交易日由当日的汇率确定，以后不再因汇率的变动而予以调整，汇率变动的风险由交易产生的应收或应付款承担。由交易日与款项结算日汇率的不同产生的应收或应付款差额称为汇兑差额。当外币交易已经全部完成，债权债务已结清，产生的汇兑差额为"已实现汇兑差额"；当外币交易已完成，但债权未收回或债务未偿付，产生的汇兑差额为"未实现汇兑差额"。对于"未实现汇兑差额"，有两种处理方法：一是当期不确认未实现汇兑差额，递延至外币交易结算的当期确认；二是未实现汇兑差额与已实现汇兑差额均在当期确认。前者考虑了汇率的反向变动情况，但将产生前后两期净利润扭曲。后者则认为，既然存在着会计分期，就应分期反映当期汇率变动的情况，这也与两项交易观的基础是一致的，因此，我国和大多数国家或地区均采用这一方法。除此之外，还有人认为，基于谨慎性原则，未实现的汇兑损失应予确认，未实现的汇兑收益应予递延。

二、外币交易会计的记账方法

外币交易的记账方法有外币统账制和外币分账制两种。

（一）外币统账制

外币统账制是指企业在发生外币交易时，就按一定的汇率折算为记账本位币入账的方法。外币统账制的核算程序如下。

（1）通常设置外币现金、外币银行存款、外币债权和外币债务等账户。记录外币业务账户主要包括：外币现金、外币银行存款、外币债权债务；不允许开立现汇账户的企业，不设置外币现金和外币银行存款账户，只设置外币债权债务账户。

（2）采用外币辅币记账方式。

（3）将外币金额按照交易日的即期汇率或即期汇率的近似汇率折算为记账本位币金额，按照折算后的记账本位币金额，登记有关账户；在登记有关记账本位币账户的同时，按照外币金额登记相应的外币账户。

（4）外币交易处理时的折算差额通过"财务费用——汇兑差额"核算。

（5）期末，将所有外币货币性项目的外币余额，按照期末即期汇率折算为记账本位币金额，并与原记账本位币金额相比较，其差额计入"财务费用——汇兑差额"科目。

（二）外币分账制

外币分账制是指在日常核算时以外币原币记账，区分币种核算损益和编制会计报表；在资产负债表日将外币会计报表折算为记账本位币的会计报表，并将其与记账本位币会计报表进行汇总，编制企业整体业务的会计报表。

金融保险企业的外币交易频繁，涉及外币币种较多，因此，采用分账制记账方法进行日常核算更有效率。如此，平时可以多币种分别记账，在资产负债表日再对货币性项目和非货币性项目进行调整即可。在实务操作中，外币分账制有两种做法，下面分别予以简要介绍。

1. 平时所有交易均通过"货币兑换"科目

（1）外币交易同时涉及货币性项目和非货币性项目的，按相同外币金额同时计入货币性项目，计入"货币兑换（外币）"科目；同时，根据按交易日即期汇率折算为记账本位币的金额，计入非货币性项目，计入"货币兑换（记账本位币）"科目。

（2）外币交易仅涉及一种外币的货币性项目的，按相同币种金额入账，不需要通过"货币兑换"科目核算。

（3）外币交易涉及两种以上外币的货币性项目的，按相同币种金额计入相应货币性项目，计入"货币兑换（外币）"科目。

（4）期末，将所有以外币反映的"货币兑换"科目余额按期末汇率折算为记账本位币金额，并与"货币兑换（记账本位币）"科目余额比较，其差额转入"汇兑损益"科目。

（5）结算外币货币性项目产生的汇兑差额计入"汇兑损益"科目。

2. 仅在资产负债表日使用"货币兑换"科目

（1）外币交易发生时，直接以外币进行账务处理。

（2）资产负债表日，编制账户科目余额（记账本位币）调节表，所有以外币反映的账户余额均折算为记账本位币余额，其中：货币性项目以资产负债表日的即期汇率折算，非货币性项目以交易日即期汇率折算。

（3）折算后，所有账户借方余额之和与所有账户贷方余额之和的差额，即当期汇兑损益。

三、外币统账制下外币交易业务的会计处理

外币是企业记账本位币以外的货币。外币交易是指企业发生以外币计价或者结算的交易，包括：①买入或者卖出以外币计价的商品或者劳务。例如，以人民币为记账本位币的国内甲公司向国外乙公司销售商品，货款以美元结算；甲公司从境外以美元购买固

定资产或生产用原材料等。②借入或者借出外币资金。例如，以人民币为记账本位币的甲公司从中国银行借入美元、经批准向海外发行欧元债券等。③其他以外币计价或者结算的交易。指除上述①、②外，以记账本位币以外的货币计价或结算的其他交易，如接受外币现金捐赠等。

（一）外币交易的入账处理

企业发生外币交易的，应在初始确认时采用交易日的即期汇率或即期汇率的近似汇率将外币金额折算为记账本位币金额。对于收到的投资者以外币投入的资本，只能采用交易日即期汇率折算。

即期汇率一般指当日中国人民银行公布的人民币汇率的中间价，但是在企业发生单纯的货币兑换交易或涉及货币兑换的交易时，仅用中间价不能反映货币买卖的损益，需要使用买入价或卖出价折算。

即期汇率的近似汇率是"按照系统合理的方法确定的、与交易发生日即期汇率近似的汇率"，通常是指当期平均汇率或加权平均汇率等。加权平均汇率需要采用外币交易的外币金额作为权重进行计算。

1. 外币兑换业务

外币兑换业务是指将一种货币兑换为另外一种货币的经济业务。企业发生的外币兑换业务或涉及外币兑换的交易事项，应按照交易发生日的即期汇率或近似的汇率（中间价）折算。折算原理如下：

（1）买入外币用卖出价，卖出外币用买入价；
（2）外币账户记账时用交易发生日的即期汇率或近似的汇率（中间价）折算；
（3）差额作为汇兑损益计入"财务费用"。

【例 7-2】甲公司记账本位币为人民币，外币交易采用交易日即期汇率折算。2×24年5月9日填写"售汇申请书"，从银行购入10 000欧元，银行当日的卖出价为1欧元＝11元人民币，买入价为1欧元＝10.4元人民币，当日中国人民银行公布的外汇中间价为1欧元＝10.7元人民币。

借：银行存款——欧元（10 000×10.7）　　　　　　107 000
　　财务费用——汇兑差额　　　　　　　　　　　　 3 000
　　贷：银行存款——人民币（10 000×11）　　　　　　　110 000

【例 7-3】甲公司记账本位币为人民币，外币交易采用交易日即期汇率折算。2×24年5月4日填写"结汇申请书"，将60 000美元在银行兑换为人民币，银行当日的买入价为1美元＝7.7元人民币，卖出价为1美元＝7.9元人民币，当日中国人民银行公布的外汇中间价为1美元＝7.8元人民币。

借：银行存款——人民币（60 000×7.7）　　　　　　462 000
　　财务费用——汇兑差额　　　　　　　　　　　　 6 000
　　贷：银行存款——美元（60 000×7.8）　　　　　　　468 000

2. 接受外币投资

企业收到投资者以外币投入的资本时，应当采用交易发生日的即期汇率折算，不得采用合同约定汇率和即期汇率的近似汇率折算,外币投入资本与相应的货币性项目的记账本位币金额之间不产生外币资本折算差额。

【例 7-4】甲公司的记账本位币为人民币,外币交易采用交易日即期汇率折算。外商在投资合同中约定的汇率是 1 美元=8 元人民币,分两次投入:第一次在 2×24 年 9 月 2 日,投入 300 000 美元,当日即期汇率为 1 美元=7.4 元人民币;第二次在 2×24 年 11 月 22 日,投入 300 000 美元,当日即期汇率为 1 美元=7.2 元人民币。

(1)第一次收到投入资本时。

借:银行存款——美元(300 000×7.4)　　　　　　　　　　　2 220 000
　　贷:股本　　　　　　　　　　　　　　　　　　　　　　　　2 220 000

(2)第二次收到投入资本时。

借:银行存款——美元(300 000×7.2)　　　　　　　　　　　2 160 000
　　贷:股本　　　　　　　　　　　　　　　　　　　　　　　　2 160 000

3. 外币购销业务

外币购销业务发生时,采用外币购销业务发生日的即期汇率或近似的汇率将外币金额折算为记账本位币金额入账。外币购销货款结算时,采用外币购销货款结算日的即期汇率或近似的汇率将外币金额折算为记账本位币金额,将其与债权或债务账面结存的记账本位币金额的差额作为汇兑损益计入当期损益。

【例 7-5】甲公司属于增值税一般纳税企业,记账本位币为人民币,外币交易采用交易日即期汇率折算。2×24 年 9 月 2 日从美国乙公司购入 2 000 000 美元的原料,当日即期汇率为 1 美元=7.6 元人民币,货款尚未支付。进口关税为 1 520 000 元人民币,另缴纳进口环节增值税 2 842 400 元人民币,税款均用银行存款支付。

借:原材料(2 000 000×7.6+1 520 000)　　　　　　　　　16 720 000
　　应交税费——应交增值税(进项税额)　　　　　　　　　　2 842 400
　　贷:应付账款——乙公司(美元)　　　　　　　　　　　　15 200 000
　　　　银行存款　　　　　　　　　　　　　　　　　　　　　4 362 400

2×24 年 9 月 25 日,用美元存款支付 9 月 2 日从美国乙公司购入 2 000 000 美元的原料货款,当日即期汇率为 1 美元=7.5 元人民币。

借:应付账款——乙公司(美元)　　　　　　　　　　　　　15 200 000
　　贷:银行存款——美元(2 000 000×7.5)　　　　　　　　15 000 000
　　　　财务费用——汇兑损益　　　　　　　　　　　　　　　　200 000

【例 7-6】甲公司记账本位币为人民币,外币交易采用交易日即期汇率折算。2×24 年 5 月 12 日向美国乙公司出售 3 000 000 美元的产品,当日即期汇率为 1 美元=7.2 元人民币,货款尚未收到。该企业适用免、抵、退办法,本例的情形可不考虑增值税问题。

借:应收账款——乙公司(美元)　　　　　　　　　　　　　21 600 000
　　贷:主营业务收入(3 000 000×7.2)　　　　　　　　　　21 600 000

2×24 年 5 月 25 日,收到货款 3 000 000 美元存入美元存款账户,当日即期汇率为 1 美元=7.1 元人民币。

借:银行存款——美元(3 000 000×7.1)　　　　　　　　　21 300 000

财务费用——汇兑损益 300 000
     贷：应收账款——乙公司（美元） 21 600 000

4. 外币借款的业务

外币借款业务是指企业向国外、国内银行以及其他金融机构借入记账本位币以外的货币借款的业务。外币借款业务发生时，采用外币借款业务发生日的即期汇率或近似的汇率将外币借款金额折算为记账本位币金额入账。计息时，先按照借款合同规定的利息率计算出应付外币借款利息，再按计息日的即期汇率或近似的汇率将外币借款利息金额折算为记账本位币金额入账，借款利息按照借款费用准则的规定计入相关成本费用科目。偿还借款本金和利息，按照偿还日的即期汇率或近似的汇率将外币金额折算为记账本位币金额，将其与借款本息债务的账面本位币金额之间的差额作为汇兑损益计入当期损益。

【例 7-7】 甲公司记账本位币为人民币，外币交易采用交易日即期汇率折算。2×24年1月1日，该公司从中国工商银行借入 1 200 000 欧元，期限为 6 个月，年利率为 6%，到期还本付息。当日的即期汇率为 1 欧元＝10 元人民币。借入的欧元借款暂存银行。

借：银行存款——欧元（1 200 000×10） 12 000 000
     贷：短期借款——欧元 12 000 000

2×24年7月1日借款到期偿还本息，当日的即期汇率为 1 欧元＝9.5 元人民币。

借：财务费用——利息费用（1 200 000×6%×1/2×9.5） 342 000
    短期借款——欧元 12 000 000
     贷：银行存款——欧元[（1 200 000＋1 200 000×6%×1/2）×9.5] 11 742 000
         财务费用——汇兑损益 600 000

（二）资产负债表日或结算日的会计处理

在资产负债表日，将所有外币货币性项目按期末汇率进行调整，核算汇兑损益；外币非货币性项目按成本计量的不调整，按公允价值计价的按期末汇率调整后核算公允价值变动损益。

1. 货币性项目调整

货币性项目是企业持有的货币和将以固定或可确定金额收取现金的资产或者偿付现金的负债。货币性项目分为货币性资产和货币性负债，货币性资产包括库存现金、银行存款、应收账款、其他应收款、长期应收款等，货币性负债包括应付账款、其他应付款、短期借款、应付债券、长期借款、长期应付款等。期末或结算货币性项目时，应以当日即期汇率折算外币货币性项目，该项目因当日即期汇率不同于该项目初始入账时或前一期末即期汇率而产生的汇兑差额计入当期损益。

企业为购建或生产符合资本化条件的资产而借入的专门借款为外币借款时，在借款费用资本化期间内，对于外币借款在取得日、使用日及结算日的汇率不同而产生的汇兑差额，应当予以资本化，计入相关资产成本。

汇兑差额＝外币货币性项目的外币金额×期末汇率－外币货币性项目的本位币金额
     ＝＋外币资产项目为收益；＋外币负债项目为损失
     －外币资产项目为损失；－外币负债项目为收益

【例 7-8】 甲公司 2×24 年 6 月 30 日有关外币账户余额见表 7-1。

表 7-1 有关外币账户余额

账户	外币种类	外币金额/元	人民币金额/元
银行存款	美元	50 000	325 000
应收账款	美元	30 000	198 000
应付账款	美元	80 000	512 000

2×24 年 6 月 30 日当日的即期汇率：1 美元＝6.52 元人民币。

要求：计算汇兑损益，并做分录。

银行存款＝50 000×6.52－325 000＝1 000（收益）

应收账款＝30 000×6.52－198 000＝－2 400（损失）

应付账款＝80 000×6.52－512 000＝9 600（损失）

汇兑净损失＝2 400＋9 600－1 000＝11 000

借：银行存款——美元	1 000
财务费用——汇兑损失	11 000
贷：应收账款——美元	2 400
应付账款——美元	9 600

【例 7-9】 国内甲公司的记账本位币为人民币。2×24 年 1 月 1 日，为建造某固定资产专门借入长期借款 20 000 美元，期限为 2 年，年利率为 5%，每年初支付上一年利息，到期还本。工程期限 3 年。2×24 年 1 月 1 日的即期汇率为 1 美元＝6.45 元人民币，2×24 年 12 月 31 日的即期汇率为 1 美元＝6.2 元人民币。假定不考虑相关税费的影响。

（1）2×24 年 1 月 1 日取得借款存入美元账户。

| 借：银行存款——美元（20 000×6.45） | 129 000 |
| 贷：长期借款——美元 （20 000×6.45） | 129 000 |

（2）2×24 年 12 月 31 日，该公司计提当年利息。

| 借：在建工程（20 000×5%×6.2） | 6 200 |
| 贷：应付利息——美元 | 6 200 |

（3）2×24 年 12 月 31 日，该公司美元借款本金由于汇率变动产生汇兑差额 5 000 元。

长期借款汇兑差额＝20 000×6.2－129 000＝－5 000（元）

| 借：长期借款——美元 | 5 000 |
| 贷：在建工程 | 5 000 |

（4）2×25 年 1 月 1 日，该公司支付 2×24 年利息，该利息由于汇率变动产生的汇兑差额应当予以资本化，计入在建工程成本。2×25 年 1 月 1 日的即期汇率为 1 美元＝6.22 元人民币。

借：应付利息——美元	6 200
在建工程——汇兑损失（6 220－6 200）	20
贷：银行存款——美元（20000×5%×6.22）	6 220

2. 非货币性项目调整

非货币性项目是货币性项目以外的项目，如预付账款、预收账款、存货、长期股权投资、交易性金融资产（股票、基金）、固定资产、无形资产等。

（1）对于以历史成本计量的外币非货币性项目，已在交易发生日按当日即期汇率折算，资产负债表日不应改变其原记账本位币金额，不产生汇兑差额。

（2）对于以成本与可变现净值孰低计量的存货，如果其可变现净值以外币确定，则在确定存货的期末价值时，应先将可变现净值折算为记账本位币，再与以记账本位币反映的存货成本进行比较，如果发生减值则计提存货跌价准备。

借：资产减值损失
　　贷：存货跌价准备

【例7-10】甲上市公司以人民币为记账本位币。2×24年11月2日，从英国乙公司采购国内市场尚无的A商品10 000件，每件价格为1 000英镑，当日即期汇率为1英镑=10元人民币。2×24年12月31日，尚有1 000件A商品未销售出去，国内市场仍无A商品供应，A商品在国际市场的价格降至900英镑。12月31日的即期汇率是1英镑=9.7元人民币。假定不考虑相关税费。

存货在资产负债表日采用成本与可变现净值孰低计量，在以外币购入存货并且该存货在资产负债表日确定的可变现净值以外币反映时，计提存货跌价准备应当考虑汇率变动的影响。

（1）11月2日，购入A商品。

借：库存商品——A商品（10 000×1 000×10）　　100 000 000
　　贷：银行存款——英镑　　　　　　　　　　　　　　　100 000 000

（2）12月31日，计提存货跌价准备。

1 000×1 000×10－1 000×900×9.7=1 270 000（元人民币）

借：资产减值损失　　　　　　　　　　　　　　1 270 000
　　贷：存货跌价准备　　　　　　　　　　　　　　　　　1 270 000

（3）对于以公允价值计量的股票、基金等非货币性项目，如果期末的公允价值以外币反映，则应当先将该外币按照公允价值确定的当日的即期汇率折算为记账本位币金额，再与原记账本位币金额进行比较计算公允价值变动。

①期末按本位币计价的公允价值=期末按外币计价的公允价值×期末汇率
②公允价值变动=期末按本位币计价的公允价值－原记账本位币金额

以公允价值计量的股票、基金等非货币性项目属于以公允价值计量且其变动计入当期损益的金融资产，公允价值变动应计入当期损益。

以公允价值计量的股票、基金等非货币性项目属于指定为以公允价值计量且其变动计入其他综合收益的非交易性权益工具投资，公允价值变动应计入其他综合收益（处置时直接转入留存收益）。

【例7-11】国内甲公司的记账本位币为人民币。2×24年9月10日以每股1.5美元的价格购入乙公司B股10 000股作为交易性金融资产，当日汇率为1美元=6.3元人民币，款项已付。2×24年12月31日，由于市价变动，购入的乙公司B股的市价变为每股 1 美元，当日汇率为 1 美元＝6.2 元人民币。假定不考虑相关税费的影响。

2×24 年 9 月 10 日，该公司对上述交易应做以下处理。

借：交易性金融资产（1.5×10 000×6.3）　　　　　　　　　　94 500
　　贷：银行存款——美元　　　　　　　　　　　　　　　　　94 500

根据《企业会计准则第 22 号——金融工具确认和计量》，交易性金融资产以公允价值计量。由于该项交易性金融资产是以外币计价的，在资产负债表日，不仅应考虑股票市价的变动，还应一并考虑美元与人民币之间汇率变动的影响，上述交易性金融资产在资产负债表日（2×24 年 12 月 31 日）的人民币金额为 62 000 元（10 000×1×6.2），与原账面价值 94 500 元的差额为 −32 500 元，计入公允价值变动损益。

借：公允价值变动损益　　　　　　　　　　　　　　　　　　32 500
　　贷：交易性金融资产——公允价值变动　　　　　　　　　　32 500

【例 7-12】国内甲公司的记账本位币为人民币。2×24 年 2 月 10 日以每股 15 港元的价格购入乙公司 H 股 10 000 股作为以公允价值计量且其变动计入其他综合收益的金融资产。

当日汇率为 1 港元＝0.9 元人民币，款项已付。2×24 年 12 月 31 日，由于市价变动，购入的乙公司 H 股的市价变为每股 18 港元，当日汇率为 1 港元＝0.85 元人民币。假定不考虑相关税费的影响。

（1）2×24 年 2 月 10 日，该公司对上述交易应做以下处理。

借：其他权益工具投资——成本（15×10 000×0.9）　　　　135 000
　　贷：银行存款——港元　　　　　　　　　　　　　　　　135 000

（2）根据《企业会计准则第 22 号——金融工具确认和计量》，"在初始确认时，企业可以将非交易性权益工具投资指定为以公允价值计量且其变动计入其他综合收益的金融资产"。属于该种类型的外币货币性金融资产期末按公允价值计量的同时按照公允价值确定当日的即期汇率折算为记账本位币金额，再与原记账本位币金额进行比较计算差额作为公允价值变动，直接计入其他综合收益，在该金融资产终止确认时转出，计入留存收益。由于该项金融资产是以外币计价的，在资产负债表日，不仅应考虑股票市价的变动，还应一并考虑港元与人民币之间汇率变动的影响，上述金融资产在资产负债表日的人民币金额为 153 000 元（10 000×18×0.85），与原账面价值 135 000 元的差额为 18 000 元，计入其他综合收益。

借：其他权益工具投资——公允价值变动　　　　　　　　　　18 000
　　贷：其他综合收益　　　　　　　　　　　　　　　　　　　18 000

第三节　外币财务报表折算

一、外币报表折算概述

外币报表折算是指将以外币表示的会计报表折算为以记账本位币或规定货币表示

的会计报表。其主要有以下两个目的。

（1）提供特种财务报表，用以满足有关方面和人士的特殊要求。

（2）编制合并报表。

外币报表折算带来以下会计问题。

第一，折算汇率选择。即选用何种汇率对外币会计报表项目折算。可供选择的折算汇率有以下三种。

（1）现行汇率，即会计报告期末的即期汇率。

（2）历史汇率，即交易或事项发生时的即期汇率。

（3）平均汇率，即会计报告期内的期末期初简单或加权平均的汇率。

第二，折算差额如何处理。即对外币会计报表中各项目采用不同的折算汇率而产生的外币会计报表折算差额如何处理。折算差额处理方法有以下三种。

（1）递延法。在递延法下，将折算差额列入资产负债表的所有者权益中，并单列项目反映。递延处理有利于保持会计报表有关项目原有的比例关系，便于进行财务比率分析。

（2）当期损益法。将折算差额计入当期损益，列入利润表。这样做的优点是能真实反映企业所承受的汇率风险，但是将未实现的损益计入当期损益，有可能会引起对会计报表的误解。

（3）损失计入当期损益，收益采用递延法。将折算差额借方发生额，即折算损失，计入当期损益；将折算差额贷方发生额，即折算收益，加入递延，计入所有者权益。

二、外币报表折算的方法

对外币报表的折算，由于采用的折算汇率和折算差额的处理不同，因此产生了不同的外币报表折算方法。常见的方法一般有四种：流动和非流动法、货币性与非货币性法、时态法和现时汇率法。

（一）流动和非流动法

流动和非流动法将境外经营的外币资产负债表中的资产和负债项目划分为流动和非流动项目，对流动资产和流动负债项目按资产负债表日的现时汇率折算，非流动资产和非流动负债及实收资本等项目按取得时的历史汇率折算，留存收益项目为依资产负债表的平衡原理轧差计算而得。利润表上折旧与摊销费用按相应资产取得时的历史汇率折算，其他收入和费用项目按报告期的平均汇率折算，销货成本根据"期初存货＋本期购货－期末存货"的关系确定。报表折算差额的处理：形成的折算损失，计入报告企业的合并损益中，形成的折算收益，已实现部分予以确认，未实现部分，须予递延，以抵销以后期间形成的损失。

该方法的优点在于能够反映境外经营的营运资金的报告货币等值，不改变境外经营的流动性。缺点：一是流动性与非流动性的划分与汇率的变动无关；二是对折算结果的处理，掩盖了汇率变动对合并净收益的影响，平滑了各期收益，与实际情况不符。

(二)货币性与非货币性法

货币性与非货币性法将境外经营的外币资产负债表中的资产和负债项目划分为流动和非流动项目,对货币性资产和负债按期末现时汇率折算,非货币性资产和负债按历史汇率折算。利润表上折旧与摊销费用按相应资产取得时的历史汇率折算,其他收入和费用项目按报告期的平均汇率折算。报表折算差额采用当期损益法处理。

优点在于货币性与非货币性的分类恰当地考虑了汇率变动对资产和负债的影响,改正了流动性和非流动性法的缺点。缺点在于仍然用分类来解决外币报表的折算问题,而没有考虑会计计量问题,结果使得有些项目分类未必与所选的汇率相关,如存货项目,根据本方法属非货币性项目,应采用历史汇率折算,但当对存货采用成本与市价孰低计量时,对以市价计量的存货用历史汇率折算显然不合适。

(三)时态法

资产负债表各项目以过去价值计量的,采用历史汇率;以现在价值计量的,采用现时汇率,产生的折算损益应计入当年的合并净收益。利润表各项目的折算与流动性和非流动性法下利润表的折算相同。

这种方法不仅考虑了会计计量基础,而且改正了上述货币性与非货币方法的缺点,但是,该方法是从报告企业的角度考虑问题的,境外的子公司、分支机构等均被认为是报告企业经营活动在境外的延伸,与报告企业本身的外币交易原则一致,实际上却忽视了境外经营作为相对独立的实体的情况。按此方法对外币报表进行折算,由于各项目使用的折算汇率不同,因而产生的折算结果不可能保持外币报表在折算前的原有比率关系。

(四)现时汇率法

资产和负债项目均应按现时汇率折算,实收资本按历史汇率折算,利润表各项目按当期(年)平均汇率折算,产生的折算损益作为所有者权益的一个单独项目予以列示。

这种方法考虑了境外经营作为相对独立的实体的情况,着重于汇率变动对报告企业在境外经营的投资净额的影响,折算的结果使境外经营的会计报表中原有的财务关系不因折算而改变,所改变的仅是其表现方式。该方法改正了时态法的缺点,但却产生了另外的问题:对所有的资产和负债均以现时汇率折算,如对以历史成本计价的固定资产等按现时汇率折算将显得不伦不类。

三、我国会计准则采用的折算方法

我国外币报表折算准则基本采用现时汇率法。

(一)外币报表折算

在对企业境外经营财务报表进行折算前,应当调整境外经营的会计期间和会计政策,使之与企业会计期间和会计政策相一致,根据调整后的会计政策及会计期间编制相应货币(记账本位币以外的货币)的财务报表,再按照以下方法对境外经营财务报表进行折算。

（1）资产负债表中的资产和负债项目，采用资产负债表日的即期汇率折算（现行汇率）；除"未分配利润"项目外，其他所有者权益项目采用发生时的即期汇率折算（历史汇率）。

（2）利润表中的收入和费用项目，采用交易发生日的即期汇率或即期汇率的近似汇率折算。

（3）产生的外币财务报表折算差额，在编制合并财务报表时，应在合并资产负债表中"其他综合收益"项目列示。

比较财务报表的折算比照上述规定处理。

【例7-13】国内甲公司的记账本位币为人民币，该公司在境外有一子公司（乙公司），乙公司确定的记账本位币为美元。合同约定，甲公司拥有乙公司100%的股权，并能够控制乙公司。甲公司采用当期平均汇率折算乙公司利润表项目。乙公司的有关资料如下。

2×24年12月31日的汇率为1美元=6.2元人民币，2×24年的平均汇率为1美元=6.4元人民币，实收资本、资本公积发生日的即期汇率为1美元=7元人民币，2×23年12月31日的股本为500万美元，折算为人民币为3 500万元；累计盈余公积为50万美元，折算为人民币345万元，累计未分配利润为120万美元，折算为人民币835万元。甲、乙公司均在年末提取盈余公积，乙公司2×24年提取的盈余公积为70万美元。

报表折算见表7-2～表7-4。

表7-2 利润表
2×24年度
单位：万元

项目	期末数/美元	折算汇率	折算为人民币金额
一、营业收入	2 000	6.4	12 800
减：营业成本	1 500	6.4	9 600
税金及附加	40	6.4	256
管理费用	100	6.4	640
财务费用	10	6.4	64
加：投资收益	30	6.4	192
二、营业利润	380	—	2 432
加：营业外收入	40	6.4	256
减：营业外支出	20	6.4	128
三、利润总额	400	—	2 560
减：所得税费用	120	6.4	768
四、净利润	280	—	1 792
五、每股收益			
六、其他综合收益			
七、综合收益总额	280	—	1 792

表 7-3　所有者权益变动表
2×24 年度　　　　　　　　　　　　　　　　　　　　　　单位：万元

项目	实收资本			盈余公积			未分配利润		其他综合收益	股东权益合计
	美元	折算汇率	人民币	美元	折算汇率	人民币	美元	人民币		人民币
一、本年年初余额	500	7	3 500	50		345	120	835		4 680
二、本年增减变动余额										
（一）净利润							280	1 792		1 792
（二）其他综合收益										−582
其中：外币报表折算差额									−582	−582
（三）利润分配										
提取盈余公积				70	6.4	448	−70	−448		0
三、本年年末余额	500	7	3 500	120		793	330	2 179	−582	5 890

表 7-4　资产负债表
2×24 年 12 月 31 日　　　　　　　　　　　　　　　　　　单位：万元

资产	期末数/美元	折算汇率	折算为人民币金额	负债和所有者权益（或股东权益）	期末数/美元	折算汇率	折算为人民币金额
流动资产：				流动负债：			
货币资金	190	6.2	1 178	短期借款	45	6.2	279
应收账款	190	6.2	1 178	应付账款	285	6.2	1 767
存货	240	6.2	1 488	其他流动负债	110	6.2	682
其他流动资产	200	6.2	1 240	流动负债合计	440	—	2 728
流动资产合计	820	—	5 084	非流动负债：			
非流动资产：				长期借款	140	6.2	868
长期应收款	120	6.2	744	应付债券	80	6.2	496
固定资产	550	6.2	3 410	其他非流动负债	90	6.2	558
在建工程	80	6.2	496	非流动负债合计	310		1 922
无形资产	100	6.2	620	负债合计	750		4 650
其他非流动资产	30	6.2	186	股东权益			
非流动资产合计	880	—	5 456	股本	500	7	3 500
				盈余公积	120		793
				未分配利润	330		2 179
				其他综合收益			−582
				其中：外币报表折算差额			−582
				股东权益合计	950		5 890
资产合计	1 700		10 540	负债和股东权益总计	1 700		10 540

当期计提的盈余公积采用当期平均汇率折算，初期盈余公积为以前年度计提的盈余公积按相应年度平均汇率折算后金额的累计，期初未分配利润记账本位币金额为以前年度未分配利润记账本位币金额的累计。

实收资本（股本）、资本公积、盈余公积和未分配利润折算为本位币的金额，来源于所有者权益变动表中"本年年末余额"栏各项目折算为本位币的金额。负债和股东权益总计折算为本位币的金额，来源于资产合计折算为本位币的金额。股东权益合计折算为本位币的金额，来源于负债和股东权益总计折算为本位币的金额与负债合计折算为本位币的金额的差额。外币报表折算差额为以记账本位币反映的股东权益合计与以记账本位币反映的实收资本（股本）、资本公积、盈余公积和未分配利润的差额。

（二）特殊项目的处理

（1）少数股东应分担的外币报表折算差额的处理。在企业境外经营为其子公司的情况下，企业在编制合并财务报表时，应按少数股东在境外经营所有者权益中所享有的份额计算少数股东应分担的份额，并入少数股东权益列示于合并资产负债表。

（2）实质上构成对境外经营净投资的外币货币性项目产生的汇兑差额的处理。母公司含有实质上构成对子公司（境外经营）净投资的外币货币性项目的情况下，在编制合并财务报表时，应分别针对以下两种情况编制抵销分录。

（a）实质上构成对子公司净投资的外币货币性项目以母公司或子公司的记账本位币反映，则应在抵销长期应收应付项目的同时，将其产生的汇兑差额转入"其他综合收益"项目，即借记或贷记"财务费用——汇兑差额"项目，贷记或借记"其他综合收益"项目。

（b）实质上构成对子公司净投资的外币货币性项目以母子公司的记账本位币以外的货币反映，则应将母子公司此项外币货币性项目产生的汇兑差额相互抵销，差额转入"其他综合收益"项目。

第八章 租赁会计

教学目标：本章学习要求学生了解租赁基本概念、租赁合同分拆与租赁合同合并；熟悉租赁各方对租赁类型的判断；掌握出租方、承租方租赁业务日常会计核算。

课程思政：通过租赁会计的教学，引导学生学习掌握租赁各方对租赁业务日常会计核算的相关知识。通过租赁各方对租赁业务日常会计核算的相关知识点教学，切入坚持准则、守责敬业等课程思政要素，强调会计人员应精于业务，准确进行会计处理，把好职业判断关，实事求是，切勿弄虚作假，遵守职业道德，培养学生诚实守信的科学态度。

第一节 租赁概述

一、租赁的识别

租赁，是指在一定期间内，出租人将资产的使用权让与承租人以获取对价的合同。租赁的主要特征是转移租赁期内的资产使用权，而不是资产的所有权，并且这种转移是有偿的，取得资产使用权以支付租金为代价。

（一）租赁的识别标准

在合同开始日，企业应当评估合同是否为租赁或者包含租赁。如果合同中一方让渡了在一定期间内控制一项或多项已识别资产使用的权利以换取对价，则该合同为租赁或者包含租赁。除非合同条款和条件发生变化，企业无须重新评估合同是否为租赁或者包含租赁。

一项租赁应当包含下列要素：①存在一定期间。这里的期间通常是以时间表示的，也可以表述为已识别资产的使用量，如某项设备的产出。②存在已识别资产。③资产供应方向客户转移对已识别资产使用权的控制。

同时符合下列条件的，使用已识别资产的权利构成一项单独租赁：①承租人可从单独使用该资产或将其与易于获得的其他资源一起使用中获利；②该资产与合同中的其他资产不存在高度依赖或高度关联关系。

另外，接受商品或服务的合同可能由合营安排或合营安排的代表签订。在这种情况下，企业评估合同是否包含租赁时，应将整个合营安排视为该合同中的客户，评估该合营安排是否在使用期间有权控制已识别资产的使用。

(二)已识别资产的判断

1. 对资产的指定

已识别资产通常由合同明确指定,也可以在资产可供客户使用时隐性指定。

【例8-1】甲公司(客户)与乙公司(供应方)就一节火车车厢的使用签订5年期合同。该车厢是为专用于运输甲公司生产过程中使用的特殊材料而设计的,未经重大改造不适合其他客户使用。合同中没有通过序列号等明确指定车厢,但是乙公司仅拥有一节适合甲公司使用的火车车厢。如果车厢不能正常工作,合同要求乙公司修理或更换车厢。

本例中,虽然甲公司具体使用哪节火车车厢未在合同中明确指定,但因为乙公司仅拥有一节适合甲公司使用的火车车厢,必须使用其来履行合同,乙公司无法自由替换该车厢。因此,该火车车厢是一项被隐性指定的已识别资产。

2. 物理可区分

如果资产的部分产能在物理上可区分(如建筑物的一层),则该部分产能属于已识别资产。如果资产的某部分产能与其他部分在物理上不可区分(如光缆的部分容量),则该部分不属于已识别资产,除非其实质上代表该资产的全部产能,从而使客户获得由使用该资产所产生的几乎全部经济利益的权利。

【例8-2】情形1:甲公司(客户)与乙公司(公用设施公司)签订了一份为期15年的合同,以取得连接A、B城市光缆中三条指定的物理上可区分的光纤使用权。若光纤损坏,乙公司应负责修理和维护。乙公司拥有额外的光纤,但仅可凭修理、维护或故障等原因替换指定给甲公司使用的光纤。

情形2:甲公司与乙公司签订了一份为期15年的合同,以取得连接A、B城市光缆中约定带宽的光纤使用权。甲公司约定的带宽相当于所使用光缆中三条光纤的全部传输容量(乙公司的光缆包含15条传输容量相近的光纤)。

本例情形1中,合同明确指定了三条光纤,并且这些光纤与光缆中的其他光纤在物理上可区分,乙公司不可据修理、维护或故障以外的原因替换这些光纤,因此,情形1中存在三条已识别光纤。

本例情形2中,甲公司仅使用光缆的部分传输容量,乙公司提供给甲公司使用的光纤与其余光纤在物理上不可区分,且不代表光缆的几乎全部传输容量,因此,情形2中不存在已识别资产。

3. 实质性替换权

如果资产供应方在整个使用期间拥有对该资产的实质性替换权,即使合同已对资产进行指定,则该资产也不属于已识别资产。因为如果资产供应方在整个使用期间均能自由替换合同指定的资产,那么实际上,合同仅规定了满足客户需求的一类资产,而不是被唯一识别出的一项或几项资产。

若同时符合下列条件,则表明资产供应方拥有资产的实质性替换权:

(1)资产供应方拥有在整个使用期间替换资产的实际能力。例如,客户无法阻止供应方替换资产,且资产供应方易于获得或可以在合理期间内取得用于替换的资产。

(2)资产供应方通过行使替换资产的权利获得经济利益。即,替换资产的预期经济利益将超过替换资产所需成本。

企业应当在各潜在单独租赁部分（如可单独使用的资产）的层面评估资产供应方的替换权是否为实质性权利，并注意下列事项：

（1）应基于合同开始日的事实和情况，而不应考虑在合同开始日企业认为不可能发生的未来事件。

（2）应考虑资产供应方是否在整个使用期间都具有替换资产的实际能力，并能通过行使替换资产的权利获得经济利益。如果合同仅赋予资产供应方在特定日期或者特定事件发生日或之后拥有替换资产的权利或义务，考虑到资产供应方没有在整个使用期间替换资产的实际能力，资产供应方的替换权不具有实质性。例如，资产供应方在资产运行结果不佳或者进行技术升级的情况下，因修理和维护而替换资产的权利或义务不属于实质性替换权。

企业难以确定资产供应方是否拥有实质性替换权的，应视为资产供应方没有对该资产的实质性替换权。

【例8-3】 甲公司（客户）与乙公司（供应方）签订合同，要求乙公司在5年内按照约定的时间表使用指定型号的火车车厢为甲公司运输约定数量的货物。合同中约定的时间表和货物数量相当于甲公司在5年内有权使用10节指定型号的火车车厢。合同规定了所运输货物的性质。乙公司有大量类似的车厢可以满足合同要求。车厢不用于运输货物时存放在乙公司处。

本例中：①乙公司在整个使用期间有替换每节车厢的实际能力。用于替换的车厢是乙公司易于获得的，且无须甲公司批准即可替换。②乙公司可通过替换车厢获得经济利益。车厢存放在乙公司处，乙公司拥有大量类似的车厢，替换每节车厢的成本极小，乙公司可以通过替换车厢获益，例如，使用已位于任务所在地的车厢执行任务，或利用某客户未使用而闲置的车厢。因此，乙公司拥有车厢的实质性替换权，合同中用于运输甲公司货物的车厢不属于已识别资产。

（三）客户是否控制已识别资产使用权的判断

为确定合同是否让渡了在一定期间内控制已识别资产使用的权利，企业应当评估合同中的客户是否有权获得在使用期间由使用已识别资产而产生的几乎全部经济利益，并有权在该使用期间主导已识别资产的使用。

1. 客户是否有权获得使用已识别资产所产生的几乎全部经济利益

在评估客户是否有权获得使用已识别资产所产生的几乎全部经济利益时，企业应当在约定的客户权利范围内考虑其所产生的经济利益。例如，如果合同规定汽车在使用期间仅限在某一特定区域使用，则企业应当仅考虑在该区域内使用汽车所产生的经济利益，而不包括在该区域外使用汽车所产生的经济利益。又如，如果合同规定客户在使用期间仅能在特定里程范围内驾驶汽车，则企业应当仅考虑在允许的里程范围内使用汽车所产生的经济利益，而不包括超出该里程范围使用汽车所产生的经济利益。

为控制已识别资产的使用，客户应当有权获得在整个使用期间使用该资产所产生的几乎全部经济利益。客户可以通过多种方式直接或间接获得使用资产所产生的经济利益，例如，通过使用、持有或转租资产。使用资产所产生的经济利益包括资产的主要产出和副产品（包括来源于这些项目的潜在现金流量）以及通过与第三方之间的商业交易实现的其他经济利益。

如果合同规定客户应向资产供应方或另一方支付使用资产所产生的部分现金流量作为对价，该现金流量仍应被视为客户使用资产而获得的经济利益的一部分。例如，如果客户因使用零售区域需向供应方支付零售收入的一定比例作为对价，该条款本身并不妨碍客户拥有获得使用零售区域所产生的几乎全部经济利益的权利。因为零售收入所产生的现金流量是客户使用零售区域而获得的经济利益，客户支付给零售区域供应方的部分现金流量是使用零售区域的权利的对价。

2. 客户是否有权主导已识别资产的使用

存在下列情形之一的，可视为客户有权主导已识别资产在整个使用期间的使用：

（1）客户有权在整个使用期间主导已识别资产的使用目的和使用方式；

（2）已识别资产的使用目的和使用方式在使用期间前已预先确定，并且客户有权在整个使用期间自行或主导他人按照其确定的方式运营该资产，或者客户设计了已识别资产（或资产的特定方面）并在设计时已预先确定了该资产在整个使用期间的使用目的和使用方式。

对于上述第一种情况，如果客户有权在整个使用期间在合同界定的使用权范围内改变资产的使用目的和使用方式，则视为客户有权在该使用期间主导资产的使用目的和使用方式。在判断客户是否有权在整个使用期间主导已识别资产的使用目的和使用方式时，企业应当考虑在该使用期间与改变资产的使用目的和使用方式最为相关的决策权。相关的决策权是指对使用资产所产生的经济利益产生影响的决策权。最为相关的决策权可能因资产性质、合同条款和条件的不同而不同。此类例子包括：①变更资产的产出类型的权利。例如，决定集装箱是用于运输商品还是用于储存商品，或者决定在零售区域销售的产品组合。②变更资产的产出时间的权利。例如，决定机器或发电厂的运行时间。③变更资产的产出地点的权利。例如，决定卡车或船舶的目的地，或者决定设备的使用地点。④变更资产是否产出以及产出数量的权利。例如，决定是否使用发电厂发电以及发电量的多少。

某些决策权并未授予客户改变资产的使用目的和使用方式的权利。例如，在资产的使用目的和使用方式未预先确定的情况下，客户所拥有的运行或维护资产的权利。这些权利对于资产的高效使用通常是必要的，但它们并非主导资产的使用目的和使用方式的权利，而且往往依赖于有关资产使用目的和使用方式的权利。

对于上述第二种情况，与资产使用目的和使用方式相关的决策可以通过很多方式预先确定，例如，通过设计资产或在合同中对资产的使用做出限制来预先确定相关决策。对于在合同中预先确定资产使用目的和使用方式相关决策的，企业应当考虑该做法是对客户使用资产的范围做出限定，还是对客户在整个使用期间与改变资产的使用目的和使用方式相关的决策权做出限定，如果仅是对客户使用资产的范围做出限定，则该限定不妨碍客户获得主导资产使用的权利。例如，合同可能包含一些旨在保护资产供应方在已识别资产中的权益、保护资产供应方的工作人员或者确保资产供应方不因客户使用租赁资产而违反法律法规的条款和条件（如在合同中规定资产使用的最大工作量、限制客户使用资产的地点或时间、要求客户遵守特定的操作惯例或者要求客户在变更资产使用方式时通知资产供应方等）。这些条款和条件虽然对客户使用资产权利的范围做出了限定，但是其本身不足以否定客户拥有主导资产使用的权利。

需要强调的是，在评估客户是否有权主导资产的使用时，除非资产（或资产的特定方面）由客户设计，否则，企业应当仅考虑在使用期间对资产使用做出决策的权利。例如，如果客户仅能在使用期间之前指定资产的产出而没有与资产使用相关的任何其他决策权，则该客户享有的权利与购买该项商品或服务的其他客户享有的权利并无不同。

【例 8-4】甲公司（客户）与乙公司（供应方）就使用一辆卡车在一周内将货物从 A 地运至 B 地签订了合同。根据合同，乙公司只提供卡车、发运及到货的时间和站点，甲公司负责派人驾车自 A 地到 B 地。合同中明确指定了卡车，并规定在合同期内该卡车只允许用于运输合同中指定的货物，乙公司没有替换权。合同规定了卡车可行驶的最大里程。甲公司可在合同规定的范围内选择具体的行驶速度、路线、停车休息地点等。甲公司在指定路程完成后无权继续使用这辆卡车。

案例分析：合同明确指定了一辆卡车，且乙公司无权替换，因此合同存在已识别资产。合同预先确定了卡车的使用目的和使用方式，即在规定时间内将指定货物从 A 地运至 B 地。甲公司有权在整个使用期间操作卡车（如决定行驶速度、路线、停车休息地点），因此，甲公司主导了卡车的使用，甲公司通过控制卡车的操作在整个使用期间全权决定卡车的使用。

（四）租赁识别的流程

综上，合同开始日，企业评估合同是否为租赁或是否包含租赁可参考图 8-1。

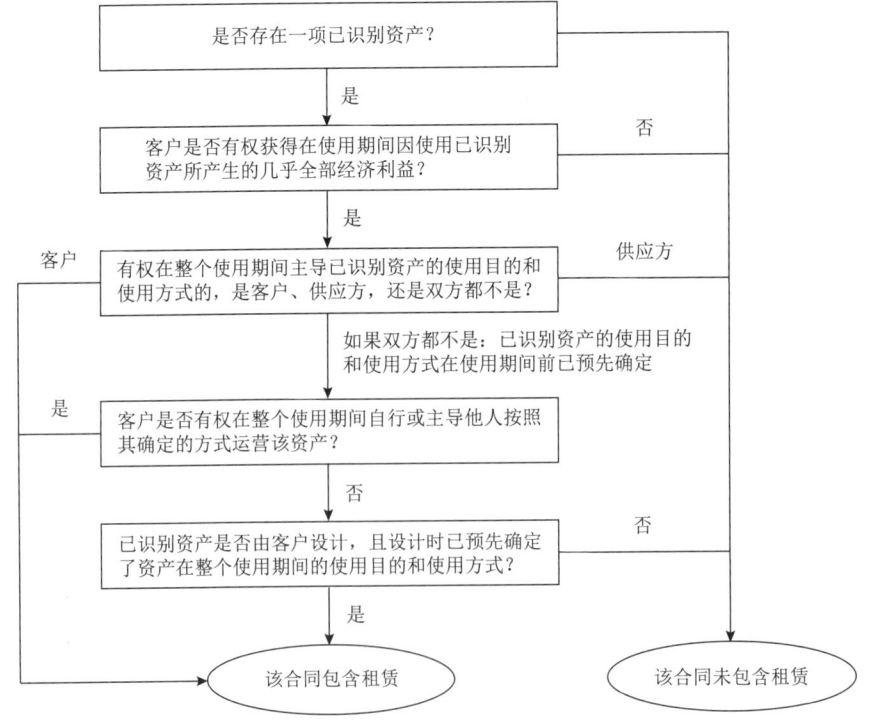

图 8-1 评估合同是否为租赁或是否包含租赁

二、租赁合同的分拆与合并

（一）租赁合同的分拆

1. 租赁合同分拆的标准

合同中同时包含多项单独租赁的，承租人和出租人应当将合同予以分拆，并分别对各项单独租赁进行会计处理。合同中同时包含租赁和非租赁部分的，承租人和出租人应当将租赁和非租赁部分进行分拆，对租赁部分应当按照租赁准则进行会计处理，对非租赁部分应当按照其他适用的企业会计准则进行会计处理。为简化处理，承租人可以按照租赁资产的类别选择是否分拆合同包含的租赁和非租赁部分。承租人选择不分拆的，应当将各租赁部分及与其相关的非租赁部分分别合并为租赁，按照租赁准则进行会计处理。对于按照《企业会计准则第 22 号——金融工具确认和计量》应分拆的嵌入衍生工具，承租人不应将其与租赁部分合并进行会计处理。

在分拆合同包含的租赁和非租赁部分时，承租人应当按照各租赁部分的单独价格及非租赁部分的单独价格之和的相对比例分摊合同对价，出租人应当根据《企业会计准则第 14 号——收入》关于交易价格分摊的规定分摊合同对价。

2. 单独租赁的判断条件

同时符合下列条件的，使用已识别资产的权利构成合同中的一项单独租赁。

（1）承租人可从单独使用该资产或将其与易于获得的其他资源一起使用中获利。

（2）该资产与合同中的其他资产不存在高度依赖或高度关联关系。

【例8-5】甲公司从乙公司租赁一台推土机、一辆卡车和一台长臂挖掘机用于采矿业务，租赁期为4年。乙公司同意在整个租赁期内维护各项设备。合同固定对价为 3 000 000 元，按年分期支付，每年支付 750 000 元。合同对价包含了各项设备的维护费用。

案例分析：甲公司未采用简化处理，而是对非租赁部分（维护服务）与租入的各项设备分别进行会计处理。甲公司认为租入的推土机、卡车和长臂挖掘机属于单独租赁，原因如下：①甲公司可分别单独使用这三项设备或将其与易于获得的其他资源一起使用并从中获利（如甲公司易于租入或购买其他卡车或挖掘机用于其采矿业务）；②尽管甲公司租入这三项设备只有一个目的（即从事采矿业务），但这些设备不存在高度依赖或高度关联关系。因此，甲公司得出结论，合同中存在三个租赁部分和对应的三个非租赁部分（维护服务）。甲公司将合同对价分摊至三个租赁部分和非租赁部分。

市场上有多家供应方提供类似推土机和卡车的维护服务，因此这两项租入设备的维护服务存在可观察对价。假设其他供应方的支付条款与甲、乙公司签订的合同条款相似，甲公司能够确定推土机和卡车维护服务的可观察对价分别为 160 000 元和 80 000 元。长臂挖掘机是高度专业化机械，其他供应方不出租类似挖掘机或为其提供维护服务。乙公司对从本公司购买相似长臂挖掘机的客户提供 4 年维护服务，可观察对价为固定金额 280 000 元，分4年支付。因此，甲公司估计长臂挖掘机维护服务的单独价格为 280 000 元。甲公司观察到乙公司在市场上单独出租租赁期为 4 年的推土机、卡车和长臂挖掘机的价格分别为 900 000 元、580 000 元和 1 200 000 元。

甲公司将合同固定对价 3 000 000 元分摊至租赁和非租赁部分的情况如表8-1所示。

表 8-1　甲公司合同固定对价在租赁和非租赁部分的分摊　　　　单位：元

合同类型	合同对象	可观察对价	分摊率	合同固定对价分摊额	备注
租赁	推土机	900 000		843 750	租赁付款额（折现前）
	卡车	580 000		543 750	
	长臂挖掘机	1 200 000		1 125 000	
	小计	2 680 000		2 512 500	
非租赁（维护服务）	推土机	160 000		150 000	服务对价
	卡车	80 000		75 000	
	长臂挖掘机	280 000		262 500	
	小计	520 000		487 500	
合计		3 200 000	93.75%	3 000 000	

（二）租赁合同的合并

企业与同一交易方或其关联方在同一时间或相近时间订立的两份或多份包含租赁的合同，在符合下列条件之一时，应当合并为一份合同进行会计处理。

（1）该两份或多份合同基于总体商业目的而订立并构成一揽子交易，若不作为整体考虑则无法理解其总体商业目的。

（2）该两份或多份合同中的某份合同的对价金额取决于其他合同的定价或履行情况。

（3）该两份或多份合同让渡的资产使用权合起来构成一项单独租赁。

两份或多份合同合并为一份合同进行会计处理的，仍然需要区分该一份合同中的租赁部分和非租赁部分。

三、租赁期

租赁期是指承租人有权使用租赁资产且不可撤销的期间；承租人有续租选择权，即有权选择续租该资产，且合理确定将行使该选择权的，租赁期还应当包含续租选择权涵盖的期间；承租人有终止租赁选择权，即有权选择终止租赁该资产，但合理确定将不会行使该选择权的，租赁期应当包含终止租赁选择权涵盖的期间。

（一）租赁期开始日

租赁期自租赁期开始日起计算。租赁期开始日，是指出租人提供租赁资产使其可供承租人使用的起始日期。如果承租人在租赁协议约定的起租日或租金起付日之前已获得对租赁资产使用权的控制，则表明租赁期已经开始。租赁协议对起租日或租金支付时间的约定，并不影响对租赁期开始日的判断。

【例 8-6】在某商铺的租赁合同中，出租人于 2×22 年 1 月 1 日将房屋钥匙交付承租人，承租人在收到钥匙后，就可以自主安排对商铺的装修布置并安排搬迁。合同约定有 3 个月的免租期，起租日为 2×22 年 4 月 1 日，承租人自起租日开始支付租金。

案例分析：由于承租人自 2×22 年 1 月 1 日起就已拥有对商铺使用权的控制，因此租赁期开始日为 2×22 年 1 月 1 日，即租赁期包含出租人给予承租人的免租期。

（二）不可撤销期间

在确定一项租赁的租赁期和评估其不可撤销期间时，企业应根据租赁条款的约定确定可强制执行合同的期间。当承租人和出租人双方均有权在未经另一方许可的情况下终止租赁，且所受惩罚不重大时，该租赁不再可强制执行。

如果只有承租人有权终止租赁，则在确定租赁期时，企业应将该项权利视为承租人可行使的终止租赁选择权予以考虑。如果只有出租人有权终止租赁，则该租赁的不可撤销期间包括终止租赁选择权所涵盖的期间。

需要注意的是，在做出"所受惩罚不重大"的判断时，企业除考虑终止合同的罚款外，还应当考虑与合同相关的其他经济因素，如弃置或拆卸租赁资产改良的成本等。例如，在合同无明确终止期限、企业可连续续租至合同一方通知终止租赁的情况下，如果企业预期在合同可终止日之后继续使用不可拆除的重大租赁资产改良，则其终止租赁可能面临的惩罚并非不重大，此时企业应考虑合同是否至少在租赁资产改良的预计使用期间是可强制执行的。

【例 8-7】承租人与出租人签订了一份租赁合同，约定自租赁期开始日 1 年内不可撤销，如果撤销，双方将支付重大罚金，1 年期满后，经双方同意可再延长 1 年，如有一方不同意，将不再续期，没有罚款且预计对双方造成的经济损失不重大。假设承租人对于租赁资产并不具有重大依赖。

案例分析：自租赁期开始日起的第 1 年有强制的权利和义务，是不可撤销期间。此后 1 年的延长期并非不可撤销期间，因为承租人或出租人均可单方面选择不续约而无须支付任何罚款且预计对双方造成的经济损失不重大。

（三）续租选择权和终止租赁选择权

在租赁期开始日，企业应当评估承租人是否合理确定将行使续租或购买租赁资产的选择权，或者将不行使终止租赁选择权。在评估时，企业应当考虑承租人行使续租选择权或不行使终止租赁选择权带来经济利益的所有相关事实和情况，包括自租赁期开始日至选择权行使日的事实和情况的预期变化。需考虑的因素包括但不限于以下方面。

（1）与市价相比，选择权期间的合同条款和条件。例如，选择权期间内为使用租赁资产而需支付的租金；可变租赁付款额或其他或有款项（如终止租赁罚款和余值担保导致的应付款项）；初始选择权期间后可行使的其他选择权的条款和条件（如续租期结束时可按低于市价的价格行使购买选择权）。

（2）在合同期内承租人进行或预期进行重大租赁资产改良，在可行使续租选择权、终止租赁选择权或者购买租赁资产选择权时，预期能为承租人带来的重大经济利益。

（3）与终止租赁相关的成本。例如，谈判成本、搬迁成本、寻找与选择可满足承租人需求的替代资产所发生的成本、将新资产融入运营所发生的整合成本、终止租赁的罚款、将租赁资产恢复至租赁条款约定状态的成本、将租赁资产归还至租赁条款约定地点的成本等。

（4）租赁资产对承租人运营的重要程度。例如，租赁资产是否为一项专门资产，租赁资产位于何地以及是否可获得合适的替换资产等。

（5）与行使选择权相关的条件及满足相关条件的可能性。例如，租赁条款约定仅在满足一项或多项条件时方可行使选择权的，还应考虑相关条件及满足相关条件的可能性。

租赁的不可撤销期间的长短会影响对承租人是否合理确定将行使或不行使选择权的评估。通常，不可撤销期间越短，获取替代资产的相对成本就越高，承租人行使续租选择权或不行使终止租赁选择权的可能性就越大。此外，在评估承租人是否合理确定将行使或不行使选择权时，如果承租人曾经使用过特定类型的租赁资产或自有资产，则可以参考承租人使用该类资产的通常期限及原因。例如，承租人通常在特定时期内使用某类资产，或承租人通常对某类租赁资产行使选择权，则承租人应考虑以往这些做法的原因，以评估是否合理确定将对此类租赁资产行使选择权。

续租选择权或终止租赁选择权可能会与租赁的其他条款相结合。例如，无论承租人是否行使选择权，均保证向出租人支付基本相等的最低或固定现金，在此情形下，应假定承租人合理确定将行使续租选择权或不行使终止租赁选择权。又如，同时存在原租赁和转租赁时，转租赁期限超过原租赁期限，如原租赁包含 5 年的不可撤销期间和 2 年的续租选择权，而转租赁的不可撤销期限为 7 年，则此时应考虑转租赁期限及相关租赁条款对续租选择权评估的可能影响。

购买选择权的评估方式应与续租选择权或终止租赁选择权的评估方式相同，购买选择权在经济上与将租赁期延长至租赁资产全部剩余经济寿命的续租选择权类似。

【例 8-8】承租人签订了一份设备租赁合同，合同包含 4 年不可撤销期间和 2 年按照固定价格行使的续租选择权，续租选择权期间的合同条款和条件与市价接近，没有终止租赁罚款或其他因素表明承租人合理确定将行使续租选择权。因此，在租赁期开始日，确定租赁期为 4 年。

【例 8-9】承租人签订了一份建筑租赁合同，合同包含 4 年不可撤销期间和 2 年按照市价行使的续租选择权。在搬入该建筑之前，承租人花费了大量资金对租赁建筑进行了改良，预计在第 4 年结束时租赁资产改良仍具有重大价值，且该价值仅可通过继续使用租赁资产实现。

案例分析：如果承租人在第 4 年结束时放弃该租赁资产改良，将蒙受重大经济损失。因此，承租人合理确定将行使续租选择权，在租赁开始时确定租赁期为 6 年。

（四）对租赁期和购买选择权的重新评估

发生承租人可控范围内的重大事件或变化，且影响承租人是否合理确定将行使相应选择权的，承租人应当对其是否合理确定将行使续租选择权、购买选择权或不行使终止租赁选择权进行重新评估，并根据重新评估结果修改租赁期。承租人可控范围内的重大事件或变化包括但不限于下列情形：

（1）在租赁期开始日未预计到的重大租赁资产改良，在可行使续租选择权、终止租赁选择权或购买选择权时，预期将为承租人带来重大经济利益；

(2)在租赁期开始日未预计到的租赁资产的重大改动或定制化调整;

(3)承租人做出的与行使或不行使选择权直接相关的经营决策。例如,决定续租互补性资产、处置可替代的资产或处置包含相关使用权资产的业务。

如果不可撤销的租赁期间发生变化,企业应当修改租赁期。例如,在下述情况下,不可撤销的租赁期将发生变化:

(1)承租人实际行使了选择权,但该选择权在之前企业确定租赁期时未涵盖;

(2)承租人未实际行使选择权,但该选择权在之前企业确定租赁期时已涵盖;

(3)某些事件的发生导致根据合同规定承租人有义务行使选择权,但该选择权在之前企业确定租赁期时未涵盖;

(4)某些事件的发生导致合同规定禁止承租人行使选择权,但该选择权在之前企业确定租赁期时已涵盖。

在租赁期开始日,企业应当基于所有相关事实和情况判断可强制执行合同的期间以及是否存在实质续租、终止等选择权以合理确定租赁期,其他相关会计估计应与此一致。例如,与该租赁相关的租赁资产改良支出、初始直接费用等的摊销期限应当与租赁期保持一致。

第二节 承租人的会计处理

一、承租人对租赁业务的判定

在合同开始日,承租人首先应按照租赁识别标准评估合同是否为租赁或者包含租赁,并根据租赁合同判断租赁是否属于短期租赁和低价值资产租赁。

短期租赁是指在租赁期开始日,租赁期不超过 12 个月的租赁,包含购买选择权的租赁不属于短期租赁。

低价值资产租赁是指单项租赁资产为全新资产时价值较低的租赁。低价值资产租赁的判定仅与资产的绝对价值有关,不受承租人规模、性质或其他情况影响。常见的低价值资产包括平板电脑、普通办公家具、电话等小型资产。低价值资产租赁还应当符合单独租赁的判断条件。承租人转租或预期转租租赁资产的,原租赁不属于低价值资产租赁。

二、承租人对租赁业务的确认与初始计量

在租赁期开始日,承租人应当将租赁业务确认为使用权资产和租赁负债(采用简易处理的短期租赁和低价值资产租赁除外)。

(一)租赁负债的初始计量

租赁负债应当按照租赁期开始日尚未支付的租赁付款额的现值进行初始计量。识别应纳入租赁负债的相关付款项目是计量租赁负债的关键。

1. 租赁付款额

租赁付款额是指承租人向出租人支付的与在租赁期内使用租赁资产的权利相关的款项，包括以下几项。

（1）固定付款额及实质固定付款额，存在租赁激励的，扣除租赁激励相关金额。实质固定付款额是指在形式上可能包含变量但实质上无法避免的付款额。常见情形包括：①付款额设定为可变租赁付款额，但该可变条款几乎不可能发生，没有真正的经济实质。例如，付款额仅需在租赁资产经证实能够在租赁期间正常运行时支付，或者仅需在不可能不发生的事件发生时支付。又如，付款额初始设定为与租赁资产使用情况相关的可变付款额，但其潜在可变性将于租赁期开始日之后的某个时点消除，在可变性消除时，该类付款额成为实质固定付款额。②承租人有多套付款额方案，但其中仅有一套是可行的。在此情况下，承租人应采用该可行的付款额方案作为租赁付款额。③承租人有多套可行的付款额方案，但必须选择其中一套。在此情况下，承租人应采用总折现金额最低的一套作为租赁付款额。

【例 8-10】 甲公司是一家知名零售商，从乙公司租入已成熟开发的零售场所开设一家商店。根据租赁合同，甲公司在正常工作时间内必须经营该商店，且甲公司不得将商店闲置或进行分租。合同中关于租赁付款额的条款为：如果甲公司开设的这家商店没有发生销售，则甲公司应付的年租金为 1 000 元；如果这家商店发生销售，则甲公司应付的年租金为 1 000 000 元。

案例分析：该租赁包含每年 1 000 000 元的实质固定付款额。该金额不是取决于销售额的可变付款额。因为甲公司是一家知名零售商，根据租赁合同，甲公司应在正常工作时间内经营该商店，所以甲公司开设的这家商店不可能不发生销售。

租赁激励，是指出租人为达成租赁向承租人提供的优惠，包括出租人向承租人支付的与租赁有关的款项、出租人为承租人偿付或承担的成本等。存在租赁激励的，承租人在确定租赁付款额时，应扣除租赁激励相关金额。

（2）取决于指数或比率的可变租赁付款额，该款项在初始计量时根据租赁期开始日的指数或比率确定。可变租赁付款额是指承租人为取得在租赁期内使用租赁资产的权利，向出租人支付的因租赁期开始日后的事实或情况发生变化（而非时间推移）而变动的款项。可变租赁付款额可能与下列指标或情况挂钩：①市场比率或指数。例如，随基准利率或消费者价格指数变动调整租赁付款额。②承租人源自租赁资产的绩效。例如，零售业不动产租赁可能会要求基于使用该不动产取得的销售收入的一定比例确定租赁付款额；某设备租赁可能基于该设备运营收入的一定比例确定租赁付款额。③租赁资产的使用。例如，车辆租赁可能要求承租人在超过特定里程数时支付额外的租赁付款额。

需要注意的是，纳入租赁负债初始计量的可变租赁付款额仅限取决于指数或比率的可变租赁付款额，包括与消费者价格指数挂钩的款项、与基准利率挂钩的款项和为反映市场租金费率变化而变动的款项等。此类可变租赁付款额应当根据租赁期开始日的指数或比率确定。除取决于指数或比率的可变租赁付款额外的其他可变租赁付款额，均不纳入租赁负债的初始计量，而应当在实际发生时计入当期损益（按照其他章的规定应计入相关资产成本的除外）。

（3）购买选择权的行权价格，前提是承租人合理确定将行使该选择权。在租赁期开始日，承租人应评估是否合理确定将行使购买租赁资产的选择权。在评估时，承租人应考虑对其行使或不行使购买选择权产生经济激励的所有相关事实和情况。如果承租人合理确定将行使购买租赁资产的选择权，则租赁付款额中应包含购买选择权的行权价格。

（4）行使终止租赁选择权需支付的款项，前提是租赁期反映出承租人将行使终止租赁选择权。在租赁期开始日，承租人应评估是否合理确定将行使终止租赁选择权。在评估时，承租人应考虑对其行使或不行使终止租赁选择权产生经济激励的所有相关事实和情况。如果承租人合理确定将行使终止租赁选择权，则租赁付款额中应包含行使终止租赁选择权需支付的款项，并且租赁期不应包含终止租赁选择权涵盖的期间。

【例8-11】承租人甲公司租入某办公楼的一层楼，为期10年。甲公司有权选择在第5年后提前终止租赁，并以相当于6个月的租金作为罚金。每年的租赁付款额为固定金额120 000元。该办公楼是全新的，并且在周边商业园区的办公楼中处于技术领先水平。上述租赁付款额与市场租金水平相符。

案例分析：在租赁期开始日，甲公司评估后认为，6个月的租金对于甲公司而言金额重大，同等条件下，也难以按更优惠的价格租入其他办公楼，可以合理确定不会选择提前终止租赁，因此其租赁负债不应包括提前终止租赁时需支付的罚金，租赁期确定为10年。

（5）根据承租人提供的担保余值预计应支付的款项。担保余值是指与出租人无关的一方向出租人提供担保，保证在租赁结束时租赁资产的价值至少为某指定的金额。如果承租人提供了对余值的担保，则租赁付款额应包含该担保下预计应支付的款项，它反映了承租人预计将支付的金额，而不是承租人担保余值下的最大敞口。

【例8-12】承租人甲公司与出租人乙公司签订了汽车租赁合同，租赁期为5年。合同中就担保余值的规定为：如果该汽车在租赁期结束时的公允价值低于40 000元，则甲公司需向乙公司支付40 000元与汽车公允价值之间的差额，因此，甲公司在该担保余值下的最大敞口为40 000元。

案例分析：在租赁期开始日，甲公司预计该汽车在租赁期结束时的公允价值为40 000元，即甲公司预计在担保余值下将支付的金额为零。因此，甲公司在计算租赁负债时，与担保余值相关的付款额为零。

需要说明的是，承租人向出租人支付的款项中包含增值税的，该增值税不属于租赁付款额的范畴，不应纳入租赁负债和使用权资产的计量。出租人为确保承租人履行合同相关义务收取租赁保证金的，该租赁保证金也不属于承租人的租赁付款额，承租人应将其作为单独的资产进行会计处理。

2. 租赁付款额的现值

租赁付款额的现值是指对租赁期开始日尚未支付的租赁付款额采用一定折现率按照折现的方法计算得到的数据。

$$租赁付款额现值 = \sum_{t=1}^{n} \frac{租赁期开始日尚未支付的租赁付款额}{(1+折现率)^t}$$

在计算租赁付款额的现值时,承租人应当将租赁内含利率作为折现率;无法确定租赁内含利率的,应当将承租人增量借款利率作为折现率。

(1)租赁内含利率,是指使出租人的租赁收款额的现值与未担保余值的现值之和等于租赁资产公允价值与出租人的初始直接费用之和的利率。其中,未担保余值,是指租赁资产余值中,出租人无法保证能够实现或仅由与出租人有关的一方予以担保的部分。初始直接费用,是指为达成租赁所发生的增量成本。增量成本,是指若企业不取得该租赁,则不会发生的成本,如佣金、印花税等。无论是否实际取得租赁都会发生的支出,不属于初始直接费用,如为评估是否签订租赁合同而发生的差旅费、法律费用等,此类费用应当在发生时计入当期损益。其计算公式如下:

$$\sum_{t=0}^{租赁期}\frac{出租人的租赁收款额+未担保余值}{(1+r)^t}=租赁资产公允价值+出租人的初始直接费用$$

式中,r 为租赁内含利率。

(2)承租人增量借款利率,是指承租人在类似经济环境下为获得与使用权资产价值接近的资产,在类似期间以类似抵押条件借入资金须支付的利率。该利率与下列事项相关:①承租人自身情况,即承租人的偿债能力和信用状况;②"借款"的期限,即租赁期;③"借入"资金的金额,即租赁负债的金额;④"抵押条件",即租赁资产的性质和质量;⑤经济环境,包括承租人所处的司法管辖区、计价货币、合同签订时间等。

在具体操作时,承租人可以先根据所处经济环境,以可观察的利率为确定增量借款利率的参考基础,然后根据承租人自身情况、租赁资产情况、租赁期和租赁负债金额等租赁业务具体情况对参考基础进行调整,得出适用的承租人增量借款利率。企业应当对确定承租人增量借款利率的依据和过程做好记录。

(二)使用权资产的初始计量

使用权资产,是指承租人可在租赁期内使用租赁资产的权利。使用权资产应当按照成本进行初始计量。其成本包括以下几项。

(1)租赁负债的初始计量金额。

(2)在租赁期开始日或之前支付的租赁付款额,存在租赁激励的,扣除已享受的租赁激励相关金额。租赁激励,是指出租人为达成租赁向承租人提供的优惠,包括出租人向承租人支付的与租赁有关的款项、出租人为承租人偿付或承担的成本等。

(3)承租人发生的初始直接费用。初始直接费用,是指为达成租赁所发生的增量成本。增量成本是指若企业不取得该租赁,则不会发生的成本。

(4)承租人为拆卸及移除租赁资产、复原租赁资产所在场地或将租赁资产恢复至租赁条款约定状态预计将发生的成本。承租人应当按照《企业会计准则第 13 号——或有事项》对本项成本进行确认和计量。

承租人发生的租赁资产改良支出不属于使用权资产,应当计入"长期待摊费用"科目。

(三)会计科目设置

1. "使用权资产"(资产类)科目

该科目核算承租人持有的使用权资产的原价。该科目可按租赁资产的类别和项目进行明细核算。借方记录承租人取得使用权资产的初始入账成本,贷方记录承租人转让使用权资产或者租赁期满冲减的使用权资产原值。该科目期末借方余额,反映承租人使用权资产的原价。

2. "使用权资产累计折旧"(资产抵减类)科目

该科目核算使用权资产的累计折旧。该科目可按租赁资产的类别和项目进行明细核算。借方记录承租人转让使用权资产或者租赁期满冲减的使用权资产累计计提的折旧,贷方记录承租人自租赁期开始日起(当月计提确有困难的,也可从下月起,但应在附注中披露)按月计提使用权资产的折旧。该科目期末贷方余额,反映使用权资产的累计折旧额。

3. "使用权资产减值准备"(资产抵减类)科目

该科目核算使用权资产的减值准备。该科目可按租赁资产的类别和项目进行明细核算。借方记录承租人转让使用权资产或者租赁期满冲减的使用权资产累计计提的减值准备,贷方记录承租人对使用权资产进行减值测试计提的减值准备。该科目期末贷方余额,反映使用权资产的累计减值准备。使用权资产减值准备一旦计提,不得转回。

4. "租赁负债"(负债类)科目

该科目核算承租人尚未支付的租赁付款额的现值。该科目下设两个二级明细科目。

(1)"租赁付款额"明细科目。该明细科目核算承租人尚未支付的租赁付款额。借方记录承租人分期支付的租赁付款额,贷方记录租赁开始日承租人尚未支付的租赁付款额,该明细科目期末贷方余额,反映承租人尚未支付的租赁付款额。

(2)"未确认融资费用"明细科目。该明细科目核算承租人未确认融资费用及其分摊情况。借方记录租赁开始日承租人尚未支付的租赁付款额与其现值的差额,贷方记录分期摊销结转的未确认融资费用,该明细科目期末借方余额,反映期末尚未摊销的未确认融资费用。

【例8-13】2×24年12月25日,A公司与B公司签订了一份租赁合同。合同主要条款如下。

(1)租赁标的物:程控生产线。

(2)租赁期开始日:租赁物达检A公司生产车间之日(2×25年1月1日)。

(3)租赁期:从租赁期开始日算起48个月(2×25年1月1日~2×28年12月31日)。

(4)租金支付方式:自租赁期开始日起每年初支付租金1 000 000元(不含增值税,增值税税率为13%)。

(5)2×25年1月1日,B公司该程控生产线的公允价值为3 600 000元。

(6)假定承租人不能确定出租人的租赁内含利率,承租人的增量借款利率为8%(年利率)。

（7）该生产线为全新设备，预计使用年限为5年。采用年限平均法计提固定资产折旧。

（8）该生产线的维护费用等由A公司承担，每年10 000元。

（9）2×28年12月31日，将该生产线退还B公司。

（10）A公司在租赁谈判和签订租赁合同过程中发生可归属于程控项目的佣金、印花税等费用10 000元。此外，假设该生产线在生产车间使用，且不需要安装。

承租人A公司在租赁开始日对租赁业务进行识别。

（1）在合同开始日，企业应当评估合同是否为租赁或者包含租赁。如果合同中一方让渡了在一定期间内控制一项或多项已识别资产使用的权利以换取对价，则该合同为租赁或者包含租赁。A公司已经将该份合同评估为租赁合同，且已识别资产的租赁性质已经在合同中明确说明，A公司在2×25年1月1日~2×28年12月31日使用该资产，并获得使用该生产线产生的全部经济利益。

（2）对该租赁合同业务中是否包含非租赁部分进行识别。如果有非租赁部分的业务，承租人需进一步确定是否要将租赁合同进行分拆。该生产线每年10 000元的维护费用属于非租赁业务，但该业务由A公司承担，不用考虑。

（3）本例合同不是两份或多份合同，不存在需要合并的租赁业务。

租赁付款额＝固定付款额及实质固定付款额＋取决于指数或比率的可变租赁付款额＋购买选择权的行权价格＋行使终止租赁选择权需支付的款项＋根据承租人提供的担保余值预计应支付的款项＝1 000 000×4＋0＋0＋0＋0＝4 000 000（元）。

租赁负债的初始计量金额＝租赁期开始日尚未支付的租赁付款额的现值
$$=1\,000\,000\times(P/A,8\%,3)$$
$$=2\,577\,100（元）$$

式中，$(P/A,8\%,3)$为期限为3年，折现率为8%的年金现值系数。

使用权资产的初始计量成本＝租赁负债的初始计量金额＋在租赁期开始日或之前支付的租赁付款额（减去租赁激励）＋初始直接费用＋拆卸及移除租赁资产等将发生的成本。

使用权资产的初始计量成本＝2 577 100＋1 000 000＋10 000＋0＝3 587 100（元）

未确认融资费用＝租赁期开始日尚未支付的租赁付款额－租赁负债的初始计量金额
$$=3\,000\,000-2\,577\,100=422\,900（元）$$

借：使用权资产——程控生产线租赁　　　　　　　　　　3 587 100
　　应交税费——应交增值税（进项税）　　　　　　　　　130 000
　　租赁负债——未确认融资费用——B公司　　　　　　　422 900
　贷：租赁负债——租赁付款额——B公司　　　　　　　　3 000 000
　　　银行存款　　　　　　　　　　　　　　　　　　　　1 140 000

三、承租人对租赁业务的后续计量

（一）租赁负债后续计量

1. 租赁负债后续计量基础

在租赁期开始日后，承租人应当按照下列原则对租赁负债进行后续计量。

（1）确认租赁负债的利息时，增加租赁负债的账面金额。其会计处理如下。

借：××资产或者财务费用
　　贷：租赁负债——未确认融资费用

（2）支付租赁付款额时，减少租赁负债的账面金额。其会计处理如下。

借：租赁负债——租赁付款额
　　应交税费——应交增值税（进项税）
　　贷：银行存款

（3）当由于重估或租赁变更等原因，租赁付款额发生变动时，重新计量租赁负债的账面价值。

2. 租赁负债计息

承租人应当按照固定的周期性利率计算租赁负债在租赁期内各期间的利息费用，并计入当期损益。按照《企业会计准则第 17 号——借款费用》等准则的规定应当计入相关资产成本的，从其规定。上述周期性利率，是指所采用的折现率，或者按照规定所采用的修订后的折现率。

租赁负债利息＝租赁负债期初余额×周期性利率

未纳入租赁负债计量的可变租赁付款额应当在实际发生时计入当期损益。按照《企业会计准则第 1 号——存货》等准则的规定应当计入相关资产成本的，从其规定。

3. 租赁负债的重新计量

在租赁期开始日后，当发生下列四种情形时，承租人应当按照变动后租赁付款额的现值重新计量租赁负债，并相应调整使用权资产的账面价值。使用权资产的账面价值已调减至零，但租赁负债仍需进一步调减的，承租人应当将剩余金额计入当期损益。

（1）实质固定付款额发生变动。如果租赁付款额最初是可变的，但在租赁期开始日后的某一时点转为固定，那么，在潜在可变性消除时，该付款额成为实质固定付款额，应纳入租赁负债的计量中。承租人应当按照变动后租赁付款额的现值重新计量租赁负债。在该情形下，承租人采用的折现率不变，即采用租赁期开始日确定的折现率。

【例 8-14】承租人甲公司签订了一份为期 10 年的机器租赁合同。租金于每年末支付，并按以下方式确定：第 1 年，租金根据该机器在第 1 年下半年的实际产能确定；第 2 年至第 10 年，每年的租金根据该机器在第 1 年下半年的实际产能确定，即租金将在第 1 年末转变为固定付款额。在租赁期开始日，甲公司无法确定租赁内含利率，其增量借款利率为 5%。假设在第 1 年末，根据该机器在第 1 年下半年的实际产能所确定的租赁付款额为每年 20 000 元（不含增值税）。

案例分析：在租赁期开始时，由于未来的租金尚不确定，因此甲公司的租赁负债为 0。在第 1 年末，租金的潜在可变性消除，成为实质固定付款额（即每年 20 000 元），因此甲公司应基于变动后的租赁付款额重新计量租赁负债，并采用不变的折现率（即 5%）进行折现。

（a）支付第 1 年的可变租金并计入当期损益。

借：制造费用等　　　　　　　　　　　　　　　　　　　　20 000
　　应交税费——应交增值税（进项税）　　　　　　　　　　2 600

　　　　贷：银行存款　　　　　　　　　　　　　　　　　　　　　　　22 600
　　（b）第1年末确认使用权资产和租赁负债。
　　甲公司后续年度需支付的租赁付款额＝20 000×9＝180 000（元）
　　租赁负债＝20 000×（P/A，5%，9）＝142 156（元）
　　未确认融资费用为＝180 000－142 156＝37 844（元）
　　使用权资产＝租赁负债＝20 000×（P/A，5%，9）＝142 156（元）
　　借：使用权资产　　　　　　　　　　　　　　　　　　　　　　142 156
　　　　租赁负债——未确认融资费用　　　　　　　　　　　　　　 37 844
　　　　贷：租赁负债——租赁付款额　　　　　　　　　　　　　　　180 000
　（2）担保余值预计的应付金额发生变动。在租赁期开始日后，承租人应对其在担保余值下预计支付的金额进行估计。该金额发生变动的，承租人应当按照变动后租赁付款额的现值重新计量租赁负债。在该情形下，承租人采用的折现率不变。

【例8-15】（沿用【例8-12】的资料）在租赁期开始日后，承租人甲公司对该汽车在租赁期结束时的公允价值进行监测。假设在第1年末，甲公司预计该汽车在租赁期结束时的公允价值为30 000元。那么，甲公司应将该担保余值下预计应付的金额10 000元（40 000－30 000）纳入租赁付款额，并采用不变的折现率（假定在租赁期开始日，甲公司无法确定租赁内含利率，其增量借款利率为5%）折现来重新计量租赁负债。
　　租赁负债调整额＝10 000×（P，5%，4）＝8 230（元）
　　未确认融资费用调整额＝10 000－8230＝1 770（元）
　　使用权资产调整额＝租赁负债调整额＝10 000×（P，5%，4）＝8 230（元）
　　借：使用权资产　　　　　　　　　　　　　　　　　　　　　　8 230
　　　　租赁负债——未确认融资费用　　　　　　　　　　　　　　 1 770
　　　　贷：租赁负债——租赁付款额　　　　　　　　　　　　　　　10 000
　（3）用于确定租赁付款额的指数或比率发生变动。在租赁期开始日后，由浮动利率变动导致未来租赁付款额发生变动的，承租人应当按照变动后租赁付款额的现值重新计量租赁负债。在该情形下，承租人应采用反映利率变动的修订后的折现率进行折现。
　　在租赁期开始日后，用于确定租赁付款额的指数或比率（浮动利率除外）的变动导致未来租赁付款额发生变动的，承租人应当按照变动后租赁付款额的现值重新计量租赁负债。在该情形下，承租人采用的折现率不变。
　　需要注意的是，仅当现金流量发生变动，即租赁付款额的变动生效时，承租人才应重新计量租赁负债，以反映变动后的租赁付款额。承租人应基于变动后的合同付款额，确定剩余租赁期内的租赁付款额。
　（4）购买选择权、续租选择权或终止租赁选择权的评估结果或者实际行使情况发生变化。租赁期开始日后，发生下列情形的，承租人应采用修订后的折现率对变动后的租赁付款额进行折现，以重新计量租赁负债：
　（a）发生承租人可控范围内的重大事件或变化，且影响承租人是否合理确定将行使续租选择权或终止租赁选择权的，承租人应当对其是否合理确定将行使相应选择权进行重新评估。上述选择权的评估结果发生变化的，承租人应当根据新的评估结果重新确定租赁期和租赁付款额。前述选择权的实际行使情况与原评估结果不一致等导致租赁期变化的，也应当根据新的租赁期重新确定租赁付款额。

（b）发生承租人可控范围内的重大事件或变化，且影响承租人是否合理确定将行使购买选择权的，承租人应当对其是否合理确定将行使购买选择权进行重新评估。评估结果发生变化的，承租人应根据新的评估结果重新确定租赁付款额。

上述两种情形下，承租人在计算变动后租赁付款额的现值时，应当将剩余租赁期间的租赁内含利率作为折现率；无法确定剩余租赁期间的租赁内含利率的，应当将重估日的承租人增量借款利率作为折现率。

（二）使用权资产后续计量

1. 使用权资产后续计量基础

在租赁期开始日后，承租人应当采用成本模式对使用权资产进行后续计量，即以成本减累计折旧及累计减值损失计量使用权资产。承租人按照本章有关规定重新计量租赁负债的，应当相应调整使用权资产的账面价值。

2. 使用权资产的折旧

在租赁期开始日后，承租人应当参照《企业会计准则第 4 号——固定资产》中有关折旧的规定，自租赁期开始日起对使用权资产计提折旧。使用权资产通常应自租赁期开始的当月计提折旧，当月计提确有困难的，为便于实务操作，企业也可以选择自租赁期开始的下月计提折旧，但应对同类使用权资产采取相同的折旧政策。计提的折旧金额应根据使用权资产的用途，计入相关资产的成本或者当期损益。

（1）折旧方法选择：应当根据与使用权资产有关的经济利益的预期消耗方式做出决定。通常，承租人按直线法对使用权资产计提折旧。如果其他折旧方法更能反映使用权资产有关经济利益预期消耗方式，则应采用其他折旧方法。

（2）折旧期间确定：承租人能够合理确定租赁期届满时取得租赁资产所有权的，应当在租赁资产剩余使用寿命内计提折旧。无法合理确定租赁期届满时能够取得租赁资产所有权的，应当在租赁期与租赁资产剩余使用寿命两者孰短的期间内计提折旧。

（3）应计折旧总额的确定：承租人能够合理确定租赁期届满时取得租赁资产所有权的，应计折旧总额为使用权资产初始入账金额扣除预计净残值的差额。无法合理确定租赁期届满时能够取得租赁资产所有权的，应计折旧总额为使用权资产初始入账金额。

（4）使用权资产计提折旧的会计处理：承租人应当根据租赁资产的使用部门，将使用权资产计提的折旧费计入相关资产成本或者当期损益。按应计折旧的金额，借记"制造费用"或者"管理费用""销售费用"等科目，贷记"使用权资产累计折旧"科目。

3. 使用权资产的减值

在租赁期开始日后，承租人应当按照《企业会计准则第 8 号——资产减值》的规定，确定使用权资产是否发生减值，并对已识别的减值损失进行会计处理。使用权资产发生减值的，按应减记的金额，借记"资产减值损失"科目，贷记"使用权资产减值准备"科目。使用权资产减值准备一旦计提，不得转回。承租人应当按照扣除了减值损失之后的使用权资产的账面价值，进行后续折旧。

【例 8-16】（沿用【例 8-13】的资料）A 公司按照租赁合同在租赁期内支付租金、计算租赁负债利息，并计提折旧费。

（1）计算租赁负债利息（表 8-2）。

表 8-2　租赁负债利息计算表（一）　　　　　　　　　　　　　　　单位：元

日期	租金支付②	租赁负债利息 ③=期初⑤×8%	租赁负债支付 ④=②-③	租赁负债余额 期末⑤=期初⑤-④
2×25-01-01				2 577 100
2×25-12-31	1 000 000	206 168	793 832	1 783 268
2×26-12-31	1 000 000	142 661.44	857 338.56	925 929.44
2×27-12-31	1 000 000	74 070.56*	925 929.44*	0
合计	3 000 000	422 900	2 577 100	

*做尾数调整：74 070.56=1 000 000-925 929.44；925 929.44=925 929.44-0

（2）2×25 年计算租赁负债利息，并计提折旧费。

（a）2×25 年 12 月 31 日计算租赁负债利息。

　　借：财务费用　　　　　　　　　　　　　　　　　　　　　　206 168
　　　　贷：租赁负债——未确认融资费用——B 公司　　　　　　　　　　206 168

（b）2×25 年 12 月 31 日折旧费用处理。

年折旧额=3 587 100/4=896 775（元）

　　借：制造费用　　　　　　　　　　　　　　　　　　　　　　896 775
　　　　贷：使用权资产累计折旧　　　　　　　　　　　　　　　　　896 775

（3）2×26 年支付租金（增值税税率为 13%），计算租赁负债利息，并计提折旧费。

（a）2×26 年 1 月 1 日支付租金的处理。

　　借：租赁负债——租赁付款额——B 公司　　　　　　　　　　1 000 000
　　　　应交税费——应交增值税（进项税）　　　　　　　　　　　130 000
　　　　贷：银行存款　　　　　　　　　　　　　　　　　　　　1 130 000

（b）2×26 年 12 月 31 日计算租赁负债利息。

　　借：财务费用　　　　　　　　　　　　　　　　　　　　　142 661.44
　　　　贷：租赁负债——未确认融资费用——B 公司　　　　　　　　142 661.44

（c）2×26 年 12 月 31 日折旧费用处理。

年折旧额=3 587 100/4=896 775（元）

　　借：制造费用　　　　　　　　　　　　　　　　　　　　　　896 775
　　　　贷：使用权资产累计折旧　　　　　　　　　　　　　　　　　896 775

（4）2×27 年支付租金（增值税税率为 13%），计算租赁负债利息，并计提折旧费。

（a）2×27 年 1 月 1 日支付租金的处理。

　　借：租赁负债——租赁付款额——B 公司　　　　　　　　　　1 000 000
　　　　应交税费——应交增值税（进项税）　　　　　　　　　　　130 000
　　　　贷：银行存款　　　　　　　　　　　　　　　　　　　　1 130 000

（b）2×27 年 12 月 31 日计算租赁负债利息。

借：财务费用　　　　　　　　　　　　　　　　　　　74 070.56
　　　贷：租赁负债——未确认融资费用——B 公司　　　　　　　　74 070.56

（c）2×27 年 12 月 31 日折旧费用处理。

年折旧额＝3 587 100/4＝896 775（元）

借：制造费用　　　　　　　　　　　　　　　　　　　896 775
　　　贷：使用权资产累计折旧　　　　　　　　　　　　　　　　　　896 775

（5）2×28 年支付租金（增值税税率为 13%），并计提折旧费。

（a）2×28 年 1 月 1 日支付租金的处理。

借：租赁负债——租赁付款额——B 公司　　　　　　　1 000 000
　　应交税费——应交增值税（进项税）　　　　　　　　130 000
　　　贷：银行存款　　　　　　　　　　　　　　　　　　　　　　1 130 000

（b）2×28 年 12 月 31 日折旧费用处理。

年折旧额＝3 587 100/4＝896 775（元）

借：制造费用　　　　　　　　　　　　　　　　　　　896 775
　　　贷：使用权资产累计折旧　　　　　　　　　　　　　　　　　　896 775

（三）租赁变更的处理

租赁变更，是指原合同条款之外的租赁范围、租赁对价、租赁期限的变更，包括增加或终止一项或多项租赁资产的使用权，延长或缩短合同规定的租赁期等。

1. 租赁变更作为一项单独租赁处理

租赁发生变更且同时符合下列条件的，承租人应当将该租赁变更作为一项单独租赁进行会计处理。

（1）该租赁变更通过增加一项或多项租赁资产的使用权而扩大了租赁范围。

（2）增加的对价与租赁范围扩大部分的单独价格按该合同情况调整后的金额相当。

【例 8-17】承租人甲公司与出租人乙公司就 2 000 平方米的办公场所签订了一项为期 10 年的租赁合同。在第 6 年初，甲公司和乙公司同意对原租赁合同进行变更，以扩租同一办公楼内 3 000 平方米的办公场所。扩租的场所于第 6 年第二季度末可供甲公司使用。增加的租赁对价与新增 3 000 平方米办公场所的当前市价（根据甲公司获取的扩租折扣进行调整后的金额）相当。扩租折扣反映了乙公司节约的成本，即若将相同场所租赁给新租户，乙公司将会发生的额外成本（如营销成本）。

案例分析：甲公司应当将该变更作为一项单独的租赁，与原来的 10 年期租赁分别进行会计处理。原因在于，该租赁变更通过增加 3 000 平方米办公场所的使用权而扩大了租赁范围，并且增加的租赁对价与新增使用权的单独价格按该合同情况调整后的金额相当。据此，在新租赁的租赁期开始日（即第 6 年第二季度末），甲公司确认与新增 3 000 平方米办公场所租赁相关的使用权资产和租赁负债。甲公司对原有 2 000 平方米办公场所租赁的会计处理不会因为该租赁变更而进行任何调整。

2. 租赁变更未作为一项单独租赁处理

租赁变更未作为一项单独租赁进行会计处理的，在租赁变更生效日，承租人应当按照有关租赁合同分拆的规定分摊变更后合同的对价，重新确定租赁期，并按照变更后的租赁付款额和修订后的折现率计算的现值重新计量租赁负债。

在计算变更后租赁付款额的现值时，承租人应当将剩余租赁期间的租赁内含利率作为修订后的折现率；无法确定剩余租赁期间的租赁内含利率的，应当将租赁变更生效日的承租人增量借款利率作为修订后的折现率。租赁变更生效日，是指双方就租赁变更达成一致的日期。

就上述租赁负债调整的影响，承租人应区分下列情形进行会计处理：

（1）租赁变更导致租赁范围缩小或租赁期缩短的，承租人应当调减使用权资产的账面价值，以反映租赁的部分终止或完全终止。承租人应将部分终止或完全终止租赁的相关利得或损失计入当期损益（"资产处置损益"科目）。

（2）对于其他租赁变更，承租人应当相应调整使用权资产的账面价值。

【例 8-18】 承租人甲公司与出租人乙公司就 5 000 平方米的办公场所签订了 10 年期的租赁合同。年租赁付款额为 100 000 元，于每年末支付。甲公司无法确定租赁内含利率。在租赁期开始日，甲公司的增量借款利率为 6%，相应的租赁负债和使用权资产的初始确认金额均为 736 000[100 000×（P/A，6%，10）]元。在第 6 年初，甲公司和乙公司同意对原租赁合同进行变更，即自第 6 年初起，将原租赁场所缩减至 2 500 平方米。每年的租赁付款额（第 6 年至第 10 年）调整为 60 000 元。承租人第 6 年初的增量借款利率为 5%。

案例分析：

（1）在租赁变更生效日（即第 6 年初），将原租赁场所缩减至 2 500 平方米，缩减比率为 50%，所以，原确认的使用权资产和租赁负债应终止确认 50%。

（a）使用权资产应终止确认 50%。

减少原始价值＝736 000×50%＝368 000（元）

减少累计折旧＝736 000/10×5×50%＝184 000（元）

减少账面价值＝368 000－184 000＝184 000（元）

（b）租赁负债应终止确认 50%。

减少租赁付款额＝100 000×5×50%＝250 000（元）

减少租赁负债＝250 000/5×（P/A，6%，5）＝50 000×4.212＝210 600（元）

减少未确认融资费用＝250 000－210 600＝39 400（元）

（c）终止确认损益＝210 600－184 000＝26 600（元）

借：使用权资产累计折旧	184 000
租赁负债——租赁付款额	250 000
贷：使用权资产	368 000
租赁负债——未确认融资费用	39 400
资产处置损益	26 600

（2）甲公司基于下列情况对租赁负债和使用权资产进行重新计量：①剩余租赁期为5年；②年付款额为60 000元；③采用修订后的折现率5%进行折现。据此，计算得出租赁变更后的租赁负债为259 740[60 000×（P/A，5%，5）=60 000×4.329]元。

调增租赁付款额=（60 000－100 000/2）×5=50 000（元）

调增租赁负债=租赁变更后的租赁负债－终止确认50%后的租赁负债余额
　　　　　　=259 740－210 600=49 140（元）

调增未确认融资费用=50 000－49 140=860（元）

调增使用权资产=调增租赁负债=259 740－210 600=49 140（元）

借：使用权资产　　　　　　　　　　　　　　　　　　　49 140
　　租赁负债——未确认融资费用　　　　　　　　　　　　860
　　贷：租赁负债——租赁付款额　　　　　　　　　　　　　50 000

需要注意的是，租赁变更导致租赁期缩短至1年以内的，承租人应当按照前述要求，调减使用权资产的账面价值，将部分终止租赁的相关利得或损失计入"资产处置损益"科目，不得改按短期租赁进行简化处理或追溯调整。

【例8-19】承租人甲公司与出租人乙公司就5 000平方米的办公场所签订了一项为期10年的租赁合同。年租赁付款额为100 000元，于每年末支付。甲公司无法确定租赁内含利率。甲公司在租赁期开始日的增量借款利率为6%。在第7年初，甲公司和乙公司同意对原租赁合同进行变更，即将租赁期延长4年。每年的租赁付款额不变（即在第7年至第14年每年末支付100 000元）。甲公司在第7年初的增量借款利率为7%。

案例分析：在租赁变更生效日（即第7年初），甲公司基于下列情况对租赁负债进行重新计量：①剩余租赁期为8年；②年付款额为100 000元；③采用修订后的折现率7%进行折现。

租赁变更后的租赁负债=100 000×（P/A，7%，8）=100 000×5.971=597 100（元）

租赁变更前的租赁负债余额=100 000×（P/A，6%，4）=100 000×3.465=346 500（元）

调增使用权资产=调增租赁负债=597 100－346 500=250 600（元）

其中：调增租赁付款额=100 000×4=400 000（元）

　　　调增未确认融资费用=400 000－250 600=149 400（元）

借：使用权资产　　　　　　　　　　　　　　　　　　　250 600
　　租赁负债——未确认融资费用　　　　　　　　　　　149 400
　　贷：租赁负债——租赁付款额　　　　　　　　　　　　400 000

四、承租人租赁期届满时的会计处理

租赁期届满时，承租人对使用权资产的处理有留购、返还和续租。

1. 留购使用权资产

（1）支付购价。

借：租赁负债——租赁付款额
　　　　贷：银行存款
（2）结转资产所有权。
　　借：固定资产——其他固定资产
　　　　贷：使用权资产
　　借：使用权资产累计折旧
　　　　贷：累计折旧

2. 返还使用权资产
　　借：使用权资产累计折旧
　　　　贷：使用权资产

3. 续租使用权资产
承租人行使续租选择权，应视同该项租赁一直存在，按照租赁变更进行处理。

【例8-20】（承【例8-16】【例8-13】）2×28年12月31日到期时，A公司归还使用权资产。

　　借：使用权资产累计折旧　　　　　　　　　　　　　　　　　3 587 100
　　　　贷：使用权资产　　　　　　　　　　　　　　　　　　　　　　　3 587 100

五、短期租赁与低价值资产租赁会计处理

对于短期租赁和低价值资产租赁，承租人可以选择不确认使用权资产和租赁负债。做出该选择的，承租人应当将短期租赁和低价值资产租赁的租赁付款额，在租赁期内各个期间按照直线法或其他系统合理的方法计入相关资产成本或当期损益。其他系统合理的方法能够更好地反映承租人的受益模式的，承租人应当采用该方法。

按照上述规定进行简化处理的短期租赁发生租赁变更或者由租赁变更之外的原因导致租赁期发生变化的，承租人应当将其视为一项新租赁进行会计处理。低价值资产租赁不必做租赁变更的处理。

【例8-21】A公司还有两项租赁业务：一是一项动力机械的租赁业务，租期为6个月，每月末支付租金100 000元，总租金600 000元；二是低价值资产租赁，租入资产为200套职工培训、用餐桌椅等，预计2×24年7月租入，2×25年7月归还，总费用为240 000元，于2×24年末和2×25年归还设备时分两次平均支付。A公司对这两项租赁业务采用简便、系统、合理的方法进行处理。

1. 对短期租赁业务的会计处理

对于短期租赁业务，由于是每月支付租赁费用，A公司采用逐月计入制造费用的方式进行会计处理。在每月终了向出租人支付相关费用时的会计处理如下（金额单位：元）。

　　借：制造费用　　　　　　　　　　　　　　　　　　　　　　100 000
　　　　贷：银行存款　　　　　　　　　　　　　　　　　　　　　　　　100 000

此会计分录要连续记录6个月，直到将该设备归还时为止。

2. 对低价值资产租赁的会计处理

对于低价值资产的租赁业务，A 公司采用分月预提计入其他应付款的方式，支付费用时分别进行会计处理（金额单位：元）。

（1）在每月终了时的会计处理如下。

借：管理费用——培训费　　　　　　　　　　　　　　　2 000
　　贷：其他应付款　　　　　　　　　　　　　　　　　　　　2 000

（2）在年末和下一年度归还资产时的会计处理如下。

借：其他应付款　　　　　　　　　　　　　　　　　　　12 000
　　贷：银行存款　　　　　　　　　　　　　　　　　　　　　12 000

六、承租人租赁信息列报

（一）表内项目列报

（1）在资产负债表中：承租人应当单独列示使用权资产和租赁负债。其中，租赁负债通常分别按非流动负债和一年内到期的非流动负债列示。

（2）在利润表中：承租人应当分别列示租赁负债的利息费用与使用权资产的折旧费用。租赁负债的利息费用在财务费用项目列示。

（3）在现金流量表中：偿还租赁负债本金和利息所支付的现金应当计入筹资活动现金流出，支付的按简化处理的短期租赁付款额和低价值资产租赁付款额以及未纳入租赁负债计量的可变租赁付款额应当计入经营活动现金流出。

（二）表外租赁信息披露

承租人应当在附注中披露与租赁有关的下列信息。

（1）各类使用权资产的期初余额、本期增加额、期末余额以及累计折旧额和减值金额。

（2）租赁负债的利息费用。

（3）计入当期损益的按简化处理的短期租赁费用和低价值资产租赁费用。

（4）未纳入租赁负债计量的可变租赁付款额。

（5）转租使用权资产取得的收入。

（6）与租赁相关的总现金流出。

（7）售后租回交易产生的相关损益。

（8）其他按照《企业会计准则第 37 号——金融工具列报》应当披露的有关租赁负债的信息。

（9）承租人对短期租赁和低价值资产租赁进行简化处理的，应当披露这一事实。

（10）承租人应当根据理解财务报表的需要，披露有关租赁活动的其他定性和定量信息。此类信息包括：租赁活动的性质，如对租赁活动基本情况的描述；未纳入租赁负债计量的未来潜在现金流出；租赁导致的限制或承诺；售后租回交易之外的其他信息；其他相关信息。

第三节 出租人的会计处理

一、出租人对租赁业务的分类及分类标准

（一）出租人对租赁业务的分类

出租人应当在租赁开始日将租赁分为融资租赁和经营租赁。

租赁开始日是指租赁合同签署日与租赁各方就主要租赁条款做出承诺日中的较早者。

融资租赁是指实质上转移了与租赁资产所有权有关的几乎全部风险和报酬的租赁。其所有权最终可能转移，也可能不转移。

经营租赁是指除融资租赁以外的其他租赁。

除非发生租赁变更，否则出租人无须在租赁开始日后对租赁的分类进行重新评估。租赁开始日后，租赁资产预计使用寿命、预计余值等会计估计变更或发生承租人违约、承租人按照原合同条款行使续租选择权或终止租赁选择权导致租赁期变化等情况的，不属于租赁变更，出租人无须对相关租赁的分类进行重新评估。

租赁合同可能包括因租赁开始日与租赁期开始日之间发生的特定变化而需对租赁付款额进行调整的条款与条件（例如，出租人租赁资产的成本发生变动，或出租人对该租赁的融资成本发生变动）。在此情况下，出于租赁分类目的，此类变动的影响均视为在租赁开始日已发生。

（二）融资租赁与经营租赁的分类标准

一项租赁属于融资租赁还是经营租赁取决于交易的实质，而不是合同的形式。如果一项租赁实质上转移了与租赁资产所有权有关的几乎全部风险和报酬，出租人应当将该项租赁分类为融资租赁。一项租赁存在下列一种或多种情形的，通常分类为融资租赁。

（1）在租赁期届满时，租赁资产的所有权转移给承租人。

（2）承租人有购买租赁资产的选择权，所订立的购买价款与预计行使选择权时租赁资产的公允价值相比足够低，因而在租赁开始日就可以合理确定承租人将行使该选择权。

（3）资产的所有权虽然不转移，但租赁期占租赁资产使用寿命的大部分。实务中，这里的"大部分"一般指租赁期占租赁开始日租赁资产使用寿命的75%以上（含75%）。需要说明的是，这里的量化标准只是指导性标准，企业在具体运用时，必须以会计准则规定的相关条件进行综合判断。这条标准强调的是租赁期占租赁资产使用寿命的比重，而非租赁期占该项资产全部可使用年限的比重。如果租赁资产是旧资产，在租赁前已使用年限超过资产自全新时起算可使用年限的75%以上时，则这条判断标准不适用，不能使用这条标准确定租赁的分类。

（4）在租赁开始日，租赁收款额的现值几乎相当于租赁资产的公允价值。实务中，

这里的"几乎相当于",通常控制在90%以上。需要说明的是,这里的量化标准只是指导性标准,企业在具体运用时,必须以会计准则规定的相关条件进行综合判断。

(5)租赁资产性质特殊,如果不做较大改造,只有承租人才能使用。

一项租赁存在下列一项或多项迹象的,也可能分类为融资租赁。

(1)若承租人撤销租赁,撤销租赁对出租人造成的损失由承租人承担。

(2)资产余值的公允价值波动所产生的利得或损失归属于承租人。

(3)承租人有能力以远低于市场水平的租金继续租赁至下一期间。

需要说明的是,出租人判断租赁类型时,上述情形和迹象并非总是决定性的,相关量化标准只是指导性标准,企业在具体运用时,应综合考虑经济激励的有利方面和不利方面,以与租赁资产所有权相关的风险和报酬的转移程度为依据进行综合判断。若有其他特征充分表明,租赁实质上没有转移与租赁资产所有权相关的几乎全部风险和报酬,则该租赁应分类为经营租赁。例如,若租赁资产的所有权在租赁期结束时是以相当于届时其公允价值的可变付款额转让至承租人,或者存在可变租赁付款额导致出租人实质上没有转移几乎全部风险和报酬,就可能出现这种情况。

二、出租人对融资租赁的会计处理

(一)出租人融资租赁会计核算会计科目设置

1. "融资租赁资产"(资产类)科目

该科目核算专营租赁企业作为出租人为开展融资租赁业务取得资产的成本。该科目可按租赁资产类别和项目进行明细核算。该科目借方记录出租人购入和以其他方式取得融资租赁资产的实际成本,贷方记录租赁开始日出租人结转的融资租赁资产的账面价值。该科目期末借方余额,反映企业融资租赁资产的成本。非专营租赁企业在"固定资产"等科目核算。

2. "应收融资租赁款"(资产类)科目

该科目核算出租人融资租赁产生的租赁投资净额。该科目下设三个二级明细科目。

(1)"租赁收款额"明细科目。该明细科目核算出租人尚未收到的租赁收款额的收取情况。该明细科目借方记录租赁期开始日尚未收到的租赁收款额,贷方记录租赁期内分期收到的租赁收款额,期末借方余额,反映期末尚未收到的租赁收款额。

(2)"未担保余值"明细科目。该明细科目核算出租人融资租赁资产未担保余值情况。该明细科目借方记录租赁期开始日融资租赁资产未担保余值,贷方记录租赁期满转销的融资租赁资产未担保余值,期末借方余额,反映期末融资租赁资产未担保余值。

(3)"未实现融资收益"明细科目。该明细科目核算出租人融资租赁资产未实现融资收益及其分配情况。该明细科目借方记录租赁期内分期分配的未实现融资收益,贷方记录租赁开始日确认的未实现融资收益,期末贷方余额,反映期末尚未分配的未实现融资收益。

3. "应收融资租赁款减值准备"(资产抵减类)科目

该科目核算应收融资租赁款的减值准备。该科目借方记录转回已计提的减值准备,贷方记录应收融资租赁款发生预期信用损失计提的减值准备，该科目期末贷方余额，反映应收融资租赁款的累计减值准备金额。

4. "租赁收入"（损益类）科目

该科目核算专营租赁企业作为出租人确认的融资租赁和经营租赁的租赁收入。一般企业根据自身业务特点确定租赁收入的核算科目，如"其他业务收入"等。该科目可按租赁资产类别和项目进行明细核算。该科目借方记录冲减和结转的租赁收入，贷方记录确认的租赁收入，该科目期末结转后无余额。

（二）出租人在租赁期开始日对融资租赁业务的处理

1. 租赁债权的确认与初始计量

在租赁期开始日，出租人应当对融资租赁确认应收融资租赁款，并终止确认融资租赁资产。出租人对应收融资租赁款进行初始计量时，应当将租赁投资净额作为应收融资租赁款的入账价值。租赁投资净额为租赁期开始日尚未收到的租赁收款额和未担保余值按照租赁内含利率折现的现值之和。

$$租赁投资净额 = \sum_{t=1}^{n} \frac{租赁期开始日尚未收到的租赁收款额 + 未担保余值}{(1+折现率)^t}$$

租赁收款额，是指出租人因让渡在租赁期内使用租赁资产的权利而应向承租人收取的款项，包括以下几项。

（1）承租人需支付的固定付款额及实质固定付款额，存在租赁激励的，扣除租赁激励相关金额。

（2）取决于指数或比率的可变租赁付款额，该款项在初始计量时根据租赁期开始日的指数或比率确定。

（3）购买选择权的行权价格，前提是合理确定承租人将行使该选择权。

（4）承租人行使终止租赁选择权需支付的款项，前提是租赁期反映承租人将行使终止租赁选择权。

（5）由承租人、与承租人有关的一方以及有经济能力履行担保义务的独立第三方向出租人提供的担保余值。

出租人向承租人收取的款项中包含增值税的，该增值税不属于租赁收款额的范畴，不应纳入应收融资租赁款的计量。出租人为确保承租人履行合同相关义务收取租赁保证金的，该租赁保证金不属于出租人的租赁收款额，出租人应当将其作为单独的负债进行会计处理，不应冲减应收融资租赁款。

2. 租赁期开始日对融资租赁业务的会计处理

（1）外购取得融资租赁资产。

借：融资租赁资产
　　应交税费——应交增值税（进项税）
　贷：银行存款

（2）出租融资租赁资产。

借：银行存款（租赁期开始日已收到的租赁收款额）
　　应收融资租赁款——租赁收款额（租赁期开始日未收到的租赁收款额）
　　应收融资租赁款——未担保余值（预计租赁期结束时的未担保余值）
　贷：融资租赁资产（账面价值）
　　　银行存款（初始直接费用）
　　　应收融资租赁款——未实现融资收益（未收到的租赁收款额、未担保余值之和与租赁投资净额的差额）
借或贷：资产处置损益（租赁资产公允价与账面价的差额）

【例 8-22】（沿用【例 8-13】的资料）B 公司为专营租赁公司的有关资料如下。

（1）2×25 年 1 月 1 日，B 公司该程控生产线的公允价值为 3 600 000 元，账面价值为 2 000 000 元。

（2）发生初始直接费用 100 000 元。

（3）采用实际利率法确认各期应分配的未实现融资收益。

（4）2×28 年 12 月 31 日，从 A 公司收回该程控生产线，未担保余值为 0。

B 公司租赁开始日的账务处理如下。

第一步：判断租赁类型。

本例中，租赁期（4 年）占租赁资产尚可使用年限（5 年）的 80%，大于 75%，满足融资租赁的第（3）条标准；另外，租赁资产租赁期间的日常维护费用由承租人 A 公司承担，实质上已转移了与租赁资产所有权有关的几乎全部风险和报酬。因此，B 公司应当将该项租赁认定为融资租赁。

第二步：计算租赁内含利率。

根据租赁内含利率的定义，租赁内含利率是指在租赁开始日，使租赁收款额的现值与未担保余值的现值之和等于租赁资产公允价值与出租人的初始直接费用之和的利率。

$1\,000\,000 + 1\,000\,000 \times (P/A, r, 3) = 3\,600\,000 + 100\,000 = 3\,700\,000$

$1\,000\,000 \times (P/A, r, 3) = 2\,700\,000$

$(P/A, r, 3) = 2.7$

经查表，可知：

年金系数	利率
2.723 2	5%
2.7	r
2.673 0	6%

$(2.723\,2 - 2.7) / (2.723\,2 - 2.673\,0) = (5\% - r) / (5\% - 6\%)$

$r = 5.46\%$

即租赁内含利率为 5.46%。

第三步：计算租赁开始日租赁收款额及其现值。

租赁收款额＝承租人需支付的固定付款额及实质固定付款额（减去租赁激励）＋取决于指数或比率的可变租赁付款额＋购买选择权的行权价格＋承租人行使终止租赁选择权需支付的款项＋承租人等提供的担保余值＝1 000 000×4＝4 000 000（元）

未收到租赁收款额的现值＝1 000 000×（P/A，5.46%，3）＝2 700 000（元）
未实现融资收益＝3 000 000－2 700 000＝300 000（元）
资产处置收益＝3 600 000－2 000 000＝1 600 000（元）
第四步：账务处理。

2×25 年 1 月 1 日，租出程控生产线，发生初始直接费用，开出增值税专用发票收取第一年租金 1 000 000 元，增值税 130 000 元。

借：银行存款	1 130 000
应收融资租赁款——租赁收款额——A 公司	3 000 000
贷：应收融资租赁款——未实现融资收益	300 000
融资租赁资产——程控生产线	2 000 000
资产处置损益	1 600 000
应交税费——应交增值税（销项税）	130 000
银行存款	100 000

3. 生产商或者经销商作为出租人的融资租赁

生产商或经销商通常为客户提供购买或者租赁其产品或商品的选择。如果生产商或者经销商出租其产品或商品构成融资租赁，则该交易产生的损益应相当于按照考虑适用的交易量或商业折扣后的正常售价直接销售该资产所产生的损益。在租赁期开始日，该出租人应当按照租赁资产公允价值与租赁收款额按市场利率折现的现值两者孰低确认收入，并按照租赁资产账面价值扣除未担保余值的现值后的余额结转销售成本。

（1）确认收入。

借：应收融资租赁款——租赁收款额（租赁收款额）
　　贷：主营业务收入（公允价值与租赁收款额的现值两者孰低）
　　　　应收融资租赁款——未实现融资收益（差额）

（2）结转销售成本。

借：应收融资租赁款——未担保余值
　　主营业务成本
　　贷：库存商品

（3）生产商或经销商出租人取得融资租赁所发生的成本不属于初始直接费用，不计入租赁投资净额，直接计入当期损益。

借：销售费用
　　贷：银行存款

【例 8-23】（沿用【例 8-22】的资料）如果 B 公司为生产商或者经销商，同期市场利息率为 8%。B 公司租赁开始日的账务处理如下。

第一步：判断租赁类型。

本例中，租赁期（4 年）占租赁资产尚可使用年限（5 年）的 80%，大于 75%，满足融资租赁的第（3）条标准；另外，租赁资产租赁期间的日常维护费用由承租人 A 公司承担，实质上已转移了与租赁资产所有权有关的几乎全部风险和报酬。因此，B 公司应当将该项租赁认定为融资租赁。

第二步:计算租赁期开始日租赁收款额按市场利率折现的现值,确定收入金额。

租赁收款额=租金×期数=1 000 000×4=4 000 000(元)

租赁收款额按市场利率折现的现值=1 000 000+1 000 000×(P/A,8%,3)

$$=1\,000\,000+1\,000\,000\times2.577$$
$$=3\,577\,000(元)$$

按照租赁资产公允价值与租赁收款额按市场利率折现的现值两者孰低的原则,确认收入为3 577 000元。

第三步:计算租赁资产账面价值扣除未担保余值的现值后的余额,确定销售成本金额。

销售成本=账面价值-未担保余值的现值=2 000 000-0=2 000 000(元)

第四步:进行会计处理。

2×25年1月1日(租赁期开始日)会计处理如下。

(1)确认收入。

借:银行存款	1 130 000
应收融资租赁款——租赁收款额——A公司	3 000 000
贷:主营业务收入	3 577 000
应交税费——应交增值税(销项税)	130 000
应收融资租赁款——未实现融资收益	423 000

(2)结转销售成本。

借:主营业务成本	2 000 000
贷:库存商品	2 000 000

(3)发生租赁直接费用计入当期损益。

借:销售费用	100 000
贷:银行存款	100 000

4. 租赁保证金的会计处理

对于以收到租赁保证金为生效条件的融资租赁合同,出租人在收到承租人交来的租赁保证金时,借记"银行存款"等科目,贷记"其他应付款——租赁保证金"科目。承租人到期不交租金,将保证金抵作租金时,借记"其他应付款——租赁保证金"科目,贷记"应收融资租赁款"科目。因承租人违约,出租人按租赁合同约定没收保证金时,借记"其他应付款——租赁保证金"科目,贷记"营业外收入"等科目。承租人未发生违约,出租人到期归还保证金时,借记"其他应付款——租赁保证金"科目,贷记"银行存款"科目。

(三)出租人对融资租赁业务的后续计量

出租人对融资租赁业务的后续计量主要涉及的内容是取得租赁资产的租金以及计算融资收益确认利息收入。

出租人应当按照固定的周期性利率计算并确认租赁期内各个期间的利息收入。该周期性利率,是所采用的折现率或者所采用的修订后的折现率。

利息收入＝租赁债权期初债权余额×固定的周期性利率

出租人应当按照《企业会计准则第 22 号——金融工具确认和计量》和《企业会计准则第 23 号——金融资产转移》的规定，对应收融资租赁款的终止确认和减值进行会计处理。

出租人将应收融资租赁款或其所在的处置组划分为持有待售类别的，应当按照《企业会计准则第 42 号——持有待售的非流动资产、处置组和终止经营》进行会计处理。

出租人取得的未纳入租赁投资净额计量的可变租赁付款额应当在实际发生时计入当期损益。

【例 8-24】（沿用【例 8-22】的资料）B 公司为专营租赁公司的后续核算如下。

（1）计算租赁债权利息收入（表 8-3）。

表 8-3　租赁债权利息收入计算表（一）　　　　　　　　　　　单位：元

日期①	租金②	确认的利息收入 ③＝期初⑤×5.46%	租赁投资净额减少额④ ＝②－③	租赁投资净额余额 期末⑤＝期初⑤－④
2×25-01-01				2 700 000
2×25-12-31	1 000 000	147 420	852 580	1 847 420
2×26-12-31	1 000 000	100 869.13	899 130.87	948 289.13
2×27-12-31	1 000 000	51 710.87*	948 289.13*	0
合计	3 000 000	300 000	2 700 000	

*做尾数调整：51 710.87＝1 000 000－948 289.13；948 289.13＝租赁投资净额本期期初余额

（2）2×25 年 12 月 31 日确认利息收入。

借：应收融资租赁款——未实现融资收益　　　　　　　　　147 420
　　贷：租赁收入　　　　　　　　　　　　　　　　　　　147 420

（3）2×26 年 1 月 1 日收到租金和 12 月 31 日确认利息收入。

借：银行存款　　　　　　　　　　　　　　　　　　　1 130 000
　　贷：应收融资租赁款——租赁收款额——A 公司　　　1 000 000
　　　　应交税费——应交增值税（销项税）　　　　　　130 000
借：应收融资租赁款——未实现融资收益　　　　　　　100 869.13
　　贷：租赁收入　　　　　　　　　　　　　　　　　100 869.13

（4）2×27 年 1 月 1 日收到租金和 12 月 31 日确认利息收入。

借：银行存款　　　　　　　　　　　　　　　　　　　1 130 000
　　贷：应收融资租赁款——租赁收款额——A 公司　　　1 000 000
　　　　应交税费——应交增值税（销项税）　　　　　　130 000
借：应收融资租赁款——未实现融资收益　　　　　　　51 710.87
　　贷：租赁收入　　　　　　　　　　　　　　　　　51 710.87

（5）2×28 年 1 月 1 日收到租金。

借：银行存款　　　　　　　　　　　　　　　　　　　1 130 000
　　贷：应收融资租赁款——租赁收款额——A 公司　　　1 000 000

应交税费——应交增值税（销项税）　　　　　　　　　130 000

（6）2×28年12月31日租赁期届满时的账务处理。

2×28年12月31日，将该生产线从A公司收回，做备查登记。

【例8-25】（沿用【例8-23】的资料）B公司为生产商或者经销商的后续核算如下。

（1）由于B公司在确定销售收入时是按租赁投资净额计算的，而租赁投资净额是按同期市场利率8%计算的，所以，计算租赁债权利息收入的利息率应按8%计算。租赁债权利息收入的计算见表8-4。

表8-4　租赁债权利息收入计算表（二）　　　　　　　　　　　　单位：元

日期①	租金②	确认的利息收入 ③＝期初⑤×8%	租赁投资净额减少额 ④＝②－③	租赁投资净额余额 期末⑤＝期初⑤－④
2×25-01-01				2 577 000
2×25-12-31	1 000 000	206 160	793 840	1 783 160
2×26-12-31	1 000 000	142 652.8	857 347.2	925 812.8
2×27-12-31	1 000 000	74 187.2*	925 812.8*	0
合计	3 000 000	423 000	2 577 000	

注：如果B公司在确定销售收入时是按租赁资产公允价值计算的，必须重新测算租赁内含利息率，并按照测算之后的内含利息率计算租赁债权利息收入

*做尾数调整：74 187.2＝1 000 000－925 812.8；925 812.8＝租赁净投资期初余额

（2）2×25年12月31日确认利息收入。
　　借：应收融资租赁款——未实现融资收益　　　　　　　206 160
　　　　贷：财务费用——利息收入　　　　　　　　　　　　　　206 160

（3）2×26年收到租金和确认利息收入。

（a）2×26年1月1日收到租金。
　　借：银行存款　　　　　　　　　　　　　　　　　　1 130 000
　　　　贷：应收融资租赁款——租赁收款额——A公司　　　　1 000 000
　　　　　　应交税费——应交增值税（销项税）　　　　　　　　130 000

（b）2×26年12月31日确认利息收入。
　　借：应收融资租赁款——未实现融资收益　　　　　　　142 652.8
　　　　贷：财务费用——利息收入　　　　　　　　　　　　　　142 652.8

（4）2×27年收到租金和确认利息收入。

（a）2×27年1月1日收到租金。
　　借：银行存款　　　　　　　　　　　　　　　　　　1 130 000
　　　　贷：应收融资租赁款——租赁收款额——A公司　　　　1 000 000
　　　　　　应交税费——应交增值税（销项税）　　　　　　　　130 000

（b）2×27年12月31日确认利息收入。
　　借：应收融资租赁款——未实现融资收益　　　　　　　74 187.2
　　　　贷：财务费用——利息收入　　　　　　　　　　　　　　74 187.2

(5) 2×28 年收取租金和租赁期届满时的账务处理。

(a) 2×28 年 1 月 1 日收到租金。

借：银行存款　　　　　　　　　　　　　　　　　　　1 130 000
　　贷：应收融资租赁款——租赁收款额——A 公司　　　1 000 000
　　　　应交税费——应交增值税（销项税）　　　　　　　130 000

(b) 2×28 年 12 月 31 日，将该生产线从 A 公司收回，做备查登记。

（四）出租人融资租赁变更的会计处理

融资租赁发生变更且同时符合下列条件的，出租人应当将该变更作为一项单独租赁进行会计处理。

（1）该变更通过增加一项或多项租赁资产的使用权而扩大了租赁范围。

（2）增加的对价与租赁范围扩大部分的单独价格按该合同情况调整后的金额相当。

【例 8-26】 承租人就某套机器设备与出租人签订了一项为期 5 年的租赁合同，构成融资租赁。在第 2 年初，承租人和出租人同意对原租赁合同进行修改，再租入 1 套机器设备，租赁期也为 5 年。扩租的设备从第 2 年第二季度末开始可供承租人使用。租赁总对价的增加额与新增的该套机器设备的当前出租市价扣减相关折扣相当。其中，折扣反映了出租人节约的成本，即出租人将同样的设备租赁给新租户而可能会产生的营销等成本。

案例分析：该变更通过增加一项或多项租赁资产的使用权而扩大了租赁范围，增加的对价与租赁范围扩大部分的单独价格按该合同情况调整后的金额相当，应将该变更作为一项单独租赁。

融资租赁的变更未作为一项单独租赁进行会计处理的，出租人应当分下列情形对变更后的租赁进行处理。

（1）假如变更在租赁开始日生效，该租赁会被分类为经营租赁的，出租人应当自租赁变更生效日开始将其作为一项新租赁进行会计处理，并以租赁变更生效日前的租赁投资净额为租赁资产的账面价值。

【例 8-27】 甲出租人就某套机器设备与乙承租人签订了一项为期 5 年的租赁合同，构成融资租赁。合同规定，每年末承租人向出租人支付租金 10 000 元，租赁期开始日出租资产的账面价值和公允价值均为 37 908 元。在第 2 年初，承租人和出租人同意对原租赁进行修改，租赁期限缩短至第 3 年末，每年支付租金时点不变，租金总额从 50 000 元变更至 3 3000 元。假设本例中不涉及未担保余值、担保余值、终止租赁罚款等。

（A）甲出租人原租赁期限设定为 5 年，构成融资租赁。出租时的会计处理如下。

（a）测算租赁内含利率：

$10\,000 \times (P/A, r, 5) = 37\,908 \rightarrow (P/A, r, 5) = 3.790\,8$，查表得到 $r=10\%$。

（b）租赁收款额 $=10\,000 \times 5 = 50\,000$（元）

租赁负债 $=10\,000 \times (P/A, 10\%, 5) = 37\,908$（元）

未确认融资收益 $=50\,000 - 37\,908 = 12\,092$（元）

（c）资产处置损益 $=37\,908 - 37\,908 = 0$（元）

会计处理如下。

借：应收融资租赁款——租赁收款额——乙公司　　　　　50 000
　　贷：应收融资租赁款——未实现融资收益　　　　　　　　12 092
　　　　融资租赁资产——机器设备　　　　　　　　　　　　37 908

(d) 第1年末收取租金，确认利息收入。

收取租金，增值税税率为13%。

借：银行存款　　　　　　　　　　　　　　　　　　　　11 300
　　贷：应收融资租赁款——租赁收款额——A公司　　　　　10 000
　　　　应交税费——应交增值税（销项税）　　　　　　　　1 300

确认利息收入＝37 908×10%＝3 791（元）。

借：应收融资租赁款——未实现融资收益　　　　　　　　　3 791
　　贷：租赁收入　　　　　　　　　　　　　　　　　　　　3 791

(B) 甲出租人如果原租赁期限设定为3年，在租赁开始日，出租人会将该租赁分类为经营租赁，那么，在租赁变更生效日，即第2年初，出租人将租赁投资净额余额作为该套机器设备的入账价值，并从第2年初开始，将该租赁作为一项新的经营租赁进行会计处理。第2年初账务处理如下（金额单位：元）。

借：固定资产（37 908＋37 908×10%－10 000）　　　　　31 699
　　应收融资租赁款——未确认融资收益（12 092－3 791）　 8 301
　　贷：应收融资租赁款——租赁收款额（50 000－10 000）　40 000

经营租赁期2年，每年末收取租金＝（33 000－10 000）/2＝11 500（元）。

借：银行存款　　　　　　　　　　　　　　　　　　　　12 995
　　贷：租赁收入　　　　　　　　　　　　　　　　　　　　11 500
　　　　应交税费——应交增值税（销项税）　　　　　　　　1 495

（2）假如变更在租赁开始日生效，该租赁会被分类为融资租赁的，出租人应当按照《企业会计准则第22号——金融工具确认和计量》关于修改或重新议定合同的规定进行会计处理。修改或重新议定租赁合同，未导致应收融资租赁款终止确认，但导致未来现金流量发生变化的，应当重新计算该应收融资租赁款的账面余额，并将相关利得或损失计入当期损益。

【例8-28】（承【例8-27】）在第2年初，承租人和出租人由于设备适用性等原因同意对原租赁进行修改，从第2年开始，每年支付的租金额变更为9 500元，租金总额从50 000元变更为48 000元，租赁期不变。

案例分析：如果此租金变更在租赁开始日生效，该租赁仍被分类为融资租赁，那么，在租赁变更生效日，即第2年初，按原租赁内含利率重新计算租赁投资净额与原租赁投资净额账面余额差额计入当期损益1 585元（其中"应收融资租赁款——租赁收款额"减少2 000元，"应收融资租赁款——未确认融资收益"减少415元）。

按原租赁内含利率10%重新计算租赁投资净额＝9 500×(P/A, 10%, 4)＝30 114（元）
原租赁投资净额账面余额＝（50 000－10 000）－（12 092－3 791）＝31 699（元）
租赁变更损失＝31 699－30 114＝1 585（元）
其中：减少租赁收款额＝（10 000－9 500）×4＝2 000（元）

减少未确认融资收益＝2 000－1 585＝415（元）

甲出租人第 2 年初账务处理如下（金额单位：元）。

借：租赁收入　　　　　　　　　　　　　　　　　　　　　　1 585
　　应收融资租赁款——未确认融资收益　　　　　　　　　　　415
　　贷：应收融资租赁款——租赁收款额　　　　　　　　　　　2 000

在融资租赁期间，承租人欠付租金，但租赁合同未发生变更的，出租人应继续按照原租赁合同进行相关会计处理，并按照金融工具确认与计量准则中有关减值的规定对应收融资租赁款计提减值准备。

借：信用减值损失
　　贷：应收融资租赁款减值准备

（五）融资租赁相关会计信息的披露

出租人应当在附注中披露与融资租赁有关的下列信息。

（1）销售损益、租赁投资净额的融资收益以及与未纳入租赁投资净额的可变租赁付款额相关的收入。

（2）资产负债表日后连续五个会计年度每年将收到的未折现租赁收款额，以及剩余年度将收到的未折现租赁收款额总额。

（3）未折现租赁收款额与租赁投资净额的调节表。

三、出租人对经营租赁的会计处理

（一）经营租赁业务的会计处理要求

在租赁期内的各个期间，出租人应当采用直线法或其他系统合理的方法，将经营租赁的租赁收款额确认为租金收入。其他系统合理的方法能够更好地反映因使用租赁资产而产生经济利益的消耗模式的，出租人应当采用该方法。

出租人提供免租期的，出租人应将租金总额在不扣除免租期的整个租赁期内，按直线法或其他合理的方法进行分配，免租期内应当确认租金收入。出租人承担了承租人某些费用的，出租人应将该费用自租金收入总额中扣除，按扣除后的租金收入余额在租赁期内进行分配。

出租人发生的与经营租赁有关的初始直接费用应当资本化，在租赁期内按照与租金收入确认相同的基础进行分摊，分期计入当期损益。

对于经营租赁资产中的固定资产，出租人应当采用类似资产的折旧政策计提折旧；对于其他经营租赁资产，应当根据该资产适用的企业会计准则，采用系统合理的方法进行摊销。

出租人应当按照《企业会计准则第 8 号——资产减值》的规定，确定经营租赁资产是否发生减值，并进行相应会计处理。

出租人取得的与经营租赁有关的未计入租赁收款额的可变租赁付款额，应当在实际发生时计入当期损益。经营租赁发生变更的，出租人应当自变更生效日起将其作为一项新租赁进行会计处理，与变更前租赁有关的预收或应收租赁收款额应当视为新租赁的收款额。

【例 8-29】A 公司于某年初从 B 租赁公司租入全新建筑物一套，租期为 3 年。建筑物原账面价值为 900 000 元，预计使用年限为 25 年。B 租赁公司支付初始直接费用 15 000 元。租赁合同规定，租赁开始日 A 公司向 B 租赁公司一次性预付租金 50 000 元，第 2 年初支付租金 50 000 元，第 3 年末支付租金 20 000 元。租赁期届满后，B 租赁公司收回建筑物使用权。

作为出租人的 B 租赁公司在确认这项经营租赁的租金收入时，不能依据各期实际收到的租金额确认各期租金收入，而应按直线法在租赁期内平均分摊确认，B 租赁公司发生初始直接费用 15 000 元，在租赁期内按照与租金收入相同的确认基础分期计入当期损益；各期收到的租金总额为 120 000 元，按照直线法计算，每年应确认的租金收入为 40 000 元。

（1）第 1 年初支付一次性直接费用，收到 A 公司交来租赁款项时的会计分录。

借：长期待摊费用　　　　　　　　　　　　　　15 000
　　贷：银行存款　　　　　　　　　　　　　　　　　15 000
借：银行存款　　　　　　　　　　　　　　　　50 000
　　贷：长期应收款——应收租赁款　　　　　　　　　50 000

（2）第 1 年末时确认租赁收入，结转待摊费用的会计分录。

借：主营业务成本　　　　　　　　　　　　　　5 000
　　贷：长期待摊费用　　　　　　　　　　　　　　　5 000
借：长期应收款——应收租赁款　　　　　　　　40 000
　　贷：主营业务收入——租赁收入　　　　　　　　　40 000

（3）第 2 年初收到 A 公司交来租赁款项时的会计分录。

借：银行存款　　　　　　　　　　　　　　　　50 000
　　贷：长期应收款——应收租赁款　　　　　　　　　50 000

（4）第 2 年末时确认租赁收入，结转待摊费用的会计分录。

借：主营业务成本　　　　　　　　　　　　　　5 000
　　贷：长期待摊费用　　　　　　　　　　　　　　　5 000
借：长期应收款——应收租赁款　　　　　　　　40 000
　　贷：主营业务收入——租赁收入　　　　　　　　　40 000

（5）第 3 年末收到 A 公司交来租赁款项，及时确认融资收入，结转待摊费用时的会计分录。

借：银行存款　　　　　　　　　　　　　　　　20 000
　　长期应收款——应收租赁款　　　　　　　　20 000
　　贷：主营业务收入——租赁收入　　　　　　　　　40 000
借：主营业务成本　　　　　　　　　　　　　　5 000
　　贷：长期待摊费用　　　　　　　　　　　　　　　5 000

（二）出租人对经营租赁的列报

出租人应当在附注中披露与经营租赁有关的下列信息。

（1）租赁收入，并单独披露与未计入租赁收款额的可变租赁付款额相关的收入。

（2）将经营租赁固定资产与出租人持有自用的固定资产分开，并按经营租赁固定资产的类别提供《企业会计准则第 4 号——固定资产》要求披露的信息。

（3）资产负债表日后连续五个会计年度每年将收到的未折现租赁收款额，以及剩余年度将收到的未折现租赁收款额总额。

第四节 特殊租赁业务的会计处理

一、转租赁业务会计处理

转租赁业务是指出租人从租赁资产所有人处租入资产使用权，再将使用权资产转租给承租人使用的租赁业务。转租赁人是上一次租赁的承租人，也是下一次租赁的出租人。

在转租情况下，原租赁合同和转租赁合同通常都是单独协商的，交易对手也是不同的企业，对于原租赁合同和转租赁合同，转租出租人应当分别根据承租人和出租人的会计处理要求进行会计处理。

在对转租赁进行分类时，转租出租人应基于原租赁中产生的使用权资产，而不是租赁资产（如作为租赁对象的不动产或设备）进行分类。原租赁资产不归转租出租人所有，原租赁资产也未计入其资产负债表。因此，转租出租人应基于其控制的资产（即使用权资产）进行会计处理。

原租赁为短期租赁，且转租出租人作为承租人已采用简化会计处理的，应将转租赁分类为经营租赁。

【例 8-30】甲企业（原租赁承租人）与乙企业（原租赁出租人）就 5 000 平方米办公场所签订了一项为期 5 年的租赁（原租赁），每年末支付租金 10 000 元，不能确定出租人的租赁内含利率，甲企业的增量借款利率为 8%。在第 3 年初甲企业将该 5 000 平方米办公场所转租给丙企业（转租赁），期限为原租赁的剩余 3 年时间，每年初收取租金 12 000 元，此时，使用权资产的公允价值比账面价值增值 20%。假设不考虑初始直接费用。

（1）甲企业作为原租赁合同的承租人，在租赁开始时确认使用权资产和租赁负债。

租赁负债 = 10 000 × (P/A, 8%, 5) = 10 000 × 3.993 = 39 930（元）

其中：租赁付款额 = 10 000 × 5 = 50 000（元）

未确认融资费用 = 50 000 − 39 930 = 10 070（元）

使用权资产 = 租赁负债 = 39 930（元）

借：使用权资产　　　　　　　　　　　　　　　　　　　39 930
　　租赁负债——未确认融资费用　　　　　　　　　　　10 070
　　　贷：租赁负债——租赁付款额　　　　　　　　　　　　50 000

第 1～5 年末每年支付租金：

借：租赁负债——租赁付款额　　　　　　　　　　　　10 000

应交税费——应交增值税（进项税）(10 000×9%)　　　　　　900
　　贷：银行存款　　　　　　　　　　　　　　　　　　　　　　10 900

第1~5年末按8%分摊利息费用，具体见表8-5。

表8-5　租赁负债利息计算表（二）　　　　　　　　　　　单位：元

日期	租金支付②	租赁负债利息 ③=期初⑤×8%	租赁负债支付 ④=②-③	租赁负债余额 期末⑤=期初⑤-④
租赁开始日				39 930
第1年末	10 000	3 194	6 806	33 124
第2年末	10 000	2 650	7 350	25 774
第3年末	10 000	2 062	7 938	17 836
第4年末	10 000	1 427	8 573	9 263
第5年末	10 000	737*	9 263*	0
合计	50 000	10 070	39 930	

*做尾数调整：737=10 000-9 263；9 263=9 263-0

第1年末分摊利息费用。
借：财务费用　　　　　　　　　　　　　　　　　　　　　　　3 194
　　贷：租赁负债—未确认融资费用—乙企业　　　　　　　　　　　　3 194
第2~5年分摊利息费用同上。
第1~2年每年使用权资产计提折旧。
借：主营业务成本（39 930/5）　　　　　　　　　　　　　　　7 986
　　贷：使用权资产累计折旧　　　　　　　　　　　　　　　　　　7 986

（2）第3年初甲企业作为转租赁合同的出租人，应基于原租赁形成的使用权资产对转租赁进行分类。转租赁的期限覆盖了原租赁的所有剩余期限，综合考虑其他因素，甲企业判断其实质上转移了与该项使用权资产有关的几乎全部风险和报酬，甲企业将该项转租赁分类为融资租赁。

（a）终止确认与原租赁相关且转给丙企业（转租承租人）的使用权资产，并确认转租赁投资净额。

使用权资产账面价值=39 930-7 986×2=23 958（元）
转租赁投资净额=使用权资产公允价值-12 000=23 958×（1+20%）-12 000=16 750（元）
其中：尚未收取的租赁收款额=12 000×2=24 000（元）
　　　未实现融资收益=24 000-16 750=7 250（元）
使用权资产处置损益=23 958×（1+20%）-23 958=4 792（元）

借：银行存款　　　　　　　　　　　　　　　　　　　　　　　13 080
　　应收融资租赁款——租赁收款额——丙企业　　　　　　　　　24 000
　　使用权资产累计折旧　　　　　　　　　　　　　　　　　　15 972

贷：应收融资租赁款——未实现融资收益　　　　　　　　　　　　7 250
　　　　使用权资产　　　　　　　　　　　　　　　　　　　　　　　39 930
　　　　应交税费——应交增值税（销项税）（12 000×9%）　　　　1 080
　　　　资产处置损益　　　　　　　　　　　　　　　　　　　　　　4 792

（b）第4~5年每年初收取租金。
　　借：银行存款　　　　　　　　　　　　　　　　　　　　　　　13 080
　　　贷：应收融资租赁款——租赁收款额——丙企业　　　　　　　12 000
　　　　　应交税费——应交增值税（销项税）（12 000×9%）　　　1 080

（c）第3~4年末确认利息收入。
测算转租赁内涵报酬率：
12 000+12 000×（P/A，r，2）=23 958×（1+20%）→（P/A，r，2）=1.396→r=28%
第3年末确认利息收入=16 750×28%=4 690（元）
　　借：应收融资租赁款——未实现融资收益　　　　　　　　　　　　4 690
　　　贷：租赁收入　　　　　　　　　　　　　　　　　　　　　　　4 690
第4年末确认利息收入=7 250-4 690=2 560（元）
　　借：应收融资租赁款——未实现融资收益　　　　　　　　　　　　2 560
　　　贷：租赁收入　　　　　　　　　　　　　　　　　　　　　　　2 560

【例8-31】（承【例8-30】）在原租赁的租赁期开始日，甲企业将该5 000平方米办公场所转租给丙企业，期限为2年（转租赁），每年初收取租金12 000元。

（1）甲企业作为原租赁合同的承租人，其账务处理同【例8-30】的会计处理，且第1~5年每年使用权资产都要计提折旧。

（2）甲企业作为转租赁合同的出租人，基于原租赁形成的使用权资产对转租赁进行分类，考虑各种因素后，将其分类为经营租赁。不终止确认使用权资产，每年初收取租金确认为租赁收入。

　　借：银行存款　　　　　　　　　　　　　　　　　　　　　　　13 080
　　　贷：租赁收入　　　　　　　　　　　　　　　　　　　　　　12 000
　　　　　应交税费——应交增值税（销项税）（12 000×9%）　　　1 080

二、售后租回交易业务的会计处理

（一）售后租回交易的定义

售后租回交易是一种特殊形式的租赁业务，是指卖主（即承租人）将资产出售后，又将该项资产从买主（出租人）处租回，习惯上称之为"回租"。通过售后租回交易，资产的原所有者（承租人）在保留对资产的占有权、使用权和控制权的前提下，将固定资本转化为货币资本，在出售时可取得全部价款的现金，而租金则是分期支付的，从而获得了所需的资金；而资产的新所有者（出租人）通过售后租回交易，找到了一个风险小、回报有保障的投资机会。

承租人和出租人应当按照《企业会计准则第 14 号——收入》的规定，评估确定售后租回交易中的资产转让是否属于销售。

在标的资产的法定所有权转移给出租人并将资产租赁给承租人之前，承租人可能会先获得标的资产的法定所有权，但是，是否具有标的资产的法定所有权本身并非会计处理的决定性因素。如果承租人在资产转移给出租人之前已经取得对标的资产的控制，则该交易属于售后租回交易。然而，如果承租人未能在资产转移给出租人之前取得对标的资产的控制，那么即便承租人在资产转移给出租人之前先获得标的资产的法定所有权，该交易也不属于售后租回交易。

（二）资产转让属于销售的售后租回交易的会计处理

售后租回交易中的资产转让属于销售的，承租人应当按原资产账面价值中与租回获得的使用权有关的部分，计量售后租回所形成的使用权资产，并仅就转让至出租人的权利确认相关利得或损失。出租人应当根据其他适用的企业会计准则对资产购买进行会计处理，并根据租赁准则对资产出租进行会计处理。

如果销售对价的公允价值与资产的公允价值不同，或者出租人未按市场价格收取租金，则企业应当将销售对价低于市场价格的款项作为预付租金进行会计处理，将高于市场价格的款项作为出租人向承租人提供的额外融资进行会计处理；同时，承租人按照公允价值调整相关销售利得或损失，出租人按市场价格调整租金收入。

在进行上述调整时，企业应当基于以下两者中更易于确定的项目：销售对价的公允价值与资产公允价值之间的差额、租赁合同中付款额的现值与按租赁市价计算的付款额现值之间的差额。

1. 承租人（销售人）的会计处理

1）销售对价的公允价值＝资产的公允价值

①租赁付款额的现值＝年租金×$(P/A, i, n)$

式中，$(P/A, i, n)$ 为期限为 n，折现率为 i 的年金现值系数。

②使用权资产＝资产的账面价值×①/资产的公允价值

③出售资产的全部利得＝资产的公允价值－资产的账面价值

其中：与使用权相关的利得（A）＝③×①/资产的公允价值

与转让至出租方（买方）的权利相关的利得（B）＝③－A

④租赁付款额＝年租金×租赁期限

⑤未确认融资费用＝租赁付款额－①

借：银行存款（销售对价的公允价值）

　　使用权资产（②）

　　租赁负债——未确认融资费用（⑤）

　贷：租赁负债——租赁付款额（④）

　　　××资产（资产的账面价值）

　　　资产处置损益（B）

2）销售对价的公允价值＞资产的公允价值

第一,销售对价的公允价值大于资产的公允价值的差额作为额外融资处理。

借:银行存款
　　贷:长期应收款

第二,租赁部分的会计处理。

①租赁付款额的现值=年租金×$(P/A, i, n)$-额外融资

②使用权资产=资产的账面价值×①/资产的公允价值

③出售资产的全部利得=资产的公允价值-资产的账面价值

其中:与使用权相关的利得(A)=③×①/资产的公允价值
　　　与转让至出租方(买方)的权利相关的利得(B)=③-A

④租赁付款额=[年租金-额外融资/$(P/A, i, n)$]×租赁期限

⑤未确认融资费用=租赁付款额-①

借:银行存款(资产的公允价值)
　　使用权资产(②)
　　租赁负债——未确认融资费用(⑤)
　　贷:租赁负债——租赁付款额(④)
　　　　××资产(资产的账面价值)
　　　　资产处置损益(B)

3)销售对价的公允价值<资产的公允价值

①预付租金=资产的公允价值-销售对价的公允价值

②租赁付款额的现值=年租金×$(P/A, i, n)$

③使用权资产=资产的账面价值×(①+②)/资产的公允价值

④出售资产的全部利得=资产的公允价值-资产的账面价值

其中:与使用权相关的利得(A)=④×(①+②)/资产的公允价值
　　　与转让至出租方(买方)的权利相关的利得(B)=④-A

⑤租赁付款额=年租金×租赁期限

⑥未确认融资费用=租赁付款额-②

借:银行存款(销售对价的公允价值)
　　使用权资产(③)
　　租赁负债——未确认融资费用(⑥)
　　贷:租赁负债——租赁付款额(⑤)
　　　　××资产(资产的账面价值)
　　　　资产处置损益(B)

租赁期间,承租人按正常租赁对使用权资产进行折旧、支付租金、分摊未确认融资费用等会计处理。

2. 出租人(购买人)的会计处理

出租人应当根据其他适用的企业会计准则对资产购买进行会计处理,并根据租赁准则对资产出租进行会计处理。

【例8-32】甲房地产开发公司将一栋完工的办公大楼销售给A公司,符合收入准则

关于销售成立的条件。办公大楼账面成本 5 000 万元，预计使用年限为 50 年，A 公司全额支付购买款 6 515.42 万元。与此同时，A 公司与甲公司签订一项租赁协议。协议约定：甲承租该办公大楼，租赁期限为 3 年，每年末支付租金 200 万元，租赁期满归还 A。市场利率为 8%。假定不考虑增值税。

情形一：办公大楼公允价值为 6 515.42 万元。

（1）甲房地产开发公司（承租人）的会计处理如下。

（a）售后租回。

租赁付款额现值＝200×（P/A，8%，3）＝200×2.577 1＝515.42（万元）

使用权资产＝5 000×515.42/6 515.42＝395.54（万元）

出售资产的全部利得＝6 515.42－5 000＝1 515.42（万元）

其中：与使用权相关的利得（A）＝1 515.42×515.42/6 515.42＝119.88（万元）

与转让至出租方（买方）的权利相关的利得（B）＝1 515.42－119.88
＝1 395.54（万元）

租赁付款额＝200×3＝600（万元）

未确认融资费用＝600－515.42＝84.58（万元）

按收入准则确认的收入＝5 000＋1 395.54＝6 395.54（万元）

借：使用权资产　　　　　　　　　　　　　　　　　395.54
　　银行存款　　　　　　　　　　　　　　　　　6 515.42
　　租赁负债——未确认融资费用　　　　　　　　　84.58
　　贷：租赁负债——租赁付款额　　　　　　　　　　600
　　　　主营业务收入　　　　　　　　　　　　6 395.54

借：主营业务成本　　　　　　　　　　　　　　　5 000
　　贷：开发商品　　　　　　　　　　　　　　　　5 000

（b）使用权资产计提折旧的处理。

年折旧额＝395.54/3＝131.85（万元）

借：管理费用　　　　　　　　　　　　　　　　　131.85
　　贷：使用权资产累计折旧　　　　　　　　　　131.85

（c）每年支付租金并确认利息费用，具体数据见表 8-6。

表 8-6　租赁负债利息计算表（三）　　　　　　　　　　　单位：万元

日期①	租金支付②	租赁负债利息 ③＝期初⑤×8%	租赁负债支付 ④＝②－③	租赁负债余额 期末⑤＝期初⑤－④
租赁期开始日				515.42
第 1 年末	200	41.23	158.77	356.65
第 2 年末	200	28.53	171.47	185.18
第 3 年末	200	14.82*	185.18*	0
合计	600	84.58	515.42	

*做尾数调整：14.82＝200－185.18；185.18＝租赁负债期初余额

	第1年末	第2年末	第3年末
借：租赁负债——租赁付款额	200	200	200
贷：银行存款	200	200	200
借：财务费用——利息支出	41.23	28.53	14.82
贷：租赁负债——未确认融资费用	41.23	28.53	14.82

（d）租赁期满交还资产的会计处理。

借：使用权资产累计折旧　　　　　　　　　　　　　　　395.54
　　贷：使用权资产　　　　　　　　　　　　　　　　　　　　395.54

（2）A公司（出租人）的会计处理如下。

（a）A公司购进办公楼主要用于出租，符合投资性房地产准则的要求，应确认为房地产核算，假定A公司投资性房地产按成本模式进行会计核算。

借：投资性房地产——办公楼　　　　　　　　　　　　6 515.42
　　贷：银行存款　　　　　　　　　　　　　　　　　　　　6 515.42

（b）与甲公司签订的租赁合同租赁期为3年，占租赁资产预计使用期限50年的6%，租赁期较短，分类为经营租赁核算。

每年末收取租金。

借：银行存款　　　　　　　　　　　　　　　　　　　200
　　贷：其他业务收入　　　　　　　　　　　　　　　　　　200

每年计提折旧＝6 515.42/50＝130.31（元）

借：其他业务成本　　　　　　　　　　　　　　　　　130.31
　　贷：投资性房地产累计折旧　　　　　　　　　　　　　　130.31

情形二：办公大楼公允价值为6 500万元。

（1）甲房地产开发公司（承租人）的会计处理如下。

额外融资＝6 515.42－6 500＝15.42（万元）

租赁付款额的现值＝200×（P/A，8%，3）－15.42＝200×2.577 1－15.42＝500（万元）

使用权资产＝5 000×500/6 500＝384.62（万元）

出售资产的全部利得＝6 500－5000＝1500（万元）

其中：与使用权相关的利得（A）＝1 500×500/6 500＝115.38（万元）

　　　与转让至出租方（买方）的权利相关的利得（B）＝1 500－115.38＝1 384.62（万元）

租赁付款额＝[200－15.42/（P/A，8%，3）]×3＝582.06（万元）

未确认融资费用＝582.06－500＝82.06（万元）

按收入准则确认的收入＝5 000＋1 384.62＝6 384.62（万元）

（a）额外融资的账务处理。

借：银行存款　　　　　　　　　　　　　　　　　　　15.42
　　贷：长期应付款　　　　　　　　　　　　　　　　　　　15.42

（b）租赁相关的账务处理。

借：使用权资产　　　　　　　　　　　　　　　　　　384.62

银行存款　　　　　　　　　　　　　　　　　　6 500
　　　租赁负债——未确认融资费用　　　　　　　　　82.06
　　贷：租赁负债——租赁付款额　　　　　　　　　　　　582.06
　　　　主营业务收入　　　　　　　　　　　　　　　　6 384.62
　借：主营业务成本　　　　　　　　　　　　　　　　5 000
　　贷：开发商品　　　　　　　　　　　　　　　　　　　5 000

（c）使用权资产计提折旧的处理。

年折旧额＝384.62/3＝128.21（万元）

　借：管理费用　　　　　　　　　　　　　　　　　　128.21
　　贷：使用权资产累计折旧　　　　　　　　　　　　　　128.21

（d）每年支付租金并确认利息费用，具体数据见表8-7、表8-8。

每年支付的200万元租金中：

额外融资年付款额＝15.42/（P/A，8%，3）＝15.42/2.577 1＝5.98（万元）

租赁相关年付款额＝200－5.98＝194.02（万元）

表 8-7　额外融资负债利息计算表　　　　　　　　　　　　　单位：万元

日期①	额外融资年付款额②	额外融资负债利息 ③＝期初⑤×8%	额外融资负债支付 ④＝②－③	额外融资负债余额 期末⑤＝期初⑤－④
租赁期开始日				15.42
第1年末	5.98	1.23	4.75	10.67
第2年末	5.98	0.85	5.13	5.54
第3年末	5.98	0.44*	5.54*	0
合计	17.94	2.52	15.42	

*做尾数调整：0.44＝5.98－5.54；5.54＝额外融资负债期初余额

表 8-8　租赁负债利息计算表（四）　　　　　　　　　　　　单位：万元

日期①	租金支付②	租赁负债利息 ③＝期初⑤×8%	租赁负债支付 ④＝②－③	租赁负债余额 期末⑤＝期初⑤－④
租赁期开始日				500.00
第1年末	194.02	40.00	154.02	345.98
第2年末	194.02	27.68	166.34	179.64
第3年末	194.02	14.38*	179.64*	0.00
合计	582.06	82.06	500.00	

*做尾数调整：14.38＝194.02－179.64；179.64＝租赁负债期初余额

　　　　　　　　　　　　　　　第1年末　　　第2年末　　　第3年末
　借：租赁负债——租赁付款额　194.02　　　194.02　　　194.02
　　　长期应付款　　　　　　　　4.75　　　　5.13　　　　5.54

财务费用	1.23	0.85	0.44
贷：银行存款	200	200	200
借：财务费用——利息支出	40	27.68	14.38
贷：租赁负债——未确认融资费用	40	27.68	14.38

（e）租赁期满交还资产的会计处理。

借：使用权资产累计折旧　　　　　　　　　　　　　384.62
　　贷：使用权资产　　　　　　　　　　　　　　　　　　384.62

（2）A公司（出租人）的会计处理如下。

（a）A公司购进办公楼主要用于出租，符合投资性房地产准则的要求，应确认为房地产核算，假定A公司投资性房地产按成本模式进行会计核算。支付的对价款6 515.42万元中，投资性房地产投资成本为6 500万元，额外融资投资15.42万元。

借：投资性房地产——办公楼　　　　　　　　　　　6 500
　　长期应收款　　　　　　　　　　　　　　　　　15.42
　　贷：银行存款　　　　　　　　　　　　　　　　　　6 515.42

（b）与甲公司签订的租赁合同租赁期为3年，占租赁资产预计使用期限50年的6%，租赁期较短，分类为经营租赁核算。

每年末收取的租金200万元中：

额外融资投资年收款额=15.42/（P/A，8%，3）=15.42/2.577 1=5.98（万元）

租赁相关年收款额=200-5.98=194.02（万元）

额外融资投资年利息计算与表8-7相同。会计处理如下：

	第1年末	第2年末	第3年末
借：银行存款	200	200	200
贷：其他业务收入	194.02	194.02	194.02
投资收益——利息收入	1.23	0.85	0.44
长期应收款	4.75	5.13	5.54

每年计提折旧=6 500/50=130（元）

借：其他业务成本　　　　　　　　　　　　　　　　130
　　投资性房地产累计折旧　　　　　　　　　　　　　　130

情形三：办公大楼公允价值为6 600万元。

（1）甲房地产开发公司（承租人）的会计处理如下。

（a）售后租回。

预付租金=6 600-6 515.42=84.58（万元）

租赁付款额的现值=200×（P/A，8%，3）=200×2.577 1=515.42（万元）

使用权资产=5 000×（84.58+515.42）/6 600=454.55（万元）

出售资产的全部利得=6 600-5 000=1 600（万元）

其中：与使用权相关的利得（A）=1 600×（84.58+515.42）/6 600=145.45（万元）

与转让给出租方（买方）的权利相关的利得（B）=1 600-145.45=1 454.55（万元）

租赁付款额=200×3=600（万元）

未确认融资费用＝600－515.42＝84.58（万元）
按收入准则确认的收入＝5 000＋1 454.55＝6 454.55（万元）

借：使用权资产 454.55
　　银行存款 6 515.42
　　租赁负债——未确认融资费用 84.58
　　贷：租赁负债——租赁付款额 600
　　　　主营业务收入 6 454.55

借：主营业务成本 5 000
　　贷：开发商品 5 000

（b）使用权资产计提折旧的处理。
年折旧额＝454.55/3＝151.52（万元）

借：管理费用 151.52
　　贷：使用权资产累计折旧 151.52

（c）每年支付租金并确认利息费用。
同表 8-5 及其会计处理。

（d）租赁期满交还资产的会计处理。

借：使用权资产累计折旧 454.55
　　贷：使用权资产 454.55

（2）A 公司（出租人）的会计处理如下。

（a）A 公司购进办公楼主要用于出租，符合投资性房地产准则的要求，应确认为房地产核算，假定 A 公司投资性房地产按成本模式进行会计核算，投资性房地产投资成本为 6 600 万元，少支付的对价款 84.58 万元为预收的租金。

借：投资性房地产——办公楼 6 600
　　贷：银行存款 6 515.42
　　　　合同负债 84.58

（b）与甲公司签订的租赁合同租赁期为 3 年，占租赁资产预计使用期限 50 年的 6%，租赁期较短，分类为经营租赁核算。

每年末收取租金。

借：银行存款 200
　　合同负债（84.58/3） 28.19
　　贷：其他业务收入 228.19

每年计提折旧＝6 600/50＝132（元）

借：其他业务成本 132
　　贷：投资性房地产累计折旧 132

三、资产转让不属于销售的售后租回交易的会计处理

售后租回交易中的资产转让不属于销售的，承租人应当继续确认被转让资产，同时

确认一项与转让收入等额的金融负债,并按照《企业会计准则第 22 号——金融工具确认和计量》对该金融负债进行会计处理;出租人不确认被转让资产,但应当确认一项与转让收入等额的金融资产,并按照《企业会计准则第 22 号——金融工具确认和计量》对该金融资产进行会计处理。

【例 8-33】2×24 年 1 月 1 日,C 公司正式签订合同,将一条公允价值为 150 000 元的在用生产线所有权以同等价格交与 D 租赁公司,并与 D 租赁公司签订合同,按照资产的公允价值先取得等价的银行存款,再分 3 年每年归还 54 000 元,到期后,C 公司收回生产线所有权。

(1)C 公司作为实质上的承租人应做的会计分录如下。

(a)收到转让款 150 000 元。

借:银行存款　　　　　　　　　　　　　　　　　　　　　150 000
　　贷:长期应付款——D 公司　　　　　　　　　　　　　　　　162 000

(b)每年归还 54 000 元。

计算内含利率:54 000×(P/A, i, 3)=150 000→i=3.94%

在以后 3 年中每年支付租赁负债利息,具体数额见表 8-9。

表 8-9　租赁负债利息计算表(五)　　　　　　　　　　单位:万元

日期①	租金支付②	租赁负债利息 ③=期初⑤×3.94%	租赁负债支付 ④=②-③	租赁负债余额 期末⑤=期初⑤-④
租赁期开始日				150 000
第 1 年末	54 000	5 910	48 090	101 910
第 2 年末	54 000	4 015.25	49 984.75	51 925.25
第 3 年末	54 000	2 074.75*	51 925.25*	0
合计	162 000	12 000	150 000	

*做尾数调整:2 074.75=54 000−51 925.25;51 925.25=租赁负债期初余额

　　　　　　　　　　　　　　　　第 1 年末　　　第 2 年末　　　第 3 年末
借:长期应付款——D 公司　　　　48 090　　　49 984.75　　　51 925.25
　　财务费用——利息支出　　　　 5 910　　　 4 015.25　　　 2 074.75
　　贷:银行存款　　　　　　　　　　54 000　　　 54 000　　　　54 000

(2)D 公司作为实质上的出租人,确认为一项金融债权的会计分录如下。

(a)支付转让款 150 000 元。

借:长期应收款——A 公司　　　　　　　　　　　　　　　　150 000
　　贷:银行存款　　　　　　　　　　　　　　　　　　　　　　150 000

(b)每年收回 54 000 元。

计算内含利率:54 000×(P/A, i, 3)=150 000→i=3.94%

在以后 3 年中每年的租赁收益见表 8-10。

表 8-10 租赁收益计算表　　　　　　　　　　　单位：万元

日期①	租金支付②	租赁收益 ③=期初⑤×3.94%	租赁净投资收回 ④=②-③	租赁净投资余额 期末⑤=期初⑤-④
租赁期开始日				150 000
第1年末	54 000	5 910	48 090	101 910
第2年末	54 000	4 015.25	49 984.75	51 925.25
第3年末	54 000	2 074.75*	51 925.25*	0
合计	162 000	12 000	150 000	

*做尾数调整：2 074.75＝54 000－51 925.25；51 925.25＝租赁净投资期初余额

```
                          第1年末      第2年末      第3年末
借：银行存款              54 000       54 000       54 000
    贷：长期应收款——A公司  48 090     49 984.75    51 925.25
        投资收益——利息收入  5 910      4 015.25     2 074.75
```

第九章 衍生金融工具会计

教学目标： 本章学习要求学生了解金融工具、基础金融工具、衍生金融工具、套期保值等基本概念；熟悉金融工具会计处理问题；掌握衍生金融工具、套期保值业务日常会计核算。

课程思政： 通过金融工具会计的教学，引导学生学习掌握基础金融工具、衍生工具、套期保值业务日常会计核算的相关知识。通过金融工具业务日常会计核算的相关知识点教学，切入创新思维和创新精神等课程思政要素，加深学生对衍生金融工具这一知识点的理解程度，培养职业判断能力，增强学生的会计职业素养，引导学生树立正确的人生观和价值观。

第一节 金融工具概述

一、金融工具的相关概念

（一）金融工具

金融工具（financial instrument）也称金融商品。

美国财务会计准则委员会于1991年12月颁布的第107号财务会计准则公告《金融工具公允价值的披露》（SFAS107）中指出，金融工具是指现金、一个实体的所有者权益凭证或一份同时具备以下特征的合约：①对一个实体形成合约义务，向另一实体交割现金或另一种金融工具，或者在潜在不利的条件下与另一实体交换金融工具。②赋予另一实体合约权利，从前一实体接受现金或另一金融工具，或者在潜在有利的条件下与前一实体交换金融工具。

国际会计准则理事会在2004年修订后的《国际会计准则第32号——金融工具：揭示和呈报》中指出，金融工具是指形成一个企业的金融资产并形成另一个企业的金融负债或权益工具的合约。第32号国际会计准则第13段指出这里的合约是指双方或多方之间的具有明确的经济结果的协议，该协议通常在法律上具有强制性。

我国《企业会计准则第22号——金融工具确认和计量》中，对金融工具的概念界定与国际会计准则基本一致。金融工具，是指形成一个企业的金融资产，并形成其他单位的金融负债或权益工具的合同。合同包括书面形式和非书面形式。实务中，金融工具合同通常采用书面形式。非合同的资产和负债不属于金融工具。

综上所述，可以看出，把握金融工具定义的关键，是从"合约"的角度正确理解金融资产、金融负债、权益工具的含义。"合约"的签订决定了签约者交易的法律性质，"合约"的各方也由此拥有相应的权利或承担相应的义务。

金融工具的概念里，还涉及三个关键词：金融资产、金融负债、权益工具。

（二）金融资产、金融负债、权益工具

1. 金融资产

金融资产，是指企业持有的现金、其他方的权益工具以及符合下列条件之一的资产。

（1）从其他方收取现金或其他金融资产的合同权利。

（2）在潜在有利条件下，与其他方交换金融资产或金融负债的合同权利。

（3）将来须用或可用企业自身权益工具进行结算的非衍生工具合同，且企业根据该合同将收到可变数量的自身权益工具。

（4）将来须用或可用企业自身权益工具进行结算的衍生工具合同，但以固定数量的自身权益工具交换固定金额的现金或其他金融资产的衍生工具合同除外。

正确理解金融资产概念的关键之一是，从"合约"的角度将金融资产与非金融资产予以区分。企业是否形成收取现金或其他金融资产（或交换金融负债或权益工具）的合约权利，是判断金融资产与非金融资产的主要标准。

现金等货币资金是金融资产，因为它代表交换的媒介，并因此成为在财务报表中对所有交易进行计量和报告的基础。在银行或类似金融机构中的存款是金融资产，因为它代表了这样一种合同权利，即存款人有权从该机构中取得现金，或者根据其存款余额签发支票或类似工具付给债权人，以偿付金融负债。

代表在未来收取现金的合约权利的资产，如应收账款、应收票据、应收贷款以及应收债券等，也是金融资产。

债务工具的持有人以自身拥有的债务工具投资（债券投资）、权益工具的持有人以自身拥有的权益工具投资（股票投资）也属于金融资产。

存货、固定资产、租入资产和无形资产，都不属于金融资产，因为控制这些有形资产和无形资产虽然能够创造产生现金或其他金融资产流入的机会，但并不引起收取现金或其他金融资产的现时权利。

预付费用不是金融资产，因为预付费用产生的未来经济利益是商品或服务，而不是收取现金或另外一项金融资产的权利。

经营租赁作为一项未完成的合约，要求出租方在未来期间提供资产给承租方使用，出租方继续核算的是租赁资产本身而不是根据合同在未来应收取的租金，所以，经营租赁不被视为金融工具；融资租赁被视为一项金融工具，因为出租方是以租赁合同下的应收金额而不是租赁资产本身来核算投资的。相应的，融资租赁的出租方租赁合同下的长期应收款是金融资产，因为出租方租赁合同下连续收款的权利实质上与贷款协议下收取

本息的权利是一样的。

正确理解金融资产概念的另一个关键是明确广义金融资产概念与具体准则中对金融资产类别界定的关系。2017年修订后的《企业会计准则第22号——金融工具确认和计量》中，将金融资产分为以下三类：以摊余成本计量的金融资产、以公允价值计量且其变动计入其他综合收益的金融资产和以公允价值计量且其变动计入当期损益的金融资产。结合金融资产概念和这一分类规范，可以梳理出财务会计教学体系中金融资产的组成内容（图9-1）。

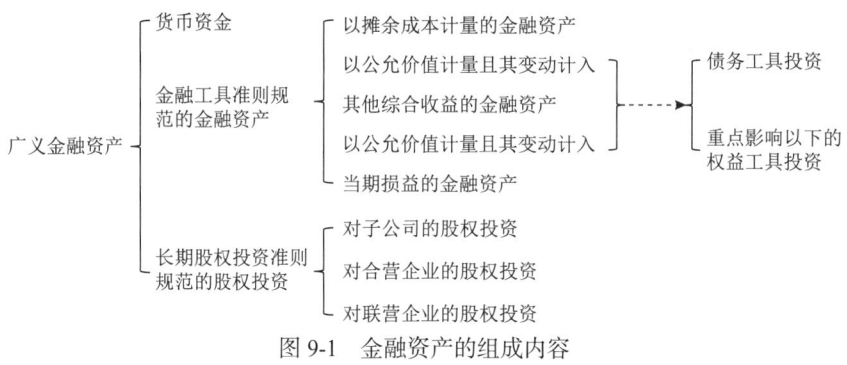

图 9-1　金融资产的组成内容

2. 金融负债

金融负债，是指企业的下列负债：

（1）向其他方交付现金或其他金融资产的合同义务；

（2）在潜在不利条件下，与其他方交换金融资产或金融负债的合同义务；

（3）将来须用或可用企业自身权益工具进行结算的非衍生工具合同，且企业根据该合同将交付可变数量的自身权益工具；

（4）将来须用或可用企业自身权益工具进行结算的衍生工具合同，但以固定数量的自身权益工具交换固定金额的现金或其他金融资产的衍生工具合同除外。

与金融资产相类似，理解金融负债定义的关键之一是从"合约"的角度将金融负债与非金融负债予以区分。企业是否形成支付现金或其他金融资产、金融负债或自身权益工具的合同义务，是判断金融负债与非金融负债的标准。代表在未来交付现金的合同义务的金融负债，通常包括应付账款、应付票据、应付贷款以及应付债券等；融资租赁的承租方在租赁合同下的系列应付金额，也构成一部分金融负债，因政府的法定要求而征收的所得税等非合同性的负债，不属于金融负债。

正确理解金融负债还需注意另一个关键，即将金融负债与权益工具相区别。

3. 权益工具

权益工具指能证明拥有某个企业在扣除所有负债后的资产中剩余利益的合同。同时满足下列条件的，发行方应当将发行的金融工具分类为权益工具。

（1）该金融工具不包括交付现金或其他金融资产给其他方，或在潜在不利条件下与其他方交换金融资产或金融负债的合同义务。

（2）将来须用或可用企业自身权益工具进行结算该金融工具的，如果该金融工具为非衍生工具，不包括交付可变数量的自身权益工具进行结算的合同义务；如果该金融工具为衍生工具，企业只能通过以固定金额的现金或其他金融资产换取固定数量的自身权益工具结算该金融工具。

权益工具包括不可回售的普通股、优先股（不包括可赎回优先股）、企业发行的使持有者有权以固定价格购入固定数量该企业普通股的认股权证等。

与金融负债一样，为了正确理解权益工具，要注意将权益工具与金融负债相区别。

下面举一简例说明金融工具合同涉及的金融资产、金融负债与权益工具。

【例 9-1】区分金融资产、金融负债与权益工具。

资料：甲企业鉴于战略调整与业务发展的需要，采取两种方式募集资金，一是发行普通股 2 000 万股，每股面值 1 元，每股发行价格 5 元；二是按面值发行 3 年期企业债券，面值 1 500 万元，票面利率 5%。为简化起见，假定乙企业购入甲企业发行的股票之后能对甲企业施加重大影响，丙企业购入甲企业发行的债券并分类为以摊余成本计量的金融资产，相关费用略。

要求：说明在此例中涉及的金融资产、金融负债和权益工具，并进行相应的账务处理。

分析：对这两个金融工具合同涉及的金融工具要素进行比较：股票买卖交易的结果——乙企业购买股票确认股权投资会形成本企业的金融资产，甲企业发行股票需要确认股本和股本溢价，形成本企业的权益工具；债券发行与购买的结果——丙企业形成债权投资这一金融资产的同时，甲企业形成应付债券本息这一金融负债。

相关企业进行确认与计量的账务处理如下（金额单位：万元）。

（1）甲企业发行股票。

借：银行存款　　　　　　　　　　　　　　　　　10 000
　　贷：股本　　　　　　　　　　　　　　　　　　2 000
　　　　资本公积——股本溢价　　　　　　　　　　8 000

（2）甲企业发行债券。

借：银行存款　　　　　　　　　　　　　　　　　1 500
　　贷：应付债券　　　　　　　　　　　　　　　　1 500

（3）乙企业购入甲企业股票。

借：长期股权投资　　　　　　　　　　　　　　　10 000
　　贷：银行存款　　　　　　　　　　　　　　　　10 000

（4）丙企业购入甲企业债券。

借：债权投资　　　　　　　　　　　　　　　　　1 500
　　贷：银行存款　　　　　　　　　　　　　　　　1 500

二、金融工具的分类

服务于不同的分类目的，金融工具可以有不同的分类标准。按金融工具风险管理的需要，金融工具可分为高风险的金融工具、一般风险的金融工具和低风险的金融工具；按金融工具会计研究的需要，可按金融工具发展顺序进行分类，分为基础金融工具（primary financial instrument）和衍生金融工具（derivative financial instrument）两大类。

（一）基础金融工具

基础金融工具，即传统的金融工具，基本上已构成传统财务报表项目。基础金融工具的以下两个特点使其有别于衍生金融工具：①基础金融工具的取得或发生通常伴随着资产的流入或流出；②基础金融工具的价值取决于标的物本身的价值。

基础金融工具主要包括现金、存放于金融机构的款项等货币资金，普通股和优先股等股权证券，代表在未来期间收取金融资产的合同权利或支付金融资产的合同义务的债券投资、应付债券，应收账款、应收票据、其他应收款，应付账款、应付票据、其他应付款，存入保证金、存出保证金、客户贷款、客户存款等。

（二）衍生金融工具

衍生金融工具，也称衍生金融产品、派生金融产品或衍生品等，是相对于基础金融工具而言的金融工具。

1. 衍生金融工具的概念

根据《企业会计准则第 22 号——金融工具确认和计量》，衍生工具是指属于《企业会计准则第 22 号—金融工具确认和计量》范围并同时具备下列特征的金融工具或其他合同：①其价值随特定利率、金融工具价格、商品价格、汇率、价格指数、费率指数、信用等级、信用指数或其他变量的变动而变动；②不要求初始净投资，或者与对市场因素变化预期有类似反应的其他合同相比，要求较少的初始净投资；③在未来某一日期结算。

下面是《国际财务报告准则第 9 号——金融工具》列举的两个判断衍生金融工具的例子。

【例 9-2】 衍生金融工具的判断。

资料：ABC 公司与 XYZ 公司签订了一项按 1 亿元名义本金确定的利率互换合同，该合同要求 ABC 公司按 8% 的固定利率向 XYZ 公司支付利息，XYZ 公司按 3 个月期的伦敦银行同业拆借利率（按季调整）的变动金额向 ABC 公司支付利息，双方并不交换名义本金。

问题：该合同是否属于衍生金融工具？

分析：该合同属于衍生金融工具，因为合同价值随基础变量（伦敦银行同业拆借利率）的变动而变动，而且没有初始净投资，在未来某一日期结算。

【例 9-3】 衍生金融工具的判断。

资料：ABC 公司与 XYZ 公司签订了一项远期合约，约定 1 年后按每股 55 元的价格购入现行市价为每股 50 元的 T 股票 100 万股，ABC 公司在合同开始时按约定预付 5 000 万元。

问题：此项远期合约是否属于衍生金融工具？

分析：该合约不属于衍生金融工具，因为合约开始时预付的 5 000 万元不符合衍生金融工具定义中的第 2 个特征"不要求初始净投资，或者与对市场因素变化预期有类似反应的其他合同相比，要求较少的初始净投资"，ABC 公司在合约开始时也可以按 50 元的价格购买 100 万股 T 股票。

2. 衍生金融工具的特点

与基本金融工具相比，衍生金融工具具有以下主要特点。

（1）衍生性。前已述及，衍生金融工具派生于基本金融工具；衍生金融工具的价值受特定利率、金融工具价格、商品价格、汇率、价格或利率指数、信用等级或信用指数或者其他变量变动的影响。其之所以得以衍生，始于人们规避风险（套期保值）和投机（套利）的要求。

（2）杠杆性。衍生金融工具不要求初始净投资或要求很少的初始净投资，并往往采用净额结算。正是这种"以小博大"的杠杆效应，才能够满足人们规避风险（套期保值）和投机（套利）的需要。

衍生金融工具的衍生性、杠杆性，不仅直接说明了衍生金融工具的基本功用，也清楚地显示了衍生金融工具的创新性和高风险性。

3. 衍生金融工具的功用

衍生金融工具的功能主要是对冲风险。在满足人们规避投资与筹资活动中特定风险的同时，衍生金融工具也被一些试图冒险的牟利者用来进行投机。所以，衍生金融工具被广泛用作规避风险（套期保值）与投机（套利）。

衍生金融工具的作用主要表现在以下几个方面：①满足了市场对规避风险和保值的要求；②促进了基础金融工具的发展；③拓宽了金融机构的业务；④提高了金融体系的效率；⑤降低了企业的筹资成本（如互换）；⑥促进了金融市场的证券化。

4. 衍生金融工具的风险

根据 1994 年 7 月国际证监会组织（International Organization of Securities Commissions，IOSCO）发布的《衍生工具管理指南》，金融工具主要有以下风险。

（1）信用风险（credit risk）。交易双方可能由于各种原因无法履行合约而发生的损失（店头交易的客户信誉无法保证，发生风险的可能性比较大）。

（2）市场风险（market risk）。市场价格不利的变化造成亏损的风险。对于期货和互换而言，市场风险是其价格基础或利率变动的风险；对于期权而言，市场风险还受基础价格波动幅度和期权行使期限的影响。所有衍生金融工具的市场风险均受市场流动性及全球和地方性的政治经济事件的影响。

（3）流动性风险（liquidity risk）。市场业务量不足或无法获得市场价格而导致的无法平仓的风险，以及资金流动风险（因流动资金不足出现合同到期时无法履行支付义务或在市场出现逆势时无法按要求追加保证金）。对于期货而言，流动性风险是指因缺乏对手公司不能实现平仓或者不能以同等或接近市场价格平仓而变现的风险。

（4）作业风险（operation risk）。由人为错误、沟通不良、缺乏了解、未经授权、管理不善、监督不周或系统故障招致损失的风险。

（5）法律风险（legal risk）。由合约无法履行或条文不当招致的风险。

（6）现金流量风险（cash flow risk）。与货币性金融工具相关的未来现金流量金额波动的风险。

我国的《企业会计准则第 37 号——金融工具列报》中，要求企业披露与各种金融工具风险相关的定性和定量信息，以便财务报表使用者评估报告期末金融工具产生的风险的性质和程度，更好地评价企业所面临的风险敞口。该准则指出相关风险包括信用风险、流动性风险、市场风险等。

毫无疑问，金融工具尤其是衍生金融工具的各种风险所带来的损失乃至金融灾难，使衍生金融工具的风险披露越来越成为重点信息需求；而金融工具乃至衍生金融工具会计信息呈报的需求，引发了国际会计界对金融工具会计的关注与研究，并促进了金融工具会计的不断发展。

5. 衍生金融工具的种类

衍生金融工具包括的内容有很多，从不同的角度可以进行不同的分类。其常见分类见表9-1。

表9-1 衍生金融工具的常见分类

分类标准	类别	主要内容
（1）按衍生金融工具据以衍生的基本金融工具及应用领域的不同划分	①股票衍生工具	股票期货 股票期权 股指期货 股指期权
	②外汇衍生工具	远期外汇合约 外汇期货 外汇期权 货币互换
	③利率衍生工具	远期利率协议 利率期货 利率期权 利率互换
（2）按风险和收益对称与否划分	①风险和收益对称式衍生工具（也称远期式衍生工具）	远期外汇合约 远期利率协议 } 远期合约 股票期货 股指期货 货币期货 利率期货 } 期货合约 货币互换 利率互换 } 互换合约
	②风险和收益不对称式衍生工具（也称期权式衍生工具）	股票期权 股指期权 货币期权 利率期权 } 期权合约 利率上限 利率下限 认股权证 } 期权的变形

续表

分类标准	类别	主要内容
（3）按交易场所的不同划分	①场内交易的衍生工具（也称交易所交易的衍生工具）	期货合约 部分标准化的期权合约
	②场外交易的衍生工具（也称柜台交易的衍生工具）	远期合约 互换合约 大部分期权合约
（4）按交易方式和特点划分	①金融远期	远期外汇合约 远期利率协议
	②金融期货	货币期货 利率期货 股指期货
	③金融期权	股票期权 股指期权 货币期权 利率期权
	④金融互换	货币互换 利率互换

在表 9-1 关于衍生金融工具的分类中，第一种分类是基本的分类方法，第四种分类是目前最常见的分类方法。

（1）金融远期。金融远期属于远期合约（forward contract）。远期合约是买卖双方现在约定的在未来的特定日期以约定价格交割特定数量标的物的合约。金融远期，就是指合约双方现在约定的在未来的某一特定日期按照事先商定的价格和方式买卖约定数量的某种金融工具的合约。金融远期是衍生金融工具最基本的类别。作为衍生金融工具的早期形态，19 世纪 80 年代就已存在的金融远期，虽然其风险较小，但其所具有的非标准化、流通性差、多需进行实物交割等特点，使金融期货（financial futures）、金融期权（financial option）和金融互换（financial swap）等金融远期的延伸和变形成为必然。金融远期主要包括远期外汇合约和远期利率协议等。

（2）金融期货。金融期货属于期货合约。期货合约是远期合约的标准化。期货合约与远期合约都是"先买卖，后交割"的合约，但是两者无论是在合约形式、交易方式、交易的主要目的上，还是在交易的标的物上，均有所不同。金融期货是指合约双方在有组织的交易所内，根据交易规则，通过公开竞价的方式达成的在未来特定时间交割特定数量的特定金融工具的标准合约。金融期货主要包括货币期货、利率期货以及股指期货等。

（3）金融期权。金融期权也称选择权，是指持权人（买方）有权选择在未来是否买卖一定数量的标的物的合约。金融期权是指合约双方达成的是否在约定日（或以前）按约定价格买卖特定数量的某种金融工具的合约。金融期权包括股票期权、股指期权、货币期权、利率期权。值得注意的是，金融期权除了上述几种常见类型之外，还包括一些与基本金融工具结合而成的新兴的金融工具，如可转换债券、认股权证等。

（4）金融互换。金融互换也称掉期，是指两个或两个以上的个体以特定方式在未来某一时段内交换一系列现金流的协议。就金融远期、金融期货、金融期权三种合约而言，如果未来标的物价格发生变化，交易双方必有一方获利而另一方发生损失；与此不同的是，金融互换通常有双赢甚至三赢的结果。金融互换主要有货币互换和利率互换。

综上所述，金融远期是衍生金融工具的最基本类别，金融互换可以看作金融远期的组合，金融期货标志着衍生金融工具的成型，金融期权则进一步拓宽了衍生金融工具的应用领域。如果说金融远期是衍生金融工具的最早形态，那么金融期货、金融期权则标志着衍生金融工具的成熟和发展，而金融互换更成为衍生金融工具的新兴力量；如果说金融远期、金融期货、金融期权主要被用来规避风险和投机套利，那么金融互换则很少用于投机；如果说金融远期、金融期货、金融期权只导致单方获利，那么金融互换则将带来双赢。另外，必须看到，随着金融产品的不断创新，金融产品基本类别之间的组合又不断带来新衍生产品的开发。

第二节 金融工具会计的基本问题

一、基本业务确认与计量概要

（一）金融资产、金融负债确认与计量的基本要点

1. 初始确认与计量

根据金融工具会计准则，当企业成为金融工具合同的一方时，应当确认一项金融资产或金融负债。

企业初始确认金融资产或金融负债，应当按照公允价值计量，但支付的交易费用在不同类别的金融资产或金融负债中，处理方法有所不同。

表 9-2 归纳了金融资产、金融负债初始计量的原则性规定。

表 9-2　金融资产、金融负债初始计量的原则性规定

金融资产类别	金融负债类别	初始计量
以摊余成本计量的金融资产	以摊余成本计量的金融负债	公允价值＋交易费用
以公允价值计量且其变动计入其他综合收益的金融资产		公允价值＋交易费用
以公允价值计量且其变动计入当期损益的金融资产	以公允价值计量且其变动计入当期损益的金融负债	公允价值（交易费用计入当期损益）

2. 后续计量

金融资产、金融负债的后续计量，主要涉及两个问题：①区分是以摊余成本还是以

公允价值进行后续计量的问题；②金融资产减值问题。

各类金融资产、金融负债在报告期末是按摊余成本还是按公允价值进行后续计量，取决于相关资产、负债的具体分类。表 9-3 是金融资产、金融负债后续计量的原则性规定。

表 9-3　金融资产、金融负债后续计量的原则性规定

金融资产类别	金融负债类别	后续计量	
以摊余成本计量的金融资产	以摊余成本计量的金融负债	摊余成本	金融资产的摊余成本＝初始入账金额－已偿还本金±累计摊销额－累计提的金融资产损失准备
			金融负债的摊余成本＝初始入账金额－已偿还本金±累计摊销额
以公允价值计量且其变动计入其他综合收益的金融资产		公允价值	公允价值变动计入其他综合收益
以公允价值计量且其变动计入当期损益的金融资产	以公允价值计量且其变动计入当期损益的金融负债	公允价值	公允价值变动计入当期损益

金融资产减值的基本会计问题，我们将稍后归纳。

3. 金融资产的重分类

根据修订后的《企业会计准则第 22 号——金融工具确认和计量》，企业只有在改变其管理金融资产的业务模式时，才可以对受影响的相关金融资产进行重分类。企业管理金融资产的业务模式发生变更应是比较罕见的情形。

金融资产重分类的会计处理原则是：自重分类日起采用未来适用法进行相关会计处理。这里的"重分类日"是指导致企业对金融资产进行重分类的业务模式发生变更后的首个报告期间的第一天。

金融资产重分类的会计处理，需根据各类别金融资产的分类规范和未来适用法的原理进行，以下几点尤其值得注意：第一，不需要对以前已确认的利得、损失（包括减值损失或利得）以及利息进行追溯调整；第二，其他类别金融资产重分类为以公允价值计量且其变动计入当期损益的金融资产时，相关账务处理中可能需要确认重分类损益；第三，以公允价值计量且其变动计入当期损益的金融资产重分类为其他两类金融资产时，自重分类日起该金融资产适用金融资产减值的相关规定；第四，以摊余成本计量的金融资产与以公允价值计量且其变动计入其他综合收益的金融资产两个类别之间重分类时，不影响其实际利率和预期信用损失的计量。

（二）金融资产减值的基本处理要点

根据 2017 年修订后的金融工具会计准则，金融资产减值的确认与计量，应采用预期信用损失模型计提减值准备。

1. 预期信用损失模型的适用范围

采用预期信用损失模型计提减值准备的资产包括：分类为以摊余成本计量的金融资产、以公允价值计量且其变动计入其他综合收益的金融资产中的债务工具投资、租赁应收款、合同资产、符合条件的贷款承诺和财务担保合同等。

由此可见，以公允价值计量且其变动计入当期损益的金融资产和以公允价值计量且

其变动计入其他综合收益的金融资产中的权益工具投资,不需要预先确认资产减值损失并计提减值准备。

2. 预期信用损失模型的基本原理

预期信用损失模型,与已发生损失模型相比,提前计提金融资产减值损失。采用预期信用损失模型,企业应在资产负债表日,对相关金融资产评估其信用风险自初始确认后是否显著增大,并按照下列三种情形分别计量其损失准备、确认预期信用损失及其变动。

情形一:如果该金融资产的信用风险自初始确认后并未显著增大,企业应当按照相当于该金融资产未来 12 个月内预期信用损失的金额,计量其损失准备,并按金融资产的账面余额与实际利率计算确定利息收入。

情形二:如果该金融资产的信用风险自初始确认后已显著增大,企业应当按照相当于该金融资产整个存续期内预期信用损失的金额,计量其损失准备,并按金融资产的账面余额与实际利率计算确定利息收入。

情形三:如果该金融资产已发生信用减值,企业应当按照相当于该金融资产整个存续期内预期信用损失的金额,计量其损失准备,但需按金融资产的摊余成本与实际利率计算确定利息收入。

3. 预期信用损失模型下的几个相关概念

以上关于预期信用损失模型的基本原理中,涉及以下几个关键词。

(1)预期信用损失。预期信用损失是指以发生违约的风险为权重的金融工具信用损失的加权平均值。

(2)信用损失。信用损失是指企业按照原实际利率折现的、根据合同应收的所有合同现金流量与预期收取的所有现金流量之间的差额,即全部现金短缺的现值。

(3)12 个月内预期信用损失。未来 12 个月内预期信用损失是指资产负债表日后 12 个月内(若金融工具的预计存续期少于 12 个月,则为预计存续期)可能发生的金融工具违约事件导致的预期信用损失,是整个存续期内预期信用损失的一部分。

(4)整个存续期内预期信用损失。整个存续期内预期信用损失是指金融工具整个存续期内所有可能发生的违约事件导致的预期信用损失。

(5)金融资产已发生信用减值。金融资产已发生信用减值的证据包括如下可观察信息:①发行方或债务人发生重大财务困难;②债务人违反合同,如偿付利息或者本金违约或逾期等;③债权人出于与债务人财务困难有关的经济或合同考虑,给予债务人在任何其他情况下都不会做出的让步;④债务人很可能破产或进行其他财务重组;⑤发行方或债务人财务困难导致该金融资产的活跃市场消失;⑥以大幅折扣购买或源生一项金融资产,该折扣反映了发生信用损失的事实。

4. 预期信用损失模型应用中的简化情形

对于不具有重大融资成分的应收账款,企业应当自始至终按照相当于整个存续期内预期信用损失的金额计量其损失准备。

对于购买或源生的已发生信用减值的金融资产,企业应当在资产负债表日仅将自初始确认后整个存续期内预期信用损失的累计变动确认为损失准备。

对于具有重大融资成分的应收账款、租赁应收款,企业可以做出按照相当于整个存续期内预期信用损失的金额计量损失准备的会计政策选择。

5. 金融资产减值的账务处理

企业对分类为以摊余成本计量的金融资产计提减值准备时，按应确认的预期信用损失金额，借记"信用减值损失"科目，贷记"坏账准备""贷款减值准备""债权投资减值准备"等相关资产的备抵科目；企业对分类为以公允价值计量且其变动计入其他综合收益的金融资产中的债务工具投资计提减值准备时，按应确认的预期信用损失金额，借记"信用减值损失"科目，贷记"其他综合收益——信用减值准备"科目。根据预期信用损失的有利变动确认减值利得时，做相反的账务处理。

【例9-4】金融资产初始确认与计量、后续计量的账务处理。

资料：甲公司2×24年11月15日，购入公允价值为1 000万元的公司债券，10年期，利率为5%，实际利率也是5%。2×24年12月31日，由于市场利率变动，公允价值跌至950万元，公司认为信用风险未显著增大，按12个月预期信用损失30万元计提减值准备。为简化起见，暂不考虑交易费用、利息收入确认等问题。

要求：分别假定甲公司将该项投资分类为以摊余成本计量的金融资产和以公允价值计量且其变动计入其他综合收益的金融资产，进行两种分类假设下甲公司的有关账务处理，并指出2×24年报告期末该投资在资产负债表中的报告价值（金额单位：万元）。

分析：两种分类假设下甲公司有关账务处理如下（金额单位：万元）。

（1）分类为以摊余成本计量的金融资产。

（a）2×24年11月15日购入债券时。

借：债权投资　　　　　　　　　　　　　　　　1 000
　　贷：银行存款等　　　　　　　　　　　　　　　　1 000

（b）2×24年12月31日确认预期信用损失时。

借：信用减值损失　　　　　　　　　　　　　　30
　　贷：债权投资减值准备　　　　　　　　　　　　　　30

报告期末该投资在资产负债表中的报告价值＝1 000－30＝970（万元）

（2）分类为以公允价值计量且其变动计入其他综合收益的金融资产。

（a）2×24年11月15日购入债券时。

借：其他债权投资　　　　　　　　　　　　　　1 000
　　贷：银行存款等　　　　　　　　　　　　　　　　1 000

（b）2×24年12月31日确认公允价值变动。

借：其他综合收益——公允价值变动　　　　　　50
　　贷：其他债权投资　　　　　　　　　　　　　　　　50

（c）2×18年12月31日确认预期信用损失时。

借：信用减值损失　　　　　　　　　　　　　　30
　　贷：其他综合收益——信用减值准备　　　　　　　　30

报告期末该投资在资产负债表中的报告价值＝1 000－50＝950（万元）。

【例9-5】金融资产的重分类、减值。

资料：甲公司一项债权投资的有关资料如下。

（1）某期初以公允价值（账面价值）500 000元购入一项债券投资组合。

（2）后来变更了债券管理模式，假定重分类日该债券组合的公允价值为490 000元。

（3）如果该组合在紧邻重分类日之前以摊余成本计量或以公允价值计量且其变动计入其他综合收益，重分类日已确认的减值损失为6 000元（反映了自初始确认后信用风险显著增大，因此以整个存续期内预期信用损失计量）。

（4）重分类日，12个月预期信用损失为4 000元。

（5）为简化起见此处不列示确认利息收入的会计分录。

要求：根据上述资料，分别对六种重分类情形进行有关账务处理。

分析：金融资产分类、重分类、减值有关账务处理比较见表9-4。

（三）金融资产与金融负债的终止确认

金融资产、金融负债的终止确认，是指将之前确认的金融资产、金融负债从资产负债表中予以转出。

1. 金融资产的终止确认

金融资产满足下列条件之一的，应当终止确认。

（1）收取该金融资产现金流量的合同权利终止。

（2）该金融资产已经转移，且符合《企业会计准则第23号——金融资产转移》规定的金融资产终止确认条件。

显而易见，终止确认金融资产的第（1）个条件比较好理解。企业收回应收账款、企业在到期日收回持有至到期投资的本息之和等事项，就属于"收取该金融资产现金流量的合同权利终止"的情形。

终止确认金融资产的第（2）个条件与金融资产转移有关。

【例9-6】金融资产的终止确认。

资料：甲企业有两张应收票据，一张是向乙企业销货收到的面值为8 000 000元的不带息商业汇票，另一张是向丙企业销货收到的面值为10 000 000元的不带息商业汇票。在票据到期日，甲企业收到乙企业支付的票款8 000 000元。由于甲企业急于使用资金，将付款人为丙企业的票据办理贴现，贴现所得款为9 900 000元。

问题：如何根据这两笔业务理解金融资产终止确认的处理规范？

分析：一方面，甲企业收到乙企业按期支付的票款时，进行如下账务处理（金额单位：元）。

借：银行存款　　　　　　　　　　　　　　　8 000 000
　　贷：应收票据　　　　　　　　　　　　　　　　8 000 000

毫无疑问，贷记"应收票据"科目8 000 000元的处理，就实现了对该笔金融资产的终止确认。

另一方面，甲企业在对付款人为丙企业的应收票据进行贴现的相关账务处理过程中，借记"银行存款"科目990万元的同时，是否可以贷记"应收票据"科目还不确定。这就涉及在金融资产转移的情况下金融资产终止确认的条件问题。

第九章 衍生金融工具会计

表9-4 金融资产分类、重分类、减值有关账务处理比较

单位：元

重分类的情形	初始投资时	确认与计量的账务处理	
		后续计量时	重分类日
1. 从以摊余成本计量的金融资产重分类为以公允价值计量且其变动计入当期损益的金融资产	借：债权投资 500 000 贷：银行存款 500 000	借：信用减值损失 6 000 贷：债权投资减值准备 6 000	借：交易性金融资产 490 000 债权投资减值准备 6 000 投资收益 4 000 贷：债权投资 500 000
2. 从以公允价值计量且其变动计入当期损益的金融资产重分类为以摊余成本计量的金融资产	借：交易性金融资产 500 000 贷：银行存款 500 000	借：公允价值变动损益 10 000 贷：交易性金融资产 10 000	借：债权投资 490 000 贷：交易性金融资产 490 000 借：信用减值损失 4 000 贷：债权投资减值准备 4 000 借：投资收益 10 000 贷：公允价值变动损益 10 000
3. 从以摊余成本计量的金融资产重分类为以公允价值计量且其变动计入其他综合收益的金融资产	借：债权投资 500 000 贷：银行存款 500 000	借：信用减值损失 6 000 贷：债权投资减值准备 6 000	借：其他债权投资 490 000 债权投资减值准备 6 000 其他综合收益 4 000 贷：债权投资 500 000
4. 从以公允价值计量且其变动计入其他综合收益的金融资产重分类为以摊余成本计量的金融资产	借：其他债权投资 500 000 贷：银行存款 500 000	借：其他综合收益 10 000 贷：其他债权投资 10 000 借：信用减值损失 6 000 贷：其他综合收益 6 000	借：债权投资 500 000 贷：其他债权投资 490 000 其他综合收益 4 000 债权投资减值准备 6 000
5. 从以公允价值计量且其变动计入当期损益的金融资产重分类为以公允价值计量且其变动计入其他综合收益的金融资产	借：交易性金融资产 500 000 贷：银行存款 500 000	借：公允价值变动损益 10 000 贷：交易性金融资产 10 000	借：其他债权投资 490 000 贷：交易性金融资产 490 000 借：信用减值损失 4 000 贷：其他综合收益 4 000 借：投资收益 10 000 贷：公允价值变动损益 10 000

续表

重分类的情形	初始投资时	确认与计量的账务处理	
		后续计量时	重分类日
6. 从以公允价值计量且其变动计入其他综合收益的金融资产重分类为以公允价值计量且其变动计入当期损益的金融资产。	借：其他债权投资 500 000 贷：银行存款 500 000	借：其他综合收益 10 000 　　贷：其他债权投资 10 000 借：信用减值损失 6 000 　　贷：其他综合收益 6 000	借：交易性金融资产 490 000 　　贷：其他债权投资 490 000 借：投资收益 4 000 　　贷：其他综合收益 4 000

注：①重分类损益。
②重分类日起适用减值规范。
③4 000=公允价值变动10 000—累计减值6 000。
④结转现有余额。
⑤从重分类日起适用减值规范。
⑥将其他综合收益现有余额予以结转并同时确认重分类损益。

2. 金融负债的终止确认

终止确认金融负债的条件是金融负债（或金融负债的一部分）消除，即合同中规定的义务解除、取消或到期。这里需要说明以下几个问题。

（1）企业将用于偿付金融负债的资产转入某个机构或设立信托，偿付债务的现时义务仍然存在，不应终止确认该金融负债，也不能终止确认转出的资产。

（2）金融负债的"以旧换新"。如果根据协议承担以新的金融负债替换现存的金融负债的义务，新、旧负债的合同条款实质上不同，应当终止确认现存的金融负债，同时确认新的金融负债。类似地，对现存的全部金融负债或部分金融负债的条款的重大修改，也应作为现存的金融负债的消除和一项新的金融负债的确认。

（3）确认终止确认金融负债的损益。消除或转让的金融负债（全部或部分）的账面价值与所支付的对价（包括转让的非现金资产和承担的负债）之间的差额，应当计入损益。

（4）回购部分金融负债。回购部分金融负债时，应当在回购日按照继续确认部分和终止确认部分的相对公允价值，对该金融负债整体的账面价值进行分配。分配给终止确认部分的账面价值与支付的对价之间的差额，计入当期损益。

（四）权益工具确认与计量的基本规范

1. 发行权益工具

企业发行权益工具时，按所收到的对价扣除交易费用后，确认为股本（或实收资本）、股本溢价（或资本溢价）。

企业自身权益工具经初始确认后，不确认公允价值变动。

2. 回购、注销、出售权益工具

企业回购自身权益工具时，按支付的对价和交易费用，减少所有者权益。企业回购、出售或注销自身权益工具，均不应当确认利得或损失。企业回购的股份尚未注销或转让的，按库存股管理，库存股的计量采用成本法。

3. 对权益工具持有方的各种分配

对权益工具持有方的各种分配（股票股利除外），减少所有者权益。

上述内容的具体阐述和举例，参见《中级财务会计》教材。

二、几个难点业务的确认与计量

（一）金融资产转移

1. 金融资产转移的含义

金融资产转移，是指企业（转出方）将金融资产（或其现金流量）让与或交付给该金融资产发行方以外的另一方（转入方）。图9-2是解释金融资产转移的示意图。

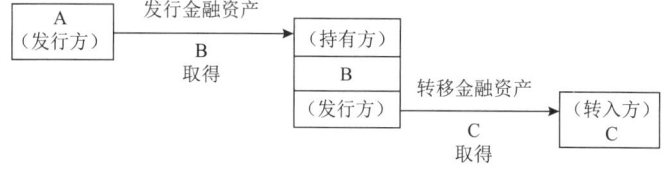

图9-2 金融资产转移示意图

2. 金融资产转移的确认与计量原则

金融资产转移的主要会计问题：是否对转移的金融资产进行终止确认？在金融资产转移的过程中是否需要终止确认相关金融资产的关键在于：与相关金融资产的所有权有关的风险和报酬是否转移。

企业在发生金融资产转移时，应当评估其保留金融资产所有权上的风险与报酬的程度，并区分以下情形进行处理。

（1）终止确认。如果企业转让了金融资产所有权上的几乎所有风险和报酬，则企业就应终止确认该金融资产，并将在转让中产生或保留的权利和义务单独确认为资产或负债。

企业可以终止确认所转移的金融资产的情形主要有：①不附任何追索权方式出售金融资产；②附回购协议的金融资产出售，回购价为回购时该金融资产的公允价值；③附优先回购权的金融资产出售，回购价为回购时该金融资产的公允价值；④附重大价外看跌期权的金融资产出售，持有该看跌期权的金融资产买方在期权到期时或到期前行权的可能性极小；⑤附重大价外看涨期权的金融资产出售，持有该看涨期权的金融资产卖方在期权到期时或到期前行权的可能性极小。

【例 9-7】 符合终止确认条件的金融资产转移。

资料：沿用【例 9-6】的资料，只是假设付款人为丙企业的票据属于无追索权的票据。

问题：如何根据这笔贴现业务理解金融资产终止确认的处理规范？

分析：在【例 9-6】中甲企业将付款人为丙企业的应收票据予以贴现这一交易，就属于金融资产转移。在此项交易中，如果该票据属于无追索权的票据，则甲企业应于贴现时终止确认该应收票据，有关账务处理如下（金额单位：元）。

借：银行存款　　　　　　　　　　　　　　　　9 900 000
　　财务费用　　　　　　　　　　　　　　　　　 100 000
　　贷：应收票据　　　　　　　　　　　　　　10 000 000

（2）继续确认。如果企业保留了金融资产所有权上几乎所有的风险和报酬，则企业应当继续确认该金融资产。这种情形主要有：①采用附追索权方式出售金融资产；②附回购协议的金融资产出售，回购价固定或原售价加合理回报；③附总回报互换的金融资产出售，该互换使市场风险又转回给了金融资产出售方；④将信贷资产或应收款项整体出售，同时保证对金融资产购买方可能发生的信用损失等进行全额补偿；⑤附重大价内看跌期权的金融资产出售，持有该看跌期权的金融资产买方很可能在期权到期时或到期前行权；⑥附重大价内看涨期权的金融资产出售，持有该看涨期权的金融资产卖方很可能在期权到期时或到期前行权。

对于不符合终止确认条件的金融资产转移，要继续确认所转移资产，同时将收到的转移对价确认为一项负债。该继续确认资产与确认的相关金融负债不得互相抵销，随后各期间企业应继续确认该资产的收入和该负债的费用；所转移资产以摊余成本计量的，确认的相关负债不能指定为以公允价值计量且其变动计入当期损益的金融负债。

【例 9-8】 不符合终止确认条件的金融资产转移。

资料：沿用【例 9-6】的资料，假设付款人为丙企业的票据属于附追索权的票据。

问题：如何根据这笔贴现业务理解金融资产的终止确认？

分析：假定在【例 9-6】中所贴现票据属于有追索权的票据，则甲企业贴现时不能对其进行终止确认，因为一旦票据到期日贴现银行无法收到丙企业支付的票款，就需要向甲企业追回已贴现票款。所以，甲企业的相关账务处理如下（金额单位：元）。

（a）贴现时，不能对应收票据终止确认。

借：银行存款	9 900 000
贷：短期借款	9 900 000

（b）在贴现日至票据到期日之间的相关期末，确认利息费用。

借：财务费用	100 000
贷：应付利息	100 000

（c）票据到期时，如果不需要退回已贴现票款，则对贴现票据进行终止确认。

借：短期借款	9 900 000
应付利息	100 000
贷：应收票据	10 000 000

（d）票据到期时，如果丙企业没有及时支付到期票款，一方面，要退回已贴现票款。

借：短期借款	9 900 000
应付利息	100 000
贷：银行存款	10 000 000

另一方面，要对到期应收票据予以终止确认。

借：应收账款	10 000 000
贷：应收票据	10 000 000

【例 9-9】不符合终止确认条件的金融资产转移。

资料：2×24 年 4 月 1 日，甲公司将其持有的一笔国债出售给丙公司，售价为 200 000 元，年利率为 3.5%。同时，甲公司与丙公司签订了一项回购协议，约定 3 个月后由甲公司将该笔债券按 201 750 元的价格回购。2×24 年 7 月 1 日，甲公司购回该债券。假定实际利率与合同利率的差异较小。

问题：甲公司应怎样进行相关账务处理？

分析：甲公司对这笔买断式回购卖出债券的有关账务处理如下（金额单位：元）。

（a）4 月 1 日，出售金融资产。

借：银行存款	200 000
贷：卖出回购金融资产款	200 000

（b）6 月 30 日，确认利息费用。

借：财务费用	1 750
贷：应付利息	1 750

（c）7 月 1 日，回购。

借：卖出回购金融资产款	200 000
应付利息	1 750
贷：银行存款	201 750

（3）继续涉入。如果企业既没有转让也没有保留金融资产所有权上几乎所有风险和报酬，则企业应当判断其是否保留了对金融资产的控制。如果没有保留控制，应当终止确认金融资产，并将在转让中产生或保留的权利和义务单独确认为资产或负债；如果保留了控制，则应当根据主体对该金融资产的继续涉入程度继续确认该金融资产。

在继续涉入情况下如何对继续涉入资产和继续涉入负债进行确认与计量，是继续涉入的关键。其基本的会计处理原则是在转移金融资产时，根据继续涉入的程度，在充分反映保留的权利和承担的义务的基础上，确认有关金融资产，并相应确认有关负债。在后续计量时，对继续涉入所形成的有关资产确认其所产生的收益，对有关负债确认其所产生的费用，继续涉入所形成的有关资产和有关负债不得互相抵销；在部分继续涉入的情况下，要按转让日因继续涉入而继续确认部分和不再确认部分的相对公允价值，分配账面价值。

继续涉入的方式主要有：企业通过对被转移金融资产提供担保的方式继续涉入，企业因持有看涨期权或签出看跌期权（或两者兼有，即上下限期权）而继续涉入被转移金融资产，企业采用基于被转移金融资产的现金结算期权或类似条款的形式继续涉入等。

企业会计准则为各种继续涉入方式下的继续涉入资产、继续涉入负债提供了具体的计量规范。以提供担保为例，根据企业会计准则，企业通过对被转移金融资产提供担保的方式继续涉入的，应当在转移日按照金融资产的账面价值和担保金额两者的较低者，继续确认被转移金融资产，同时按照担保金额和担保合同的公允价值（通常是提供担保收到的对价）之和确认相关负债。担保金额，是指企业所收到的对价中，可被要求偿还的最高金额。在后续会计期间，担保合同的初始确认金额应当随担保义务的履行进行摊销，计入当期损益。被转移金融资产发生减值的，计提的损失准备应从被转移金融资产的账面价值中抵减。

【例9-10】提供担保方式的继续涉入。

资料：甲银行有一项可提前偿付的贷款组合，其票面利率和实际利率为10%，本金和摊余成本为10 000万元。甲银行与某受让方签署协议，将该组合贷款转移给该受让方，协议的主要条款如下。①受让方支付9 115万元以取得收取9 000万元本金和按照9.5%利率计算的这部分本金的利息的权利，甲银行则保留了收取1 000万元本金加上按照10%利率计算的这部分本金的利息以及对剩余9 000万元本金0.5%的利率差价部分。②收到的借款人提前支付款，按照1:9的比例在甲银行和受让方之间进行分配，但是所有的拖欠要从主体保留的对1 000万元本金所拥有的权益中扣除，直到全部扣除完毕。假定交易日该贷款的公允价值为10 100万元，0.5%的利率差价的估计公允价值为40万元。

问题：甲银行应如何对该金融资产转移进行会计处理？

分析：首先，判断是否应采用继续涉入法。在本例中，甲银行已经转移了相关金融资产（贷款组合）部分所有权上的重大风险与报酬（如重大的提前偿付风险），但是也保留了某些所有权上的重大风险与报酬（次级剩余权益的存在），并保留了控制，所以应该采用继续涉入法。

其次，进行有关计算。

（A）出让90%份额贷款的损益。出让90%和保留10%贷款的价值分配见表9-5。

表 9-5 出让 90%和保留 10%贷款的价值分配　　　　　　　　　　　　单位：万元

贷款	估计公允价值	百分比	账面价值分配
转让部分	9 090	90%	9 000
保留部分	1 010	10%	1 000
总计	10 100	100%	10 000

出让 90%份额所收对价＝10 100×90%＝9 090（万元）

出让收益＝9 090－9 000＝90（万元）

（B）向受让方提供信用增级而收取的对价，包括两个部分：一部分是次级剩余权益向受让方提供信用增级所收到的对价 25 万元（9 115－9 090）；另一部分是 0.5%的利率价差的公允价值 40 万元。所以，为提供信用增级已经收到的对价 25 万元和将收利息的现值 40 万元之和，构成为提供信用增级所获得的总对价 65 万元。

（C）继续涉入资产的计量。继续涉入资产的价值包括两个部分：一是为提供信用增级将获利息的现值 40 万元（以利率差价形式收取对价形成的资产）；二是剩余权益（为信用损失提供信用增级而予以次级化了的剩余权益）1 000 万元。所以，继续涉入资产的价值为 1 040 万元（40＋1 000）。

（D）继续涉入负债的计量。继续涉入负债的价值也包括两个部分：上述 65 万元作为提供信用增级的对价，实际上也意味着甲银行有提供信用增级的义务；保留的 1 000 万元本金收款权也因需要首先为受让方提供担保而使权益次级化，实际上也意味着有担保义务 1 000 万元。所以，继续涉入负债的金额是 1 065 万元（65＋1 000）。

根据上述分析，甲银行进行有关账务处理如下（金额单位：万元）。

（A）转移日。

（a）对于 90%贷款进行终止确认，并确认转让收益。

借：存放中央银行款项　　　　　　　　　　　　　　　9 090
　　贷：贷款　　　　　　　　　　　　　　　　　　　　　　9 000
　　　　其他业务收入　　　　　　　　　　　　　　　　　　　90

（b）对于 10%继续涉入。

借：存放中央银行款项　　　　　　　　　　　　　　　　25
　　继续涉入资产——超额账户　　　　　　　　　　　　　40
　　　　　　　　——次级权益　　　　　　　　　　　　1 000
　　贷：继续涉入负债　　　　　　　　　　　　　　　　1 065

如果将上述两个账务处理合并，则整合的账务处理如下。

借：存放中央银行款项　　　　　　　　　　　　　　　9 115
　　继续涉入资产——次级权益　　　　　　　　　　　1 000
　　　　　　　　——超额账户　　　　　　　　　　　　40
　　贷：贷款　　　　　　　　　　　　　　　　　　　　9 000
　　　　继续涉入负债　　　　　　　　　　　　　　　1 065

　　　　其他业务收入　　　　　　　　　　　　　　　　　　　　　　　　90

（B）后续期间的相关处理。

（a）将信用增级的对价确认为各期收入（总额65万元，应分期确认）。

　　借：继续涉入负债　　　　　　　　　　　　　　　　　65
　　　　　贷：其他业务收入　　　　　　　　　　　　　　　　　　　　65

（b）分期计提已确认资产利息。

　　借：贷款　　　　　　　　　　　　　　　　　　　　100
　　　　　贷：利息收入（1 000×10%）　　　　　　　　　　　　　　100

（c）分期确认超额利差的利息收入。

　　借：继续涉入资产　　　　　　　　　　　　　　　　　5
　　　　　贷：利息收入（9 000×0.5%－40）　　　　　　　　　　　　5

（d）收回本息和。

　　借：存放中央银行款项　　　　　　　　　　　　　1 100
　　　　　贷：贷款　　　　　　　　　　　　　　　　　　　　　　1 100

（e）结清继续涉入项目。

　　借：继续涉入负债　　　　　　　　　　　　　　　1 000
　　　　　存放中央银行款项（9 000×0.5%）　　　　　　　45
　　　　　贷：继续涉入资产　　　　　　　　　　　　　　　　　　1 045

（二）金融负债与权益工具的划分

通常情况下，企业比较容易分辨所发行的金融工具是权益工具还是金融负债。例如，【例9-1】中甲企业发行股票确认的权益工具与发行债券确认的金融负债就是权益工具与金融负债最常见的例子。

值得注意的是，有些时候，区分金融负债与权益工具时，也会遇到比较复杂的情况，这就需要根据金融工具的实质而不是其法定形式进行判断。也就是说，有些金融工具的法定形式表现为权益，但实质上却是负债（如可赎回优先股）；而有些金融工具则可能同时兼有权益工具和金融负债的特征（如可转换公司债券）。尤其是企业发行的、须用自身权益工具进行结算的金融工具，可能因为结算方式不同，金融负债与权益工具的确认结果不同。

金融负债与权益工具的关键区别在于合约义务的存在与否，即是否存在交付现金或其他金融资产的合约义务。如果对于金融工具的发行者来说，一项金融工具产生向金融工具的持有者交付另一项金融资产或在可能不利的条件下交换另一项金融工具的义务，则该项金融工具符合金融负债的定义；如果对于金融工具的发行者来说，一项金融工具不产生向金融工具的持有者交付另一项金融资产或在可能不利的条件下交换另一项金融工具的义务，则该项金融工具是权益工具。

具体来讲，区分金融负债与权益工具，要注意以下几种情况。

（1）企业发行的、将来不以自身权益工具结算的金融工具，初始确认为权益工具，需满足下列条件之一：①该金融工具没有包括交付现金或其他金融资产给其他单位的合同义务；②该金融工具没有包括在潜在不利条件下与其他单位交换金融资产或金融负债的合同义务。

（2）企业发行的、将来须用或可用自身权益工具结算的金融工具，初始确认为权益工具，需满足下列条件之一：①该金融工具是非衍生工具，且企业没有义务交付非固定数量的自身权益工具进行结算；②该金融工具是衍生工具，且企业只能通过交付固定数量的自身权益工具换取固定数额现金或其他金融资产进行结算。

例如，出售股票的远期采用"交付固定数量的自身股票换取固定金额的现金"结算方式的，确认为权益工具；采用"以现金净额结算"结算方式的，确认为金融负债。再如，签出的股票买入期权（看涨期权）采用"收取固定金额现金交付固定数量的自身股票"结算方式的，确认为权益工具；采用"以现金净额结算"结算方式的，确认为金融负债。还有，签出的股票卖出期权（看跌期权）采用"支付固定金额现金买入固定数量的自身股票"结算方式的，确认为权益工具；采用"以现金净额结算"或"以股票净额结算"结算方式的，确认为金融负债。

（3）交付现金、其他金融资产进行结算与否，取决于发行方和持有方均不能控制的未来不确定事项的发生与否的金融工具，初始确认为权益工具，需满足下列条件之一：①可认定要求以现金、其他金融资产结算的或与结算条款相关的事项不会发生；②只有在发行方发生企业清算的情况下才需要以现金、其他金融资产结算。

下面来看一组有关区分金融资产、金融负债、权益工具的例题。

【例 9-11】 购入股票看涨期权——按现金净额结算。

资料：2×24 年 2 月 1 日，甲主体与乙主体签订一份欧式期权合同，该合同要求乙主体承担一项交付义务，同时赋予甲主体一项可在 2×25 年 1 月 31 日以每股 102 元的价格购回本公司股票 1 000 股的权利。如果甲主体到期行权，该合同将以现金净额结算。甲主体股票市价及看涨期权公允价值资料见表 9-6。假定甲主体在行权日行使了该买权。

表 9-6 甲主体股票市价及看涨期权公允价值资料   单位：元

项目	2×24 年 2 月 1 日	2×24 年 12 月 31 日	2×25 年 1 月 31 日
股票的每股价格	100	104	104
看涨期权的公允价值	5 000	3 000	2 000

问题：甲主体应如何进行会计处理？

分析：

（A）根据表 9-6 整理出该看涨期权公允价值资料，见表 9-7。

表 9-7 甲主体持有的看涨期权公允价值资料   单位：元

项目	2×24 年 2 月 1 日	2×24 年 12 月 31 日	2×25 年 1 月 31 日
公允价值①	5 000	3 000	2 000
内在价值②=（市价－行权价）×1 000	0	2 000	2 000
时间价值③=①－②	5 000	1 000	0

合同签订日的数据表明，行权价 102 元超过了股票市价 100 元，所以没有内在价值，只有时间价值，该期权为价外期权。这时看来，甲主体行权并不经济。合同到期日，该看涨期权为价内期权，甲主体应该行权。

（B）从合同规定的结算方式来看，以现金净额结算，意味着结算时甲主体应向乙主体交付 102 000 元，乙主体则应向甲主体交付 104 000 元，所以，甲主体按净额收取 2 000 元。换句话说，甲主体购入的期权合约令其具有将来按股票市价大于行权价之差计算的向乙主体收取现金净额的权利，所以，应该确认金融资产。

根据上述资料和分析，甲主体的有关账务处理见表 9-8。

表 9-8　甲主体按现金净额结算的股票看涨期权的账务处理（一）　　单位：元

日期	内容	账务处理	
2×24 年 2 月 1 日	确认按初始公允价值买入看涨期权	借：衍生工具——看涨期权资产 　　贷：银行存款	5 000 5 000
2×24 年 12 月 31 日	确认看涨期权的公允价值变动损失	借：公允价值变动损益 　　贷：衍生工具——看涨期权资产	2 000 2 000
2×25 年 1 月 31 日	确认看涨期权的公允价值变动损失	借：公允价值变动损益 　　贷：衍生工具——看涨期权资产	1 000 1 000
	以现金净额结算期权合同	借：银行存款 　　贷：衍生工具——看涨期权资产	2 000 2 000

【例 9-12】 购入股票看涨期权——按股票净额结算。

资料：有关资料参照【例 9-11】，只是将结算方式改为按股票净额结算。

问题：甲主体应如何进行会计处理？

分析：根据期权合同规定的结算方式，行权时乙主体有义务向甲主体交付价值为 104 000 元的甲主体股票，以换取价值为 102 000 元的甲主体股票。所以，乙主体向甲主体交付净额为 2 000 元的甲主体股票。对于甲主体来说，相当于收回本公司的股票约 19.2 股（2 000÷104）。

所以，甲主体的有关账务处理与表 9-8 基本相同，只是行权日结算合同的账务处理应如下。

借：库存股（或股本）等权益类科目　　　　　　　　　　　　　　2 000
　　贷：衍生工具——看涨期权资产　　　　　　　　　　　　　　　2 000

【例 9-13】 购入股票看涨期权——按实物总额结算。

资料：有关资料仍参照【例 9-11】，只是将结算方式改为按实物总额结算，即行权时甲主体将以支付固定金额的现金来收取固定数量的本公司股票的方式与乙主体结算期权合同。

问题：甲主体应如何进行会计处理？

分析：根据金融资产的含义，金融资产中包括将来须用或可用企业自身权益工具进行结算的衍生金融工具合同权利，但企业以固定金额的现金或其他金融资产换取固定数量的自身权益工具合同权利除外。所以，甲主体签订的购入看涨期权合同，符合权益工具的定义，不能确认金融资产。

甲主体的有关账务处理见表9-9。

表9-9　甲主体按实物总额结算的股票看涨期权的账务处理（一）　　单位：元

日期	内容	账务处理
2×24年2月1日	按初始公允价值确认买入看涨期权形成的权益工具	借：资本公积等权益类科目　　5 000 　贷：银行存款　　　　　　　　　　　5 000
2×24年12月31日	权益工具确认后，不确认公允价值变动	
2×25年1月31日	以实物总额结算期权合同	借：库存股（或股本）等权益类科目　102 000 　贷：银行存款　　　　　　　　　　　102 000

【例9-14】签出股票看涨期权——按现金净额结算。

资料：2×24年2月1日，甲主体与乙主体签订一份以现金净额结算的欧式期权合同，赋予乙主体一项以每股102元的行权价向甲主体收取1 000股甲主体普通股公允价值的权利，同时使甲主体承担一项支付的义务。甲主体股票市价及看涨期权公允价值资料见表9-6。假定乙主体在行权日行使了该买权。

问题：甲主体应如何进行会计处理？

分析：甲主体签出看涨期权，合同规定的结算方式是以现金净额结算，意味着如果乙主体在2×25年1月31日行使这项权利，则甲主体有按行权日甲主体普通股的公允价值超过行权价部分计算的向乙主体交付现金的义务，所以，应该确认为金融负债。

根据上述资料和分析，甲主体的有关账务处理见表9-10。

表9-10　甲主体按现金净额结算的股票看涨期权的账务处理（二）　　单位：元

日期	内容	账务处理
2×24年2月1日	确认按初始公允价值签出看涨期权	借：银行存款　　　　　　　　　5 000 　贷：衍生工具——看涨期权负债　　5 000
2×24年12月31日	确认看涨期权的公允价值变动利得	借：衍生工具——看涨期权负债　2 000 　贷：公允价值变动损益　　　　　　2 000
2×25年1月31日	确认看涨期权的公允价值变动利得	借：衍生工具——看涨期权负债　1 000 　贷：公允价值变动损益　　　　　　1 000
	以现金净额结算期权合同	借：衍生工具——看涨期权负债　2 000 　贷：银行存款　　　　　　　　　　2 000

【例9-15】签出股票看涨期权——按实物总额结算。

资料：有关资料参照【例9-14】，只是将结算方式改为按实物总额结算。假定乙主体在行权日行使了该买权。

问题：甲主体应怎样进行会计处理？

分析：根据会计规范，企业承担的将以固定价格交付指定数量的企业自身股票的义务，不属于金融负债。实际上，该看涨期权将使签出方在持权方行权时发行指定数量的股票以换取固定金额的现金。

甲主体的有关账务处理见表 9-11。

表 9-11　甲主体按实物总额结算的股票看涨期权的账务处理（二）　　单位：元

日期	内容	账务处理
2×24 年 2 月 1 日	确认按初始公允价值签出看涨期权	借：银行存款　　　　　　　5 000 　贷：资本公积等权益类科目　　5 000
2×24 年 12 月 31 日	不确认权益工具的公允价值变动损益	
2×25 年 1 月 31 日	记录期权合同的结算	借：银行存款　　　　　　　102 000 　贷：股本等有关科目　　　　102 000

（三）嵌入衍生工具

1. 嵌入衍生工具的概念

嵌入衍生工具，是指嵌入非衍生工具（即主合同）中的衍生工具。嵌入衍生工具与主合同构成混合工具，使混合工具的全部或部分现金流量随特定利率、金融工具价格、商品价格、汇率、价格指数、费率指数、信用等级、信用指数或其他变量的变动而变动。

对嵌入衍生工具概念的理解，应该注意以下三个方面。

（1）关于主合同。主合同通常包括租赁合同、保险合同、服务合同、特许权合同、债务工具合同、合营合同等。嵌入衍生工具与主合同构成混合工具，如企业持有的可转换公司债券等。

（2）关于嵌入衍生工具的表现方式。在混合工具中，嵌入衍生工具通常以具体合同条款体现。例如，甲公司签订了按通胀率调整租金的 3 年期租赁合同。根据该合同，第 1 年的租金先约定，从第 2 年开始，租金按前 1 年的 1 股物价指数调整。在此例中，主合同是租赁合同，嵌入衍生工具体现为一般物价指数调整条款。除一般物价指数调整条款外，以下条款中可能体现嵌入衍生工具：在可转换公司债券中嵌入的股份转换选择权条款（对应可转换公司债券）、与权益工具挂钩的本金或利息支付条款、与商品或其他非金融项目挂钩的本金或利息支付条款、看涨期权条款、看跌期权条款、提前还款权条款、信用违约支付条款等。

（3）附在主合同上的衍生工具，如果可以与主合同分开并且能够单独转让，或者具有与该金融工具不同的交易对手方，则不能作为嵌入衍生工具，而应作为一项独立存在的衍生工具。例如，某贷款合同可能附有一项相关的利率互换条款，如果该互换能够单独转让，那么该互换是一项独立存在的衍生工具，而不是嵌入衍生工具，即使该互换与主合同（贷款合同）的交易对手（借款人）是同一方。

2. 嵌入衍生工具的会计处理原则

（1）包含金融资产主合同的混合工具。如果混合工具包含的主合同属于《企业会计准则第 22 号——金融工具确认和计量》规范的金融资产的，企业不应将嵌入衍生工具从该混合工具中分拆出来，而应当将该混合工具作为一个整体使用该准则关于金融资产分类的规定进行相应的会计处理。

（2）其他混合工具——嵌入衍生工具应当分拆的。如果混合工具包含的主合同不属于第 22 号准则规范的金融资产，且同时符合下列规定条件的，企业应当将嵌入衍生工具从混合工具中予以分拆，作为单独存在的衍生工具进行会计处理。这些条件如下：

（a）嵌入衍生工具的经济特征和风险与主合同的经济特征和风险不紧密相关；

（b）与嵌入衍生工具具有相同条款的单独工具符合衍生工具的定义；

（c）该混合工具不是以公允价值计量且其变动计入当期损益进行会计处理。

嵌入衍生工具从混合工具中分拆的，一方面，企业应当按照适用的会计准则对混合工具的主合同进行会计处理；另一方面，企业对分拆出来的嵌入衍生工具要以公允价值进行初始计量，后续计量时将公允价值变动计入当期损益。在确定嵌入衍生工具的公允价值时，如果企业无法根据嵌入衍生工具的条款和条件可靠计量嵌入衍生工具的公允价值，则应当根据混合工具公允价值和主合同公允价值两者之间的差额确定该嵌入衍生工具的公允价值；如果使用了上述方法后仍然无法单独计量该嵌入衍生工具在取得日或后续计量日的公允价值，则企业应当将该混合工具整体指定为以公允价值计量且其变动计入当期损益的金融工具。

（3）其他混合工具——嵌入衍生工具不需要分拆的。如果混合工具包含一项或多项嵌入衍生工具，且主合同不属于第 22 号准则规范的金融资产的，企业可以将其整体指定为以公允价值计量且其变动计入当期损益的金融工具，但下列情形除外：

（a）嵌入衍生工具不会使混合工具的现金流量产生重大改变；

（b）在初次确定类似的混合工具是否需要分拆时，几乎不需要分析就能明确其包含的嵌入衍生工具不应分拆。例如，嵌入贷款的提前还款权，允许持有人以接近摊余成本的金额提前偿还贷款，该提前还款权不需要分拆。

综上所述，嵌入衍生工具可否从混合工具中分拆的基本判断思路如图 9-3 所示。

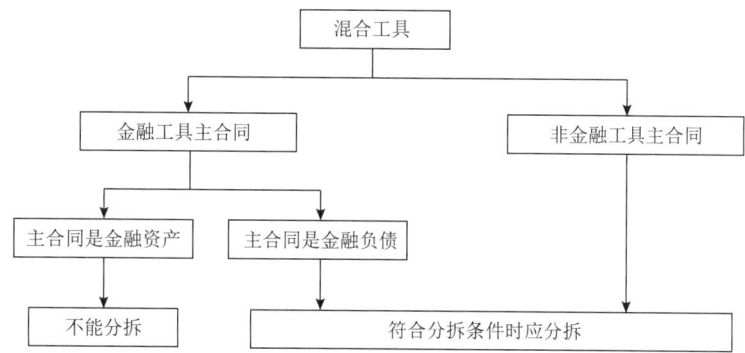

图 9-3　嵌入衍生工具可否从混合工具中分拆的基本判断思路

【例 9-16】 嵌入衍生工具。

资料：假定某企业在第 1 年初按每份面值 1 000 元发行了 2 000 份可转换公司债券，期限为 3 年，年名义利率为 6%，每年末支付利息，每份债券可在到期前的任何时间转换为 250 股普通股。该债券发行时不具备转换选择权，类似债券的市场利率为 9%。该企业将发行的该债券归类为以摊余成本计量的金融负债。

问题：该企业应如何进行会计处理？

分析：首先，主合同不是第 22 号准则规范的金融资产，另假定符合分拆的其他条件。其次，分拆的过程如下：

（1）本金的现值：按 9%的折现率计算的第 3 年末应付 2 000 000 元的现值为 1 544 367 元。

（2）利息的现值：按 9%的折现率计算的 3 年内每年应付 120 000 元的现值为 303 755 元。

（3）负债部分总额：面值的现值与利息的现值之和为 1 848 122 元。

（4）债券发行收入：2 000 000 元。

（5）权益部分金额：2 000 000－1 848 122＝151 878（元）

最后，初始确认的账务处理如下。

借：银行存款　　　　　　　　　　　　　　　　　2 000 000
　　应付债券——利息调整　　　　　　　　　　　　151 878
　　贷：应付债券——面值　　　　　　　　　　　　2 000 000
　　　　资本公积——其他资本公积　　　　　　　　151 878

三、金融工具的信息披露

金融工具的披露，是指企业在财务报表及附注中披露已确认和未确认金融工具的有关信息，有助于财务报告使用者就金融工具对企业财务状况和经营成果影响的重要程度做出合理评价。根据企业会计准则，金融工具的信息披露主要有以下几个要求。

（一）一般性规定要求

（1）企业在对金融工具各项目进行列报时，应当根据金融工具的特点及相关信息的性质对金融工具进行归类，并充分披露与金融工具相关的信息，使得财务报表附注中的披露与财务报表列示的各项目相互对应。

（2）在确定金融工具的列报类型时，企业至少应当将《企业会计准则第 37 号——金融工具列报》范围内的金融工具区分为以摊余成本计量和以公允价值计量的类型。

（3）企业应当披露编制财务报表时对金融工具所采用的重要会计政策、计量基础和与理解财务报表相关的其他会计政策等信息，主要包括：

（a）对于指定为以公允价值计量且其变动计入当期损益的金融资产，企业应当披露下列信息：①指定的金融资产的性质。②企业如何满足运用指定的标准。企业应当披露该指定所针对的确认或计量不一致的描述性说明。

（b）对于指定为以公允价值计量且其变动计入当期损益的金融负债，企业应当披露下列信息：①指定的金融负债的性质。②初始确认时对上述金融负债做出指定的标准。③企业如何满足运用指定的标准。对于以消除或显著减少会计错配为目的的指定，企业应当披露该指定所针对的确认或计量不一致的描述性说明。对于以更好地反映组合的管理实质为目的的指定，企业应当披露该指定符合企业正式书面文件载明的风险管理或投资策略的描述性说明。对于整体指定为以公允价值计量且其变动计入当期损益的混合工具，企业应当披露运用指定标准的描述性说明。

（c）如何确定每类金融工具的利得或损失。

（二）金融工具风险信息披露要求

企业应当披露与各类金融工具风险相关的定性和定量信息，以便财务报表使用者评估报告期末金融工具产生的风险的性质和程度，更好地评价企业所面临的风险敞口。相关风险包括信用风险、流动性风险、市场风险等。

第三节　衍生金融工具用于套期保值的会计处理

一、套期会计的相关概念

（一）套期

套期（hedge）原意是建立"防护墙"，有规避风险之意。根据《企业会计准则第24号——套期会计》，套期，是指企业为管理外汇风险、利率风险、价格风险、信用风险等特定风险引起的风险敞口，指定金融工具为套期工具（hedging instrument），以使套期工具的公允价值或现金流量变动，预期抵销被套期项目（hedged item）全部或部分公允价值或现金流量变动的风险管理活动。

（二）套期工具与被套期项目

套期工具，是指企业为进行套期而指定的、其公允价值或现金流量变动预期可抵销被套期项目的公允价值或现金流量变动的金融工具。套期工具是相对于"被套期项目"而言的。

作为套期工具的基本条件是其公允价值应当能够可靠地计量。指定套期工具的基本原则是：第一，衍生工具通常可以作为套期工具；例外情况是无法有效地对冲被套期项目风险的衍生工具不能作为套期工具，如企业签出的期权就不能作为套期工具，只有在对购入期权（包括嵌入混合工具中的购入期权）进行套期时，签出期权才可以作为套期工具。第二，以公允价值计量且其变动计入当期损益的非衍生金融资产或非衍生金融负债可以作为套期工具，但指定为以公允价值计量且其变动计入当期损益、其自身信用风险变动引起的公允价值变动计入其他综合收益的金融负债除外。第三，企业自身权益工具不属于企业的金融资产或金融负债，不能作为套期工具。第四，对于外汇风险套期，企业可以将非衍生金融资产（选择以公允价值计量且其变动计入其他综合收益的非交易性权益工具投资除外）或非衍生金融负债的外汇风险成分指定为套期工具。

被套期项目，是指使企业面临公允价值或现金流量变动风险，且被指定为被套期对象的、能够可靠计量的项目。

可作为被套期项目的项目有：①已确认资产或负债；②尚未确认的确定承诺；③极可能发生的预期交易；④境外经营净投资；等等。这里的确定承诺，是指在未来某特定日期或期间，以约定价格交换特定数量资源、具有法律约束力的协议；这里的预期交易，是指尚未承诺但预期会发生的交易。

（三）套期关系的种类

套期工具与被套期项目，是一项套期关系的两个组成要素。只有当企业特定的风险管理策略将这两个要素有机地连接起来时，才构成一项套期关系。

套期关系分为以下三类。

1. 公允价值套期

公允价值套期，是指对已确认资产或负债、尚未确认的确定承诺，或上述项目组成部分的公允价值变动风险敞口进行的套期。该公允价值变动源于特定风险，且将影响企业的损益或其他综合收益。

但对确定承诺的外汇风险进行的套期，企业可以将其作为公允价值套期或现金流量套期处理。

2. 现金流量套期

现金流量套期，是指对已确认资产或负债或预期交易的现金流量变动风险敞口所做的套期。现金流量套期中包括外币现金流量套期（如对预期交易的外币风险所做的套期）。

已确认的资产或负债承受的现金流量变动风险与已确认的资产或负债承受的公允价值变动风险显然不同。前者如浮动利率债权或债务的未来利息收入或利息支出，后者如已入账存货未来的跌价损失。

预期交易可能承受的风险与已确认的资产或负债承受的风险也不相同。前者承受的是未来现金流量风险，后者承受的则多是未来公允价值变动的风险（除类似于浮动利率债券以外，那些已确认资产或负债承受的是未来现金流量风险）。例如，企业在未来6个月里预计需要消耗100单位的原料，现已有库存40单位，预期采购60单位。库存40单位的原料将承受的是公允价值变动风险，而采购60单位原料这一预期交易所承受的则是现金流量风险。

3. 境外经营净投资套期

境外经营净投资套期，是指对境外经营净投资外汇风险敞口进行的套期。

以上三类套期关系中，公允价值套期中的外币公允价值套期、现金流量套期中的外币现金流量套期和对境外经营净投资的外币风险的套期，还可统称为外币套期。

（四）套期会计方法及其应用条件

套期会计方法，是指企业将套期工具和被套期项目产生的利得或损失在相同会计期间计入当期损益（或其他综合收益）以反映风险管理活动影响的方法。

公允价值套期、现金流量套期或境外经营净投资套期同时满足下列条件的，才能运用企业会计准则规定的套期会计方法进行处理。

（1）套期关系仅由符合条件的套期工具和被套期项目组成。

（2）在套期开始时，企业正式指定了套期工具和被套期项目，并准备了关于套期关系和企业从事套期的风险管理策略和风险管理目标的书面文件。该文件至少载明了套期工具、被套期项目、被套期风险的性质以及套期有效性评估方法（包括套期无效部分产生的原因分析以及套期比率确定方法）等内容。

（3）套期关系符合套期有效性要求。套期有效性，是指套期工具的公允价值或现金流量变动能够抵销被套期风险引起的被套期项目公允价值或现金流量变动的程度。套期工具的公允价值或现金流量变动大于或小于被套期项目的公允价值或现金流量变动的部分为套期无效部分。

二、套期会计基本规范

（一）科目设置

企业应设置"套期工具""被套期项目""套期损益"科目，对套期活动进行确认与计量。

（1）"套期工具"（资产、负债共同类）会计科目，是用来核算指定为套期工具的衍生工具和其他套期工具的。当已确认的衍生工具等金融资产或金融负债被指定为套期工具时，应将其账面价值自"衍生工具"科目转入"套期工具"科目。"套期工具"科目的期末余额，反映企业套期工具形成的资产的公允价值（借方余额）或套期工具形成的负债的公允价值（贷方余额）。

（2）"被套期项目"（资产、负债共同类）科目，是用来核算开展套期保值业务被套期项目公允价值变动形成的资产或负债的。企业将已确认的资产或负债指定为被套期项目时，应按其账面价值，借记或贷记"被套期项目"科目，贷记或借记"库存商品""长期借款"等科目，已计提跌价准备或减值准备的，还应同时结转跌价准备或减值准备。资产负债表日，对于有效套期，应按被套期项目产生的利得，借记"被套期项目"科目，贷记"公允价值变动损益""其他综合收益"等科目，被套期项目产生损失做相反的会计分录。资产或负债不再作为被套期项目的，应按被套期项目形成的资产或负债，借记或贷记有关科目，贷记或借记"被套期项目"科目。"被套期项目"科目期末借方余额，反映企业被套期项目形成的资产的公允价值；该科目期末贷方余额，则反映企业被套期项目形成的负债的公允价值。

（3）"套期损益"（损益类）科目，是用来核算套期工具和被套期项目价值变动形成的利得和损失的。该科目可按套期关系进行明细核算。借方记录公允价值套期下套期工具产生的损失和被套期项目因被套期风险敞口形成的损失，现金流量套期下套期工具的损失中属于套期无效的部分，贷方记录公允价值套期下套期工具产生的利得和被套期项目因被套期风险敞口形成的利得，现金流量套期下套期工具的利得中属于套期无效的部分,期末,应当将"套期损益"科目余额转入"本年利润"科目,结转后"套期损益"科目无余额。

可以不设置"套期损益"(损益类)科目,可在"公允价值变动损益"科目中核算此项内容。

(二)确认与计量的原则

1. 公允价值套期的确认与计量

(1)套期工具产生的利得或损失应当计入当期损益。如果套期工具是对选择以公允价值计量且其变动计入其他综合收益的非交易性权益工具投资(或其组成部分)进行套期的,套期工具产生的利得或损失应当计入其他综合收益。

(2)被套期项目因被套期风险敞口形成的利得或损失应当计入当期损益,同时调整未以公允价值计量的已确认被套期项目的账面价值。

被套期项目利得或损失的具体处理要求如下。

被套期项目为按照《企业会计准则第22号——金融工具确认和计量》第十八条分类为以公允价值计量且其变动计入其他综合收益的金融资产(或其组成部分)的,其因被套期风险敞口形成的利得或损失应当计入当期损益,其账面价值已经按公允价值计量,不需要调整。

被套期项目为企业选择以公允价值计量且其变动计入其他综合收益的非交易性权益工具投资(或其组成部分)的,其因被套期风险敞口形成的利得或损失应当计入其他综合收益,其账面价值已经按公允价值计量,不需要调整。

被套期项目为尚未确认的确定承诺(或其组成部分)的,其在套期关系指定后由被套期风险引起的公允价值累计变动额应当确认为一项资产或负债,相关的利得或损失应当计入各相关期间损益。当履行确定承诺而取得资产或承担负债时,应当调整该资产或负债的初始确认金额,以包括已确认的被套期项目的公允价值累计变动额。

被套期项目为以摊余成本计量的金融工具(或其组成部分)的,企业对被套期项目账面价值所做的调整应当按照开始摊销日重新计算的实际利率进行摊销,并计入当期损益。该摊销可以自调整日开始,但不应当晚于对被套期项目终止进行套期利得和损失调整的时点。

被套期项目为按照《企业会计准则第22号——金融工具确认和计量》第十八条分类为以公允价值计量且其变动计入其他综合收益的金融资产(或其组成部分)的,企业应当按照相同的方式对累计已确认的套期利得或损失进行摊销,并计入当期损益,但不调整金融资产(或其组成部分)的账面价值。

2. 现金流量套期的确认与计量

(1)套期工具产生的利得或损失中属于套期有效的部分,作为现金流量套期储备的金额,计入其他综合收益。该金额应当按照下列两项的绝对额中较低者确定:一是套期工具自套期开始的累计利得或损失;二是被套期项目自套期开始的预计未来现金流量现值的累计变动额。

(2)套期工具产生的利得或损失中属于套期无效的部分(扣除计入其他综合收益后

的其他利得或损失），应当计入当期损益。

（3）计入其他综合收益的现金流量套期储备金额的后续处理方法是：①被套期项目为预期交易，且该预期交易使企业随后确认一项非金融资产或一项非金融负债的，或者非金融资产或非金融负债的预期交易形成一项适用于公允价值套期会计的确定承诺时，企业应将原计入其他综合收益中的现金流量套期储备金额转出，计入该资产或负债的初始确认金额。②对于不属于上述①中所涉及的现金流量套期，企业应当在被套期的预期现金流量影响损益的相同期间，将原在其他综合收益中确认的现金流量套期储备金额转出，计入当期损益。③如果在其他综合收益中确认的现金流量套期储备金额是一项损失，且该损失全部或部分预计在未来会计期间不能弥补的，企业应当在预计不能弥补时，将预计不能弥补的部分从其他综合收益中转出，计入当期损益。

3. 境外经营净投资套期的确认与计量

对境外经营净投资的套期，与现金流量套期的会计处理原则相类似，具体如下。

（1）套期工具形成的利得或损失中属于套期有效的部分，应当计入其他综合收益。全部或部分处置境外经营时，上述计入其他综合收益的套期工具利得或损失应当相应转出，计入当期损益。

（2）套期工具形成的利得或损失中属于套期无效的部分，应当计入当期损益。

4. 终止运用套期会计的情形

企业发生下列情形之一的，应当终止运用套期会计。

（1）风险管理目标发生变化，导致套期关系不再满足风险管理目标。

（2）套期工具已到期、被出售、合同终止或已行使。

（3）被套期项目与套期工具之间不再存在经济关系，或者被套期项目和套期工具经济关系产生的价值变动中，信用风险的影响开始占主导地位。

（4）套期关系不再满足企业会计准则所规定的运用套期会计方法的其他条件。在适用套期关系再平衡的情况下，企业应当首先考虑套期关系再平衡，其次评估套期关系是否满足企业会计准则所规定的运用套期会计方法的条件。

三、会计处理示例

下面举例说明衍生金融工具在套期保值中的应用。

【例9-17】期权合约用于公允价值套期。

资料：丙公司于2×22年9月1日以每股50元的价格从二级市场购入丁公司的股票100 000股，从而拥有丁公司5%的股份。丙公司将该项股权投资归类为以公允价值计量且其变动计入当期损益的金融资产。根据后来的股市分析，丙公司管理层认为有规避股价下跌风险的必要，公司有关部门遂于2×22年12月31日支付期权费90 000元购入一项看跌期权，将其指定为对公司持有的对丁公司股票投资进行套期保值。将当天该股票市场价格每股40元作为该期权的行权价格，行权日期为2×24年12月31日。

假定有关股票和看跌期权的公允价值资料见表9-12。

表 9-12　丙公司购入的丁公司股票和看跌期权的公允价值资料　　　　单位：元

项目		2×22年12月31日	2×23年12月31日	2×24年12月31日
股票	每股价格	40	38	35
	总价	4 000 000	3 800 000	3 500 000
看跌期权	时间价值	90 000	70 000	0
	内在价值	0	200 000	500 000
	公允价值	90 000	270 000	500 000

假定丙公司在不考虑期权的时间价值变化的情况下对该卖权的套期有效性进行分析，认为套期有效。

问题：丙公司应如何进行相关会计处理？

分析：首先，丙公司应确定套期活动的分类。对已确认资产进行的套期保值活动，应归类为公允价值套期。

其次，对此项套期活动进行账务处理。有关账务处理如下（金额单位：元）。

（1）2×22年9月1日，买入丁公司股票。

　　借：交易性金融资产　　　　　　　　　　　　　　　　　5 000 000
　　　　贷：银行存款　　　　　　　　　　　　　　　　　　　　　5 000 000

（2）2×22年12月31日，确认金融资产公允价值变动。

　　借：公允价值变动损益　　　　　　　　　　　　　　　　1 000 000
　　　　贷：交易性金融资产　　　　　　　　　　　　　　　　　1 000 000

（3）2×22年12月31日，确认套期关系。

　　借：被套期项目——交易性金融资产　　　　　　　　　　4 000 000
　　　　贷：交易性金融资产　　　　　　　　　　　　　　　　　4 000 000
　　借：套期工具——卖出期权　　　　　　　　　　　　　　　　90 000
　　　　贷：银行存款　　　　　　　　　　　　　　　　　　　　　　90 000

（4）2×23年12月31日，确认套期工具公允价值变动。

　　借：套期工具——卖出期权　　　　　　　　　　　　　　　180 000
　　　　贷：套期损益　　　　　　　　　　　　　　　　　　　　　180 000

（5）2×23年12月31日，确认被套期项目公允价值变动。

　　借：套期损益　　　　　　　　　　　　　　　　　　　　　200 000
　　　　贷：被套期项目——交易性金融资产　　　　　　　　　　　200 000

（6）2×24年12月31日，确认套期工具公允价值变动。

　　借：套期工具——卖出期权　　　　　　　　　　　　　　　230 000
　　　　贷：套期损益　　　　　　　　　　　　　　　　　　　　　230 000

（7）2×24年12月31日，确认被套期项目公允价值变动。

　　借：套期损益　　　　　　　　　　　　　　　　　　　　　300 000
　　　　贷：被套期项目——交易性金融资产　　　　　　　　　　　300 000

(8) 2×24年12月31日，按行权价格卖出所持股票，确认行权。

借：银行存款 4 000 000
　　贷：套期工具——卖出期权 500 000
　　　　被套期项目——交易性金融资产 3 500 000

(9) 2×24年12月31日，结转原来确认的公允价值变动损益。

借：投资收益 1 000 000
　　贷：公允价值变动损益 1 000 000

通过【例9-17】可以看出，套期工具的公允价值变动利得共410 000元，弥补了被套期项目上的部分公允价值变动损失，也就是说，如若不做套期，丙公司此项股票投资将损失1 500 000元［(50−35)×100 000］；由于采用卖出期权进行套期，丙公司在此项股票投资上仅损失了1 090 000元（5 090 000元的资金投入，卖出股票价款4 000 000元），减少了410 000元的损失(税费略)。另外，丙公司在此项股票投资上损失的1 090 000元，通过"套期损益""投资收益"等损益类科目的记录体现为对各期损益的影响。

【例9-18】期权合约用于公允价值套期。

资料：沿用【例9-17】的资料，只是假定被套期项目——丙公司持有的对丁公司的股权投资——被归类为以公允价值计量且其变动计入其他综合收益的金融资产，其他内容不变。

问题：丙公司应如何进行相关账务处理？

分析：

(1) 2×22年9月1日，买入丁公司股票。

借：其他权益工具投资 5 000 000
　　贷：银行存款 5 000 000

(2) 2×22年12月31日，确认金融资产公允价值变动。

借：其他综合收益 1 000 000
　　贷：其他权益工具投资 1 000 000

(3) 2×22年12月31日，确认套期关系。

借：被套期项目——其他权益工具投资 4 000 000
　　贷：其他权益工具投资 4 000 000

借：套期工具——卖出期权 90 000
　　贷：银行存款 90 000

(4) 2×23年12月31日，确认套期工具公允价值变动。

借：套期工具——卖出期权 180 000
　　贷：其他综合收益 180 000

(5) 2×23年12月31日，确认被套期项目公允价值变动。

借：其他综合收益 200 000
　　贷：被套期项目——其他权益工具投资 200 000

(6) 2×24年12月31日，确认套期工具公允价值变动。

借：套期工具——卖出期权 230 000

贷：其他综合收益　　　　　　　　　　　　　　　　　　　　　　230 000
（7）2×24 年 12 月 31 日，确认被套期项目公允价值变动。
　　借：其他综合收益　　　　　　　　　　　　　　　　　　300 000
　　　　贷：被套期项目——其他权益工具投资　　　　　　　　　　 300 000
（8）2×24 年 12 月 31 日，按行权价格卖出所持股票，确认行权。
　　借：银行存款　　　　　　　　　　　　　　　　　　　　4 000 000
　　　　贷：套期工具——卖出期权　　　　　　　　　　　　　　　　 500 000
　　　　　　被套期项目——其他权益工具投资　　　　　　　　　　 3 500 000
（9）2×24 年 12 月 31 日，结转原来确认的公允价值变动损益。
　　借：利润分配——未分配利润　　　　　　　　　　　　　1 090 000
　　　　贷：其他综合收益　　　　　　　　　　　　　　　　　　　 1 090 000

　　通过以上账务处理可以看出，丙公司在此项股票投资上损失的 1 090 000 元，与【例 9-17】中的处理不同，是通过"其他综合收益"这个科目直接影响所有者权益的，并最终体现为对留存收益的影响。

　　【例 9-19】 期汇合约用于现金流量套期。

　　资料：乙公司 2×24 年 8 月 1 日预期将在 2×25 年 1 月 30 日销售一批 A 商品 20 吨，根据目前的市场价格情况，预期销售价格为 300 000 元；而综合市场情况分析，未来销售价格有走低的风险。为了规避现金流量风险，乙公司于 2×24 年 8 月 1 日与某金融机构签订了两项衍生金融工具合同 B，将其用于为此项预期销售进行套期保值。衍生金融工具 B 的标的资产与被套期的预期销售商品 A 的数量、质量、产地、销售地以及价格变动等要素均相同，衍生金融工具 B 的结算日也与商品 A 的预期销售日相同。签约当天，衍生金融工具 B 的公允价值为 0；2×24 年 12 月 31 日，衍生金融工具 B 的公允价值上涨了 20 000 元，20 吨商品 A 的预期销售价格为 280 000 元；结算日，衍生金融工具 B 的公允价值又上涨了 30 000 元，20 吨商品 A 的实际销售价格也比 1 个月以前的预期价格下降了 30 000 元。

　　假定乙公司经分析，此项套期因关键条款相同而完全有效，不考虑衍生金融工具 B 的时间价值以及商品 A 的增值税因素等；2×24 年 12 月 31 日、2×25 年 1 月 30 日被套期项目自套期开始的预计未来现金流量现值的累计变动额的绝对额均大于当时套期工具自套期开始的累计利得。

　　问题：乙公司应怎样进行相关会计处理？

　　分析：首先，乙公司应确定套期活动的分类。对预期交易进行的套期保值活动，应归类为现金流量套期。

　　其次，对此项套期活动进行账务处理（金额单位：元）。
（1）2×24 年 8 月 1 日：套期工具公允价值为 0，被套期项目尚未发生，不予确认。
（2）2×24 年 12 月 31 日，确认套期工具公允价值变动。
　　借：套期工具——衍生金融工具 B　　　　　　　　　　　20 000
　　　　贷：其他综合收益　　　　　　　　　　　　　　　　　　　　20 000
（3）2×25 年 1 月 30 日，确认套期工具公允价值变动。

借：套期工具——衍生金融工具B   30 000
  贷：其他综合收益   30 000

（4）2×25年1月30日，确认预期交易（销售A商品）的发生。

借：银行存款或应收账款   250 000
  贷：主营业务收入   250 000

（5）2×25年1月30日，确认衍生金融工具B的结算。

借：银行存款   50 000
  贷：套期工具——衍生金融工具B   50 000

（6）2×25年1月30日，结转套期工具的累计公允价值变动损益。

借：其他综合收益   50 000
  贷：主营业务收入   50 000

【例9-20】期汇合约用于对确定承诺进行套期。

资料：甲公司于2×24年10月31日与境外某公司签订合同，约定于2×25年1月31日以每桶55美元的价格购入2 000桶原油。为了规避购入原油成本的外汇风险，甲公司于当日又与A金融机构签订了一项合约，合约约定2×25年1月30日，甲公司按2×24年10月31日的3个月远期汇率从A金融机构购入110 000美元，结算方式为按净额结算。有关汇率和利率资料为：①2×24年10月31日，3个月的美元对人民币远期汇率为1美元＝6.86元人民币；②2×24年12月31日，1个月的美元对人民币远期汇率为1美元＝6.84元人民币；③2×25年1月30日，美元对人民币即期汇率为1美元＝6.83元人民币。人民币的市场利率为3%。不考虑增值税等相关税费。

问题：甲公司如何就对确定承诺进行的这一套期保值活动进行会计处理？

分析：

（1）甲公司与A金融机构签订的合约就是一项远期外汇合约。按净额结算意味着甲公司在结算日（2×25年1月30日）按约定的交割汇率与结算日即期汇率的差额（6.86－6.83＝0.03）对合同金额110 000美元进行结算，根据题意，甲公司结算日应向A金融机构支付3 300元［110 000×（6.86－6.83）］的净额。

（2）2×24年10月31日合约签订日，甲公司应该对该工具涉及的权利或义务进行初始确认；当天期汇合约的现值即其公允价值＝（6.86－6.86）×110 000÷（1＋3%×1÷12）＝0。初始确认日衍生工具的公允价值为0。

（3）2×24年12月31日，1个月的美元对人民币远期汇率为1美元＝6.84元人民币，甲公司对该工具涉及的权利或义务进行后续计量的结果是当天期汇合约的现值即其公允价值为－2 195元［（6.84－6.86）×110 000÷（1＋3%×1÷12）］，这就意味着甲公司2×24年12月31日的资产负债表中要按公允价值报告未来按净额结算时需承担的2 195元义务，同时需要确认公允价值变动损失2 195元（2 195－0）。

（4）同样道理，2×25年1月30日期汇合约的现值即其公允价值为－3 300元［（6.83－6.86）×110 000］，这就意味着甲公司2×25年1月30日按净额结算前的金融负债余额应为3 300元，从而需要确认1 105元（3 300－2 195）的负债增加额和公允价值变动损失。

（5）2×25 年 1 月 30 日是结算日，所以，甲公司需要按约定的交割汇率大于结算日即期汇率的差额对合同金额 110 000 美元进行结算，即应向 A 金融机构支付 3 300 元 [110 000×（6.86－6.83）] 的净额。

（6）对涉及外汇的确定承诺进行套期保值，可以将其归类于公允价值套期，也可以将其归类为现金流量套期。

综上所述，区分公允价值套期和现金流量套期两种情况，本例题有关账务处理的比较见表 9-13。

表 9-13　甲公司将期汇合约用于购货的确定承诺套期保值的账务处理比较　　　单位：元

日期	内容	账务处理及报表列报	
		将该套期划分为公允价值套期	将该套期划分为现金流量套期
2×24 年 10 月 31 日	签订期汇合约，将其指定为套期工具	因套期工具和被套期项目的公允价值为 0[①]，不做账务处理；将套期保值进行表外登记	因套期工具和被套期项目的公允价值为 0，不做账务处理；将套期保值进行表外登记
2×24 年 12 月 31 日	确认公允价值变动	借：套期损益　　　　　　　2 195[②] 　　贷：套期工具——期汇合约　2 195 借：被套期项目——确定承诺　2 195 　　贷：套期损益　　　　　　　2 195	借：其他综合收益　　　　　　2 195 　　贷：套期工具——期汇合约　2 195
	期末资产负债表中的列报	将 2 195 元在负债部分的"套期工具"项目或"衍生金融负债"项目中列报，同时在资产部分的"被套期项目"中列报	期末将 2 195 元在负债部分的"套期工具"或"衍生金融负债"项目中列报
2×25 年 1 月 30 日	确认公允价值变动	借：套期损益　　　　　　　1 105 　　贷：套期工具——期汇合约　1 105 借：被套期项目——确定承诺　1 105 　　贷：套期损益　　　　　　　1 105	借：其他综合收益　　　　　　1 105 　　贷：套期工具——期汇合约　1 105
	结算期汇合约	借：套期工具——期汇合约　3 300 　　贷：银行存款　　　　　　　3 300[③]	借：套期工具——期汇合约　3 300 　　贷：银行存款　　　　　　　3 300
	履行确定承诺，购货	借：原材料——原油　　　　751 300 　　贷：银行存款　　　　　　751 300	借：原材料——原油　　　　751 300 　　贷：银行存款　　　　　　751 300
	结转被套期项目公允价值变动损益	借：原材料——原油　　　　　3 300 　　贷：被套期项目——确定承诺　3 300	
该存货影响企业损益的期间	结转套期工具累计的公允价值变动损益		借：主营业务成本等　　　　3 300 　　贷：其他综合收益　　　　3 300

① 当天期汇合约的现值即其公允价值＝（6.86－6.86）×110 000÷（1＋3%×1÷12）＝0
② 当天期汇合约的现值即其公允价值＝（6.86－6.84）×110 000÷（1＋3%×1÷12）＝2 195（元）
③ 当天期汇合约的现值即其公允价值＝（6.86－6.83）×110 000＝3 300（元），应调整额＝3 300－2 195＝1 105（元）

通过【例 9-20】可以看出，甲公司套期活动的结果是将购入原油的折算成本（按公允价值套期来处理）或将与购入原油有关的销售成本的折算价值（按现金流量套期来处理）锁定在套期开始日远期汇率的水平上。从某种意义上说，这也是进行套期活动的初衷。此项套期活动中汇率的变化却致使公司多支出人民币 3 300 元。

第十章 清算会计

教学目标： 本章学习要求学生了解企业清算、清算会计的概念、企业终止经营的原因；熟悉公司解散的法律程序，企业破产清算的法律程序；掌握公司解散清算、企业破产清算的会计处理。

课程思政： 通过清算会计教学，引导学生学习掌握企业清算会计处理的相关知识。通过公司解散清算、企业破产清算的会计处理等相关知识点教学，切入坚持学习、守正创新等课程思政要素，强调会计人员应精于业务，准确进行会计处理，把好职业判断关，始终秉持专业精神，勤于学习、锐意进取，持续提升会计专业能力。

第一节 清算会计概述

一、清算的概念及分类

清算是指企业终止经营时，对企业的财产、债权、债务进行全面清查，并进行收取债权、清偿债务和分配剩余财产的经济行为。企业终止经营的原因主要包括：①达到企业经营目的；②企业经营期满；③企业合并、分立；④企业违规；⑤企业破产；⑥其他原因。

企业清算按原因可以分为解散清算和破产清算两种类型。解散清算，是指对由于经营期满或者其他经营方面的原因，不宜或不能继续经营而自愿或被迫解散的企业所进行的清算。解散清算又可分为非完全解散清算和完全解散清算。破产清算，是指对依法宣告破产的企业所进行的清算。

解散清算与破产清算二者都是要结束被清算企业的各种债权、债务和法律关系。二者的区别主要有：

（1）清算的性质不同。解散清算属于自愿清算或行政清算；而破产清算属于司法清算。

（2）处理利益关系的侧重点不同。解散清算的重点是将剩余财产在企业内部各投资者之间进行分配（投资者之间的利益关系）；破产清算则主要是将有限的财产在企业外部各债权人之间进行分配（债权人之间的利益关系）。

二、公司解散的法律程序

《中华人民共和国公司法》(以下简称《公司法》)规定"对公司合并、分立、解散、清算或者变更公司形式作出决议"。所以，对公司合并、分立、解散和清算等事项作出决议，是股东会的专属职权。董事会应当于股东会议召开的三十日以前，将会议审议的有关公司解散的事项通知股东。股东会应当做出特别决议。

(一)公司解散的原因

根据《公司法》第二百二十九条，公司因下列原因解散：
(1) 公司章程规定的营业期限届满或者公司章程规定的其他解散事由出现；
(2) 股东会决议解散；
(3) 因公司合并或者分立需要解散；
(4) 依法被吊销营业执照、责令关闭或者被撤销；
(5) 人民法院依照因公司经营管理发生严重困难，继续存续会使股东利益受到重大损失，通过其他途径不能解决的，持有公司百分之十以上表决权的股东申请予以解散。

公司出现前款规定的解散事由，应当在十日内将解散事由通过国家企业信用信息公示系统予以公示。

(二)公司解散的一般程序

1. 成立清算组

公司章程规定的营业期限届满或者公司章程规定的其他解散事由出现时，或者股东会决议解散时，按照《公司法》的规定，应当在解散事由出现之日起十五日内组成清算组。有限责任公司解散时，清算组由全体股东组成；股份有限公司解散时，清算组由股东大会确定，清算组成员既可以是股东、董事，也可以是其他人。

将要解散的公司超过十五日不成立清算组进行清算或者成立清算组后不清算的，利害关系人可以申请人民法院指定有关人员组成清算组进行清算。人民法院应当受理该申请，并及时组织清算组进行清算。

公司因违反法律、行政法规而被依法责令解散或者因为撤销许可而解散时，作出吊销营业执照、责令关闭或者撤销决定的部门或者公司登记机关，可以申请人民法院指定有关人员组成清算组进行清算。

2. 通知债权人

清算组应当自成立之日起十日内通知债权人，并于六十日内在报纸上或者国家企业信用信息公示系统公告。债权人应当自接到通知之日起三十日内，未接到通知的自公告之日起四十五日内，向清算组申报其债权。债权人申报债权，应当说明债权的有关事项，并提供证明材料。清算组应当对债权进行登记。

3. 开展清算工作

清算组在清理公司财产、编制资产负债表和财产清单后，应当制订清算方案，并报股东会或者人民法院确认。

公司财产在分别支付清算费用、职工的工资、社会保险费用和法定补偿金，缴纳所欠税款，清偿公司债务后的剩余财产，有限责任公司按照股东的出资比例分配，股份有限公司按照股东持有的股份比例分配。

清算期间，公司存续，但不得开展与清算无关的经营活动。公司财产在未依照前款规定清偿前，不得分配给股东。

清算组在清理公司财产、编制资产负债表和财产清单后，发现公司财产不足清偿债务的，应当依法向人民法院申请破产清算。人民法院受理破产申请后，清算组应当将清算事务移交给人民法院指定的破产管理人。

4. 注销登记

公司清算结束后，清算组应当制作清算报告，报股东会或者人民法院确认，并报送公司登记机关，申请注销公司登记。

5. 公告公司终止

公司注销登记后，在本公司所在地发布公司解散公告。

三、企业破产清算的法律程序

企业破产清算是指在企业法人不能清偿到期债务，并且资产不足以清偿全部债务或者明显缺乏清偿能力的情况下，依照《中华人民共和国企业破产法》规定清理债务。企业破产一般要经过破产申请和受理、和解整顿、破产宣告、破产清算四个程序。

1. 破产申请和受理

企业破产可以由债务人或者债权人向债务人住所地人民法院提出申请。债务人有不能清偿到期债务，并且资产不足以清偿全部债务或者明显缺乏清偿能力的情形，可以向人民法院提出重整、和解或者破产清算申请。债务人不能清偿到期债务，债权人可以向人民法院提出对债务人进行重整或者破产清算的申请。人民法院受理破产申请前，申请人可以请求撤回申请。

债权人提出破产申请的，人民法院应当自收到申请之日起五日内通知债务人。债务人对申请有异议的，应当自收到人民法院的通知之日起七日内向人民法院提出。人民法院应当自异议期满之日起十日内裁定是否受理。除上述情形外，人民法院应当自收到破产申请之日起十五日内裁定是否受理。人民法院受理破产申请的，应当自裁定作出之日起五日内送达申请人。人民法院裁定受理破产申请的，应当同时指定破产管理人。

2. 和解整顿

和解整顿不是企业破产清算的必需程序，是债务人为免于破产的自救方式。和解，是指人民法院在受理破产案件后，债务人与债权人会议之间在延期偿还债务的问题上达成协议，中止破产的一种法律行为。破产程序上和解的内容，仅是债务人与债权人会议之间就延期偿还债务问题达成谅解，以使债务人获得整顿企业的时间和机会，原债权债务关系不变。整顿，是指债务人以挽救和振兴企业为目的，根据已经生效的和解协议和企业的实际状况，制订整顿计划与方案，对企业进行整顿，使企业摆脱严重亏损的困境，恢复活力。

在重整期间，经债务人申请，人民法院批准，债务人可以在管理人的监督下自行管理财产和营业事务。

3. 破产宣告

在重整期间，有下列情形之一的，经管理人或者利害关系人请求，人民法院应当裁定终止重整程序，并宣告债务人破产：

（1）债务人的经营状况和财产状况继续恶化，缺乏挽救的可能性；

（2）债务人有欺诈、恶意减少债务人财产或者其他显著不利于债权人的行为；

（3）由于债务人的行为致使管理人无法执行职务。

4. 破产清算

破产清算是指人民法院宣告企业破产以后，由清算组接管企业，对破产财产进行清算、评估、处理、分配。清算组由人民法院依据有关法律的规定，组织股东、有关机关及有关专业人士组成。

破产财产的清算是指清算组对破产企业的财产进行保管、清理、估价、处分和分配的活动。

破产企业财产的清理是指清算组对破产企业的财产进行权属界定、范围界定、分类界定和登记造册的活动。

（1）破产财产范围。破产财产包括以下财产：破产宣告时破产企业的所有财产；破产宣告后至破产程序终止前所取得的财产；破产企业行使的其他财产权利，如专利权、商标权、著作权等和已作为担保物的财产，其变现的金额超过其担保的债务数额的部分。

（2）破产企业财产自然状况的核实。该部分工作主要是对企业的各项财产一一核实与确认，一般针对企业的有形资产进行核实与确认，包括核实与确认财产名称、形成时间、原值、型号、新旧程度、法律手续是否完备等。

（3）破产财产的评估。这是为破产财产的处理做准备，提供参考价格和底价。一般由专业的评估师进行评估。

（4）破产企业财产的处理。破产企业财产的处理一般指清算组将破产财产中非货币财产变现为货币财产的过程，是整个财产清算的最后一项工作。一般由清算组按照公开、公平、公正的原则，遵循先估价再公开最后经债权人会议讨论通过的程序，在债权调查完结后，以不公开变卖或公开拍卖的方式进行处理。

四、清算会计及其特点

企业清算会计是指对处于清算阶段企业的财务信息进行确认、计量和报告的会计。与公司在持续经营条件下的日常会计处理相比，公司解散清算的会计处理有以下几个特点。

1. 会计假设的改变

公司的解散意味着公司正常经营活动的终止，因此会计上的"持续经营假设"不再适用，取而代之的是"清偿假设"。也就是说，公司解散清算活动应立足于如何将资产变现以清偿公司的债务。

2. 递延项目的取消

建立在"持续经营假设"基础上的某些递延项目不再有任何意义。例如，递延费用等原先作为"资产"列示的项目在清算过程中一般需如数冲销，因为这些资产根本无法给公司带来任何现金流入。

3. 计量属性的改变

由于采用"清偿假设"，在清算过程中便不能继续将历史成本作为资产、负债等会计要素的计量基础。这是因为，从清偿公司债务的角度看，人们所关心的并非资产、负债的"过去"的价值，而是其"现时"的价值，也就是，公司的资产现在可以转换为多少现金，又有多少公司的债务需要用这些资金加以清偿。因此，在公司解散清算中，对资产及负债通常使用"公允价值"或者"可变现净值"进行计量。

第二节 解散清算会计

一、解散清算的会计处理程序

公司在解散清算过程中，除要履行一定的法律程序之外，公司资产的清理、公司债务的清偿和公司剩余资产在股东之间的分配等，以及其相应的会计处理，是整个清算过程的主要内容。因此，解散清算的会计处理十分重要。

（1）在对公司的所有资产及债务进行彻底清理的基础上，编制清算开始日的资产负债表以及财产清单。这一会计程序与公司编制年终财务报表的过程十分相似，所采用的方法（如对存货的盘点和对债权债务的询证等）也基本相同，但是编制清算开始日的资产负债表的过程更彻底、更全面，如对债权债务必须逐笔地加以核实。

需要指出的是，尽管清算开始日的资产负债表仍然以历史成本为计量基础，但也可按公允价值对资产变现能力及债务的清偿顺序编制一张《财务状况估算表》（也可称为《偿债能力估算表》），以鉴定公司的偿债能力。如果估算的结果表明公司的资产不足以清偿所有的债务，则有可能终止一般解散清算，这时，公司将面临被申请破产的境地。

（2）对公司的资产进行变现处理，支付各项清算费用，将资产清理过程中可能产生的任何利得或损失，以及所支出的清算费用计入新开设的"清算损益"账户。

（3）按有关法规规定的顺序清偿公司的债务，最终如有清算净收益，必须依法缴纳所得税。

（4）待公司的债务清偿完毕并缴纳所得税后，编制清算结束日的资产负债表。通常，在这张表上，只有货币资金和股东权益两部分。其中，货币资金的余额即在公司清算结束时，可按照有关法规及公司章程在全体股东之间进行分配的剩余资产。

二、解散清算的会计处理

（一）解散清算会计核算会计科目设置

1. "清算费用"科目

该科目核算企业在清算期间为开展清算工作所支出的全部费用，包括清算机构人员工资、办公费、差旅费、公告费、诉讼费、财产保管费、财产清查费、财产估价费和变卖费、审计费、公证费等。企业在清算期间发生的清算费用记入该科目借方；清算结束时从该科目贷方转入"清算损益"科目。

2. "清算损益"科目

该科目核算企业在清算期间发生的资产、负债清算收益和损失以及转入的清算费用。该科目借方登记原公司已发生的费用和支出性质的待摊费用、递延资产转入数，清算费用结转数，清算财产变现净损失转入数；贷方登记无法付出的负债数、清算财产变现净收入数。该科目借方余额为清算净损失，转入"利润分配——未分配利润"借方；贷方余额为清算净利润，按规定税率计提所得税后，余额转入"利润分配——未分配利润"贷方。

（二）解散清算会计核算过程

解散清算会计核算过程见图10-1。

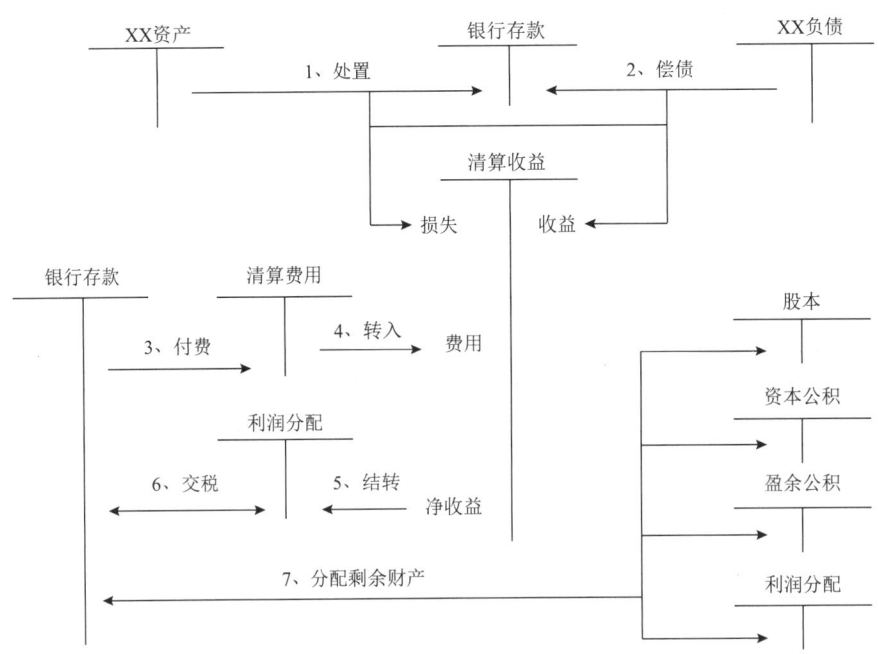

图10-1 解散清算会计核算过程

【例10-1】假设杨新公司为一家玩具公司，该公司的章程所规定的经营期限将于2×24年5月届满。公司全体股东决定，不再延长经营期限，对公司进行解散清算，清算开始日定于2×24年5月1日。杨新公司2×24年5月1日的资产负债表见表10-1，该公司的财务报表注释以及资产的现时公允价值等其他相关资料如下。

表 10-1　杨新公司资产负债表

20×24 年 5 月 1 日　　　　　　　　　　　　　　　　　　　　　　　　　　　单位：元

资产	金额	合计	负债和所有者权益	金额	合计
流动资产			流动负债		
货币资金		929 700	应付票据		
应收票据	212 300		其中：应付上河银行票据（含应收利息）	168 300	
减：坏账准备	−66 000	146 300	应付供货商票据	563 750	732 050
应收账款	432 850		应付账款		572 000
减：坏账准备	−255 640	177 210	应付职工薪酬		97 350
存货（按成本，先进先出法）			应交税费		31 900
其中：原材料	215 600		其他应付款		19 250
产成品	132 000		应付利息		19 800
在产品	386 100		流动负债合计		1 472 350
在途物资	70 950	804 650			
其他应收款		10 450	应付债券		990 000
流动资产合计		2 068 310	负债合计		2 462 350
固定资产					
其中：房屋	453 750		所有者权益		
机器设备	536 800		股本		825 000
其他设备	161 700	1 152 250	盈余公积		15 321
无形资产：土地使用权		220 000	未分配利润		137 889
非流动资产合计		1 372 250	所有者权益合计		978 210
资产合计		3 440 560	负债和所有者权益合计		3 440 560

（1）应收票据的本金及应计利息合计为 146 300 元，其估计的现时市价为 146 300 元。此外，该项应收票据已作为应付上河银行的票据本金加应计利息费用 168 300 元的抵押。

（2）在公司的存货中，产成品按其成本加成 30%出售，其清理费用占其清理收入的 20%。将在产品进一步加工为产成品的追加成本估计为 169 400 元，其中含 3 700 元原材料消耗；待在产品完工后，其清理收入为 540 000 元。除用以进一步加工在产品外的剩余原材料和在途物资的可变现净值分别为 128 000 元和 51 000 元。

（3）房屋及土地为第一抵押公司债的抵押物，清理收入合计为 1 045 000 元。账面净值 200 200 元的机器设备为 132 000 元应付供货商票据（含应计利息）的抵押品，这部分机器设备的清理收入为 280 000 元，其余的机器设备的清理费用为 11 000 元，扣除清理费用后的可变现净值为 120 000 元，机器设备共计清理收入为 400 000 元；其他设备的可变现净值估计为 188 888 元。

（4）在清算过程中发生的清算费用总额为 21 688 元。

（5）根据现行法律的有关规定，应计工薪、应交税费等为有优先清偿权的负债。

（6）该公司所得税税率为 25%。

（7）根据该公司的章程，公司股权结构为：股东杨勇 60%，刘明 20%，陈东 20%。

杨新公司解散清算的过程及其相应的分录如下（金额单位：元）。

1. 资产变现及支付清算费用的分录

（1）记录应收票据按账面净值 146 300 元如数收回现金。

借：银行存款　　　　　　　　　　　　　　　　　　　146 300
　　坏账准备——应收票据　　　　　　　　　　　　　 66 000
　　贷：应收票据　　　　　　　　　　　　　　　　　　　　 212 300

（2）记录应收账款的收回，其账面净值为 177 210 元，但只收回 168 234 元，其间的差额计入"清算损益"账户。

借：银行存款　　　　　　　　　　　　　　　　　　　168 234
　　清算损益　　　　　　　　　　　　　　　　　　　　 8 976
　　坏账准备——应收账款　　　　　　　　　　　　　 255 640
　　贷：应收账款　　　　　　　　　　　　　　　　　　　　 432 850

（3）扣除在产品完工用料后剩余的原材料 211 900 元（215 600－3 700）的清理收入为 128 000 元，其间的差额计入"清算损益"账户。

借：银行存款　　　　　　　　　　　　　　　　　　　128 000
　　清算损益　　　　　　　　　　　　　　　　　　　　83 900
　　贷：原材料　　　　　　　　　　　　　　　　　　　　 211 900

（4）产成品的清理收入为 171 600 元［132 000×（1＋30%）］，扣除清理费用 34 320 元（171 600×20%）后清理净收入为 137 280 元，与其成本 132 000 元的差额计入"清算损益"账户。

借：银行存款　　　　　　　　　　　　　　　　　　　137 280
　　贷：库存商品　　　　　　　　　　　　　　　　　　　　 132 000
　　　　清算损益　　　　　　　　　　　　　　　　　　　　 5 280

（5）在产品的追加成本中，3 700 元为耗用的原材料，其余的清理成本则全额以现金支付。

（a）支付领用的原材料及追加成本。

借：生产成本　　　　　　　　　　　　　　　　　　　169 400
　　贷：原材料　　　　　　　　　　　　　　　　　　　　　 3 700
　　　　银行存款　　　　　　　　　　　　　　　　　　　　 165 700

（b）清理收入 540 000 元与完工后的成本 555 500 元（386 100＋169 400）之间的差额计入"清算损益"账户。

借：银行存款　　　　　　　　　　　　　　　　　　　540 000

       清算损益   15 500
    贷：生产成本   555 500

（6）在途物资的清理收入 51 000 元扣减其成本 70 950 元后的余额计入"清算损益"账户。

    借：银行存款   51 000
       清算损益   19 950
    贷：在途物资   70 950

（7）其他应收款 10 450 元按其账面余额如数冲减。

    借：清算损益   10 450
    贷：其他应收款   10 450

（8）房屋及土地的清理收入 1 045 000 元，它与其成本合计金额 673 750 元（453 750＋220 000）之间的差额计入"清算损益"账户。

    借：银行存款   1 045 000
    贷：固定资产——房屋   453 750
       无形资产——土地使用权   220 000
       清算损益   371 250

（9）记录机器设备的清理收入 400 000 元，清理收入与其账面净值 536 800 元之间的差额计入"清算损益"账户。

    借：银行存款   400 000
       清算损益   136 800
    贷：固定资产——机器设备   536 800

（10）记录其他设备的清理收入 188 888 元，清理收入与其账面净值 161 700 元之间的差额计入"清算损益"账户。

    借：银行存款   188 888
    贷：固定资产——其他设备   161 700
       清算损益   27 188

至此，杨新公司的资产已全部变现。

2. 支付清算费用及清偿债务的分录

（1）假设在清算期间发生的清算费用 21 688 元全部以现金支付，计入"清算费用"账户。

    借：清算费用   21 688
    贷：银行存款   21 688

（2）支付有优先清偿权的应计工薪 97 350 元。

    借：应付职工薪酬   97 350
    贷：银行存款   97 350

（3）支付应交税费 31 900 元。

    借：应交税费   31 900
    贷：银行存款   31 900

(4)支付全额财产担保的应付债券 990 000 元及应付利息 19 800 元。

借：应付债券　　　　　　　　　　　　　　　　　　　990 000
　　应付利息　　　　　　　　　　　　　　　　　　　 19 800
　　贷：银行存款　　　　　　　　　　　　　　　　　　　1 009 800

(5)支付有部分财产担保的应付票据及其应计利息 168 300 元。由于杨新公司的现金足以清偿其所有的负债，故无财产担保的应付供应商票据 563 750 元以及应付账款 572 000 元、其他应付款 19 250 元也一并清偿。

借：应付票据　　　　　　　　　　　　　　　　　　　732 050
　　应付账款　　　　　　　　　　　　　　　　　　　572 000
　　其他应付款　　　　　　　　　　　　　　　　　　 19 250
　　贷：银行存款　　　　　　　　　　　　　　　　　　　1 323 300

(6)结转清算费用。

借：清算损益　　　　　　　　　　　　　　　　　　　 21 688
　　贷：清算费用　　　　　　　　　　　　　　　　　　　 21 688

(7)结转清算净收益 106 454 元（"清算损益"贷方合计－借方合计＝403 718－297 264）。

借：清算损益　　　　　　　　　　　　　　　　　　　106 454
　　贷：利润分配——未分配利润　　　　　　　　　　　 106 454

(8)按清算净收益的 25% 计算上缴企业所得税 26 613.5 元（106 454×25%）。

借：利润分配——未分配利润　　　　　　　　　　　　 26 613.5
　　贷：银行存款　　　　　　　　　　　　　　　　　　　 26 613.5

至此，杨新公司的所有负债都已偿清。根据各账户的余额，可编制杨新公司清算结束日（假设为 2×24 年 5 月 31 日）的资产负债表（表 10-2）。还可编制资产变现明细表、现金收支明细表以及清算损益明细表，作为清算结束日资产负债表的附表，这些附表的结构及编制方法较为简单，故不赘述。

表 10-2　杨新公司清算结束日的资产负债表

2×24 年 5 月 31 日　　　　　　　　　　　　　　　　　　　　　　单位：元

项目	期末余额	负债及所有者权益项目	期末余额
货币资金	1 058 050.5	股本	825 000
		盈余公积	15 321
		未分配利润	217 729.5
		其中：清算净收益	79 840.5
资产合计	1 058 050.5	股东权益合计	1 058 050.5

3. 对公司的剩余资产按公司章程的有关规定进行分配

根据公司章程的规定，按公司股权结构比例编制公司的剩余资产分配表（表 10-3），向股东分配剩余财产。

表 10-3 杨新公司剩余财产分配表

2×24 年 5 月 31 日　　　　　　　　　　　　　　　　　　　　　　单位：元

股东姓名	持股比例	剩余财产分配额
杨勇	60%	634 830.3
刘明	20%	211 610.1
陈东	20%	211 610.1
合计	100%	1 058 050.5

根据表 10-2 和表 10-3，编制冲账分录。

借：股本　　　　　　　　　　　　　　　825 000
　　盈余公积　　　　　　　　　　　　　 15 321
　　利润分配——未分配利润　　　　　　217 729.5
　　贷：银行存款　　　　　　　　　　　　　　　1 058 050.5

在对公司的剩余资产按公司章程的有关规定进行分配之后，清算工作即告结束。

第三节　破产清算会计

一、破产宣告的条件和清算组的职责

破产宣告是人民法院依据当事人的申请或者法定职权裁定宣布债务人破产以清偿债务的活动。

（一）破产宣告的条件

根据我国《破产法》规定，具备下列条件之一的，即可由法院裁定宣告破产。

（1）企业不能清偿到期债务，又不具备法律规定的不予宣告破产的条件的。

（2）整顿期间，由法院依法终结整顿的。

（3）整顿期满，企业不能按照和解协议清偿债务的。

法院宣告企业破产的裁定自宣告之日起产生法律效力，破产企业应当停止生产经营活动，但法院或清算组认为确有必要继续生产经营的除外。

（二）清算组的职责

法院应当自宣告企业破产之日起十五日内成立清算组，接管破产企业，清算破产企业的财产，负责对破产财产进行保管、清理、估计、拍卖和分配等。清算组对法院负责并报告工作。清算组成员由法院从企业上级主管部门、政府财政部门等有关部门和专业人员中指定。清算组可以聘请会计师事务所的会计师及其他必要的工作人员。

清算组负有以下职责。

（1）接收破产企业的债务人和财产持有人清偿或交付的财产。
（2）依法进行必要的民事活动，如对破产企业所签合同决定解除或继续履行。
（3）要求破产企业的法定代表人协助进行清算工作。
（4）清理破产财产，提出清偿方案。

二、破产财产的清偿

（一）破产财产

破产财产是指企业宣告破产后，可以用来进行财产清算和清偿的财产，它由以下三个部分构成。

（1）企业破产时所经营管理的全部财产，包括国家授予其经营管理的财产、企业支配的自有财产和其他单位的投资等。
（2）企业在破产宣告后至破产程序终结前所取得的财产。
（3）应当由破产企业行使的其他财产权利，主要指未到期的债权。

（二）破产债权、破产费用和共益债务

破产债权是指债权人通过破产程序而要求破产企业偿还债务的权利，它包括：破产宣告前成立的无财产担保的债权；放弃优先受偿权利的有财产担保的债权；破产宣告时未到期的债权；有财产担保，但债权数额超过担保物价款的部分；由于企业破产，债权人不能履行某些义务而发生的赔偿、罚款等。需要特别说明的是，对破产人的特定财产享有担保权的债权人，对该特定财产享有优先受偿的权利。

破产费用是指在破产程序中发生的各项费用支出，主要包括以下三项：破产财产的管理、变卖和分配所需的费用；破产案件的诉讼费用；执行管理职务的费用、报酬和聘用工作人员的费用。

共益债务是指法院受理破产申请后发生的六项债务：因管理人或者债务人请求对方当事人履行双方均未履行完毕的合同而产生的债务；债务人财产受无因管理所产生的债务；因债务人不当得利所产生的债务；因债务人继续营业而应支付的劳动报酬和社会保险费用以及由此产生的新的债务；管理人或者相关人员执行职务致人损害所产生的债务；债务人财产致人损害所产生的债务。

破产费用和共益债务由债务人财产随时清偿。

（三）破产财产的清偿顺序

破产财产经变卖取得现金后，便可进行清偿。清偿方案由清算组提出，经债权人会议讨论通过，报请法院裁定后执行。破产财产在优先清偿破产费用和共益债务后，应按下列顺序进行清偿：破产人所欠职工的工资和医疗、伤残补助、抚恤费用，所欠的应当划入职工个人账户的基本养老保险、基本医疗保险费用，以及法律、行政法规规定应当支付给职工的补偿金；破产人欠缴的职工其他社会保险费用和破产人所欠税款；普通破产债权。

普通破产债权的清偿应按如下顺序进行：有担保的债权；无担保而有优先权的债权；

无担保、无优先权的债权。

在破产财产清偿过程中应注意两个问题：一是破产财产不足以清偿同一顺序的清偿要求的，按照比例分配；二是破产财产中无法变卖的实物，可由清算组估价，以物抵债。破产财产清偿完毕，由清算组提请法院终结破产程序，破产程序终结后，未得到清偿的债权不再清偿。破产程序终结后，由清算组向破产企业原登记机关办理注销登记。

三、破产清算的会计处理

（一）编制清算资产负债表

破产宣告后，破产企业的原法定代表人应当组织企业财会人员做好财务决算工作，保管人员编制好财产清单，业务人员做好购销等业务的清理工作。破产企业的法定代表人在向清算组办理移交手续前，负责管理本企业的财产、账册、文书、资料和印章等，并于清算组接管破产企业时向其移交。

清算组接管了破产企业，在深入调查债务人的财务状况后，需要编制一张清算资产负债表。清算资产负债表应采用报告式。在资产方，需要设置"账面价值""预计可变现价值"以及"变现损益"三大栏目。另外，对各项资产还需要按是否属于担保资产分为"有担保"和"无担保"两种类型，并分设专栏反映。其中：有担保的资产应属于担保债权人，如抵押资产的变现收入应当首先提供给有担保的债权人清偿；而非抵押资产的变现收入，则全部属于无担保债权人。依据《破产法》，应付职工薪酬和应交税费的债权人具有优先偿还权。因此，无担保资产总额扣除有优先偿还权的债权人资产后的剩余部分，即可分配给无优先偿还权债权人的资产。

在负债及所有者权益方，应按负债和所有者权益分类填列其账面价值。同时，对负债各项目应从债权人角度出发，分为"有担保债权"和"无担保债权"两类。对无担保债权又按有无优先权分设专栏反映。清算资产负债表的资产部分和负债及所有者权益部分的账面价值总额，以及属于有担保的债权价值总额应当相等。同时，资产方的资产变现净损失数在扣除负债及所有者权益方的所有者权益合计后的不足数，也应当与资产方无担保债权人资产合计扣除负债及所有者权益方的无担保有优先权的债权，以及无担保无优先权的债权后的不足数相一致。

【例10-2】公司2×24年6月30日（破产清算前）的资产负债表见表10-4。

表10-4　某公司资产负债表

2×24年6月30日　　　　　　　　　　　　　　　　　　　单位：元

资产	金额	负债和所有者权益	金额
货币资金	10 000	短期借款	18 000
应收票据	35 000	应付票据	70 000
应收账款净额	140 000	应付账款	150 000
存货	200 000	应付职工薪酬	154 000
其他应收款	4 800	应交税费	190 000

续表

资产	金额	负债和所有者权益	金额
房屋	250 000	其他应付款	6 500
机器设备	280 000	长期抵押借款	300 000
无形资产	9 000	普通股本	450 000
		留存收益	−409 700
资产合计	928 800	负债和所有者权益合计	928 800

该公司因无力偿还到期债务，而被法院宣告破产。清算组经过调查分析，对有关资产进行评估，具体情况如下。

（1）应收票据 35 000 元，预计只能收回 30 000 元。其中 20 000 元为应付票据的担保物。

（2）应收账款净额 140 000 元，预计只可收回 120 000 元。

（3）存货 200 000 元，预计可变现 125 000 元。

（4）其他应收款 4 800 元，预计可全部收回。

（5）房屋账面净值 250 000 元，预计可变现 290 000 元，其中 200 000 元为长期抵押借款购置。

（6）机器设备账面净值 280 000 元，预计可变现 250 000 元，其中 100 000 元为长期抵押借款购置。

（7）无形资产为一项非专利技术，预计全部不可变现。

（8）应付职工薪酬和应交税费的债权人具有优先偿还权。

根据上述该公司的账面价值和评估结果，可编制清算资产负债表（表 10-5）。

表 10-5 某公司清算资产负债表

2×24 年 6 月 30 日　　　　单位：元

资产	账面价值	预计可变现价值	变现损益	其中	
				有担保债权	无担保债权
货币资金	10 000	10 000			10 000
应收票据	35 000	30 000	−5 000	20 000	10 000
应收账款净额	140 000	120 000	−20 000		120 000
存货	200 000	125 000	−75 000		125 000
其他应收款	4 800	4 800			4 800
房屋	250 000	290 000	40 000	200 000	90 000
机器设备	280 000	250 000	−30 000	100 000	150 000
无形资产	9 000	0	−9 000		
合计	928 800	829 800	−99 000	320 000	509 800

续表

负债和所有者权益	账面价值		有担保债权	无担保债权	
	负债	所有者权益		有优先权债权	无优先权债权
短期借款	18 000				18 000
应付票据	70 000		20 000		50 000
应付账款	150 000				150 000
应付职工薪酬	154 000			154 000	
应交税费	190 000			190 000	
其他应付款	6 500				6 500
长期借款	300 000		300 000		
普通股		450 000			
留存收益		−409 700			
合计	888 500	40 300	320 000	344 000	224 500

根据估算结果,该公司预计可变现价值总额为 829 800 元,应首先偿还有担保债权 320 000 元,其次偿还无担保但有优先权的债权 344 000 元,还剩 165 800 元(829 800−320 000−344 000),再可用于偿还无担保无优先权的债权,但是,该公司实际存在的无担保无优先权的债权为 224 500 元,因此,不足清偿部分为 58 700 元(224 500−165 800),只能由无担保无优先权的债权人负担。所以,对无担保无优先权的债权人来说,其债权只能根据一定的百分比进行清偿。计算公式如下:

$$\frac{\text{无担保无优先权}}{\text{债权人的清偿率}} = \frac{\text{可供无担保无优先权债权人偿付的剩余变现价值}}{\text{无担保无优先权债权人债务总额}} \times 100\%$$

将上述数据代入公式,则

$$\text{该公司无担保无优先权债权人的清偿率} = \frac{165\,800}{224\,500} \times 100\% = 73.85\%$$

这说明该公司无担保无优先权的债权人,其债权预计可能收回的比率为 73.85%。

(二)清算会计处理与清算报表

在破产清算过程中,清算组应对清算过程中发生的有关事项进行必要的会计处理。在破产清算时,清算组会计人员可以沿用破产企业旧账册,也可以另立新账册。不管是否设立新账册,都需要增设"清算损益"账户,用以核算在清算过程中因财产的变卖、债权的收回、债务的清偿等所发生的损益,以及支付破产财产的管理、变卖和分配所需的各项清算费用。该账户的借方登记发生的各项清算损失和清算费用,贷方登记清算收益,其余额最终抵减所有者权益。

【例 10-3】按【例 10-2】,该公司在 2×24 年 7 月破产清算中发生的有关业务及会计处理如下（沿用旧账册）。

（1）收回应收账款 120 000 元，余款 20 000 元无法收回。

　　借：银行存款　　　　　　　　　　　　　　　　　　　120 000
　　　　清算损益　　　　　　　　　　　　　　　　　　　 20 000
　　　　贷：应收账款　　　　　　　　　　　　　　　　　　　　　140 000

（2）应收票据收回 30 000 元，其中 20 000 元立即支付给企业有担保的应付票据债权人。

　　借：银行存款　　　　　　　　　　　　　　　　　　　 30 000
　　　　清算损益　　　　　　　　　　　　　　　　　　　 5 000
　　　　贷：应收票据　　　　　　　　　　　　　　　　　　　　　 35 000
　　借：应付票据　　　　　　　　　　　　　　　　　　　 20 000
　　　　贷：银行存款　　　　　　　　　　　　　　　　　　　　　 20 000

（3）出售全部存货，收到价款 125 000 元。

　　借：银行存款　　　　　　　　　　　　　　　　　　　125 000
　　　　清算损益　　　　　　　　　　　　　　　　　　　 75 000
　　　　贷：存货　　　　　　　　　　　　　　　　　　　　　　　200 000

（4）其他应收款 4 800 元，全部收回。

　　借：银行存款　　　　　　　　　　　　　　　　　　　 4 800
　　　　贷：其他应收款　　　　　　　　　　　　　　　　　　　　 4 800

（5）出售机器设备，取得价款 250 000 元，其中 100 000 元支付长期抵押借款。

　　借：银行存款　　　　　　　　　　　　　　　　　　　250 000
　　　　清算损益　　　　　　　　　　　　　　　　　　　 30 000
　　　　贷：固定资产——机器设备　　　　　　　　　　　　　　　280 000
　　借：长期借款　　　　　　　　　　　　　　　　　　　100 000
　　　　贷：银行存款　　　　　　　　　　　　　　　　　　　　　100 000

（6）出售房屋，取得价款 290 000 元，其中 200 000 元支付长期抵押借款。

　　借：银行存款　　　　　　　　　　　　　　　　　　　290 000
　　　　贷：清算损益　　　　　　　　　　　　　　　　　　　　　 40 000
　　　　　　固定资产——房屋　　　　　　　　　　　　　　　　　250 000
　　借：长期借款　　　　　　　　　　　　　　　　　　　200 000
　　　　贷：银行存款　　　　　　　　　　　　　　　　　　　　　200 000

（7）非专利技术无法出售，注销其账面价值。

　　借：清算损益　　　　　　　　　　　　　　　　　　　 9 000
　　　　贷：无形资产——非专利技术　　　　　　　　　　　　　　 9 000

（8）发生各项清理费用共计 5 000 元，应优先拨付。

　　借：清算损益　　　　　　　　　　　　　　　　　　　 5 000
　　　　贷：银行存款　　　　　　　　　　　　　　　　　　　　　 5 000

（9）支付破产企业所欠职工工资 154 000 元。

借：应付职工薪酬　　　　　　　　　　　　　　　154 000
　　　贷：银行存款　　　　　　　　　　　　　　　　　154 000
（10）支付破产企业所欠国家税款190 000元。
借：应交税费　　　　　　　　　　　　　　　　　190 000
　　　贷：银行存款　　　　　　　　　　　　　　　　　190 000

清算组会计人员将上述清算业务登记有关账簿后，即可于2×24年7月31日编制各清算报表，包括货币资金收支明细表、清算利润表、资产负债表，以及变现清算报告表，见表10-6～表10-9。

表10-6　某公司货币资金收支明细表
2×24年7月1日至7月31日　　　　　　　　　　　　　　　单位：元

7月1日结存余额	10 000		
货币资金收入：		货币资金支出：	
收回应收账款	120 000	归还应付票据	20 000
收回应收票据	30 000	归还长期抵押借款	300 000
出售存货	125 000	支付清算费用	5 000
收回其他应收款	4 800	支付职工薪酬	154 000
出售机器设备	250 000	支付税费	190 000
出售房屋	290 000	7月31日结存余额	160 800
合计	<u>829 800</u>	合计	<u>829 800</u>

注：加下划线的数据是计算的结果

表10-7　某公司清算利润表
2×24年7月1日至7月31日　　　　　　　　　　　　　　　单位：元

项目	账面价值	变现价值	清算损益
应收票据	35 000	30 000	−5 000
应收账款	140 000	120 000	−20 000
存货	200 000	125 000	−75 000
其他应收款	4 800	4 800	
房屋	250 000	290 000	40 000
机器设备	280 000	250 000	−30 000
无形资产	9 000	0	−9 000
合计	<u>918 800</u>	819 800	<u>−99 000</u>
清算费用			−5 000
清算净损益			<u>−104 000</u>

注：加下划线的数据是计算的结果

表 10-8　某公司清算资产负债表

2×24 年 7 月 31 日　　　　　　　　　　　　　　　　　　　　单位：元

资产：	项目余额	大类余额
货币资金	160 800	
资产总计		160 800
负债和所有者权益：		
短期借款	18 000	
应付票据	50 000	
应付账款	150 000	
其他应付款	6 500	
负债合计		224 500
股本	450 000	
留存收益	−409 700	
清算损益	−104 000	
所有者权益合计		−63 700
负债和所有者权益总计		160 800

表 10-9　某公司变现清算报告表

2×24 年 7 月 1 日至 7 月 31 日　　　　　　　　　　　　　　　单位：元

期初待变现资产：	项目	合计	期初待清偿负债：	项目余额	合计
应收票据	35 000		短期借款	18 000	
应收账款	140 000		应付票据	70 000	
存货	200 000		应付账款	150 000	
其他应收款	4 800		应付职工薪酬	154 000	
房屋	250 000		应交税费	190 000	
机器设备	280 000		其他应收款	6 500	
无形资产	9 000		长期借款	300 000	
期初待变现资产合计		918 800	期初待清偿负债合计		888 500
已清偿负债：			已变现资产：		
应付票据	20 000		应收票据	30 000	
应付职工薪酬	154 000		应收账款	120 000	
应交税费	190 000		存货	125 000	
长期借款	300 000		其他应收款	4 800	
已清偿负债合计		664 000	房屋	290 000	

续表

期初待变现资产:	项目	合计	期初待清偿负债:	项目余额	合计
未清偿负债:			机器设备	250 000	
短期借款	18 000		无形资产	0	
应付票据	50 000		已变现资产合计		819 800
应付账款	150 000		清算净损失		104 000
其他应付款	6 500				
未清偿负债合计		224 500			
清算费用		5 000			
合计		1 812 300	合计		1 812 300

表 10-9 中，左方的期初待变现资产合计 918 800 元与右方已变现资产合计 819 800 元的差额 99 000 元，应为资产变现损失，加上本期发生的清算费用 5 000 元等于 104 000 元，即应结转的清算净损失。

根据表 10-8 的资产负债表可以看出，该公司 2×24 年 7 月 31 日剩余货币资金为 160 800 元，还需要清偿的无担保无优先权的债权为 224 500 元，不足清偿 63 700 元。因此，应按 71.626%（160 800÷224 500×100%）的分配率进行清偿，做会计分录如下。

借：短期借款　　　　　　　　　　　　　　　　12 893
　　应付票据　　　　　　　　　　　　　　　　35 813
　　应付账款　　　　　　　　　　　　　　　　107 439
　　其他应付款　　　　　　　　　　　　　　　4 655
　　贷：银行存款　　　　　　　　　　　　　　160 800

尚未清偿的债务可以不再偿还，由无担保无优先权的债权人承担。因此，这些债务应与所有者权益相冲抵，做会计分录如下。

借：短期借款　　　　　　　　　　　　　　　　5 107
　　应付票据　　　　　　　　　　　　　　　　14 187
　　应付账款　　　　　　　　　　　　　　　　42 562
　　其他应付款　　　　　　　　　　　　　　　1 844
　　股本　　　　　　　　　　　　　　　　　　450 000
　　贷：留存收益　　　　　　　　　　　　　　409 700
　　　　清算损益　　　　　　　　　　　　　　104 000

这时，该公司的账户全部结平，破产财产分配完毕，清算工作结束，法院即可终结破产程序。待清算组向破产公司原登记机关办理注销登记后，该公司终止。

第十一章 合伙企业会计

教学目标：本章学习要求学生了解合伙企业的概念、特点和合伙合同内容；熟悉合伙企业会计的特点；掌握合伙企业设立、经营以及清算的会计处理。

课程思政：通过合伙企业会计教学，引导学生学习掌握合伙企业会计核算的相关知识。通过合伙企业设立、经营以及清算的会计处理等相关知识点教学，切入坚持学习、守正创新等课程思政要素，强调会计人员应精于业务，准确进行会计处理，把好职业判断关，始终秉持专业精神，勤于学习、锐意进取，持续提升会计专业能力。

第一节 合伙企业概述

一、合伙企业的概念

企业是国民经济的细胞，也是市场经济活动的主体。以企业的组织形式和法律地位为标准，企业分为公司、合伙企业、个人独资企业三种表现形式。

合伙企业是一种由两人或者两人以上订立合伙协议，共同出资、合伙经营、共享收益、共担风险的企业。根据我国 2006 年 8 月 27 日第十届全国人民代表大会常务委员会第二十三次会议修订的《中华人民共和国合伙企业法》（以下简称《合伙企业法》），在我国，合伙企业是指自然人、法人和其他组织依照《合伙企业法》在中国境内设立的普通合伙企业和有限合伙企业。普通合伙企业由普通合伙人组成，合伙人对合伙企业债务承担无限连带责任，有限合伙企业由普通合伙人和有限合伙人组成，普通合伙人对合伙企业债务承担无限连带责任，有限合伙人以其认缴的出资额为限对合伙企业债务承担责任。根据《合伙企业法》的规定，在我国，合伙人既可能是自然人，也可能是法人；自然人可以成为普通合伙人，也可以成为有限合伙人，而国有独资公司、国有企业、上市公司及公益性的事业单位、社会团体不得成为普通合伙人，只能成为有限合伙人。合伙企业与个人独资企业一样不是法律主体，不具备法人资格，合伙人必须以投资者自身的法律名义从事经营活动。从会计的观点看，每个合伙人都是独立于合伙人个人活动以外的单个会计主体。合伙企业不缴纳企业所得税。

在西方国家，合伙企业与公司是最常见的两种企业组织形式。公司的规模一般较大，在社会经济活动中发挥着重要的作用,但是,公司在企业的总数中所占的比例却很小,大多数企业是独资和合伙企业。独资和合伙企业一般规模小,易于组建,所需开办费用也较少。由于合伙企业由多位合伙人共同出资设立,在资本数额、经营规模和承担风险方面都可能强于独资企业,因而合伙企业得以广泛产生,多设立于服务业、零售业、批发业和制造业等。尤其是专门中介职业,如律师事务所、会计师事务所和医师诊所等大多数采用合伙形式。

二、合伙企业的特点

根据《中华人民共和国民法典》以及修订后的《合伙企业法》,合伙企业具有如下特点。

(一)经营期限有限

合伙企业的设立由两个或两个以上合伙人以契约约定,较为容易。一旦签订合伙协议,合伙企业就宣告成立。同样,新合伙人加入、旧合伙人退伙或死亡,合伙人协议解散,或破产等原因均可造成原合伙企业解散以及新合伙企业成立。

(二)无限经营责任和有限经营责任并存

在合伙企业存续期间,合伙人的出资和所有以合伙企业名义取得的收益均为合伙企业的财产,合伙人可以通过盈余分配的形式最大限度地分配合伙企业在经营中积累的企业财产。同时,修订后的《合伙企业法》规定,普通合伙人对合伙企业债务承担无限连带责任,以使普通合伙人能够谨慎、勤勉地执行合伙企业的事务,保障和实现合伙企业债权人的合法权益;而有限合伙人以其认缴的出资额为限对合伙企业债务承担责任。

(三)合伙人以合伙协议为基础,设立合伙企业,管理企业内部事务,互为代理企业外部事务

在企业内部,所有有关合伙人之间的关系、合伙企业的内部管理等事项均需要通过合伙协议来约定。如果没有合伙协议,合伙企业就不能成立,同时也就无法运作。合伙企业的经营活动,由合伙人共同决定,合伙人有执行和监督的权力。在合伙企业外部,合伙企业的每一个合伙人均被认为是所有合法业务代理人,其代理行为对所有合伙人均有法律约束力。

(四)合伙人共同出资、合伙经营、共享收益、共担风险

合伙企业的资本由全体合伙人共同出资构成。合伙人投入的财产,由合伙人统一管理和使用。不经其他合伙人的同意,任何一位合伙人不得将合伙财产占为私用。共同出资的特点决定了合伙人在原则上均享有平等的参与执行合伙企业事务的权利,各合伙人互为代理人。合伙经营的收入和风险,由合伙人共享、共担,亦即合伙企业在经营活动中所取得、积累的财产及盈余,归合伙人共同拥有,并按合伙协议规定的方法和比例进行分配。若协议没有具体规定分配比例,则可以按合伙人数平均分配。如果发生经营亏

损也应由全体合伙人共同承担。

（五）合伙企业不是纳税主体

修订后的《合伙企业法》规定，合伙企业的生产经营所得和其他所得，按照国家有关税收规定，由合伙人分别缴纳所得税。可见，合伙企业不是纳税主体。

三、合伙协议的内容

合伙协议是合伙人建立合伙关系，确定合伙人各自的权利和义务，使合伙企业得以设立的前提，也是合伙企业的法律基础。为了避免合伙人之间产生纠纷，在合伙企业成立时，应首先签订合伙协议。订立合伙协议、设立合伙企业，应当遵循自愿、平等、公平、诚实信用原则。修订后的《合伙企业法》明确规定合伙协议依法由全体合伙人协商一致、以书面形式订立。合伙协议应当载明下列事项：

（1）合伙企业的名称和主要经营场所的地点；
（2）合伙目的和合伙经营范围；
（3）合伙人的姓名或者名称、住所；
（4）合伙人的出资方式、数额和缴付期限；
（5）利润分配、亏损分担方式；
（6）合伙事务的执行；
（7）入伙与退伙；
（8）争议解决办法；
（9）合伙企业的解散与清算；
（10）违约责任。

合伙协议经全体合伙人签名、盖章后生效。经全体合伙人一致同意，可以修订合伙协议。对合伙企业的会计处理直接受到合伙协议的内容和有关合伙法规的影响。

第二节 合伙企业会计的特点

一、合伙企业会计核算的特点

合伙企业虽不是一个法律主体，但它是一个会计主体，对于日常经营中的一般性交易和事项应参照企业会计准则的相关规定进行会计处理。其与公司制企业的会计处理差异主要在设立、损益分配、所有者变动以及解散与清算四个方面。

（一）合伙企业设立时的会计核算

一般而言，对于非现金资产的投资应以经过独立评估机构评估所确定的公允价值为入账的价值。合伙企业设立时，非现金资产的公允价值由所有的合伙人协商确定，所涉及的金额在合伙协议中载明。因而合伙协议是合伙企业会计核算的基础，在此基础上，明确各合伙人资本的核算方法。

（二）合伙企业损益分配时的会计核算

以公司为组织形式的经济实体在损益分配上一般是按照投资者的资本比例进行分配的，而合伙企业的损益是按照合伙协议的约定进行分配的，如果损益分配的方法没有在合伙协议中约定，则平均分配。因而对于合伙企业来说，损益的分配除了要考虑每一个合伙人的资本投入因素外，还需要考虑管理才能和时间投入等因素。所以合伙企业的损益分配要比公司的损益分配复杂得多，需要根据不同情况进行不同的处理。

（三）合伙企业所有者变动时的会计核算

在以公司为组织形式的经济实体中，所有者的变动对企业的会计核算无任何影响，但在合伙企业中，合伙人的变动却会影响合伙企业的利益分配格局。为维护合伙人的权益，在合伙人变动时要明确合伙人入伙或退伙的方式，同时要对合伙企业的商誉进行估价，对合伙企业的资产进行评估，这给合伙企业的会计核算带来了重大影响。

（四）合伙企业解散与清算时的会计核算

合伙企业从实体上解散，合伙人之间的权益也要进行最后的清算，合伙人之间以及合伙企业与外部企业之间的债权债务也需要做最后的清理。由于每一个合伙人都要对合伙企业的债务负无限的个人责任，因此其清算的程序及其会计处理与负有限责任的公司的程序及会计处理不同，需要根据合伙企业是否破产以及合伙人个人是否破产进行区别处理。

二、合伙企业账户设置

合伙企业作为一个会计主体，其会计核算也应遵循企业会计准则的基本准则和各项具体会计准则，并采用基本相同的程序和方法。合伙企业日常发生的经济业务以及对这些业务的会计处理与公司制企业基本类似，所不同的主要是所有者权益的会计核算。由于合伙人对合伙企业债务承担无限连带责任，修订后的《合伙企业法》对合伙人个人投入资本或撤出资本除规定要经过全体合伙人同意外，未加其他约束，合伙企业的特点决定了合伙企业在所有者权益账户的设置、分类、分配以及解散清算等方面不同于公司制企业，合伙企业会计核算有如下特点。

（一）合伙人资本

设置"合伙人资本（或投资）"账户，反映合伙人相对不变的永久性资本及其增减数。合伙人的初始投资、明确的增资计入该账户的贷方，合伙人明确的减资计入该账户的借方，该账户贷方余额表示合伙人投入企业的资本额。为反映各个合伙人对企业的投资情况，"合伙人资本（或投资）"账户应根据合伙人姓名设置明细账户，进行明细核算。合伙企业一般不设置"资本公积"账户，由投入资本引起的各种增值可直接计入"合伙人资本（或投资）"账户，合伙企业也不需要设置"盈余公积"账户，合伙企业实现的利润应全部分给合伙人,若合伙企业要扩大投资规模,可由合伙人将分得的利润用于追加投资。

(二)合伙人往来

设置"合伙人往来"账户,反映日常经营过程中合伙人权益的增减变动。该账户属于所有者权益类账户。合伙人从合伙企业的提款数和取用商品数、合伙企业为合伙人代付款项、合伙人向合伙企业借款数、合伙人应分摊的亏损和转增资本等计入该账户的借方;合伙人本期应分得的利润、合伙企业代合伙人收取的款项等计入该账户的贷方。"合伙人往来"账户的余额若在贷方,表示企业应付合伙人的款项;若在借方,表示企业应向合伙人收取的款项。"合伙人往来"账户也应按合伙人姓名设置明细账户。

(三)合伙人借款和贷款

设置"合伙人借款和贷款"账户,核算合伙人从合伙企业提取的金额巨大且有意偿还的款项以及合伙人以贷款方式向合伙企业临时提供的资金,前者为合伙企业的资产,后者则为合伙企业的负债。虽然合伙人对企业的债务负无限责任,合伙人的债权也没有优先求偿权,但从会计角度讲,应当区分合伙人对企业的债权债务与外界对企业的债权债务,区分合伙人对企业的贷款与合伙人的投资。

(四)合伙人投资的评估

合伙人投入合伙企业的资产除货币资金外,还有其他资产。对于非货币性资产的投资,采用当前公允价值评估是非常必要的,并应以公允价值或协商价格为会计记录的依据。在企业存续期间或清算时,对这些资产处置的净收入或净损失,都按照契约或损益分配计划来分摊。公平起见,需要确定对投入企业的非货币性资产进行公平估价的基准。

(五)损益汇总

设置"损益汇总"账户,反映合伙企业损益的形成、利润的分配或亏损的弥补。该账户贷方登记从有关收入账户转入的数额,以及亏损的弥补;借方登记从有关成本、费用、税金等账户转入的数额,以及利润的分配。该账户期末结转"合伙人往来"账户后,一般应无余额。

(六)其他

无须设置"所得税费用"账户。我国合伙企业为非纳税主体,不适用《中华人民共和国企业所得税法》,不需要缴纳企业所得税,因此合伙企业无须进行缴纳企业所得税的核算。

合伙企业的合伙人共享收益、共担风险。合伙人从合伙企业获得的利息、工资、奖金等都属于利润分配的内容,都不应计入有关费用账户,而应通过"损益汇总"账户核算。合伙企业向合伙人分配利息、工资、奖金、利润等,应借记"损益汇总"账户,贷记"合伙人往来"账户。合伙企业的亏损也由合伙人共同承担,其会计处理为借记"合伙人往来"账户,贷记"损益汇总"账户。

合伙人取合伙企业的产品或商品自用,不能算作企业的销售,而应算作企业存货的减少。合伙企业的财产归全体合伙人所有，合伙人从合伙企业取用产品只是减少了企业的财产，增加了合伙企业与合伙人个人之间的往来，商品所有权上的主要风险和报酬并未转移。根据收入准则，不能作为收入处理，根据配比原则，也不能结转成本。根据《中华人民共和国增值税暂行条例实施细则》第四条第四款的规定，单位或者个体工商户"将自产或者委托加工的货物用于非增值税应税项目"，视同销售货物，因此合伙人从企业取用的产品或商品应缴纳增值税。合伙人从合伙企业取用产品或商品的会计处理，应借记"合伙人往来"账户，贷记"库存商品"账户，以及"应交税费——应交增值税（按售价核算）"账户。

第三节 合伙企业的设立与经营

一、合伙企业的设立

设立合伙企业，应当具备法定的条件，并向企业登记机关提交登记申请书、合伙协议书、合伙人身份证明等文件。法律、行政法规规定需报经有关部门审批的，应当在申请设立时提交批准文件。合伙企业的营业执照签发日期为合伙企业成立日期。合伙企业领取营业执照前，合伙人不得以合伙企业名义从事经营活动。

（一）出资方式

合伙企业成立时，根据合伙协议，合伙人应当向企业提供现金、实物资产，也可将土地使用权、知识产权或其他权利作为初始投资组建合伙企业。用货币以外的资产出资时，涉及作价问题，这可由全体合伙人协商确定，或由全体合伙人委托法定评估机构进行评估。因为合伙人的资产一经投入合伙企业，就为全体合伙人共有，在日后的经营中或清算时，使用或处置该项资产产生的损益，将按损益分配率分配给各合伙人。所以，低估资产价值将损害该合伙人的权益，而高估资产价值则会损害其他合伙人的权益。因此，公平起见，非货币性资产应按合伙人同意的投入日的公允价值入账。

值得一提的是，修订后的《合伙企业法》又规定合伙人"可以用劳务出资"，但并未明确劳务出资的确切含义和估价办法。假设可用以下三种方式确认投资额：第一种，对企业建立贡献突出的合伙企业发起人，在合伙企业筹建期间所提供的各种劳务，经全体合伙人同意后，可计入"开办费"，作为该合伙人的投资。第二种，对具有特殊知识、技能或声誉，能使合伙企业获得更大利益的合伙人，可与其他合伙人协商，采用红利的方式，给该合伙人部分资本，作为劳务的价值，或用商誉的方式确认该合伙人的劳务投资。第三种，对会计师事务所、律师事务所和医师诊所等，根据人力资源会计理论，确认每个合伙人的人力资本，个人能力突出的合伙人有较高的人力资本数额。既投入货币等物力资本、又参与合伙企业经营的合伙人，其资本总额为物力资本与人力资本（或劳务资本）之和。人力资本与物力资本在参与收益分配中享有同等的权利。

（二）会计处理

一般情况下，对合伙人的出资额按其实际投入数（包括公允价值或协商价格）计价入账，但合伙人的出资额与其所享有的权益份额不一定相等，也可采用红利法或商誉法来处理。

【例 11-1】假设甲和乙合伙开店，各自投入的资产及其公允价值见表 11-1。

表 11-1　甲、乙各自投入的资产及其公允价值　　　　单位：元

项目	甲	乙	合计
库存现金	30 000	20 000	50 000
存货	20 000	10 000	30 000
长期股权投资	20 000	40 000	60 000
固定资产	10 000	30 000	40 000
合计	80 000	100 000	180 000

1. 按实际投入入账

若甲和乙协议各自的权益份额与其出资额一致，合伙人投入资本应按实际投入额入账。会计分录如下。

借：库存现金　　　　　　　　　　　　　　　　　50 000
　　存货　　　　　　　　　　　　　　　　　　　30 000
　　长期股权投资　　　　　　　　　　　　　　　60 000
　　固定资产　　　　　　　　　　　　　　　　　40 000
　　贷：合伙人资本——甲　　　　　　　　　　　　　　　80 000
　　　　　　——乙　　　　　　　　　　　　　　　100 000

若甲和乙协议两人在合伙企业中享有相等的权益份额，或合伙协议未明确规定，一般也认为各合伙人所享有的权益份额是相等的，这时，可以采用红利法或商誉法做会计处理。

2. 红利法

甲和乙的出资额虽不同，但若其合伙协议中约定两人享有相等的权益份额，折价的实际出资额低于其所享有的权益额的差额部分由乙来补贴，即乙让渡给甲 10 000 元的红利，这样使双方的权益份额达到合伙协议中的约定数，甲对合伙企业资产所享有的权益大于其实际投入数。会计分录如下。

借：库存现金　　　　　　　　　　　　　　　　　50 000
　　存货　　　　　　　　　　　　　　　　　　　30 000
　　长期股权投资　　　　　　　　　　　　　　　60 000
　　固定资产　　　　　　　　　　　　　　　　　40 000
　　贷：合伙人资本——甲　　　　　　　　　　　　　　　90 000
　　　　　　——乙　　　　　　　　　　　　　　　90 000

若采用红利法,可能会遇到来自让渡红利方的阻力。

3. 商誉法

若甲的入伙可以为合伙企业带来专业技术、稳定的客户、良好的声誉等,乙可能会同意甲对合伙企业除了投入有形资产外还投入无形资产,将甲在合伙企业中所享有的权益额与实际投入的有形资产价值的差额做商誉估列入账。这样,不但调整了甲的资本额,也调整了企业的资产总额,而不会减少乙的资本额。会计分录如下。

```
借:库存现金                              50 000
    存货                                  30 000
    长期股权投资                          60 000
    固定资产                              40 000
    商誉                                  20 000
    贷:合伙人资本——甲                          100 000
              ——乙                          100 000
```

二、合伙人往来

在合伙企业的日常经营过程中,可能会发生一些合伙人与合伙企业的经济往来,如合伙人取用企业商品、合伙人预提工资等,都会引起合伙人权益的暂时性变动。

与公司制企业不同,合伙人按周或月从预计可分得的合伙利润中提取适当的金额,视为工资,这便是合伙企业的工资费用。合伙人提款时,计入"合伙人往来"账户,待期末转至"合伙人资本"账户。这样处理便于了解各合伙人在一定期间的提款情况,便于与合伙协议中的提款限额相比较,以及时进行会计控制。

【例 11-2】假设甲和乙每月各从合伙企业提款 600 元,取用商品 200 元,其会计分录如下。

```
借:合伙人往来——甲                            800
            ——乙                            800
    贷:库存现金                                 1 200
        存货                                     400
```

年末,将"合伙人往来"账户余额结转到"合伙人资本"账户中,其会计分录如下。

```
借:合伙人资本——甲                            800
            ——乙                            800
    贷:合伙人往来——甲                              800
                ——乙                              800
```

三、合伙企业经营成果的分配

合伙企业以合伙人共同盈利为目的,在创业经营后,其业务成果无论是盈利还是亏损,均应由合伙人共同享受或分摊。合伙协议中通常要明确规定损益分配的方法和比例,与公司制企业不同的是,合伙企业中合伙人损益分配的比例不要求与各合伙人的出资比例保持一致。例如，王某的出资额占合伙人资本的60%，李某占40%，但两人同意各占50%的收益拥有权。这种灵活的分配方式是由合伙企业"人合"的性质和出资方式所决定的。

对于合伙企业的净收益或净损失，由于合伙人不止一个人，通常都在合伙协议中订明分配的比例，以资共同遵守，这项比例称为"损益分配率"。倘若合伙协议中没有明文规定损益分配率，则一般都按法律上的假定，由各合伙人平均分配。由于合伙企业中的收益不仅与合伙人的资本相关，还与许多其他因素有关，因而在分配时，首先，要考虑风险因素和发展因素。按照公司中盈余公积的提取方式，在合伙企业中，按（税后）净收益的一定比例分别提取风险基金和发展基金。风险基金为承担债务人无限责任的风险做准备；发展基金用于合伙企业扩大生产。其次，收益的剩余部分在合伙人之间的分配应考虑劳务价值、资本价值和业主风险报酬，最简便的分配方法是按固定比例分配损益，但是，在每个合伙人向企业提供的劳务量和资本量悬殊的情况下，就显得不很合理。因此，合伙企业损益的分配有以下几种方式：直接按固定比例分配；先分配工资报酬，再按固定比例分配剩余收益；先分配资本报酬，再按固定比例分配剩余收益；先分配工资报酬和资本报酬，再按固定比例分配剩余收益。

（一）固定比例分配法

固定比例分配法是指对各合伙人的损益分配按一个约定的固定比例在合伙协议中加以明确规定的一种损益分配方法。此法比较适用于提供高级专业性服务的合伙企业，如医师诊所和律师事务所、会计师事务所等，因为影响此类企业经营成果的主要因素并非资本额的多少，而是合伙人的个人专业技术水平、声望和承担风险的能力等。

【例11-3】假设某企业由合伙人甲、乙、丙三人组成。根据合伙协议的约定，企业净收益按固定比例分配，甲30%，乙30%，丙40%。当年收益为90 000元。分配如下。

甲：90 000×30%＝27 000（元）
乙：90 000×30%＝27 000（元）
丙：90 000×40%＝36 000（元）

据此做损益分配的会计分录。

借：损益汇总　　　　　　　　　　　　　　　　90 000
　　贷：合伙人资本——甲　　　　　　　　　　　　27 000
　　　　　　　　——乙　　　　　　　　　　　　27 000
　　　　　　　　——丙　　　　　　　　　　　　36 000

（二）平均分配法

平均分配法是将合伙企业每年实现的净损益平均分配给各合伙人的一种损益分配方法。依据《合伙企业法》，合伙企业的利润和亏损，由合伙人依照合伙协议约定的比例分配和负担；合伙协议未约定利润分配和亏损分担比例的，由各合伙人平均分配和负担。

这种方法的计算最为简便，但没有考虑各合伙人贡献大小，所以分配结果往往有失公正合理。

按【例 11-3】的情况，可计算如下。

甲：90 000×1/3＝30 000（元）
乙：90 000×1/3＝30 000（元）
丙：90 000×1/3＝30 000（元）

据此做损益分配的会计分录。

借：损益汇总　　　　　　　　　　　　　　　　　90 000
　　贷：合伙人资本——甲　　　　　　　　　　　　　30 000
　　　　　　　　——乙　　　　　　　　　　　　　30 000
　　　　　　　　——丙　　　　　　　　　　　　　30 000

以下几种不同的损益分配方法只影响分配的金额，但会计处理是相同的，故略分录。

（三）资本比例分配法

资本比例分配法是指以合伙人的投资多少为依据来计算损益分配比例的一种损益分配方法。由于合伙人资本账户的余额可能会有增减变动，因此，资本比例分配法又可分为按期初资本比例分配、按期末资本余额比例分配和按平均资本比例分配三种。一般为避免发生争议，合伙协议中应事先明确对投资和提取的限制。在计算分配比例前，应先将"合伙人往来"账户的余额结转计入资本。

这种方法较适用于资本对经营成果起主要作用，而合伙人承担的经营管理任务和风险大致相当的企业。

【例 11-4】假设某企业各合伙人甲、乙、丙的"合伙人资本"账户的期初余额分别为 50 000 元、60 000 元和 70 000 元，合计为 180 000 元。其中，3 月 1 日甲追加投入 24 000 元，7 月 1 日丙撤回资本 12 000 元，8 月 1 日乙追加投入现金 36 000 元，全年净利润 90 000 元。

1. 按期初资本比例分配

【例 11-4】按此法分配损益，各合伙人的所得如下。

甲：90 000×5/18＝25 000（元）
乙：90 000×6/18＝30 000（元）
丙：90 000×7/18＝35 000（元）

这种方法不考虑各合伙人在当期实际投资额的增减，所以一般适用于投资变化不大或对合伙人投入和抽回资本额有严格限制的企业。

2. 按期末资本余额比例分配

【例 11-4】期末各合伙人的资本余额如下。

甲：50 000＋24 000＝74 000（元）
乙：60 000＋36 000＝96 000（元）
丙：70 000－12 000＝58 000（元）

期末合伙企业资本总额如下：

74 000＋96 000＋58 000＝228 000（元）

按此法分配损益，各合伙人的所得如下。

甲：90 000×74 000/228 000＝29 210.53（元）

乙：90 000×96 000/228 000＝37 894.74（元）

丙：90 000－（29 210.53＋37 894.74）＝22 894.73（元）

这种方法考虑了"合伙人资本"账户与"合伙人往来"账户在年度内的增减变动情况；但没有考虑期初资本余额比例，没有考虑资本增减的期限对企业实际使用资本产生的影响，只以资本变动结果为分配依据，会影响分配结果的合理性。

3. 按平均资本比例分配

若年度内资本变动比较均衡，可以将简单的期初与期末资本余额的平均数作为损益分配的依据；若年度内各合伙人资本变动不均衡，则应以时间（月或日）为权数，经过加权平均后计算各合伙人的平均资本额，然后按平均资本比例分配损益。

【例11-4】按加权平均资本额来计算，相关数据如下。

甲：50 000＋24 000×10/12＝70 000（元）

乙：60 000＋36 000×5/12＝75 000（元）

丙：70 000－12 000×6/12＝64 000（元）

平均资本合计：

70 000＋75 000＋64 000＝209 000（元）

按此法分配损益，各合伙人的所得如下。

甲：90 000×70 000/209 000＝30 143.54（元）

乙：90 000×75 000/209 000＝32 296.65（元）

丙：90 000×64 000/209 000＝27 559.81（元）

这种方法克服了前述两种方法的缺陷，比较适用于各合伙人投资额常有变动的企业，只是投资变动频率的计算较烦琐。

（四）工资或利息补贴后余额比例分配法

这种分配方法，综合考虑了合伙人的劳动报酬、投资报酬和风险报酬，根据各合伙人对企业贡献大小核定一个工资额，根据各合伙人投入资本的数额参照市场利率计算个人应得资本利息，将净收益扣除前两者之后的余额按合伙协议约定的比例进行分配。相对而言，这种方法综合考虑了各种主要影响损益的因素，分配结果比较合理，但计算较烦琐。在现实中，这种方法可部分使用，如只计算工资补贴，剩余部分按约定比例分配；或只计算利息补贴，剩余部分按约定比例分配。

【例11-5】依【例11-4】，假设合伙协议约定，期末净收益先分配给甲、乙、丙三个合伙人的工资补贴，分别为10 000元、10 000元和12 000元，然后根据期初资本余额按10%的年利率分配利息补贴，剩余部分按照2：3：5的比例分配。

各合伙人的利息补贴分别如下。

甲：50 000×10%＝5 000（元）

乙：60 000×10%＝6 000（元）

丙：70 000×10%＝7 000（元）

扣除工资和利息补贴后剩余损益＝90 000－（10 000＋10 000＋12 000）－
（5 000＋6 000＋7 000）＝40 000（元）

各合伙人分配剩余部分所得如下。

甲：40 000×2/10＝8 000（元）
乙：40 000×3/10＝12 000（元）
丙：40 000×5/10＝20 000（元）

各合伙人损益分配所得合计如下。

甲：10 000＋5 000＋8 000＝23 000（元）
乙：10 000＋6 000＋12 000＝28 000（元）
丙：12 000＋7 000＋20 000＝39 000（元）

第四节 合伙权益变动

一、新合伙人入伙

合伙企业成立后，未经合伙人全体同意，不得允许他人加入为合伙人。加入为合伙人者，对其加入前合伙企业所负的债务，与其他合伙人负同一责任。具体的入伙方法有：向原合伙人购买合伙权、向合伙企业投入新资本。

（一）购买合伙权

在征得原合伙人的一致同意后，新合伙人可以直接向现有合伙企业的合伙人付款购买合伙权。新合伙人可以向一位原合伙人购买，也可以向一位以上原合伙人购买。不管是哪种方式，合伙企业的会计处理都是将新合伙人购入的合伙权份额相应的金额从原合伙人的资本账户转入新合伙人的资本账户。在合伙权转让过程中，实际交易的价款可能与新合伙人所享有的合伙权份额不一致，但这是新合伙人与原合伙人之间的私人交易，不是与合伙企业的交易，这种交易不会引起合伙企业资产与负债的增减，也不会导致合伙人权益总额发生变化，仅仅是合伙人资本的明细账户记录发生变动而已。另外，虽然新合伙人购买合伙权后得到了一定比例的合伙权，但其损益分配权未必与其一致。

【例 11-6】按【例 11-4】，假如新合伙人丁以现金 80 000 元分别购买了甲 20 000 元和乙 30 000 元的合伙权，相应的会计分录如下。

借：合伙人资本——甲　　　　　　　　　　　　　　　　20 000
　　　　　　　——乙　　　　　　　　　　　　　　　　30 000
　　贷：合伙人资本——丁　　　　　　　　　　　　　　　　50 000

至于丁多付的 30 000 元在甲和乙之间如何分配，那就不是合伙企业的问题了，而是甲和乙私人之间的事情。

如果合伙权转让发生在原合伙人之间，则会计处理与以上新合伙人购买合伙权是一致的，即仅调整合伙人资本账户中的明细记录即可。

（二）投入新资本

新合伙人用投入资本的方式入伙。投入时，对原合伙的各项非现金资产，应予重新公平估价，然后在账上进行修正。各项资产增值或减值时，以估价损益调节，然后再将估价损益分配转入各合伙人资本账户。在会计上又有几种不同的情况。

（1）原合伙人资本无须重估时，新合伙人向合伙企业投资入伙。如果企业资产在当时并无高估或低估的情况，新合伙人可以根据其投资金额，取得合伙权份额。

（2）原合伙人资本应予以重估时，如果合伙企业已经经营多年，获利能力比一般企业高，原合伙人可能要求新合伙人付出较高的投资而取得低于其投资金额的合伙权，其差额可以视为新合伙人入伙时给原合伙人的额外补贴。此时，就必须对原合伙企业的资产进行重估，以确定新合伙人的投资额。

（3）原合伙人有商誉的处理。当原合伙人有商誉时，其处理方法分为"商誉入账"与"商誉不入账"两种。

（4）新合伙人有商誉的处理。有时，合伙企业由于急需增加资金，或者因为新合伙人具有独立技术和管理才能，原合伙人同意新合伙人可以较少的资金，取得多于其投资金额的股权，差额属原合伙人给新合伙人的额外补贴。其会计处理方法也分为"商誉入账"与"商誉不入账"两种。

二、合伙人退伙

（一）退伙与相关法律规定

退伙是指合伙人与其他合伙人脱离合伙关系，丧失合伙人资格。

退伙的方式一般是合伙人将其合伙权转让给新合伙人或现有剩下的合伙人（按法律规定，其他合伙人有优先购买权）以及从合伙企业撤出资本。关于合伙权转让，前面已经讨论，因此，这里的退伙仅限于撤出资本的情况，但前提条件是合伙人按合伙协议的约定有权退伙，只能收回其权益的账面价值，无权分享商誉；如果是因违反合伙协议而给其他合伙人带来损失的，则应承担赔偿责任。

《合伙企业法》按发生的原因对退伙做了不同的规定，区分为可以退伙、当然退伙和除名退伙。

1. 可以退伙

合伙协议约定合伙期限的，在合伙企业存续期间，有下列情形之一的，合伙人可以退伙：

（1）合伙协议约定的退伙事由出现；
（2）经全体合伙人一致同意；
（3）发生合伙人难以继续参加合伙的事由；
（4）其他合伙人严重违反合伙协议约定的义务。

2. 当然退伙

合伙人有下列情形之一的,当然退伙:

(1)作为合伙人的自然人死亡或者被依法宣告死亡;

(2)个人丧失偿债能力;

(3)作为合伙人的法人或者其他组织依法被吊销营业执照、责令关闭、撤销,或者被宣告破产;

(4)法律规定或者合伙协议约定合伙人必须具有相关资格而丧失该资格;

(5)合伙人在合伙企业中的全部财产份额被人民法院强制执行。

3. 除名退伙

合伙人有下列情形之一的,经其他合伙人一致同意,可以决议将其除名:

(1)未履行出资义务;

(2)因故意或者重大过失给合伙企业造成损失;

(3)执行合伙事务时有不正当行为;

(4)发生合伙协议约定的事由。

(二)退伙的会计处理

合伙人退伙,其他合伙人应当与该退伙人按照退伙时的合伙企业财产状况进行结算,退还退伙人的财产份额。退伙时有未了结的合伙企业事务的,待该事务了结后进行结算。退伙人在合伙企业中财产份额的退还办法,由合伙协议约定或者由全体合伙人决定,可以退还货币,也可以退还实物。除法律另有规定外,一般以合伙企业的现金抵还,不得请求返还生产资料或其他固定资产。退伙人的损益分配,应以当时合伙财产扣减合伙债务之后的剩余为限,如果合伙财产不足清偿合伙债务,退伙人也应分担其损失。《合伙企业法》规定,退伙人对基于其退伙前的原因发生的合伙企业债务,承担无限连带责任。如果合伙人死亡,则其继承人继承其合伙权益,或由其他合伙人受让其合伙权,或进行清算。

合伙人退伙时,会计上应将其资本账户结清。退还给退伙人的资本通常可能出现如下三种不同的情况:按账面数退还资本、退还资本高于账面数以及退还资本低于账面数。

1. **按账面数退还资本**

如果企业的获利能力属于正常水平,资产的重置成本也没有明显变化,一般可按账面数退还资本。

【例 11-7】假设某企业在改组前已将损益分配完毕,合伙人甲、乙、丙三人的资本余额分别为 50 000 元、60 000 元和 70 000 元,其损益分配比例为 3:3:4。若丙提出退伙,其他合伙人同意其以账面数撤出资本,会计分录如下。

借:合伙人资本——丙　　　　　　　　　　　　　　70 000
　　贷:库存现金　　　　　　　　　　　　　　　　　　　70 000

2. **退还资本高于账面数**

如果企业的获利能力高于一般水平,或者资产的账面计价偏低,退伙人就会要求得到适当的补偿,因此往往会按高于账面的数额退还资本,超出部分应由其他合伙人分担或调整企业资产价值。因此，其会计处理也可采用红利法和商誉法。

1）红利法

【例 11-8】按【例 11-7】，若丙退出时企业给付 72 000 元，高于其资本账面数 70 000 元，超出部分为 2 000 元，其中甲分担 2 000×3/6＝1 000（元），乙分担 2 000×3/6＝1 000（元）。会计分录如下：

  借：合伙人资本——甲   1 000
      ——乙   1 000
      ——丙   70 000
    贷：库存现金   72 000

2）商誉法

在退伙时，商誉法还可分为确认退伙人全部商誉和确认退伙人部分商誉两种方法。

（1）确认退伙人全部商誉是根据支付给退伙人的数额超出其账面数额的部分以及其损益分配比例倒算出合伙企业全部商誉，并按损益分配比例增加合伙人的资本。

【例 11-9】按【例 11-7】，商誉如下：

$$2\ 000 \div 4/10 = 5\ 000（元）$$

各合伙人的资本增加如下。

    甲：5 000×3/10＝1 500（元）
    乙：5 000×3/10＝1 500（元）
    丙：5 000×4/10＝2 000（元）

会计分录如下。

  借：商誉   5 000
    贷：合伙人资本——甲   1 500
       ——乙   1 500
       ——丙   2 000
  借：合伙人资本——丙   72 000
    贷：库存现金   72 000

（2）确认退伙人部分商誉是直接将超出资本账面数额的部分确认为商誉，即只调增退伙人的资本。

【例 11-10】按【例 11-7】，会计分录如下。

  借：商誉   2 000
    贷：合伙人资本——丙   2 000
  借：合伙人资本——丙   72 000
    贷：库存现金   72 000

有观点认为，上述两种方法中确认退伙人部分商誉的做法较为合理。在合伙企业，商誉的存在与否往往与合伙人个人有着密切的关系，而仅仅从某一合伙人退伙这一事项中推断出整个合伙企业的商誉未必合理。也有观点认为，确认部分商誉只重估合伙资产中退伙人所享有的部分，而不重估其余合伙人的资本权益，也未必合理。

3. 退还资本低于账面数

如果合伙企业的获利能力低于一般水平，或者资产的账面计价偏高，或者由于个人原因急需资金，退伙人一般会同意收回较少的现款而与企业脱离关系，从而企业可以按低于账面的数额退还其资本，而这一差额应由其余的合伙人按损益分配比例分享，这种情况下一般采用红利法进行会计处理。

【例11-11】若【例11-7】中以66 000元现金退给丙作为退还资本，则其资本余额70 000元与66 000元的差额4 000元由甲和乙按其损益分配比例3∶3分享，转入其资本账户。其中甲分得 $4\,000 \times 1/2 = 2\,000$（元），乙分得 $4\,000 \times 1/2 = 2\,000$（元）。会计分录如下。

借：合伙人资本——丙　　　　　　　　　　　　　　　70 000
　　贷：库存现金　　　　　　　　　　　　　　　　　　66 000
　　　　合伙人资本——甲　　　　　　　　　　　　　　2 000
　　　　　　　　——乙　　　　　　　　　　　　　　　2 000

【例11-12】假如合伙企业原合伙人同意新合伙人丁以80 000元的现金投资取得改组后合伙权的40%，并享有40%的损失分配比例。对此也可以采用红利法和商誉法进行会计处理。

1）红利法

如果原合伙企业在经营状况不佳或经营状况恶化的情况下，希望新合伙人丁入伙，希望以其才能、经济实力和社会关系来改善企业的不良现状，帮助企业摆脱困境。在这种情况下采用红利法比较恰当，可以将新合伙人多得的权益视为原合伙人对新合伙人的补贴。

按此法计算有关数据如下：根据【例11-7】的数据，原合伙人资本总额为180 000元，新合伙人丁现金投资80 000元，则改组后企业资本总额为260 000元，新合伙人丁应有资本104 000元（260 000×40%），对新合伙人丁的补贴为24 000元（104 000－80 000）。

其中，由原合伙人各自承担的数额如下。

　　　　甲：$24\,000 \times 3/10 = 7\,200$（元）
　　　　乙：$24\,000 \times 3/10 = 7\,200$（元）
　　　　丙：$24\,000 \times 4/10 = 9\,600$（元）

据此，做会计分录如下。

借：库存现金80 000
　　合伙人资本——甲　　　　　　　　　　　　　　　7 200
　　　　　　　——乙　　　　　　　　　　　　　　　7 200
　　　　　　　——丙　　　　　　　　　　　　　　　9 600
　　贷：合伙人资本——丁　　　　　　　　　　　　　104 000

2）商誉法

【例11-13】假如【例11-12】中企业的原合伙人考虑到新合伙人丁是一位知名企业家，社会关系广泛，他的加入非常有利于企业发展，并有可能使获利能力提高到超过一般水平的程度，因而同意其入伙条件。在这种情况下采用商誉法是比较恰当的。确认新合伙人丁带入的商誉。

计算有关数据如下：改组后的资本总额为 300 000 元（180 000÷60%），新合伙人丁应投资本 120 000 元（300 000×40%），其中投入现金 80 000 元，带入商誉 40 000 元（120 000－80 000）。

据此做会计分录如下。

借：库存现金　　　　　　　　　　　　　　　　　　　　80 000
　　商誉　　　　　　　　　　　　　　　　　　　　　　40 000
　　　贷：合伙人资本——丁　　　　　　　　　　　　　　　　120 000

第五节　合伙企业清算

一、合伙企业清算的概念

（一）清算的定义和总的原则

1. 清算的定义

合伙企业的清算指合伙企业终止其经营活动时，将企业的全部资产进行变卖，并将变卖所得在债权人和合伙人之间进行分配的一系列过程。这一过程可能通过一次性变卖完成，也可能延续很长时间，通过多次变卖资产才能完成。

我国的《合伙企业法》规定，合伙企业有下列情形之一的，应当解散：

（1）合伙期限届满，合伙人决定不再经营；

（2）合伙协议约定的解散事由出现；

（3）全体合伙人决定解散；

（4）合伙人已不具备法定人数满三十天；

（5）合伙协议约定的合伙目的已经实现或者无法实现；

（6）依法被吊销营业执照、责令关闭或者被撤销；

（7）法律、行政法规规定的其他原因。

2. 清算的总原则

合伙企业的清算程序通常开始于非现金资产的变现。总的清算原则是：先将资产变现损益按损益分配比例（合同中另有规定的除外）在合伙人之间进行分配，并登入各合伙人的资本账户，此时的资本账户余额是清算的基础。不过，在向各合伙人支付任何款项之前，都必须首先全额偿还合伙企业的对外债务。如果资产变现所得不足以全额偿付合伙企业的债务，则合伙企业的债权人可向任何有清偿能力的合伙人索赔，而不管该合伙人的资本账户余额是否为贷方余额。

《合伙企业法》规定：合伙企业解散，应当由清算人进行清算。清算人由全体合伙人担任；经全体合伙人过半数同意，可以自合伙企业解散事由出现后十五日内指定一个或者数个合伙人，或者委托第三人，担任清算人。自合伙企业解散事由出现之日起十五日内未确定清算人的，合伙人或者其他利害关系人可以申请人民法院指定清算人。

清算人在清算期间执行下列事务：

（1）清理合伙企业财产，分别编制资产负债表和财产清单；

（2）处理与清算有关的合伙企业未了结事务；

（3）清缴所欠税款；

（4）清理债权、债务；

（5）处理合伙企业清偿债务后的剩余财产；

（6）代表合伙企业参加诉讼或者仲裁活动。

（二）清算的基本原则

为了进行有序和合法的清算，还必须掌握如下基本的清算原则。

1. 合伙企业的债务清偿顺序

合伙企业财产在支付清算费用和职工工资、社会保险费用、法定补偿金以及缴纳所欠税款、清偿债务后的剩余财产，依照《合伙企业法》关于利润分配和亏损分担的规定进行分配。

合伙企业财产清偿主要包括以下三个方面的内容。

（1）合伙企业的财产首先用于支付合伙企业的清算费用。清算费用包括：①管理合伙企业财产的费用，如仓储费、保管费、保险费等；②处分合伙企业财产的费用，如聘任工作人员的费用等；③清算过程中的其他费用，如通告债权人的费用、调查债权的费用、咨询费等。

（2）合伙企业的债务支付。合伙企业支付清算费用以后的清偿顺序如下：合伙企业职工的工资、社会保险费用和法定补偿金；缴纳所欠税款；清偿债务（不含合伙人债权）。

（3）分配剩余财产。合伙企业财产依法清偿后仍有剩余时，对剩余财产依照《合伙企业法》的规定进行分配，即按照合伙协议的约定办理；合伙协议未约定或约定不明确的，由合伙人协商决定；协商不成的，由合伙人按照实缴出资比例分配；无法确定出资比例的，由合伙人平均分配。

清算结束后，清算人应当编制清算报告，经全体合伙人签名、盖章后，在十五日内向企业登记机关报送清算报告，申请办理合伙企业注销登记。

需要说明的是，尽管在法律上合伙人债权相较合伙人资本账户余额有优先权，但是，在实际运用中，由于存在"抵销权利"这一法律条文，这种优先权并不存在。这个法律条文的作用就在于将合伙人贷款账户的贷方余额和其资本账户余额相合并，在进行资产余额分配时，同时处理。如果不存在这一法律条文，就有可能出现这样一种情形，即合伙企业为合伙人偿还所欠贷款的同时，该合伙人的资本账户余额为借方余额，而借方资本余额必须由该合伙人以其个人资产进行抵补。这样就会导致合伙企业一方面向合伙人分配资产（偿还贷款），另一方面又试图从合伙人处收回资产（抵补借方资本余额），而这一点往往是很难做到的。"抵销权利"这一条款通过将合伙人债权和合伙人资本余额进行合并，消除了这一隐患。所以，在本章此后的说明中，合伙人的债权不单独在资产清算表中列示，但是，在会计分录的处理上，仍应单独说明。例如，一个合伙企业为合伙人 A 偿还贷款，则应借记"合伙人债权"账户，贷记"库存现金"账户。

2. 合伙人资本余额为借方余额时的账务处理

美国的《统一合伙法》规定，如合伙人资本余额为借方，则该合伙人必须向合伙企业交付资产（以借方余额为限）。不过，如果合伙人由于各种原因无钱支付，则此借方余额将被视为合伙企业的变现损失，由其他合伙人按照损益分配比例进行分担。例如，假设合伙人 A、B、C 的损益分配比例为 2∶2∶1。如果合伙人 C 的资本余额为借方余额，但 C 无法进行抵补，则该借方余额由 A 和 B 以 2∶2 的比例分摊。当然，A 和 B 此后有权利向合伙人 C 索要分摊的损失。

3. 合伙企业和合伙人资不抵债时的"资产分配原则"

当合伙企业和一个或更多合伙人资不抵债时，"资产分配原则"有以下规定。

（1）合伙企业的资产应优先用于偿还合伙企业的债务，此后如有余额，才可用于偿还合伙人的私人债务，当然只限于合伙人在合伙企业里的权益部分。

（2）合伙人的个人资产应优先用于偿还个人债务；如此后有余额，才能用于合伙企业的债权人；如此后仍有余额，则可用于抵补合伙人的资本借方余额。

（三）清算的步骤

合伙企业的清算就是出售所有资产，收回全部债权，偿还全部债务，将剩余现金在合伙人之间分配的过程，具体可分为以下几个步骤。

（1）出售非现金资产。

（2）收回债权、清偿债务。

（3）计算并分配清算损益。

（4）分配剩余现金。

在合伙企业清算的实际过程中，还应注意以下几点。

（1）合伙企业在清偿债务时，应首先偿付合伙企业的外部债务，其次再偿付内部债务。

（2）合伙企业的资产不足以抵偿企业债务时，应由合伙人用个人资产抵偿，如果某个合伙人的个人资产不足抵偿债务，应按损益分配比例由其他合伙人抵偿。

（3）合伙企业的清算损益应按损益分配比例在各合伙人之间进行分配。

二、合伙企业的清算方式及会计处理

合伙企业的清算，一般根据清算所需时间的长短可分为一次分配清算法和分次分配清算法两种，其会计处理也各不相同，但都要设置"清算损益"账户来反映清算过程中发生的清算费用和资产变现及债权债务清理损益，其余额应按损益分配比例转入"合伙人资本"账户。

（一）一次分配清算法

一次分配清算也称一次总付清算，是指合伙企业将全部非现金资产出售变现，并收回债权、清偿全部债务后,将剩余资产(现金)一次分配给合伙人的清算办法。此法要求合伙企业的资产能在较短时间内变现,在将所有非现金资产变现之前或将发生的全部损失和清算费用全部计入清理损益之前,不得分配资产给合伙人。

1. 合伙企业有偿债能力

1)合伙人资本账户为贷方余额

【例 11-14】甲和乙成立一合伙企业,假定其 2×23 年 12 月 31 日的资产负债表如表 11-2 所示。

表 11-2 甲、乙合伙企业资产负债表 单位:元

资产		负债和所有者权益	
库存现金	15 000	应付账款	55 000
应收账款(净)	25 000	应付合伙人贷款——甲	10 000
存货	35 000	合伙人资本——甲	25 000
固定资产(净)	50 000	合伙人资本——乙	35 000
合计	125 000	合计	125 000

甲和乙的损益分配比例为 60%和 40%,他们商议于 2×24 年 1 月 1 日以后尽快解散合伙。存货卖得 30 000 元,固定资产卖得 45 000 元,应收账款共收现 20 000 元。合伙清算的最后阶段,共收到 95 000 元的现金,加上期初有 15 000 元,共计 110 000 元可供分配给债权人和合伙人。

清偿顺序如下:

清偿债务	55 000
清偿甲的贷款	10 000
按资本账户余额分配给甲	16 000
按资本账户余额分配给乙	29 000
分配总额	110 000

确认清算损益后,分配给合伙人的金额等于各合伙人资本账户余额。清算损失以 60%和 40%的损益分配比例直接借记资本账户。除非合伙协议中约定清算时采用不同的损益分配比例,否则一般均按原先的损益分配比例分配清算损益。若协议中规定支付工资补贴和利息补贴,则应先分配工资津贴和利息津贴,余额再按约定比例分配。这是因为清算期间的损益为税前利润的调整,而税前利润按损益分配比例分配。清算期间的账务处理如下(金额单位:元)。

(1)记录存货出售,并将 5 000 元损失按损益分配比例分配到各合伙人资本账户。

借:库存现金		30 000
合伙人资本——甲		3 000
——乙		2 000
贷:存货		35 000

（2）记录固定资产出售，并将5 000元损失按损益分配比例分配到各合伙人资本账户。

借：库存现金　　　　　　　　　　　　　　　　　　　　　45 000
　　合伙人资本——甲　　　　　　　　　　　　　　　　　　3 000
　　　　　　　——乙　　　　　　　　　　　　　　　　　　2 000
　　　贷：固定资产（净）　　　　　　　　　　　　　　　　50 000

（3）记录应收账款收现20 000元，并将5 000元坏账冲销作为损失，按损益分配比例分配到各合伙人资本账户。

借：库存现金　　　　　　　　　　　　　　　　　　　　　20 000
　　合伙人资本——甲　　　　　　　　　　　　　　　　　　3 000
　　　　　　　——乙　　　　　　　　　　　　　　　　　　2 000
　　　贷：应收账款（净）　　　　　　　　　　　　　　　　25 000

（4）清偿非合伙人的债务。

借：应付账款　　　　　　　　　　　　　　　　　　　　　55 000
　　　贷：库存现金　　　　　　　　　　　　　　　　　　　55 000

（5）清偿合伙人甲的贷款。

借：应付合伙人贷款——甲　　　　　　　　　　　　　　　10 000
　　　贷：库存现金　　　　　　　　　　　　　　　　　　　10 000

（6）将现金分配给合伙人，结束合伙清算。

借：合伙人资本——甲　　　　　　　　　　　　　　　　　16 000
　　　　　　　——乙　　　　　　　　　　　　　　　　　29 000
　　　贷：库存现金　　　　　　　　　　　　　　　　　　　45 000

合伙清算应汇总清算期间的交易和余额，编制合伙清算表，见表11-3。清算期间的清算表便于参考，但并不能取代正式分录和过账。在表11-3中，应注意损益一旦确认后，就分配到各合伙人资本账户。随着合伙人资本账户的调整，最后分配给各合伙人的现金将等于各合伙人资本账户之余额。

表11-3　甲、乙合伙企业合伙清算表

2×24年1月1日至2×24年1月31日　　　　　　　　　　　　单位：元

项目	库存现金	非现金资产	优先债务	甲贷款	甲资本（60%）	乙资本（40%）
2×24年1月1日余额	15 000	110 000	55 000	10 000	25 000	35 000
出售存货	30 000	−35 000			−3 000	−2 000
余额	45 000	75 000	55 000	10 000	22 000	33 000
出售固定资产	45 000	−50 000			−3 000	−2 000
余额	90 000	25 000	55 000	10 000	19 000	31 000
应收账款收现	20 000	−25 000			−3 000	−2 000
余额	110 000	0	55 000	10 000	16 000	29 000
清偿债务	−55 000		−55 000			

续表

项目	库存现金	非现金资产	优先债务	甲贷款	甲资本（60%）	乙资本（40%）
余额	55 000	0	0	10 000	16 000	29 000
清偿甲的贷款	-10 000			-10 000		
余额	45 000	0	0	0	16 000	29 000
最后分配给各合伙人	-45 000				-16 000	-29 000
余额	0	0	0	0	0	0

2）合伙人资本账户为借方余额

有偿债能力的合伙企业清算时，将有足够的现金偿还债务和分配给各合伙人。清算过程中所产生的损失会使一些合伙人的资本账户成为借方余额。当这种情况发生时，资本账户为借方余额的合伙人，对资本账户为贷方余额的合伙人欠有一笔负债，所以他们将被要求拿出个人财产偿还其合伙负债。若前者并无个人资产，其余合伙人必须承担等于这一借方余额数的损失。这项损失将按相对损益分配比例分配给资本账户为贷方余额的各合伙人。

假设甲、乙、丙合伙企业正在清算，当所有资产均已变现而且已清偿债务后，其账户余额见表11-4。

表11-4　甲、乙、丙合伙企业账户余额（一）　　　　　　　　　　　单位：元

账户	借方	贷方
库存现金	24 000	
合伙人资本——甲（40%）	4 000	
合伙人资本——乙（30%）		16 000
合伙人资本——丙（30%）		12 000
合计	28 000	28 000

若合伙人甲有偿债能力，则其应付4 000元给合伙企业，以冲销资本账户的借方余额。其所付的4 000元将使合伙的现金达28 000元，以便在最后清算时，分配给合伙人乙和丙。

但若甲无偿债能力，这4 000元的损失将由乙和丙按相对损益分配比例分担，乙承担2 000元（4 000×30%÷60%）损失，丙承担2 000元（4 000×30%÷60%）损失。此时只需将现金24 000元分配给乙14 000元、丙10 000元，合伙便宣告结束。

当"合伙人资本"账户为借方余额的合伙人对合伙企业有一笔贷款时，该贷款应与资本账户的借方余额相抵销，直到该资本账户的借方余额为零。例如，假设甲、乙、丙合伙企业账户余额如表11-5所示。

表 11-5　甲、乙、丙合伙企业账户余额（二）　　　　单位：元

账户	借方	贷方
库存现金	25 000	
应付合伙人贷款——甲		4 000
合伙人资本——甲（40%）	7 000	
合伙人资本——乙（40%）		16 000
合伙人资本——丙（20%）		12 000
合计	32 000	32 000

这时，即使应付给合伙人甲的贷款比乙和丙的资本有较优先的清偿顺序，也不能清偿。这笔贷款将与"合伙人资本——甲"账户的借方余额相抵销，使得甲仅欠乙和丙 3 000 元。假如甲有偿债能力，应用抵销规则将不会产生问题。甲偿付 3 000 元之后，乙和丙可收到相当于资本账户余额的金额，这和先偿付贷款 4 000 元，再从甲个人资产中收取 7 000 元，所得到的结果相同。

如甲个人无偿债能力，情况就完全不同了。这时，由于个人的债权人对个人的资产有优先求偿权，甲的债权人可对任何付给甲的款项优先求偿。按照抵销规则，乙可从 25 000 元中得到 14 000 元（16 000－3 000×40%÷60%），丙得到 11 000 元（12 000－3 000×20%÷60%）。若采用另一种方式，直接清偿甲的贷款 4 000 元，则甲的个人债权人可对这 4 000 元要求优先求偿，所以能分配给乙和丙的现金将少于 25 000 元。由于无充分的证据表明法院将接受抵销规则，因此当合伙人兼债权人本身无偿债能力时，一般建议：未经合伙人的同意，不应采用抵销规则。合伙企业解散时，基于债权人的权利，合伙人可协议采用不同的财产分配方式。

2. 合伙企业无偿债能力

1）合伙人有偿债能力

当合伙企业的资产不足以清偿对外负债时，表明合伙企业资不抵债，无偿债能力。在这种情况下，清算所用的方法与前面有所不同。如果资本为亏损的合伙人能清偿其所欠数额，则合伙企业自然就能清偿其债务。对于债权人来讲，他可以向任何一个合伙人要求清偿。任何合伙人清偿的合伙企业的债务的数额，贷记该"合伙人资本"账户，以便日后向其他合伙人追偿。例如，甲、乙、丙三人为合伙人，损益按 4∶3∶3 比例分配。合伙企业清算开始前的资产负债表见表 11-6。

表 11-6　甲、乙、丙合伙企业资产负债表　　　　单位：元

资产		负债和所有者权益	
库存现金	100 000	应付账款	480 000
其他资产合计	600 000	合伙人资本——甲	150 000
		合伙人资本——乙	50 000
		合伙人资本——丙	20 000
合计	700 000	合计	700 000

账面数额为 600 000 元的非现金资产售出，获得现金 300 000 元，发生清算损失 300 000 元，由甲、乙、丙三人按 4：3：3 比例分担。全部现金 400 000 元（100 000＋300 000）用于清偿债务后，还有 80 000 元未予清偿。合伙人甲承担清算损失后账面资本为 30 000 元（150 000－300 000×4/10），合伙人乙和丙分别为－40 000 元（50 000－300 000×3/10）和－70 000 元（20 000－300 000×3/10）。如果乙和丙分别把其欠款向合伙企业付清，则合伙企业就有 110 000 元的现金，正好可以支付要清偿的债务 80 000 元和退还合伙人甲的资本金 30 000 元。如果在合伙人乙和丙付清其欠款前，债权人向合伙人甲要求获得债权的全额清偿，则合伙人甲的权益由原来的 30 000 元，增加到 110 000 元，合伙人甲具有了对乙和丙的追偿权。等收到乙和丙交来的款项后，合伙企业将此笔款项交还给甲。同样，若债权人不是向甲要求清偿债权，而是向乙或丙要求清偿债权，则会计处理时方式与此类似。

2）合伙人无偿债能力

例如，甲、乙、丙三人为合伙人，损益按 4：2：4 比例分配。合伙企业清算前的资产负债表见表 11-7。

表 11-7　合伙企业清算前的资产负债表　　　　　　单位：元

资产		负债和所有者权益	
库存现金	100 000	应付账款	400 000
其他资产合计	600 000	合伙人资本——甲	160 000
		合伙人资本——乙	40 000
		合伙人资本——丙	100 000
合计	700 000	合计	700 000

账面数额为 600 000 元的非现金资产售出，获得现金 280 000 元，发生清算损失 320 000 元，由甲、乙、丙三人按 4：2：4 比例分担。全部现金 380 000 元（100 000＋280 000）用于清偿债务后，还有 20 000 元未予清偿。合伙人甲承担清算损失后账面资本为 32 000 元（160 000－320 000×4/10），合伙人乙和丙分别为－24 000 元（40 000－320 000×2/10）和－28 000 元（100 000－320 000×4/10）。

同时，各合伙人不包括合伙企业的所有者权益在内的资产和负债见表 11-8。

表 11-8　各合伙人的资产负债　　　　　　单位：元

合伙人	个人资产	个人负债
甲	150 000	210 000
乙	100 000	100 000
丙	300 000	230 000

由于甲的个人资产不足以清偿其个人负债，乙的个人资产仅够清偿其个人负债，所以企业的债权只能从丙处得到清偿，丙偿还了 20 000 元的合伙企业的债务。由于乙已经没有

资产偿还其在合伙企业中的资本亏损数 24 000 元,该亏损数应由甲和丙来分担。分担的比例按资产负债表上合伙人资本余额数计算,即甲应分担 14 769 元 [24 000×160 000÷(160 000+100 000)],则甲的账面资本为 17 231 元 (32 000-14 769),丙分担 9 231 元 [24 000×100 000÷(160 000+100 000)],则丙的账面资本为 -17 231 元(20 000-28 000-9 231),丙还须向合伙企业交现金 17 231 元。从而,甲的个人债权人还可以从合伙企业处得到 17 231 元的补偿。

(二) 分次分配清算法

有时候合伙企业的整个清算程序会延续好几个月甚至更长时间,等所有的资产变现后再向债务人和合伙人分配资产就会显得不太现实。因此,就有必要分次分批进行资产变现和债务清偿,并在所有债务清偿完毕后,分次向合伙人分配剩余现金。

由于合伙企业的各合伙人的资本余额比例通常与损益分配比例不一致,因此分次清算法必须考虑安全清偿的问题,就是分配给合伙人的现金不会因为以后出现借方资本余额而被要求退还给合伙企业,如果出现这种情况而合伙人拒绝退还,则会令其他合伙人承担不必要的损失。为此,应在每次分配余额前编制安全清偿表或在所有分配前预先制订现金分配计划,其总的原则都是:在偿还全部负债之后至整个清算过程结束之前的时期内,按承担损失能力的强弱,顺次地对合伙人分配现金,也就是对承担损失能力较强的合伙人较早分配现金,而对承担损失能力较差的合伙人较晚分配甚至不分配现金。

1. 安全清偿表

出于稳健原则考虑,在各合伙人的资本余额比例与损益分配比例不相同时,为避免超额分配,应在每次向合伙人分配现金前编制安全清偿表,直到各合伙人的资本余额比例与损益分配比例相同,此时即可直接按损益分配比例进行分配。安全清偿表的编制基础如下。

(1) 将所有可能的费用估计在内,并将这些费用对合伙企业资本的影响在合伙人之间按损益分配比例进行分摊。

(2) 假设所有非现金资产的未来变现价值为零,并将此视为实际损失在合伙人之间分摊。

(3) 上述这些费用和损失在合伙人之间的分摊可能会使有些合伙人的资本账户出现借方余额,假设这些资本账户借方余额都无法由相应的合伙人进行抵补,即所有合伙人本身都资不抵债。

因此,这些推定的资本账户借方余额就得按损益分配比例在那些资本余额为贷方余额的合伙人之间进行分摊。当所有估计的费用、变现损失和资本余额都分摊完毕后,就可以此时的资本贷方余额为准,在合伙人之间安全地进行资产分配。

每次向合伙人分配现金前都得编制安全清偿表,这些安全清偿表和分次清算表相对应。分次清算表总括了清算过程中实际的账户处理过程。

现举例说明分次清算表和安全清偿表的编制。

【例 11-15】(1) 假定有一合伙企业准备进行清算,其清算前的资产负债情况参见表 11-9。

表 11-9 分次清算表　　　　　　　　　　　　　　　　　　　单位：元

项目	库存现金	非现金资产	负债	资本余额		
				合伙人 A	合伙人 B	合伙人 C
清算前余额	5 000	70 000	25 000	15 000	27 500	7 500
11 月 5 日的资产变现	30 000	−40 000		−4 000	−4 000	−2 000
余额	35 000	30 000	25 000	11 000	23 500	5 500
清偿债务	−25 000		−25 000			
余额	10 000	30 000	0	11 000	23 500	5 500
11 月 10 日的付现（见清偿表）	−5 000				−5 000	
余额	5 000	30 000	0	11 000	18 500	5 500
11 月 15 日的资产变现	29 500	−30 000		−200	−200	−100
11 月 18 日支付清理费用	−4 000			−1 600	−1 600	−800
余额	30 500	0	0	9 200	16 700	4 600
11 月 20 日的付现（见清偿表）	−10 500			−1 200	−8 700	−600
余额	20 000	0	0	8 000	8 000	4 000
11 月 30 日的付现（不需清偿表）	−20 000			−8 000	−8 000	−4 000
余额	0	0	0	0	0	0

（2）合伙人 A、B 和 C 的损益分配比例为 2∶2∶1。

（3）资产变现情况见表 11-10。

表 11-10　资产变现情况　　　　　　　　　　　　单位：元

变现日期	账面价值	销售价格	损益
11 月 5 日	40 000	30 000	−10 000
11 月 15 日	30 000	29 500	−500

（4）清算费用估计为 5 000 元，经合伙人同意，预留 5 000 元。

（5）偿还债务后，向合伙人分配现金日期为 11 月 10 日、11 月 20 日和 11 月 30 日。

（6）总的清算费用为 4 000 元，于 11 月 18 日支付。

据此，该合伙企业的分次清算表和安全清偿表分别见表 11-9 和表 11-11。

表 11-11　安全清偿表　　　　　　　　　　　　　单位：元

项目	合伙人 A	合伙人 B	合伙人 C
损益分配比例	2	2	1
11 月 10 日的付现			
付现前的资本余额	11 000	23 500	5 500

续表

项目	合伙人 A	合伙人 B	合伙人 C
预留的清算费用（5 000元）	-2 000	-2 000	-1 000
余额	9 000	21 500	4 500
非现金资产的变现损失（30 000元）	-12 000	-12 000	-6 000
余额	-3 000	9 500	-1 500
借方资本余额的分摊（由B承担）	3 000	-4 500	1 500
安全付现	0	5 000	0
11月20日的付现			
付现前的资本余额	9 200	16 700	4 600
非现金资产的变现损失（0）	0	0	0
余额	9 200	16 700	4 600
安全付现	9 200	16 700	4 600

表11-9中，在11月30日向各合伙人分配现金时，由于合伙人的资本余额比例等于损益分配比例，所以不再需要编制安全清偿表，而是直接按损益分配比例进行分配。据表11-9的分次清算表做分录如下。

（1）11月5日变现资产40 000元，收款30 000元，变现损失为10 000元。

按我国的会计惯例，在处理合伙企业清算业务时，要使用"清算损益"账户，上述会计事项分两步做分录如下。

第一步：资产变现。

借：库存现金　　　　　　　　　　　　　　　30 000
　　清算损益　　　　　　　　　　　　　　　10 000
　　贷：非现金资产　　　　　　　　　　　　　　　　40 000

第二步：分配清算损益。

借：合伙人资本——A　　　　　　　　　　　　4 000
　　　　　　——B　　　　　　　　　　　　4 000
　　　　　　——C　　　　　　　　　　　　2 000
　　贷：清算损益　　　　　　　　　　　　　　　　　10 000

（2）合伙企业偿付债务25 000元。

借：合伙企业债务　　　　　　　　　　　　　25 000
　　贷：库存现金　　　　　　　　　　　　　　　　　25 000

（3）11月10日合伙企业优先向合伙人B支付5 000元。

借：合伙人资本——B　　　　　　　　　　　　5 000
　　贷：库存现金　　　　　　　　　　　　　　　　　5 000

（4）11月15日变现资产，净值30 000元，实得29 500元，变现损失为500元。

借：库存现金	29 500	
合伙人资本——A	200	
——B	200	
——C	100	
贷：非现金资产		30 000

（5）支付清算费用4 000元。

据此事项，我国一般的会计处理如下。

借：清算损益	4 000	
贷：库存现金		4 000
借：合伙人资本——A	1 600	
——B	1 600	
——C	800	
贷：清算损益		4 000

（6）11月20日付现，可分配给合伙人A 1 200元，合伙人B 8 700元，合伙人C 600元。

借：合伙人资本——A	1 200	
——B	8 700	
——C	600	
贷：库存现金		10 500

（7）11月30日将所有现金分配给合伙人。

借：合伙人资本——A	8 000	
——B	8 000	
——C	4 000	
贷：库存现金		20 000

2. 现金分配计划

由于每次向合伙人分配现金前均需编制安全清偿表，这显然非常烦琐且效率低下，而且该方法也不能预计各合伙人将在何时可以分得现金。这样，可以通过在清算程序开始前编制现金分配计划来弥补安全清偿表的不足。和安全清偿表一样，现金分配计划将所有的费用、变现损失估计在内，并且让最有能力承担损失的合伙人优先取得安全付款。

编制现金分配计划的基本程序如下。

（1）按损益分配比例将所有预计会发生的债务和清算费用分配给各合伙人的资本账户。

（2）以此时的资本余额为准计算各合伙人在其各自的资本余额出现借方余额前可承担的最大变现损失。

如安全清偿表一样，在假定所有非现金资产全部被视为合伙企业的变现损失并在合伙人之间分摊后，资本余额仍为贷方余额的合伙人应被视为最有能力承担损失的人。因此，该合伙人应首先取得余额的分配。

合伙人在其各自的资本余额出现借方余额前可承担的最大变现损失可按如下公式计算：

承担损失的能力＝合伙人的资本余额÷合伙人的损益分配百分比

现金分配计划以"承担损失的能力"为标准来决定余额分配的先后顺序，但并不代表向合伙人分配资产的数额。下面举例说明现金分配计划的编制过程。

【例 11-16】假定有一个合伙企业，由合伙人 A、B、C 投资组建。在非现金资产变现前，合伙人 A、B、C 的资本余额分别为 70 000 元、60 000 元和 40 000 元，而损益分配比例为 2∶2∶1。则合伙人 A、B、C 的承担损失的能力计算见表 11-12。

表 11-12　合伙人承担损失能力计算表

合伙人	资本余额/元 （1）	损益分配比例（2）	承担损失的能力/元 （3）＝（1）/（2）	承担损失能力的大小顺序
A	70 000	40%	175 000	2
B	60 000	40%	150 000	3
C	40 000	20%	200 000	1

由表 11-12 可知，合伙人 B 承担损失的能力最弱，当清算损失超过 150 000 元时，就丧失了承担损失的能力，资本余额将出现借方余额；合伙人 A 次之，合伙人 C 承担损失的能力最强。

如果所有的合伙人有相等的"承担损失的能力"，则合伙人的资本余额比例与损益分配比例相同（这结果可由"承担损失的能力"推算得出），此时即可根据损益分配比例分配资产。所以，可通过计算如何使所有合伙人具有相同的承担最大损失的能力来确定应向某一合伙人优先分配资产的数额。在本例中，合伙人 C "承担损失的能力"最强，应首先接受分配，直到其承担最大损失的能力与合伙人 A（排序第 2）相同，即 175 000 元（表 11-13）。为此，合伙人 C 的资本余额应减至 35 000 元（175 000 乘以合伙人 C 的损益分配比例 20%），即实际变现过程中，如有余额可供分配，应首先向合伙人 C 分配资产 5 000 元（40 000－35 000）。

表 11-13　合伙人现金分配计划

合伙人	资本余额/元 （1）	损益分配比例 （2）	承担损失的能力/元 （3）＝（1）/（2）	承担损失能力的大小顺序
A	70 000	40%	175 000	1
B	60 000	40%	150 000	2
C	35 000	20%	175 000	1

接下来，合伙人 A 和 C 应接受资产分配，直到其承担损失的能力与合伙人 B 相等，即等于 150 000 元，要达到此目标，合伙人 A 的资本余额须减至 60 000 元（150 000×40%），而合伙人 C 的资本余额须减至 30 000 元（150 000×20%），这就应在有余额可供分配时，首先向合伙人 A 和 C 共分配 15 000 元，其中向合伙人 A 分配 10 000 元（70 000－60 000），向合伙人 C 分配 5 000 元（35 000－30 000）。此时，所有合伙人具有相同的承担损失的能力，此后取得的可供分配的资产则按损益分配比例进行分配即可。

编制现金分配计划的程序概括如下。

（1）计算各合伙人的"承担损失的能力"。

（2）按各合伙人的"承担损失的能力"的大小进行排列。

（3）计算为了使排序第一的合伙人与排序第二的合伙人有相同的"承担损失的能力"，应向排序第一的合伙人分配的数额。该数额即可向排序第一的合伙人优先分配的安全数额。

（4）计算应给上述通过分配已具备相同的"承担损失的能力"的几个合伙人分配资产的数额，以使其"承担损失的能力"与排序在其后的合伙人相等。

（5）继续步骤（4），直到所有合伙人都具有相同的"承担损失的能力"。

（6）当所有合伙人都具有相同的"承担损失的能力"时，则可按合伙人的损益分配比例进行资产分配。

参考文献

艾华，侯石安，高亚军，等. 2017. 税法[M]. 4 版. 武汉：武汉大学出版社.

财政部会计司编写组. 2024. 企业会计准则应用指南汇编 2024[M]. 北京：中国财政经济出版社.

财政部会计准则委员会. 2005. 所得税会计[M]. 大连：大连出版社.

傅荣. 2018. 高级财务会计[M]. 4 版. 北京：中国人民大学出版社.

韩传模. 2015. 高级财务会计[M]. 厦门：厦门大学出版社.

黎明. 2016. 高级财务会计[M]. 北京：科学出版社.

刘家彤，张晓莉，吴文瑞. 2024. 高级财务会计课程思政建设路径研究[J]. 对外经贸，（1）：72-75.

刘伟伟. 2018. 新租赁准则下售后回租的会计处理[J]. 商业会计，（10）：25-28.

刘勇. 2023.《高级财务会计》课程思政的思考[J]. 质量与市场，（12）：163-165.

柳忠升. 2019. 关于企业合并会计报表若干问题的研究探讨[J]. 财经界，（14）：100-101.

芦笛. 2015. 我国企业所得税会计准则执行现状的调查与分析[J]. 宏观经济研究，（12）：86-96.

千春晖. 2004. 并购经济学[M]. 北京：清华大学出版社.

肖应龙. 2019. 对新企业会计准则下衍生金融工具会计处理的探讨[J]. 财会学习，（14）：148.

徐文丽，章毓育. 2018. 高级财务会计[M]. 4 版. 上海：立信会计出版社.

中国注册会计师协会. 2019. 2019 年注册会计师全国统一考试辅导教材：会计[M]. 北京：中国财政经济出版社.

中华人民共和国财政部. 2019. 企业会计准则应用指南：2019 年版[M]. 上海：立信会计出版社.